Uwe Post

Besser Coden

Liebe Leserin, lieber Leser,

natürlich möchte jeder Programmierer sauberen, gut lesbaren Code schreiben! Gute Vorsätze sind schnell gefasst, aber dann wird im Verlauf eines Projekts doch wieder so viel Technical Debt angehäuft, dass der Projektmanager eigentlich die Schuldnerberatung aufsuchen müsste. FIXMEs und TODOs überrennen den einst so schönen Code, und warum die Hälfte der Funktionen in der aktuellen Version auskommentiert ist, weiß auch niemand mehr so genau.

Das trifft auf Ihr Projekt nicht zu? Dann lesen Sie trotzdem weiter und lassen Sie sich von Uwe Posts Codebeispielen und Anekdoten unterhalten – sie entsprechen leider viel zu oft der Realität des Entwickleralltags. Aber richtig profitieren werden Sie von seinen Praxistipps, wenn Ihr Team bisher noch kein automatisiertes Build- und Versionskontrollsystem einsetzt oder sich die Struktur Ihrer Codebase mit *Spaghetti* gut umschreiben lässt. Denn Uwe Post ist es gelungen, eingängig und unterhaltsam zu zeigen, wie Softwareprojekte stressfreier ablaufen und wie Code schöner und verständlicher wird.

Bevor Sie sich nun in die Lektüre stürzen, noch zwei Hinweise: Wenn Sie Spaß mit diesem Buch hatten und Ihnen vor lauter Refaktorieren und Bug Hunting mal wieder der Kopf raucht, schauen Sie sich zur Abwechslung Uwe Posts Sci-Fi- und Fantasy-Romane an! Unter *www.upcenter.de* finden Sie alle nötigen Informationen.

Und zum Abschluss ein Punkt in eigener Sache: Dieses Buch wurde mit großer Sorgfalt lektoriert und produziert. Sollten Sie dennoch Fehler finden oder inhaltliche Anregungen haben, scheuen Sie sich nicht, mit uns Kontakt aufzunehmen. Ihre Fragen und Anmerkungen sind uns jederzeit herzlich willkommen.

Ihr Christoph Meister
Lektorat Rheinwerk Computing

christoph.meister@rheinwerk-verlag.de
www.rheinwerk-verlag.de
Rheinwerk Verlag · Rheinwerkallee 4 · 53227 Bonn

Auf einen Blick

1	Verhindern Sie den Weltuntergang!	13
2	Konventionen	21
3	Willkommen im Team!	37
4	Gut, besser, 91,2%: Software-Qualität messen	73
5	Jeder ist Architekt	105
6	Erst mal testen	163
7	Continuous Integration	203
8	Dokumentation, Kommentare & Tools	243
9	Betriebssicherheit	269
10	Schrottcode pimpen	307
11	Trollfütterung	333
12	Parallelwelten	353

Impressum

Wir hoffen, dass Sie Freude an diesem Buch haben und sich Ihre Erwartungen erfüllen. Ihre Anregungen und Kommentare sind uns jederzeit willkommen. Bitte bewerten Sie doch das Buch auf unserer Website unter **www.rheinwerk-verlag.de/feedback**.

An diesem Buch haben viele mitgewirkt, insbesondere:

Lektorat Almut Poll, Christoph Meister
Gutachten Matthias Geirhos, Nicole Enders
Korrektorat Angelika Glock, Ennepetal
Herstellung Maxi Beithe
Typografie und Layout Vera Brauner
Einbandgestaltung Julia Schuster
Satz SatzPro, Krefeld
Druck C.H.Beck, Nördlingen

Dieses Buch wurde gesetzt aus der TheAntiquaB (9,35/13,7 pt) in FrameMaker.
Gedruckt wurde es auf chlorfrei gebleichtem Offsetpapier (90 g/m²).
Hergestellt in Deutschland.

Das vorliegende Werk ist in all seinen Teilen urheberrechtlich geschützt. Alle Rechte vorbehalten, insbesondere das Recht der Übersetzung, des Vortrags, der Reproduktion, der Vervielfältigung auf fotomechanischen oder anderen Wegen und der Speicherung in elektronischen Medien.

Ungeachtet der Sorgfalt, die auf die Erstellung von Text, Abbildungen und Programmen verwendet wurde, können weder Verlag noch Autor, Herausgeber oder Übersetzer für mögliche Fehler und deren Folgen eine juristische Verantwortung oder irgendeine Haftung übernehmen.

Die in diesem Werk wiedergegebenen Gebrauchsnamen, Handelsnamen, Warenbezeichnungen usw. können auch ohne besondere Kennzeichnung Marken sein und als solche den gesetzlichen Bestimmungen unterliegen.

Bibliografische Information der Deutschen Nationalbibliothek:
Die Deutsche Nationalbibliothek verzeichnet diese Publikation in der Deutschen Nationalbibliografie; detaillierte bibliografische Daten sind im Internet über *http://dnb.d-nb.de* abrufbar.

ISBN 978-3-8362-4598-2

1. Auflage 2018
© Rheinwerk Verlag, Bonn 2018

Informationen zu unserem Verlag und Kontaktmöglichkeiten finden Sie auf unserer Verlagswebsite **www.rheinwerk-verlag.de**. Dort können Sie sich auch umfassend über unser aktuelles Programm informieren und unsere Bücher und E-Books bestellen.

Inhalt

1 Verhindern Sie den Weltuntergang!   13

- 1.1 Vorwort 13
- 1.2 Schöne neue Welt 14
- 1.3 Was läuft falsch? 15
- 1.4 Weltuntergang verhindern – aber wie? 17

2 Konventionen   21

- 2.1 Vereinbarungen im Team 21
  - 2.1.1 Erlaubte und verbotene Abweichungen 22
  - 2.1.2 IDE, Formatierung und Code Style 24
- 2.2 Wenn die Variable »a« sagt (und sonst nichts) 26
  - 2.2.1 Eindeutige Bezeichner 26
  - 2.2.2 Richtige Sprache 29
  - 2.2.3 // Diese Zeile ist kein Kommentar 31
  - 2.2.4 Ungarische Notation 31
  - 2.2.5 Groß, klein, CamelCase und diese verflixten case-sensitiven Dateisysteme 32
- 2.3 Code-Fokus 34
  - 2.3.1 Zuständig laut Formular: God.class 34
  - 2.3.2 Spezialisierte Funktionen 35
- 2.4 Checkliste 36

3 Willkommen im Team!   37

- 3.1 Check this out: Subversion 38
  - 3.1.1 Überblick 38
  - 3.1.2 Subversion-Server 38
  - 3.1.3 Subversion-Clients 41
  - 3.1.4 Der Trunk 44
  - 3.1.5 Branches und Tags 46

3.2	**Teamwork integriert: Git**		49
	3.2.1 Überblick und Historie		49
	3.2.2 Von Subversion zu Git		50
	3.2.3 Bitbucket oder GitHub		54
3.3	**»Guckstu!«**		56
	3.3.1 Vier Augen sehen mehr als zwei		56
	3.3.2 Milchmädchenrechnung		57
	3.3.3 Was ist ein Code Review?		58
	3.3.4 Ad hoc oder Bürokratie		59
3.4	**Doppelt hält besser: Pair Programming**		61
	3.4.1 Pilot und Co-Pilot		61
	3.4.2 Grenzen des Pair Programming		62
3.5	**Wer macht wann was?**		64
	3.5.1 Unter dem Wasserfall		65
	3.5.2 Kanban		66
	3.5.3 Scrum		69

4 Gut, besser, 91,2%: Software-Qualität messen 73

4.1	**Muss funktionieren!**		74
	4.1.1 Elemente einer Anforderung		74
	4.1.2 Bewertung von Anforderungen		75
	4.1.3 Systematische Störungen		76
4.2	**Muss schön sein!**		80
	4.2.1 Performance		80
	4.2.2 Wartbarkeit		82
	4.2.3 Benutzbarkeit		86
	4.2.4 Sicherheit		87
	4.2.5 Skalierbarkeit		93
	4.2.6 Portierbarkeit und Kompatibilität		96
4.3	**ISO 25010 und andere Buzzword-Sammlungen**		99
	4.3.1 ISO 25010		99
	4.3.2 IEEE 730 und andere		103

5 Jeder ist Architekt — 105

- **5.1 Normalisierte Daten** — 105
  - 5.1.1 Einstellungen in der Datenbank — 106
  - 5.1.2 Eine Geld-Klasse — 108
  - 5.1.3 Zu spät! — 109
- **5.2 Alles ist ein Objekt, aber welches?** — 114
  - 5.2.1 OOP-Paradigmen — 115
  - 5.2.2 POJOs und DTOs — 117
- **5.3 Entwurfsmuster** — 118
  - 5.3.1 Fabrikmethoden/Fabrik-Klassen (»factory method«/»factory class«) — 119
  - 5.3.2 Singleton — 120
  - 5.3.3 Erbauer (»builder«) — 122
  - 5.3.4 Adapter (»wrapper«) — 124
  - 5.3.5 Brücke und Proxy (»bridge«/»proxy«) — 126
  - 5.3.6 Beobachter (»observer«, »listener«, »publisher«, »subscriber«) — 128
  - 5.3.7 Besucher (»visitor«) — 129
  - 5.3.8 Iterator (»cursor«) — 132
  - 5.3.9 Befehl (»command«) — 133
  - 5.3.10 Zustand (»state«) — 135
- **5.4 Was ist eigentlich ein »Item«?** — 138
  - 5.4.1 Hierarchische Datenmodelle — 139
  - 5.4.2 Dokumentdatenbanken — 141
  - 5.4.3 Domänenspezifische Sprachen — 145
- **5.5 Do- und Don't-Merksatz-Akronyme** — 148
  - 5.5.1 KISS — 148
  - 5.5.2 POITROAE — 149
  - 5.5.3 YAGNI — 150
  - 5.5.4 SMART — 151
  - 5.5.5 SOLID — 152
  - 5.5.6 CRUD — 152
- **5.6 Neue Räder extra teuer!** — 153
  - 5.6.1 Universal-Bibliotheken — 154
  - 5.6.2 Spezial-Bibliotheken — 155
  - 5.6.3 Veraltet oder stabil wie ein Fels? — 156
- **5.7 Meins! (Wirklich?)** — 158
  - 5.7.1 GNU General Public License — 159

5.7.2	Apache-Lizenz 2.0	159
5.7.3	MIT-Lizenz	160
5.7.4	BSD-Lizenz	160

6 Erst mal testen — 163

6.1	**Gute und schlechte Unit-Tests**	164
	6.1.1 Einfache Unit-Tests	164
	6.1.2 Whitebox-Tests	169
	6.1.3 Ping-Pong	173
	6.1.4 Testabdeckung	175
6.2	**Testbar und nicht so gut testbar**	177
	6.2.1 Getrieben von Tests	177
	6.2.2 Gut testbar	178
	6.2.3 Nicht so gut testbar	179
	6.2.4 Unmöglich testbar	181
6.3	**Umgekehrt wird ein Schuh draus**	185
	6.3.1 Inversion of Control	185
	6.3.2 Dependency Injection mit Spring Boot	186
6.4	**Alles einzeln testen**	190
	6.4.1 Unit-Tests mit JMockit	190
6.5	**Millionen Mausklicks**	195
	6.5.1 UI-Tests mit Selenium	195
	6.5.2 UI-Tests unter Android	198

7 Continuous Integration — 203

7.1	**Digitaler Bauunternehmer**	203
7.2	**Java-Builds mit Maven**	205
	7.2.1 Dependency Management via Maven Central	205
	7.2.2 Dependency Scopes	209
	7.2.3 Applikationspakete bauen	212
	7.2.4 Empfehlenswerte Maven-Plug-Ins	216
7.3	**Gradle en vogue**	219
	7.3.1 Gradle vs. Maven	219
	7.3.2 Hilfreiche Gradle-Plug-Ins	222

	7.3.3	Gradle und Android Studio	224
7.4	**Jenkins, stets zu Ihren Diensten!**		**225**
	7.4.1	Jenkins einrichten	225
	7.4.2	Ein Jenkins-Projekt konfigurieren	226
	7.4.3	Jenkins-Plug-Ins für jeden Zweck	228
7.5	**Nicht nur eine Frage des Stils**		**231**
	7.5.1	Checkstyle	231
	7.5.2	FindBugs	232
7.6	**NuGet für .NET und MS Azure**		**234**
	7.6.1	Abhängigkeiten verwalten mit NuGet	234
	7.6.2	Eigene NuGet-Pakete erzeugen	236
	7.6.3	Entwickeln in der Cloud mit Azure	237

8　Dokumentation, Kommentare & Tools　243

8.1	**Kommentare sind wie Tooltips**		**243**
	8.1.1	Notwendige und unnötige Kommentare	244
	8.1.2	Witzige Kommentare	246
	8.1.3	Wann und wo?	247
8.2	**Dokumentiert sich von allein**		**248**
	8.2.1	Javadoc	248
	8.2.2	Doxygen	251
	8.2.3	Visual Studio	252
	8.2.4	Spezielle Kommentare	253
8.3	**Teamwork online**		**254**
	8.3.1	Trac	255
	8.3.2	Redmine	259
	8.3.3	JIRA und Confluence	263
	8.3.4	Team Foundation Server	266

9　Betriebssicherheit　269

9.1	**»Es ist ein Fehler aufgetreten. Versuchen Sie es noch einmal.«**		**270**
	9.1.1	Fehlercodes	271
	9.1.2	Ausnahmen richtig behandeln	273

	9.1.3	Aussagekräftige Fehlermeldungen	278
	9.1.4	Systematische Fehlersuche	279
9.2	**Festplattenweise Protokolle**		**282**
	9.2.1	Logging-Frameworks	283
	9.2.2	Log-Levels	285
	9.2.3	Der langsamste Weg, nichts zu loggen	285
	9.2.4	Rotation und Konfiguration	286
	9.2.5	Schnitzeljagd	290
9.3	**Ungebetene Besucher**		**292**
	9.3.1	Spurensuche	293
	9.3.2	Alle Luken dicht	294
	9.3.3	Starke Kryptografie	296
	9.3.4	Elliptische Kurven	298
	9.3.5	Rollen und Rechte	301
	9.3.6	Code Injection verhindern	304
	9.3.7	Hacker-Tools	305

10   Schrottcode pimpen   307

10.1	**Was macht der da?**		**307**
	10.1.1	Know-how abgreifen	308
	10.1.2	Code-Bestandsaufnahme	310
10.2	**Refactoring mit Tools**		**312**
	10.2.1	Methoden extrahieren	312
	10.2.2	Klassen extrahieren	315
	10.2.3	Parameterobjekte	317
	10.2.4	Interfaces extrahieren	320
	10.2.5	Weitere Refactoring-Maßnahmen	322
10.3	**Who sprech Svenska?**		**323**
	10.3.1	HTML-Templates	324
	10.3.2	Datenbankschicht abtrennen	325
10.4	**Endlich: Tests**		**327**
	10.4.1	Testfälle identifizieren	328
	10.4.2	Module mocken	329
	10.4.3	Schrittweise zu höherer Testabdeckung	330

11 Trollfütterung — 333

- **11.1 Umsteiger und Ahnungslose im kalten Wasser** — 333
  - 11.1.1 Willkommen im Kotlin-Land! — 334
  - 11.1.2 Frustration frisst Freude — 335
  - 11.1.3 Verantwortung delegieren, nicht Aufgaben — 336
- **11.2 Früher war alles besser, auch die Betonköpfe** — 336
  - 11.2.1 Ein weitsichtiger Boss — 336
  - 11.2.2 Früher waren Bücher noch aus Papier — 337
  - 11.2.3 Sicherheit und Transparenz — 338
- **11.3 Das Patchwork-Team** — 338
  - 11.3.1 Chris schießt quer — 339
  - 11.3.2 Reden ist Gold — 340
  - 11.3.3 Anerkennung und Kritik — 341
- **11.4 Billig im Osten** — 341
  - 11.4.1 Bitte recht freundlich! — 341
  - 11.4.2 Differenzen — 343
  - 11.4.3 Integration — 344
- **11.5 Der Hase der Produktmanagerin** — 345
  - 11.5.1 Störfaktoren auf dem Schreibtisch — 345
  - 11.5.2 Hase und Igel — 346
  - 11.5.3 Toleranz und Grenzen — 347
- **11.6 Arbeiten wie die Profis** — 348
  - 11.6.1 Überflieger — 348
  - 11.6.2 Diagnose: Overperformer — 349
  - 11.6.3 Keep it simple, Felix! — 349
- **11.7 Leuchtendes Beispiel** — 350
  - 11.7.1 Niemand mag Besserwisser — 350
  - 11.7.2 Diagnose: das engagierte Vorbild — 351
  - 11.7.3 Was nun? — 351

12 Parallelwelten — 353

- **12.1 Parallel arbeiten** — 353
  - 12.1.1 Threads und ThreadPools — 354
  - 12.1.2 Race Conditions — 356

		12.1.3	Synchronisierte Zugriffe	358
		12.1.4	Warten macht keinen Spaß	358
		12.1.5	Deadlocks	362
	12.2	**Losgelöst**		365
		12.2.1	Publisher und Subscriber	366
		12.2.2	EventBus im Einsatz	367
	12.3	**.NET async**		369
		12.3.1	Das »async«-Sprachelement	370
		12.3.2	Locks	371

Anhang

A	**Quizfragen**	373
B	**Lösungen der Quizfragen**	379

Index	383

Kapitel 1
Verhindern Sie den Weltuntergang!

1.1 Vorwort

Als mein Verlag mir vor einer Weile vorschlug, ein Buch über »besseres Coden« zu schreiben, hatte ich gerade ein Beratungsprojekt hinter mir, in dessen Rahmen es unter anderem um Programmcode ging, dessen Qualität ehrlicherweise nur mit negativen Zahlen hätte beziffern werden können. Wie sich herausstellte, kannten die beteiligten Junior-Programmierer nur ein Buch über Software-Qualität, und das war schon etwas älteren Datums.

Die Gelegenheit kam wie gerufen, um meine langjährige Erfahrung in Form einer Sammlung von Ratschlägen, Beispielen und vor allem denkwürdigen Anekdoten niederzuschreiben. Dabei geht es wohlgemerkt nicht nur um ordentlich positionierte Semikolons, sondern auch um Fragen zur Arbeit im Team und zum Umgang mit hochkomplexen Aufgaben.

Dieses Buch will nur eines: Ihnen helfen, ein besserer Programmierer zu werden. Denn wenn Sie sich die Qualität von Software, die Ihnen im täglichen Leben unterkommt, genauer anschauen, werden Sie sicher bestätigen, dass die Welt mehr davon braucht.

Mehr bessere Programmierer, nicht mehr Schrottsoftware.

Versäumen möchte ich keinesfalls, an dieser Stelle meinen Kollegen zu danken, die mir nicht nur in meinem beruflichen Alltag, sondern auch zu diesem Buch sachdienliche Hinweise gegeben haben:

Martin Drößler, Nicole Enders, Matthias Geirhos, Alex Hilsing, Dr. Andreas Kotulla, Marcus Schlechter, Martin Schröer

Danke! Ohne euch wäre ich längst in der Programmiererhölle.

1.2 Schöne neue Welt

Viele düstere Zukunftsvisionen versprechen die Apokalypse: Klimakatastrophe, Verkehrskollaps – und natürlich Zombie-Pandemie.

Wenn Sie mich fragen, ist die Schrottsoftware-Katastrophe viel schlimmer. Und sie hat schon angefangen.

Wirklich ...?

Smartphones übersetzen japanische Speisekarten, Kassen erkennen Waren am Barcode, Ihr Auto parkt von ganz allein ein und erspart Ihnen damit mitleidige Blicke der Passanten. Alles wird gesteuert von toller Software, von coolen Algorithmen, implementiert von schlauen Entwicklern mithilfe moderner Sprachen und Tools. Ein Traumjob!

Ich erzähle Ihnen nichts Neues, wenn ich Ihnen sage, dass die Wirklichkeit bisweilen völlig anders aussieht.

Ihr Auto erklärt, die Parklücke sei zu schmal, Ihr PC bootet nicht mehr, die Kasse kennt Ihren Lieblingskäse nicht mehr, und Ihr Smartphone behauptet allen Ernstes, das Sushi-Restaurant, in dem Sie gerade sitzen, sei heute geschlossen.

Und just in dem Moment, in dem Sie nach Hause kommen, finden Sie im Briefkasten eine Mahnung wegen einer Rechnung über ein Set rosa Spannbettlaken, das Sie nie bestellt haben. Sie zögern natürlich nicht, sofort die Hotline des Inkassounternehmens anzurufen, doch eine etwas hilflos wirkende Callcenter-Mitarbeiterin erklärt Ihnen, dass sie den fraglichen Datensatz wegen eines Systemausfalls gerade leider nicht aufrufen kann. Schließlich stellt sich heraus, dass lediglich Ihr Name rein zufällig mit dem des tatsächlichen Bestellers übereinstimmt, aber nicht die Anschrift. Sie haben eigentlich gar nichts mit der ganzen Sache zu tun, lediglich eine etwas zu simpel gestrickte if-Abfrage ist da völlig anderer Ansicht.

Auch das ist Software: Code altert, Festplatten laufen mit Logfiles voll, die niemand liest. Schlechter oder gar schlicht falscher Programmcode lauert unauffällig in großen Applikationen, um im unerwarteten Moment ein widerwärtiges Tohuwabohu zu produzieren.

Programmfehler multiplizieren sich: Unterläuft einem Koch ein Bedienungsfehler, sagen wir in Bezug auf den Einsatz des Salzstreuers, so ist vielleicht eine Mahlzeit verdorben. Unterläuft hingegen einem Programmierer ein Fehler, so befindet sich dieser womöglich in zigtausend Kopien der fraglichen Anwendung oder in einer Server-Applikation, die pro Minute von Hunderten Nutzern verwendet wird.

Die Katastrophe ist im wahrsten Sinne des Wortes vorprogrammiert.

Sicher kennen auch Sie diese Art von Science-Fiction-Geschichten, in denen das Internet oder eine Armee Roboter spontan eine Art Bewusstsein entwickeln und nach kurzer Überlegung zum dem logischen Entschluss gelangen, die Menschheit sicherheitshalber auszuradieren.

Ich glaube nicht an solch einen Unfug.

Ich halte es für viel wahrscheinlicher, dass kaputte Software, unentdeckte Fehler und dilettantischer Programmcode der Menschheit den Garaus machen. Schwarzseher würden behaupten: Es hat schon begonnen.

Vielleicht kennen Sie den Spielfilm-Klassiker »2001: Odyssee im Weltraum«. Auf den ersten Blick mag der Eindruck entstehen, dass hier ein verrücktspielender Computer Menschen tötet. Tatsächlich handelt es sich um eine simple Fehlerkette – letztlich mit fatalen Folgen. Die Programmierer des HAL 9000-Computers hielten ihn für perfekt, und damit letztlich sich selbst.

Irrtum.

1.3 Was läuft falsch?

Im Jahr 2014 war der *Heartbleed-Bug* in aller Munde. Es handelte sich um einen kleinen, aber schwerwiegenden Programmfehler in der *OpenSSL*-Bibliothek, der es Angreifern ermöglichte, über das HTTPS-Protokoll sicherheitsrelevante Daten wie private Krypto-Schlüssel und Passwörter von Webservern auszulesen. Die betroffenen Versionen der Bibliothek waren auf unzähligen Rechnern installiert – laut unterschiedlichen Untersuchungen auf den Servern, auf denen bis zu einem Viertel der Top 1000 der meistfrequentierten Webseiten laufen. Um den Fehler loszuwerden, mussten Administratoren lediglich die OpenSSL-Version auf ihren Servern auf den damals aktuellen Stand (1.0.1g oder neuer) bringen. Zur

Sicherheit war es außerdem erforderlich, installierte private Schlüssel auszutauschen, da man sie als kompromittiert betrachten musste. Laut einer Untersuchung verwendeten einige Monate nach Bekanntwerden der Lücke jedoch nur 14% der betroffenen Webseiten neue, definitiv sichere Zertifikate.

Selbst im März 2016 waren laut einer anderen Untersuchung immer noch sage und schreibe 237.539 Webserver von der Lücke betroffen. Kein Mensch kann auch nur annähernd schätzen, wie viele Passwörter oder persönliche Daten über die Sicherheitslücke abgegriffen wurden, geschweige denn, welchen wirtschaftlichen Schaden der Fehler unter dem Strich verursacht hat. *Kleiner Fehler, globale Wirkung.*

Wie konnte es dazu kommen?

Wie sich herausstellte, hatte ein einzelner Programmierer den Bug schon im Jahr 2012 versehentlich eingebaut. Er hatte es versäumt, die Größe eines Eingabewertes auf Plausibilität zu prüfen, und ermöglichte es so, über die Verbindung mehr Daten aus dem Speicher zu lesen als eigentlich vorgesehen (*buffer over-read*), darunter auch Daten, die eigentlich nicht in fremde Hände gelangen sollten.

Es handelt sich bei OpenSSL um eine Open-Source-Bibliothek, bei der im Idealfall die beteiligte Entwickler-Community Änderungen auf Fehler hin überprüft. Das wurde aber offenbar versäumt. Letztlich war der Grund dafür laut Aussagen der Beteiligten Personalmangel, was bei einem Freiwilligenteam vielleicht verständlich ist – ich kann Ihnen aber versichern, dass mangelhafte Qualitätssicherung aufgrund knappen Personals auch in großen Unternehmen keine Ausnahme ist.

Abbildung 1.1 Der Heartbleed-Bug macht noch heute Hunderttausende Webserver angreifbar.

> **Mehr zum Heartbleed-Bug**
>
> Wikipedia-Seite zum Thema:
>
> *https://de.wikipedia.org/wiki/Heartbleed*
>
> Report über betroffene Webseiten mit Stand März 2016:
>
> *https://www.shodan.io/report/89bnfUyJ*
>
> Der genaue Bugfix im GitHub-Repository von OpenSSL:
>
> *https://git.openssl.org/gitweb/?p=openssl.git;a=commitdiff;h=96db902*

Was läuft eigentlich falsch?

Eine Menge. Fangen wir mit dem Programmierer an. Sei es jetzt der arme Tropf, dem der Heartbleed-Bug unterlief, oder irgendein anderer Entwickler irgendwo auf der Welt: *Jeder macht Fehler.* Sie, Ihr Kollege mit zehn Jahren Berufserfahrung, ich. *Jeder.*

1.4 Weltuntergang verhindern – aber wie?

Menschen sind nicht perfekt. Folglich ist auch von Menschen produzierte Software nicht perfekt. Fehler zu machen ist menschlich – und unvermeidbar! Folglich müssen Software-Entwickler, Tester und andere Beteiligte dafür sorgen, dass möglichst jeder ihrer Fehler entdeckt und bereinigt wird. Sich für perfekt zu halten, den eigenen Code also für fehlerlos, ist schon der erste Fehler und der Anfang der Katastrophe. Klingt deprimierend? Ist es aber nicht.

Akzeptieren Sie Ihre Schwäche – und verhalten Sie sich entsprechend. Wenn Sie wissen, dass Sie Fehler machen, dann wissen Sie auch, dass Sie Maßnahmen ergreifen müssen, um sie möglichst zu vermeiden bzw. da, wo es nicht gelingt, diese umgehend auszumerzen. Machen Sie aus der unvermeidlichen Schwäche eine Stärke, indem Sie Fehler aus der Welt schaffen, von denen andere nicht einmal zugeben würden, dass sie ihnen möglicherweise unterlaufen sein könnten. Dieses Buch wird Ihnen eine ganze Reihe von Hilfsmitteln dazu an die Hand geben: Konventionen, Entwurfsmuster, Strategien und Tools.

Es sollte für jeden Entwickler eine Frage des Berufsethos sein, fehlerfreien Code zu produzieren. Gemeint ist damit aber nicht, dass alles, was Sie an Code eintippen, auf Anhieb perfekt funktioniert. Gemeint ist, dass Sie nach eingehender Prüfung und entsprechenden Tests den Code so weit verbessert haben, dass er tatsächlich tut, was er soll (und sonst nichts!).

Das erfordert, dass Sie Ihre eigene Arbeit ständig infrage stellen. Seien Sie nie zufrieden, versuchen Sie immer, etwas zu verbessern. Schauen Sie zwei- oder dreimal hin.

Werfen Sie einen Blick auf den folgenden Java-Dreizeiler:

```
String s = "Zugriff erlaubt";
s.replace("erlaubt", "verweigert");
System.out.println(s);
```

Auf den ersten Blick wird dieses kleine Programm das Wort »erlaubt« durch »verweigert« ersetzen und folgende Ausgabe erzeugen:

```
Zugriff verweigert
```

Tut es aber nicht.

Finden Sie den Fehler? Suchen Sie ruhig eine Weile. Das gehört zu Ihrer Arbeitszeit dazu! Sie werden nicht nur dafür bezahlt, Code einzutippen, sondern auch dafür, seine Qualität sicherzustellen! Selbst wenn Sie kein Java-Experte sind, können Sie zumindest ahnen, wo der Bug versteckt ist.

Übrigens habe ich diesen Fehler nicht frei erfunden, sondern ihn vor Jahren rein zufällig in einer recht umfangreichen Software gefunden, die bei einem ziemlich großen Telekommunikationsunternehmen im Einsatz war. Ob der Fehler letztlich zu Problemen wie falsch verbuchten SMS-Kosten oder dergleichen geführt hat, vermag ich wegen der hohen Komplexität der ganzen Lösung nicht zu sagen. Das macht den Fehler aber nicht harmloser, sondern zu einem perfekten Beispiel: Dass er unentdeckt blieb, zeigt, dass die zuständigen Entwickler sich nicht die Bohne darum geschert haben, ob der fragliche Code korrekt funktioniert. Sie haben ihn nicht ordentlich getestet, nicht gegengelesen und zudem möglicherweise indirekt dadurch verursachte Fehler nicht auf die tatsächliche Ursache zurückgeführt.

Und damit sind wir gleich bei der nächsten Baustelle angekommen: Wie können Sie herausfinden, ob fehlerhafter Code überhaupt eine Auswirkung hat, ob er irgendwo getestet wird (in diesem Fall unzureichend) oder tatsächlich nie benutzt wird?

Im konkreten Fall stand die fehlerhafte Zeile (die mit dem `replace()`-Aufruf, was Sie sicher schon ahnen) in irgendeinem `if`-Block, dessen Eingangsbedingung möglicherweise niemals `true` wurde.

Ich stand vor einer kniffligen Frage: Konnte ich es wagen, den Fehler zu korrigieren? Ich hatte keine Möglichkeit, zu prüfen, ob die Änderung nicht vielleicht einen völlig anderen Fehler produzierte. Es war nämlich durchaus denkbar, dass sich irgendeine andere Funktion auf das (falsche) Resultat der fraglichen Operation verließ. Unwahrscheinlich, aber nicht auszuschließen. Undurchschaubare Abhängigkeiten dieser Art sind in komplexen Lösungen an der Tagesordnung. Sie dürfen meist nicht einfach irgendwo etwas ändern und dann hoffen, dass der Rest weiterhin wie zuvor funktioniert.

Glücklicherweise gab es in dem fraglichen Projekt immerhin eine Quellcodeverwaltung, so dass ich den Autor der defekten Zeile persönlich befragen konnte. Wie sich herausstellte, saß er mir direkt gegenüber. Tatsächlich erkannte er auch auf den zweiten Blick den Fehler nicht; ich musste ihn erst auf die offizielle Dokumentation der String-Klasse verweisen. Am Ende tat er meine Frage, ob ich den Fehler korrigieren solle, mit einem desinteressierten Schulterzucken ab.

Ich korrigierte den Fehler, nachdem mir mehrere Kollegen versichert hatten, dass Nebenwirkungen unwahrscheinlich seien. Von negativen Folgen wurde mir später nichts bekannt. Glück gehabt!

Um solche Schwierigkeiten zu überleben, beschäftigt sich dieses Buch nicht nur mit sauberem Programmcode und ordentlichen Tests, sondern auch mit Themen wie Testabdeckung und Umgang mit »schwierigen« Kollegen.

Natürlich möchte ich Ihnen die Auflösung des Rätsels nicht vorenthalten. Die Funktion replace() der Klasse String verändert das eigentliche Objekt s nicht, sondern gibt das Resultat der Ersetzen-Operation *als neues Objekt* zurück. Die Zeile müsste also wie folgt lauten:

```
s = s.replace("erlaubt", "verweigert");
```

Die Java-Klasse String ist *immutable*, keine ihrer Funktionen ändert also das Objekt selbst. Eine moderne Entwicklungsumgebung blendet übrigens die zugehörige Dokumentation ein, wenn Sie den Mauscursor auf das replace setzen.

Programmiersprachen in diesem Buch

Sie werden feststellen, dass die meisten Programmcodebeispiele in diesem Buch in Java verfasst sind. Das ist derzeit die verbreitetste Sprache in der Industrie. Die meisten Beispiele sähen in C, C++ oder C# sehr ähnlich aus. Wenn Sie eine dieser Sprachen beherrschen, werden Sie jedes Beispiel verstehen. Es mag sein, dass es in anderen Sprachen spezifische Abweichungen gibt, letztlich aber lassen sich alle Hinweise mehr oder weniger direkt anwenden.

An dieser Stelle hilft nur das nötige Wissen, um den Fehler zu vermeiden. Oft sind es aber Konventionen, saubere Architektur und ordentliche Tests, um die Qualität von Software zu steigern. Dieses Buch wird Ihnen dabei helfen, solche Verbesserungen konkret umzusetzen, sei es im technischen oder auch im organisatorischen Bereich. Wenn Sie ein Entwicklerteam leiten, kennen Sie vermutlich schon die meisten Maßnahmen, können diese mithilfe des Buches jedoch vielleicht aktualisieren oder erweitern. Wenn Sie Entwickler sind, möglicherweise sogar recht neu im Job, wird Ihnen dieses Buch helfen, besseren Code zu produzieren. Werben Sie in Ihrem Team für die vielen Konventionen, Tools und Strategien, die ich Ihnen hier vorstellen werde.

Ich kann freilich nicht jeden Aspekt mit maximalem Tiefgang ausloten; wo sinnvoll, verweise ich auf Webseiten mit weiterführenden Informationen.

Begeben Sie sich jetzt in aller Ruhe an die Lektüre, und am Ende werden Sie sicher ein besserer Entwickler sein. Ich wünsche Ihnen viel Erfolg und gute Unterhaltung!

Kapitel 2
Konventionen

Überblättern Sie dieses Kapitel nicht! Zumindest nicht sofort.

Mag sein, dass Sie eine ganze Menge einfacher, hilfreicher Programmierregeln längst kennen. Aber sind Sie sicher, dass Sie *alle* kennen, die Ihnen helfen können?

Selbst wenn: Es kann nicht schaden, sich die eine oder andere in Erinnerung zu rufen.

Dieses Kapitel beschäftigt sich mit »Basics«, deren Beachtung bereits eine ganze Reihe Probleme im Keim ersticken kann. Noch dazu handelt es sich um einfache und leicht zu merkende Regeln – an die sich freilich *jeder* im Team halten sollte, damit das Konzept in Gänze gelingt.

2.1 Vereinbarungen im Team

Konventionen sind Vereinbarungen. Sie drehen sich um Regeln, an die sich ein Entwicklerteam *vereinbarungsgemäß* hält, um Missverständnisse und Reibungsverluste zu minimieren. Konventionen fallen weder vom Himmel, noch werden sie von oben verordnet. Vielmehr handelt es sich um Regeln, die sich in der Entwicklerszene jahrelang bewährt haben und die Ihr Team übernimmt. Das erspart es einem Team, erst langwierig eigene *Best Practices* herausfinden zu müssen. Was bei anderen gut funktioniert, darf getrost als brauchbare Ausgangsposition gelten.

Konventionen helfen Missverständnisse und Reibungsverluste zu vermeiden.

Am besten legen Sie Konventionen gemeinschaftlich im Team fest. Sie vom Chef diktiert zu bekommen fühlt sich eher unangenehm an, insbesondere wenn sie von den eigenen Gewohnheiten abweichen. Die besten Konventionen sind solche, für die sich möglichst wenige Kollegen umgewöhnen müssen.

Konventionen festzulegen ist nur der erste Schritt. Man muss sie auch konsequent einhalten, sonst gerät man ins Stolpern. Missverständnisse z. B. durch ungewohnte Schreibweisen kosten Zeit, Nerven (Ihre und die der Anwender Ihrer Software) und letztlich Geld.

Aber wie sklavisch müssen sich die Kolleginnen und Kollegen an die Konventionen halten? Kostet es nicht extra Aufwand, dauernd auf deren Einhaltung zu achten?

Versuchen Sie, das richtige Maß zu finden. Eine Konvention, an die sich niemand hält, ohne dass dies zu nennenswerten Problemen führt, mag verzichtbar sein. Hält das Team eine neue Konvention für angebracht – etwa im Zuge der Einführung einer neuen Technologie –, ziehen Sie auch dieses Feedback in Erwägung. Kommt es häufig zu Problemen aufgrund vermeintlich einfacher Fehler, prüfen Sie, ob die Konventionen in Ihrem Team hinreichend sind oder ob sie schlicht in Vergessenheit geraten sind.

Halten Sie die offizielle Liste der Regeln schriftlich fest, und sorgen Sie dafür, dass jeder weiß, wo sie zu finden ist.

2.1.1 Erlaubte und verbotene Abweichungen

Besonders selbstbewusste Programmierer halten ihren speziellen Stil für Ausdruck ihrer Individualität. Sie haben eigene Regeln erfunden und gebrauchen sie zusätzlich zu oder anstelle jener des Teams. Sie haben sogar möglicherweise gute Gründe dafür. Abweichungen sind aber nur zu tolerieren, wenn sie keine Missverständnisse verursachen.

Als positives Beispiel sei die Array-Deklaration in Java genannt. Die sieht üblicherweise so aus:

```
String[] strings;
```

Syntaktisch erlaubt ist allerdings auch – genau wie in C – diese Variante:

```
String strings[];
```

Semantisch ist beides identisch: Beide Codezeilen erzeugen eine Variable namens `strings`, dessen Typ ein Array aus `String`-Objekten ist. Kein Kollege wird über die Zeile stolpern, egal wie sie aussieht.

Verfechter der Konvention »Keine Array-Deklarationen im C-Stil«, die die zweite Variante verbietet, argumentieren, der Typ der Variable sei ein Array, folglich gehörten die Klammern zu String und nicht zu strings. Das ist durchaus plausibel – aber die »falsche« Schreibweise wird selten zu Missverständnissen führen. Also muss das nicht unbedingt durch eine Regel festgelegt werden. Denn weniger ist wie so oft mehr. Je mehr Konventionen Entwickler beachten müssen, umso leichter passiert es, dass sie mal eine übersehen. Vor allem dann, wenn sie selten zum Einsatz kommen und in der Praxis kaum von Belang sind. Übertreiben Sie es also nicht mit dem Regelwerk.

Wie auch immer: Wenn die Konventionen einmal feststehen, fangen Sie keine Diskussionen an.

»Die öffnende geschweifte Klammer { soll also immer am Ende der Zeile stehen?«

»Ja.«

»Warum?«

»Ist Konvention.«

»Das ist ein blöder Grund.«

»Mag sein, aber ...«

Solche Gespräche sind Zeit- und Energieverschwendung. Wenn das Team einmal Konventionen festgelegt hat, ist es sinnlos, sie dauernd zu hinterfragen. Nachträglich sehr viele Stellen im Code zu ändern, würde erheblichen Aufwand bedeuten, erst recht, wenn es an sich keinen besonders plausiblen Grund für die neue Vorgabe gibt.

»In England fahren die Autos im Gegensatz zum Rest Europas links?«

»Ja.«

»Warum?«

»Ist Konvention.«

»Das ist ein blöder Grund.«

»Mag sein, aber es wäre offensichtlich viel zu aufwendig, diese Konvention zu ändern.«

Sehen Sie, was ich meine? Natürlich können Sie trefflich diskutieren, sei es über die Array-Deklaration oder über die Sprachqualität in Kommentaren. Würden Sie diese Zeit stattdessen investieren, um den kompletten Code auf einen einheitlichen Stand zu bringen, der die Konventionen

Verstöße sollten erst korrigiert werden, wenn das Risiko klar ist.

ordentlich reflektiert, wären Sie wahrlich besser beraten. Vorausgesetzt, der Aufwand ist überschaubar.

Eine weitere Konvention definiert daher den Umgang mit entdeckten Verstößen. Sofort ändern? Was bei Kommentaren unproblematisch ist, kann bei echten Codeänderungen Probleme verursachen. Wenn Sie einen Bezeichner umbenennen (und sei es nur, weil er einen banalen Rechtschreibfehler enthält), müssen Sie das in allen Codedateien tun, die darauf zugreifen. Unter Umständen fassen Sie damit Code an, den gerade ein anderer Entwickler bearbeitet, oder übersehen gar eine Stelle.

Sobald Mechanismen wie etwa *Reflection* in Java im Spiel sind, reicht die Kette der Abhängigkeiten möglicherweise noch weiter. Gewisse Codeteile könnten *erwarten*, dass ein Bezeichner genau so heißt, wie er heißt, und auf Änderungen mit fatalen Fehlern reagieren. Nicht jede Abhängigkeit ist offensichtlich. Denken Sie an automatisch erzeugte Webservice-Endpoints, die von Clients benutzt werden, auf die Sie keinen Einfluss haben. Hier sind Änderungen schlicht verboten, selbst wenn noch so peinliche Schreibfehler in Bezeichnern damit bis in alle Ewigkeit zementiert sind.

2.1.2 IDE, Formatierung und Code Style

Code Style

Ob sich geschweifte Klammern { am Ende einer Zeile oder vorn in der nächsten öffnen – Geschmacksache. Wie weit Sie Codeblöcke einrücken – alles Geschmacksache. Formatierungsstil, oder *Code Style*, ähnelt Vorlieben für Bekleidung. Im Gegensatz dazu ist Einheitlichkeit innerhalb eines Teams allerdings äußerst hilfreich.

IDEs wie *Eclipse*, *NetBeans*, *Visual Studio* oder *IntelliJ IDEA* erlauben es Ihnen, in gewissen Grenzen einen bestimmten Formatierungsstil zu etablieren, und enthalten zumeist auch bereits eine Vorgabe. Es ist möglich, beim Speichern (oder *Committen*) einer Codedatei den Stil automatisch anzuwenden. Nutzen Sie ruhig diese Funktion, um Einheitlichkeit zu gewährleisten. *Welchen* Stil Sie dabei anwenden, ist zweitrangig – entscheidend ist, dass alle Entwickler denselben verwenden. Dazu können Sie die betreffende Stilvorlage einfach auf allen Arbeitsplatzrechnern installieren.

> **Tabulator oder Leerzeichen?**
> Einrückung dient generell der Lesbarkeit. Wenn ein Quellcode aber auf der Maschine des Kollegen (oder in einem Texteditor oder auf einer Webseite) anders aussieht als auf Ihrer, nur weil die Tabulatorweite unter-

schiedlich eingestellt ist, ist Stirnrunzeln vorprogrammiert. Stellen Sie also Ihre IDE so ein, dass sie beim Drücken der ⇥-Taste Leerzeichen erzeugt. Das Tab-Steuerzeichen selbst hat in Quellcodedateien heutzutage nichts mehr zu suchen.

Wenn Sie in einer vorhandenen Codebasis teamweit einen Stil einführen, kann es passieren, dass auf einen Schlag eine Menge Quellcode verändert wird. Das kann zu Irritationen führen, wenn Ihr Quellcodeverwaltungssystem plötzlich Hunderte Änderungen protokolliert – ohne semantische Änderung an der Software. Mehr zum Thema Quellcodeverwaltung finden Sie in Kapitel 3.

Für Java-Entwickler existieren verschiedene Style Guides, die über Formatierungsregeln weit hinausgehen. So schreibt die verbreitete Richtlinie von *Google* beispielsweise nicht nur vor, dass Blöcke um genau zwei Leerzeichen (und nicht etwa einen, auf Breite 2 eingestellten Tabulator) einzurücken sind, sondern auch, dass nie mehr als eine Anweisung in einer Zeile stehen darf. Auch solche Guides können Sie als Konvention vereinbaren, wenn Sie keine eigene erfinden möchten. Warum nicht Bewährtes übernehmen?

> **Code Style Guides im Netz**
> - Google/Java: *https://google.github.io/styleguide/javaguide.html*
> - Google/C++: *https://google.github.io/styleguide/cppguide.html*
> - Microsoft/C#: *https://msdn.microsoft.com/de-de/library/ff926074.aspx*

Um einheitlichen Code zu produzieren, hilft es ungemein, die zugehörigen Regeln nicht unterschiedlichen Entwicklungssystemen eintrichtern zu müssen. Es verringert deutlich den Administrationsaufwand, wenn alle Entwickler dieselbe IDE verwenden. Einheitlichkeit geht hier über Individualität. So können beispielsweise alle Entwickler gleichzeitig größere Updates installieren. Gibt es dabei Probleme, können sie für das ganze Team zugleich gelöst werden und nicht peu à peu. Murphy's Law schreibt bekanntlich vor, dass ein Update genau dann die IDE eines beteiligten Entwicklers lahmlegt, wenn ein Projektabgabetermin bevorsteht.

Einheitliche IDE

Ihre Konventionen legen Sie schriftlich nieder, und zwar so, dass alle Entwickler jederzeit Zugriff darauf haben. Sogar im 21. Jahrhundert kann da ein Schnellhefter – am besten in einer Leuchtfarbe und an einer zentralen

Stelle im Büro deponiert – mit einem darin abgehefteten Ausdruck der Regeln nicht schaden. Dann kann zumindest niemand behaupten, er hätte von nichts gewusst.

2.2 Wenn die Variable »a« sagt (und sonst nichts)

Solange Sie nicht gerade am Wettbewerb für den unleserlichsten C-Code (*http://www.ioccc.org*) teilnehmen möchten, tun Sie gut daran, Ihren Code so verständlich wie möglich zu schreiben. Dabei helfen ein paar einfache Regeln, die Sie in Ihrem Team etablieren sollten.

2.2.1 Eindeutige Bezeichner

Es spart oft viel Zeit, Bezeichner immer so zu benennen, dass die Bedeutung des zugehörigen Elements eindeutig klar wird.

Programmierer sind tendenziell faule Leute – streng genommen gehört das zu den Vorbedingungen für unseren Beruf: Wer gerne langweilige Fleißaufgaben immer und immer wieder abarbeitet, sollte lieber Computer werden, anstatt zu versuchen, ebendiese zu programmieren.

Im Ernst: Wer sich schon in frühester Kindheit für stetig wiederkehrende, langweilige Aufgaben ein Programm geschrieben hat, ist vermutlich kein schlechter Software-Entwickler geworden. Aber man kann auch am falschen Ende Zeit sparen. Hier beispielsweise:

```
r = avg(w)*(1+rd);
```

Natürlich ist es mehr Tipparbeit, die Sache ordentlich zu schreiben:

```
result = average(waypoints)*(1+relativeDistance);
```

Was auch immer diese aus dem Zusammenhang gerissene Zeile genau tut: Die längere Version gibt Ihnen zumindest eine grobe Ahnung davon.

Die Bedeutung eines Bezeichners muss klar erkennbar sein.

Dies schließt glücklicherweise das beliebte Schleifen-i mit ein, das kein Programmierer index oder counter nennen muss, um seine Bedeutung zu vermitteln:

```
for(int i=0; i<diceCount; i++) {
  throwDice();
}
```

Kein Programmierer wird in diesem Beispiel die Bedeutung von i missverstehen. Ähnliche Beispiele sind x, y und z für Koordinaten oder tmp für temporäre Variablen, wie sie beim Dreieckstausch nötig sind:

```
tmp = first;
first = second;
second = tmp;
```

Auch zu lange Namen sorgen nicht gerade für Übersicht. Manchmal bleibt Ihnen allerdings keine Wahl. Wenn Sie ein Java-Interface definieren möchten, das einen *Listener* abbildet, der auf eine vollständige Erledigung einer Aufgabe wartet, dann heißt dieser:

```
interface OnCompletionListener {
  void onCompletion(Task task);
}
```

Wenn eine andere Klasse einen solchen Listener als Property verwendet, heißt der *setter* zwangsläufig:

```
public void setOnCompletionListener (OnCompletionListener listener)
{ ... }
```

So wird ein Funktionskopf etwas lang – aber immer noch verständlicher und vor allem eindeutiger als beispielsweise setListener().

Notfalls kürzen Sie ab – aber bitte verständlich:

```
class DbInconsistencyChkImpl
```

statt

```
class DatabaseInconsistencyCheckImplementation
```

Manchmal führt eine konsequente Namensfindung zu wahren Monstern:

```
public String formatTranslatedItemDescription⤵
  ForShoppingCart(Item item) {}
```

Optimal sind solch lange Namen nicht, denn das Auge überspringt dabei gerne ein paar Buchstaben und könnte so Funktionsnamen verwechseln. Sie werden später sehen, dass Sie solche Fälle umgehen können, indem Sie einen Teil der spezifischen Namen auf die Klasse verlagern:

```
class ItemDescriptionTranslator {
  public String formatForShoppingCart(Item item) {}
}
```

> Abkürzungen sind erlaubt, wenn die Bedeutung ersichtlich bleibt.

Einheitlich gestalten sollten Sie neben den verwendeten Begriffen wie *Item*, *Translator* und *ShoppingCart* auch die Formulierungsweise. Werfen Sie einen Blick auf diese Beispiele:

```
public String createTranslation(Description description)
```

Und:

```
public String createTranslatedDescription(Description description)
```

Oder vielleicht doch besser einfach:

```
public String translate(Description description)
```

Seit der Anfangszeit der Programmiersprachen erteilen wir dem Computer Befehle. Formulieren Sie Funktionen also immer geradeheraus im Imperativ.

Einheitliche Namen auch für Konstanten

Anderes Beispiel: Konstanten. Üblich sind dafür Großbuchstaben, aber schreiben Sie `MAX_NUMBER_OF_ITEMS` oder `ITEMS_MAX`? Ersteres hat den Vorteil, dass bei alphabetischer Sortierung mehrere `MAX…`-Bezeichner untereinander erscheinen.

Bei Konstanten, die physikalische Größen (Zeit, Länge, Gewicht …) repräsentieren, sind Sie gut beraten, die verwendete Einheit in den Bezeichner zu integrieren.

```
public static final int INTERVAL_MS = 1000;
```

Ein Intervall von 1.000 Millisekunden ist eine klare Ansage. Würde das Postfix `_MS` fehlen, wären üble Timing-Fehler durch falsche Werte zu befürchten.

Irreführende Namen vermeiden

Schlimmer als ungenaue Namen sind irreführende:

```
private String itemList;
```

Ein Objekt namens `itemList` sollte besser tatsächlich eine `List<Item>` sein und nichts anderes:

```
private List<Item> itemList;
```

Der Bezeichner und sein Typ sollten immer zueinanderpassen. Auch diese Deklaration gefällt mir nicht:

```
List findCustomerGroupsByUuid(String uuid);
```

Warum? Wenn ein Objekt `uuid` heißt, sollte es auch eines sein:

```
List findCustomerGroupsByUuid(UUID uuid);
```

Wenn es wirklich einen guten Grund dafür gibt, dass diese Funktion eine UUID in Ihrer String-Repräsentation erhält, dann schreiben Sie:

```
List findCustomerGroupsByUuid(String uuidAsString);
```

Dementsprechend müssen auch Funktionen das tun, was ihr Name suggeriert. Keinesfalls mehr. Heißt eine Funktion `Item.setPrice(price)` wie ein *setter*, dann sollte sie auch nicht mehr tun als das – keinesfalls also etwa in einer Datenbank nachsehen, ob `price` im erlaubten Bereich liegt. Das ist Geschäftslogik, die nichts in Datenobjekten zu suchen hat.

Verwenden Sie in ähnlichen Klassen ähnliche Funktionen, sollten auch die Namen ähnlich lauten, nicht etwa einmal `Song.calculatePrice()` und einmal `Album.determinePrice()`.

Ein guter Bezeichner erlaubt es dem Betrachter, die Bedeutung ziemlich genau zu erraten. Mehr noch: Sie haben den Bezeichner gut gewählt, wenn ein anderer Entwickler auf ihn zugreifen möchte und *errät*, wie er lautet.

Oft liegt der optimale Name für einen Bezeichner nicht direkt auf der Hand. Gerade bei Klassen oder Funktionen lohnt es sich, eine Weile über den besten Namen nachzudenken. Diskutieren Sie ruhig mit Kollegen, wenn die Wahl nicht eindeutig ist. Üblicherweise sind solche Entscheidungen endgültig oder nur schwer nachträglich zu ändern. Lieber vorsorgen als später überflüssige Arbeit am Hals haben.

2.2.2 Richtige Sprache

In welchen Sprachen Bezeichner, Kommentare und Dokumentation zu verfassen sind, sollte Gegenstand einer weiteren Konvention sein. Das erfordert nicht zuletzt, dass die Beteiligten die Sprache auch korrekt beherrschen.

Angenommen, Sie stoßen neu zu einem Projekt: Tatsächlich ist der vorhandene Code komplett in Englisch gehalten, auch die Kommentare. Manchmal etwas holprig:

```
// the user may not buy empty good baskets
if( !basket.isEmpty()) {
...
}
```

»Leere gute Körbe«? Was ist denn hier passiert?

Anscheinend fiel dem (deutschen) Verfasser dieser Zeilen die gängigste Übersetzung für »Warenkorb« nicht ein (»ShoppingCart«). Also behalf er sich mit der etwas zu wörtlichen Übertragung »goods« (Waren) und »basket« (Korb). Eine unglückliche Verschiebung des kleinen »s« ergab dann »gute Körbe«, »good baskets«.

Was hier wie eine nette Anekdote klingt, führt uns tatsächlich zu einer wichtigen Regel:

Code komplett in korrektem Englisch schreiben

Schreiben Sie Code möglichst komplett in korrektem Englisch.

Das ist die Weltsprache der Software-Entwicklung. Durchmischter Code klingt automatisch falsch:

```
List<String> liste = generiereComputerNameListe();
```

Das Beispiel ist gemein gewählt, denn »Computer« als eingedeutschter Begriff klingt nun einmal englisch. »Name« könnte auch englisch sein. Zusammen mit »Liste«, das sich nur in einem Buchstaben vom englischen Begriff unterscheidet, erweckt obige Zeile den Eindruck, als wäre sie von einem Grundschüler verfasst worden.

Ziehen Sie immer in Betracht, dass ein fremdsprachiger Kollege zum Team stößt. Englisch kann jeder in der IT, Deutsch nicht. Das betrifft auch extern beauftragte Code Reviews oder neue Kunden im Ausland, die Ihre öffentliche API benutzen möchten. Erklären Sie mal einem Japaner, dass er einem Webservice eine `artikelId` statt einer `articleId` übergeben muss ...

Es mag sein, dass Ihre Applikation stark von deutschen Spezialbegriffen durchdrungen ist, die spezifisch für die konkrete Anwendung sind. Wie sinnvoll wäre es, Begriffe wie »Kündigungsformularkopie« oder »Landkreisbehörde« zu übersetzen, wenn jede Person, die mit der Software arbeitet, nur die deutschen Worte verwendet? Dann muss bei jeder neuen Anforderung erst mühselig der deutsche Begriff in den richtigen englischen übersetzt werden – sofern es überhaupt einen gibt. Bei ähnlich klingenden Begriffen besteht hier akute Verwechslungsgefahr. In solchen seltenen Fällen kann es sinnvoll sein, Ausnahmen von der Englisch-Konvention zuzulassen. An dieser Stelle kommen die deutschen Sonderzeichen ins Spiel: Umlaute müssen Sie nicht wie noch bis vor einigen Jahren zwingend in »ue«, »ae«, »oe«, »ss« umwandeln. Zumindest moderne Programmierumgebungen wie Java und C# akzeptieren den gesamten UTF-8-Zeichensatz für Bezeichner. Es soll allerdings schon passiert sein, dass ein Mitstreiter seine Entwicklungsumgebung mit Windows-Zeichencodierung betrieben und mehrere Quellcodedateien mit Hieroglyphen beglückt hat.

»Wieso, bei mir sieht doch alles richtig aus?!« ist dann gewiss nicht der Satz, den Sie hören möchten.

Vergessen Sie nicht, diese Konvention an jeden weiterzugeben, der damit zu tun hat. In dem Moment, in dem Ihr chinesischer Subunternehmer mit Schleifenvariablen in Mandarin daherkommt, ist es bereits zu spät ...

2.2.3 // Diese Zeile ist kein Kommentar

Es ist leicht, eine Konvention zu definieren, in welcher Sprache Kommentare zu verfassen sind. Hier gilt dieselbe Argumentation wie für Bezeichner.

Viel schwieriger ist es, festzulegen, was kommentiert werden muss und was nicht.

Eine Faustregel könnte lauten: Zeigen Sie Code einem Kollegen. Wenn er nicht sofort erklären kann, was der Code tut, fügen Sie einen Kommentar hinzu. Oder verstehen Sie die folgende Zeile C-Code (aus Gnuplot) auch ohne?

```
double result = tic * (upwards ? ceil(input / tic) : ↪
    floor(input / tic));
```

Kommentare sind ein weites Feld. Obwohl vom Compiler ignoriert, tragen sie mehr zur Qualität von Software bei, als es den Anschein hat. Deshalb habe ich diesem Thema einen eigenen langen Abschnitt gewidmet (siehe Abschnitt 8.1). Einstweilen halten wir an dieser Stelle fest, *dass* es Konventionen in Bezug auf Kommentare geben sollte – wie sie genau ausschauen, diskutieren wir später noch ausführlich.

2.2.4 Ungarische Notation

Ein Relikt vergangener Zeiten ist die Konvention, zusätzliche Informationen im Bezeichner unterzubringen, insbesondere den Typ einer Variablen. Das war lange Zeit sehr wichtig, weil historische Compiler Typen nicht zwingend überprüften und die falsche Wahl den Beginn einer Tage dauernden Fehlersuche markieren konnte.

Erfunden wurde als Lösung die *Ungarische Notation*. Sie ergänzt vor jeder Variablen ein Präfix für den entsprechenden Typ. Ich zeige Ihnen nur wenige C-Beispiele, weil ich Ihnen gleich im Anschluss erklären werde, warum Sie die Ungarische Notation (und deren Verwandte) nicht benötigen.

```
long lSize;
char * szPassword;
uint32_t u32Size;
```

Hier steht das l in lSize für den Typ long, sz für einen Zero- bzw. Null-terminierten String und u32 für einen 32 Bit breiten vorzeichenlosen Integer.

Die meisten modernen Entwicklungssysteme (IDEs) zeigen Ihnen den Typ einer Variablen, wenn Sie den Mauszeiger darauf halten. Setzen Sie eine streng typisierte Sprache wie Java ein, wirft Ihnen der Compiler bei verkehrten Zuweisungen klare Fehlermeldungen oder deutliche Warnungen vor die Füße, die im Editorfenster zu Unterstreichungen führen. Da kann nicht viel schiefgehen. Ohne Ungarische Notation wird Code lesbarer.

Analog gilt die Argumentation für das gern verwendete Präfix m für Membervariablen bzw. Klassenattribute, das dazu dienen soll, solche Elemente von Parametern oder lokalen Variablen zu unterscheiden:

```
private String mName;
```

IDEs wie Eclipse färben Membervariablen im Codefenster ein, Missverständnisse sind unwahrscheinlich. Selbst Fehler wie der folgende sind sofort erkennbar, weil Eclipse sie farblich markiert:

```
private String name;
...
public void setName(String name) {
  name = name;
}
```

Nachdem ich Ihnen eine ganze Reihe wichtiger Konventionen für Namen von Bezeichnern gezeigt habe, haben wir immerhin eine gefunden, auf die wir verzichten können. Ein Silberstreif am Horizont! Es wird nicht der letzte sein, keine Sorge.

2.2.5 Groß, klein, CamelCase und diese verflixten case-sensitiven Dateisysteme

Falls Sie anno 1985 einen Atari XL-Heimcomputer besessen haben sollten, kennen Sie das: Kleinbuchstaben in BASIC-Befehlen? Syntax Error!

Dabei sahen die Kleinbuchstaben in Pascal in der Schule so cool aus! Tatsächlich war Turbo Pascal aber nicht *case-sensitive*, Groß- und Kleinbuchstaben wurden gleich behandelt. Es war egal ob Sie große oder kleine Buchstaben verwendeten, die Schlüsselworte program, PROGRAM und PrOgrAm waren gleichbedeutend.

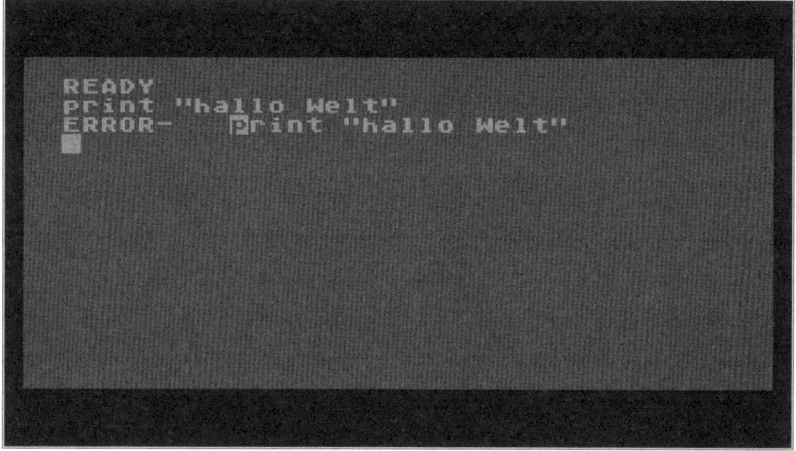

Abbildung 2.1 BASIC auf 8-Bit-Heimcomputern reagiert allergisch auf Kleinbuchstaben.

C hingegen unterschied sehr wohl, also schrieb man sicherheitshalber alles klein und auch mal mit Unterstrichen zur sichtbaren Trennung von Worten. Mit *Pascal* und *Modula II* kamen *PascalCase* und *camelCase* in Mode. Als Eselsbrücke mag Ihnen die Tatsache dienen, dass Kamele einen Höcker in der Mitte haben (beim großen C). Heute hat jede Sprache ihre eigenen Konventionen (siehe Kasten).

Groß- und Kleinschreibung

- **Java**: Klassennamen in PascalCase, Funktionen und Attribute in camelCase
- **C#**: Klassennamen, Funktionen und Properties in PascalCase
- **C**: alles_klein_und_zusammen
- **Python**: Klassennamen in PascalCase, Funktionen und Variablen wie in C

Auch im zweiten Jahrzehnt des 21. Jahrhunderts bereitet es manchen Entwicklern Probleme, solche Konventionen zu beachten.

Schauen Sie sich diese Zeile an, die aus einem C-Systemtreiber für einen Microcontroller stammt:

```
#include "../include/trace.h"
```

Diese Präprozessor-Anweisung, die eine Header-Datei nachlädt, lässt die Schlussfolgerung zu, dass der Autor der Zeile auf einem Windows-Rechner arbeitet. Ahnen Sie, woher ich das weiß?

Die Zeile führt auf einem Linux-PC zu einem Fehler, weil die zugehörige Datei in dem Projekt auf Festplatte *Trace.h* heißt und nicht *trace.h*. Da Dateisysteme unter Linux case-sensitive sind, unter Windows aber nicht, ist die Datei unauffindbar. Eine Konvention, alle Dateinamen kleinzuschreiben, hätte diesen Fehler vermieden.

2.3 Code-Fokus

Nicht nur Politiker beantworten Fragen manchmal deutlich ausführlicher als nötig. Leider leidet auch Programmcode manchmal an einer solchen Weitschweifigkeit – und erschwert die Zuordnung zwischen Problemstellungen und konkreter Umsetzung.

Einige einfache Regeln zum Thema *Code-Fokus* schaffen Abhilfe.

2.3.1 Zuständig laut Formular: God.class

Vor einiger Zeit hatte ich für ein Projekt bei einem großen Telekommunikationsunternehmen drei eingereichte Proof of Concepts für die Erneuerung einer recht umfangreichen Software-Lösung zu bewerten. Die eine oder andere Codestelle bei dieser Prüfung verursachte energisches Kopfschütteln. Ein Kandidat jedoch hatte wirklich sehr sauberen Code vorgelegt. Ordentliche Bezeichner, kurze Funktionen, informative Kommentare – *alles in einer einzigen Klasse*, genannt Application, mit vierstelliger Zeilenzahl.

An der fraglichen Klasse hatte ein einziger Entwickler gearbeitet. Anders hätte das auch gar nicht funktioniert – Quellcodeverwaltungen sind schlau, aber wenn dauernd mehrere Autoren an einer riesigen Datei herumbasteln, sind Konflikte so sicher wie das Amen in der Kirche.

Eine Klasse sollte für *ein* Puzzleteil der Applikation verantwortlich sein, nicht für mehrere: das *Single-Responsibility-Prinzip*. Alles in eine Datei zu schreiben war vielleicht im Jahr 1984 auf dem C64 vernünftig – in BASIC. Auch in funktionalen Sprachen gilt: Teilen Sie Quellcode sinnvoll auf mehrere Klassen bzw. Dateien auf. Die Faustregel sollte sein: Wenn zwei Entwickler, die sich um unterschiedliche Dinge im Projekt kümmern, an der gleichen Klasse arbeiten möchten, ist etwas falsch gelaufen.

Möglicherweise gibt Ihnen ein Architekt die Klassenstruktur bereits vor. Falls nicht: In Kapitel 5 zeige ich Ihnen verschiedene Entwurfsmuster, die Ihnen beim Aufbau einer übersichtlichen Struktur helfen. Letztlich hat es sich bewährt, Klassen klar nach Funktionalität zu gliedern:

- Webservice-Endpunkte
- Datenklassen (z. B. Plain Old Java Objects, kurz: POJOs, oder Java-Beans)
- Serviceklassen (Geschäftslogik)
- Datenbankzugriff (Data Access Objects, kurz: DAOs)
- Datentransferobjekte (Data Transfer Objects, kurz: DTOs)
- abstrakte Basisklassen
- Implementierung von Interfaces (z. B. für verschiedene DAOs)
- Konfigurationsklassen
- Utility-Klassen

Für Datenklassen liegt die Lösung auf der Hand: Eine Tabelle in einer normalisierten Datenbank entspricht einer Klasse (jede Zeile der Tabelle entspricht einem Objekt). Jedes selbst entworfene Control in einer Benutzeroberfläche ist eine eigene Klasse, ebenso jedes Konfigurations-Bean.

Die Meinungen gehen hier und da auseinander, wenn es um Geschäftslogik geht. Diskutieren Sie solche Fälle mit Ihrem Architekten oder Ihren Kollegen. Entscheidungshilfen finden Sie in Kapitel 5.

2.3.2 Spezialisierte Funktionen

Ähnlich wie Klassen sollten auch Funktionen kurz sein. In manchen Teams existierte die Konvention, die vorschrieb, dass Funktionen komplett ins Editorfenster der Entwicklungsumgebung passen müssen, bis findige Kollegen auf die Idee kamen, ihr LCD-Display zu drehen.

Statt einer willkürlichen Längenangabe ist es hilfreich, eine inhaltliche Regel zu finden: Funktionen sollen *eine Aufgabe* erfüllen. Damit werden sie automatisch kurz.

Eine Aufgabe pro Funktion

Aber mehr noch: Sie werden übersichtlich, verständlich und testbar. Das sind wichtige Aspekte, auf die ich später noch zurückkommen werde.

Vielleicht fragen Sie sich jetzt, wie eine Applikation je mehr als eine Aufgabe erfüllen soll, wenn jede Funktion nur eine Aufgabe übernehmen darf. Anscheinend würde die Konvention den folgenden Code verbieten:

```
void init() {
  initDevices();
  initDatabase();
  initUI();
}
```

Mitnichten. Diese Funktion erfüllt tatsächlich *einen* Zweck: Sie initialisiert alle erforderlichen Subkomponenten. Das tut sie auf einer recht hohen Abstraktionsebene. Um die Details kümmern sich die einzelnen Funktionen.

Oft ist die beste Abgrenzung für eine Funktion nicht eindeutig erkennbar. Ein häufiges Merkmal einer zu unspezifischen Funktion ist eine hohe Einrücktiefe oder Komplexität. Auch wenn Sie einem Kollegen nicht in einem Satz erklären können, was die Funktion tut, tut sie höchstwahrscheinlich zu viel.

2.4 Checkliste

Die vorstehenden Abschnitte enthalten zahlreiche Beispiele für wichtige Konventionen. Es bleibt Ihnen und Ihrem Team überlassen, welche Sie in Ihrem Team übernehmen. Finden Sie eine Auswahl, die zu Ihrem Team passt und unter dem Strich die Qualität des produzierten Codes verbessert, ohne die Kollegen zu nerven. Denn ungeliebte Konventionen werden früher oder später vernachlässigt.

Werben Sie für die Einhaltung der Konventionen, selbst wenn Sie nicht der verantwortliche Teamleiter sind. Sie werden früher oder später selbst Nutznießer sein.

Werfen Sie einen Blick auf die abschließende Checkliste, um zu entscheiden, welche Konventionen Sie übernehmen möchten.

> **Checkliste: Konventionen im Entwicklerteam**
> - Konventionen definieren, dokumentieren und kommunizieren
> - einheitliche IDE verwenden
> - Bedeutung von Bezeichnern muss klar erkennbar sein
> - Abkürzungen sind erlaubt, wenn die Bedeutung ersichtlich bleibt
> - Irreführende Namen unbedingt vermeiden
> - Groß-/Kleinschreibung einheitlich, auch in Dateinamen
> - Bezeichner und Kommentare in korrektem Englisch
> - sinnvolle Kommentare
> - Funktionen erledigen *eine* Aufgabe, sind übersichtlich und kurz
> - Klassen repräsentieren *einen* logischen Teil der Anwendung

Kapitel 3
Willkommen im Team!

Die wenigsten Entwickler arbeiten im Vakuum (das wäre auch ziemlich ungesund). Sobald mehrere Personen zusammen an einem Projekt sitzen, stehen neue Anforderungen im Raum: Code muss kompatibel sein, jede Änderung nachvollziehbar. Verschiedene Versionen müssen koexistieren, Kräfte gebündelt werden statt sich gegenseitig im Weg stehen.

Dafür gibt es Tools wie *Versionskontrollsysteme* und Konzepte wie *Code Review* und *Pair Programming*.

Vollständige Historie

Wenn Arbeit im Team für Sie neu ist oder wenn Sie feststellen, dass die Zusammenarbeit in Ihrem Team Luft nach oben hat, ist dieses Kapitel wichtig für Sie.

Hierbei geht es jetzt weniger um den Code selbst als vielmehr um Tools und Strategien. Beginnen wir mit einem geeigneten Ort, an dem Ihr Quellcode nicht verloren gehen kann. Entgegen teilweise immer noch verbreiteter Ansicht ist das weder das Bankschließfach der Firma noch der am Flughafen vergessene Laptop des Mitarbeiters, sondern ... ein Versionskontrollsystem.

Dieses Kapitel bringt Ihnen aber nicht nur den Umgang mit solchen Systemen näher, sondern hält auch Ratschläge für die effiziente Arbeit im Team bereit.

3.1 Check this out: Subversion

Subversion ist Open Source

Eines der verbreitetsten und bewährtesten Versionskontrollsysteme heißt *Subversion* (abgekürzt: *SVN*). Es ist der Quasi-Nachfolger des Klassikers *CVS*, den die meisten Entwickler als ausgestorben betrachten dürften, und wurde Anfang 2000 von der Firma *CollabNet* entwickelt. Version 1.0 erschien im Jahr 2004. Seit 2009 betreut unter dem Dach der Apache-Community, ist Subversion ein frei verfügbares und bestens dokumentiertes Open-Source-System. Subversion ist nicht das modernste Versionskontrollsystem, aber selten die falsche Wahl. Die im Anschluss vorgestellte Alternative, Git, ist etwas schwieriger zu benutzen.

3.1.1 Überblick

Entscheidend bei jedem Versionskontrollsystem ist, dass nur die Unterschiede zwischen aufeinanderfolgenden Dateiversionen gespeichert werden (zumindest bei Textdateien).

Wenn Sie also ein Projekt *auschecken*, eine Änderung in einer Codedatei vornehmen und diese dann *committen*, merkt sich Subversion exakt Ihre Änderungen sowie den genauen Änderungszeitpunkt und speichert Ihren dazu verfassten Kommentar, der die vorgenommenen Änderungen beschreibt. Zu solchen Änderungen gehören auch das Löschen, Verschieben oder Umbenennen der Datei. Andere Entwickler können jederzeit zeilenweise nachvollziehen, welche Änderung von welchem Kollegen stammt. Das ist eine große Hilfe: Wenn Sie eine Zeile entdecken, die Sie nicht verstehen, wissen Sie in Sekundenschnelle, welchen Kollegen Sie um eine Erläuterung bitten können. Egal ob es sich tatsächlich um einen Fehler handelt oder nur um ein Verständnisproblem.

3.1.2 Subversion-Server

Der Subversion-Server ist eine Software, die auf praktisch jedem Rechner installiert werden kann. Unter Linux (Debian, Ubuntu usw.) funktioniert das beispielsweise so:

```
sudo apt-get install subversion
```

Natürlich läuft der Subversion-Server auch unter Windows. Installation und Konfiguration funktionieren dort ähnlich.

Der Subversion-Server wartet dann auf TCP-Port 3690 auf eingehende Verbindungsanfragen. Wenn sich der Rechner mit dem installierten Server im gleichen Netzwerk befindet wie die Arbeitsplatzrechner der Entwickler, ist der Zugriff unproblematisch. Steht der Server außerhalb, muss möglicherweise der Systemadministrator hinzugezogen werden, um für ein passendes Loch in der Firmen-Firewall zu sorgen.

Alternativ lässt sich Subversion dazu überreden, mit einem Apache 2-Webserver zusammenzuarbeiten. Dies ermöglicht es dann, über das Standard-HTTP(S)-Protokoll auf den Server zuzugreifen. Allerdings ist das zumeist etwas langsamer, wenn viele oder große Dateien zu übertragen sind.

Subversion verwaltet streng genommen keine Projekte, sondern *Repositories*. Wie Sie Ihren Code auf diese Repositories aufteilen, bleibt Ihnen überlassen. Im einfachsten Fall besitzen Sie ein einziges Repository, das auf der obersten Hierarchieebene Ihre verschiedenen Projekte verwaltet.

Subversion-Repositories

Sie können auf Ihrem SVN-Server das Hilfsprogramm `svnadmin` verwenden, um in einem geeigneten Verzeichnis ein Repository anzulegen:

```
cd /opt/svn
svnadmin create my_repository
```

Dieser Befehl erzeugt ein Repository namens *my_repository* im Verzeichnis */opt/svn*.

Um Projektcode im Repository zu hinterlegen, benötigen Sie und Ihre Kollegen einen *Client* – vor allem aber Zugriffsrechte. Um diese festzulegen, wechseln Sie ins Verzeichnis *conf*, das `svnadmin` für Sie erzeugt hat.

Subversion-Konfiguration

Hier finden Sie drei Dateien:

- *svnserve.conf*
- *authz*
- *passwd*

Alle drei Dateien verwenden ein ähnliches Textformat: Sektionsnamen in eckigen Klammern sowie zeilenweise Konfigurationsanweisungen in der Notation `Name = Wert`. Unmengen Kommentare in den Dateien, gekennzeichnet mit dem Symbol #, erklären die wichtigsten Details.

Für den Anfang müssen Sie nicht viel ändern. Öffnen Sie die Datei *authz* mit dem Texteditor Ihrer Wahl. Hier können Sie Gruppen definieren, etwa eine für jedes Entwicklerteam:

```
[groups]
frontend_team = michael,thomas,anna
backend_team = michael,anna,peter
```

Anschließend fügen Sie für jedes Projekt eine Sektion ein und definieren die Zugriffsrechte über die Gruppen- oder Usernamen:

```
[/frontend]
frontend_team = rw
backend_team = r

[/backend]
frontend_team = r
backend_team = rw
guest = r
```

In diesem Beispiel haben die Frontend-Entwickler vollen Zugriff (rw) auf das Projekt *frontend*, dürfen im Backend-Code aber nur lesen. Beim Backend-Team sieht die Sache genau umgekehrt aus, dort hat ferner ein Gast mit dem Usernamen guest Leserechte erhalten.

Die verbleibende Datei *passwd* verwaltet die Usernamen und Passwörter. Schreiben Sie einfach die Passwörter im Klartext in die Sektion

```
[users]
michael = 3w4qow94857jn89e45
anna = o98e4o7dh45t4rtfc
thomas = kljhfsda7653w4r98jhikld8
```

Natürlich müssen Sie sicherstellen, dass niemand ohne Erlaubnis Zugriff auf diese Konfigurationsdatei erhält.

Subversion kennt zahlreiche Möglichkeiten zur Nutzerverwaltung, beispielsweise mit Kopplung an ein LDAP-Verzeichnis in Ihrem Unternehmen. Dies im Detail zu erklären würde hier zu weit führen. Werfen Sie einen Blick auf die Links im folgenden Kasten, wenn Sie sich genauer mit dem Thema auseinandersetzen möchten:

> **Subversion im Netz**
>
> Homepage: *https://subversion.apache.org*
>
> Subversion-Buch online (auch deutsch): *http://svnbook.red-bean.com*

Mieten statt administrieren Anstelle eines eigenen Servers bietet es sich für kleinere Projekte oft an, bei einem professionellen Anbieter ein Repository zu mieten. So sparen Sie nicht nur Zeit und Nerven, sondern überlassen auch die Administration einem Profi. Neue User und Projekte legen Sie über eine Weboberfläche an, ohne sich um Bandbreiten oder volle Festplatten scheren zu müssen.

Die Anzahl der Anbieter ist unüberschaubar, googeln Sie nach »Subversion Hosting«. Exemplarisch seien genannt (Stand: Mitte 2017):

- *sliksvn.com*: kostenlos für kleine Einmannprojekte, verschiedene weitere Tarife je nach Größe
- *riouxsvn.com*: kostenlose Repositories mit je 50 MB Speicherplatz

Für einen näheren Blick greife ich mit *sourceforge.net* einen Anbieter heraus, der für viele Open-Source-Projekte große Bedeutung hat.

Bei *sourceforge.net* können Sie nur dann kostenlos Projekte anlegen, solange Sie sie öffentlich verfügbar machen. Dabei erhalten Sie nicht nur ein eigenes Subversion, sondern auf Wunsch auch gleich ein Ticketsystem, ein Wiki und ein Forum. Wenn Ihr Projekt später eine fertige Applikation veröffentlicht, können Interessenten sie direkt bei SourceForge herunterladen, ohne dass Sie sich Gedanken über die Bandbreite machen müssen.

Viele bekannte Anwendungen haben hier ihr Zuhause: Stellarium, DOS-Box, Audacity, FileZilla, FreeMind …, um nur wenige Beispiele zu nennen.

Der SVN-Zugriff läuft bei SourceForge über das sichere HTTPS-Protokoll. Die Adresse des Codes des weit verbreiteten FTP-Programms FileZilla lautet beispielsweise:

https://svn.filezilla-project.org/svn/FileZilla3

Wie Sie auf solche Repositories und Projekte zugreifen, zeigt Ihnen der folgende Abschnitt.

3.1.3 Subversion-Clients

Es gibt einen ganzen Zoo an Clients, die es Ihnen ermöglichen, auf Ihr SVN-Repository zuzugreifen. Einige Hosting-Provider fügen dem noch ein eigenes Webinterface hinzu.

Was immer geht, ist die Kommandozeile. Unter Windows installieren Sie dazu den Subversion-Client von SlikSVN (*https://sliksvn.com/*), unter Linux stecken die Client-Programme im gleichen Package wie der Server (`apt-get install subversion`).

Angenommen, Sie wollten schon immer einmal wissen, wie der berühmte ftp-Client *FileZilla* von innen aussieht. Mehr noch: Sie nutzen das Programm täglich, und Ihnen ist ein klitzekleiner Fehler aufgefallen, der sich doch bestimmt leicht beheben lässt!

Wie gut, dass FileZilla ein Open-Source-Projekt ist! Holen Sie sich einfach den Code:

```
svn co https://svn.filezilla-project.org/svn/FileZilla3/↲
   trunk filezilla
```

Checkout per Kommandozeile: svn co

Sie sehen, dass die Kommandozeilenversion des Subversion-Clients schlicht svn heißt. Es folgt das Kommando, in diesem Fall co (Sie könnten auch checkout schreiben), sowie die Adresse des gewünschten Verzeichnisses, in diesem Fall *svn/FileZilla3/trunk*. Der letzte Parameter, filezilla, ist der gewünschte Verzeichnisname auf Ihrem Rechner.

Der Client holt jetzt den Code vom Server und legt ihn auf Ihrer Festplatte ab, was bei einem kleinen Projekt wie FileZilla in erträglicher Zeit vonstattengeht – für große Projekte sollten Sie, je nach Internetverbindung, etwas Zeit und vor allem Festplattenplatz einplanen.

Wenn Sie sich das Verzeichnis anschauen, finden Sie neben verschiedenen Code- und sonstigen Unterordnern ein Verzeichnis namens *.svn*, in dem der Client wichtige Metadaten ablegt. Finger weg! Ältere Subversion-Versionen verfügen über ein solches Verzeichnis in jedem einzelnen Unterverzeichnis, was es unmöglich machte, solche als Ganzes zu verschieben.

Mit dem Kommando svn help sowie einem optional angehängten Unterkommando können Sie sich einen Hilfetext anzeigen lassen.

Tortoise SVN für Windows

Wenn Ihnen die Arbeit an der Kommandozeile auf Dauer keinen Spaß macht, werfen Sie einen Blick auf *Tortoise*, eine sehr verbreitete Benutzeroberfläche. Sie finden dieses Open-Source-Projekt für Windows bei SourceForge:

https://sourceforge.net/projects/tortoisesvn/

Der Trick bei Tortoise besteht darin, dass es sich vollständig in den Windows Explorer einklinkt und so ohne große eigene Benutzeroberfläche auskommt. Tortoise sorgt dafür, dass der Explorer ein Subversion-Verzeichnis auf Ihrer Festplatte als solches erkennt, und fügt automatisch eigene Icon-Overlays hinzu, die den Status jeder Datei kenntlich machen.

Letzteres funktioniert allerdings nur, solange Sie nicht mehrere andere Anwendungen installieren, die ebenfalls Icon-Overlays hinzufügen (Dropbox, TeamDrive ...): Windows kann nur ein gutes Dutzend darstellen und übergeht den Rest geflissentlich.

Zwecks Besichtigung des Repositorys verfügt TortoiseSVN außerdem über einen Repository-Browser (siehe Abbildung 3.1).

Noch praktischer als eine so schlanke Oberfläche ist nur eine direkte Integration in die Entwicklungsumgebung. IntelliJ IDEA (und damit auch das darauf basierende Android Studio) unterstützt Subversion schon von Haus aus, genau wie NetBeans; Visual Studio benötigt ein Plug-In wie *ankhsvn* (Open Source, *https://ankhsvn.open.collab.net*).

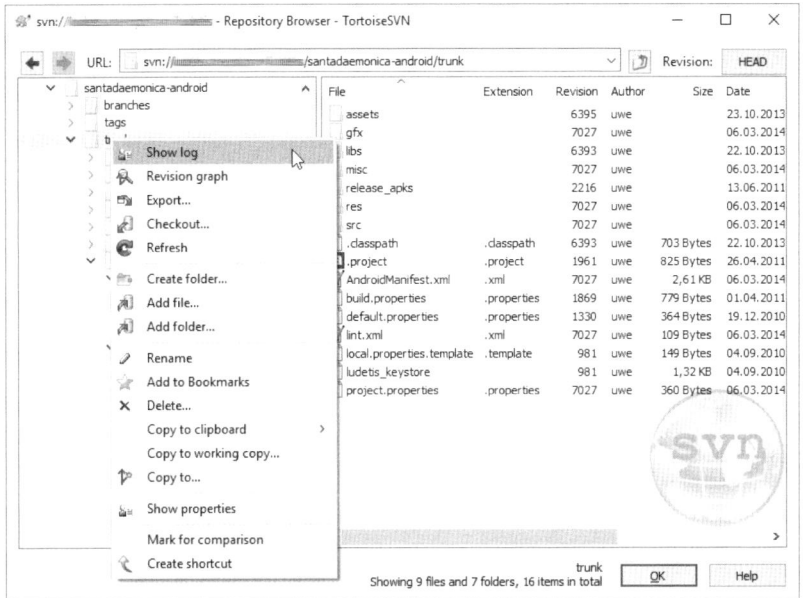

Abbildung 3.1 Der Repository-Browser von TortoiseSVN verfügt via Kontextmenü über alle wichtigen Funktionen.

Auch für die besonders verbreitete IDE Eclipse gibt es Plug-Ins, und zwar derer zwei: Subclipse und Subversive. Beide sind inkompatibel zueinander, und eine klare Empfehlung muss ich Ihnen schuldig bleiben – ich selbst finde allerdings Subclipse etwas praktischer. Wenn Sie beide Plug-Ins ausprobieren wollen, empfehle ich, das in einer virtuellen Umgebung zu tun, denn die Umstellung von einen Plug-In auf das andere kann etwas Kopfzerbrechen bereiten. Beide Plug-Ins finden Sie im Eclipse Marketplace; beachten Sie jedoch, dass Subclipse im Anschluss noch einen »Client Adapter« nachinstallieren muss, der letztlich die Kommandozeilenversion svn bedient.

Subclipse und Subversive für Eclipse

Haben Sie Subclipse einmal installiert, können Sie die Perspective »SVN Repository Exploring« öffnen, die Zugangsdaten eines Repositorys erfassen, sich den Inhalt anzeigen lassen und sofort loslegen. Sie können ein Projekt über das Kontextmenü auschecken und später Operationen auf Dateien ausführen, indem Sie mit der rechten Maustaste klicken und das Untermenü TEAM aufklappen.

Welche dieser Operationen im übertragenen Sinn ein besonders scharfes Skalpell erfordern, erkläre ich Ihnen auf den kommenden Seiten.

3.1.4 Der Trunk

Subversion ermöglicht Ihnen und Ihrem Team eine Vielzahl von Optionen. Es ist wichtig, sich auf ein einheitliches Vorgehen zu einigen, um Kollateralschäden zu vermeiden. Dazu gehört insbesondere eine passende Verzeichnishierarchie. Eine sehr verbreitete Konvention sieht wie folgt aus:

(Repository-Wurzelverzeichnis)
  (Projekt-Wurzelverzeichnis)
    trunk
    branches
    tags
  (anderes Projekt-Wurzelverzeichnis)
    trunk
    branches
    tags
    ...

Stellen Sie sich die zeitliche Entwicklung des Quellcodes wie das Wachsen eines Baumes vor. Zunächst gibt es einen Stamm (*trunk*), irgendwann wachsen ihm Äste (*branches*). Zusätzlich gibt es Aufkleber (*tags*), die Sie anbringen können.

Der aktuelle Code liegt in trunk. Übertragen auf Ihren Quellcode bedeutet das: Der jeweils aktuelle Quellcode residiert im Verzeichnis *trunk*. *Immer.* Alle Änderungen landen hier. Ausnahmen erläutere ich weiter unten.

Wenn Sie eine Änderung wie z. B. eine Fehlerkorrektur durchführen, holen Sie sich das aktuelle Projekt aus dem *trunk*, führen die Reparatur aus und committen die Änderung wieder in den *trunk*. Wohlgemerkt: *nachdem Sie die Änderung erfolgreich getestet haben.*

Update, testen, dann committen Der Code im *trunk* muss nicht nur immer kompilierbar sein, er sollte auch lauffähig und möglichst fehlerfrei sein. Er ist immer die Ausgangsposition. Jeder Kollege im Team kann sich jederzeit den Code aus *trunk* holen und damit arbeiten, um beispielsweise ebenfalls einen Fehler zu korrigieren.

»Immer« heißt in diesem Fall: Jede Änderung muss zusammen mit dem vorhandenen Code laufen. Sollte ein anderer Entwickler zwischendurch Änderungen committet haben, müssen Sie den aktuellen Code aus dem Trunk abrufen (`svn update`) und erneut testen.

Dann erst dürfen Sie Ihre Änderung committen.

So stellen Sie nicht nur sicher, dass Ihre eigene Änderung funktioniert, sondern auch, dass es keine Wechselwirkung mit Änderungen durch andere Entwickler gibt.

Meistens sind davon zwar andere Dateien betroffen als jene, an denen Sie gerade arbeiten. Üblicherweise besprechen Sie im Team, wer sich um welchen Codebereich kümmert, und im optimalen Fall betreffen Arbeiten an verschiedenen Sektionen einer Software auch unterschiedliche Codedateien. Aber in komplexen Projekten sind Wechselwirkungen nicht auszuschließen.

Eine sicherere Möglichkeit, die Funktionalität des Codes im *trunk* sicherzustellen, heißt *Continuous Integration*. Diesem Thema ist Kapitel 7 gewidmet.

Versehen Sie Commits immer mit einem aussagekräftigen Kommentar. Dabei entsteht eine neue *Revision*, die Subversion mit einer eindeutigen Nummer versieht. Später kann jeder für jede Quellcodezeile nachvollziehen, wer sie wann und warum geändert hat.

Sinnvolle Commit-Kommentare

Falls Sie einen Fehler korrigiert haben, zu dem eine Ticket-ID gehört, schreiben Sie diese mit in den Kommentar. Es gibt schlaue Software-Systeme, die solche Zusammenhänge auf komfortable Weise visualisieren können (mehr dazu in Abschnitt 8.3).

Achten Sie unbedingt darauf, dass Sie nicht versehentlich testweise vorgenommene Änderungen (z. B. probeweise auskommentierte Zeilen) committen, sonst bringen Sie Ihre Kollegen zur Verzweiflung.

Nie Testcode committen!

Committen Sie immer logische Einheiten. Wenn Sie einen Bug beheben oder ein neues Feature einbauen und dazu mehrere Dateien ändern, ist das *genau ein* Commit-Vorgang. Fassen Sie nicht mehrere Bugfixes in einem Commit zusammen, es sei denn, es handelt sich um sehr kleine, mit hoher Wahrscheinlichkeit nebensächliche Änderungen. Auf diese Weise können Sie nachträglich besser verfolgen, welche Änderung aus welchem Grund geschah, und sie notfalls en bloc zurücknehmen, ohne Nebeneffekte auszulösen. Die Änderungen jedes einzelnen Commits sollten für Sie und Ihre Kollegen überschaubar sein.

Nur logisch zusammenhängende Commits

Grundsätzlich erlaubt es Subversion, eine Datei exklusiv auszuchecken, so dass kein anderer Nutzer Änderungen committen kann, solange Sie mit den Ihren noch nicht fertig sind. Eine solche Vorgehensweise birgt die Gefahr, dass Kollegen durch vergessene oder eigentlich unnötige Exklusiv-Checkouts blockiert werden. Sie sollten darauf normalerweise verzichten können.

3.1.5 Branches und Tags

Es gibt verschiedene Branching-Modelle, die abhängig von Ihren Anforderungen eingesetzt werden können. Findet die Entwicklung gewöhnlich im Trunk statt, stellt sich die Frage, wie eventuell veröffentlichte Versionen gepatcht und ausgeliefert werden können, ohne auf das nächste große Update warten zu müssen. Wenn Ihre Software auf solche Fälle vorbereitet sein soll, erzeugen Sie zu jedem Release einen *Release Branch*. Hotfixes an älteren Release-Versionen werden dann in deren Branch durchgeführt und daraus ausgeliefert.

Release Branches oder Feature Branches

Falls Sie tief greifende Änderungen vornehmen müssen, verzweigen Sie den Code: Erzeugen und arbeiten Sie in einem *Feature Branch*. Bei besonders umfangreichen Arbeiten spricht man auch von einem *Topic Branch*.

Ein *Branch* ist zunächst eine Kopie des Quellcodes im *trunk*. Dies wird zumeist die aktuelle Version im Repository sein, nur gelegentlich möchten Sie eine ältere Revision als Basis für Änderungen verwenden – auch dies ist möglich.

Erstellen Sie einen Branch mit Ihrer bevorzugten Subversion-Oberfläche oder wie folgt per Kommandozeile:

```
svn copy svn://repository/project/trunk ↪
         svn://repository/project/branches/mybranch
```

Das `copy`-Kommando verrät direkt, was geschieht: Der Subversion-Server legt eine Kopie des gesamten *trunk*-Codes an. Dabei speichert er allerdings immer nur Unterschiede, das spart Platz.

Um mit diesem Branch zu arbeiten, checken Sie ihn in ein separates Arbeitsverzeichnis aus:

```
svn checkout svn://repository/project/branches/mybranch
```

Topic Branches für umfangreiche Änderungen

Damit verfügen Sie jetzt über zwei Arbeitskopien auf Ihrem Rechner: den *trunk*-Code und Ihren *mybranch*. In diesem können Sie sich jetzt nach Belieben austoben. Bauen Sie neue, umfangreiche Features ein, oder nehmen Sie größere Refactorings vor. Branches empfehlen sich immer dann, wenn Sie voraussichtlich mehrere Tage für eine Änderung benötigen oder sehr viele Dateien bearbeiten müssen. An dieser Empfehlung können Sie ablesen, dass Branches eine Ausnahme sein sollten. Insbesondere sollte es nicht mehrere Branches geben, die Änderungen an gleichen Dateien vornehmen. Denn am Ende Ihrer Arbeiten wollen Sie die umfangreichen Änderungen zusammenführen. Release-Versionen werden immer aus dem Trunk gebaut. Es ist das Schicksal eines Branches, irgendwann wieder in den Baumstamm zu führen – insofern hinkt der Vergleich mit der Flora mächtig, aber lassen wir das.

Der Vorteil eines Branches ist, dass die Regel außer Kraft gesetzt ist, nach der der Code darin immer funktionieren muss. Ferner können an einem Branch mehrere Kollegen arbeiten, möglichst natürlich an verschiedenen Dateien. So oder so: Sie stören die Entwicklung des *trunk*-Codes nicht, und darauf kommt es an.

Sobald Ihr Branch funktioniert, wird es Zeit für die schmerzhafte Episode: *Merging*.

Natürlich müssen Ihre Änderungen irgendwie in den Trunk. Aber der kann sich seitdem entwickelt haben. Es ist sehr wahrscheinlich, dass Sie auf *Konflikte* treffen: zwei oder mehr Änderungen, die die gleiche Codestelle betreffen.

Immerhin beschränkt Subversion diese Konflikte auf die betroffenen Zeilen, nicht auf ganze Dateien (ausgenommen Binärdateien wie Bilder oder Sounds).

Grundsätzlich vergleicht das Merge-Kommando immer zwei Codeverzeichnisse und wendet die Differenz auf eine Arbeitskopie an. Damit ist in diesem Fall der Code aus dem *trunk* gemeint, den Sie also zunächst einmal mit svn up auf den aktuellen Stand bringen müssen.

Die gewünschte Differenz (also die Änderungen, die Sie am *trunk*-Code vornehmen möchten) sind alle Änderungen, die Sie am Branch vorgenommen haben, seit Sie ihn erstellt haben. Sie möchten nämlich normalerweise nicht die Änderungen aus *trunk* in Ihrem Branch haben! Ausnahmen wären beispielsweise für Ihre Arbeit wichtige Bugfixes, die seit dem Anlegen des Branches im Trunk vorgenommen wurden. Wenn Sie keine komfortable Oberfläche für Subversion verwenden, sollten Sie jetzt die Revisionsnummer *RevID* ermitteln, die zum Erstellen des Branches gehört.

Wechseln Sie dann in Ihr lokales *trunk*-Verzeichnis. Stellen Sie sicher, dass Sie die aktuelle Version haben:

```
svn update
```

Dann mergen Sie die Änderungen Ihres Branches in die *trunk*-Arbeitskopie:

```
svn merge -r [RevID]:HEAD svn://repository/project/branches/mybranch
```

Wenn Sie Glück haben, gibt es keine Konflikte. In diesem Fall können Sie die vorliegende Version kompilieren und testen. Da Sie sich jetzt wieder im *trunk*-Verzeichnis befinden, gilt die Regel, laut der Ihr Code immer funktionieren muss. Sobald Sie dies bestätigt haben, können Sie committen und sind fertig.

Konflikte kennzeichnen Subversion und auch integrierte Entwicklungsumgebungen mit fetten, roten Symbolen. Glückwunsch, Sie haben ein Problem!

Schauen Sie sich die betreffenden Codestellen an. Subversion fügt Textmarker ein, so dass sie nicht zu übersehen sind. In vielen Fällen lassen sich Konflikte schnell beheben. Wenn nötig, beraten Sie mit dem Kollegen, der die andere Änderung vorgenommen hat. Bringen Sie schließlich die betroffene Stelle auf einen sauberen Stand (und entfernen Sie Subversion-Markierungen), stellen Sie sicher, dass alles läuft, und befehlen Sie:

```
svn resolved [Quellcodedateiname]
```

Erst dann dürfen Sie committen.

Keine Sorge: Wenn Ihre Software sauber aufgebaut ist (mehr dazu in Kapitel 5) und wenn Ihr Team darüber spricht, wer welchen Code bearbeitet, sind Konflikte die Ausnahme.

Abschließend ein paar Worte zum Verzeichnis *tags*: Letztlich ist auch dies nichts anderes als ein Verzeichnis, das verschiedene Kopien Ihres Quellcodes enthalten kann. Der Unterschied zu *branches* ist, dass Sie an *tags* normalerweise keine Änderungen vornehmen.

Ein Tag pro Release Erstellen Sie beispielsweise ein Tag für jede offizielle Release-Version, oder markieren Sie damit einen erreichten Milestone. So können Sie später jederzeit den zugehörigen Codestand abrufen, beispielsweise um gemeldete Fehler nachzuvollziehen, die es im *trunk* möglicherweise schon gar nicht mehr gibt. Erstellen Sie ein *Tag* einfach mit dem svn copy-Befehl:

```
svn copy svn://repository/project/trunk ↪
        svn://repository/project/tags/release_1.0.1
```

Falls Sie doch Änderungen an einer mit einem Tag versehenen Version vornehmen müssen, erzeugen Sie daraus zunächst einen Branch.

Natürlich kann Subversion noch viel mehr. Damit Ihr Team Subversion optimal einsetzen kann, empfiehlt sich ein Blick in die einschlägige Literatur. Sorgen Sie dafür, dass alle Entwickler Subversion beherrschen und entsprechend den Empfehlungen anwenden, und Sie werden eine Menge Zeit und Energie sparen.

> **Mehr zu Subversion**
>
> Homepage: *https://subversion.apache.org*
>
> Online-Buch (mehrsprachig): *http://svnbook.red-bean.com*

3.2 Teamwork integriert: Git

Wenn Subversion als Nachfolger von CVS durchgeht, dann könnte man *Git* als grundlegend anders erdachte Weiterentwicklung von Subversion bezeichnen. Es gibt Gemeinsamkeiten, aber auch grundlegende Unterschiede in der Arbeitsweise. Das hat nicht zuletzt mit der Entstehungsgeschichte zu tun.

3.2.1 Überblick und Historie

Git wurde im Jahr 2005 von Linus Torvalds für die Arbeit am Linux-Kernel entwickelt, nachdem das zuvor verwendete System *BitKeeper* nicht mehr kostenlos verfügbar war. Torvalds soll die Wahl des Namens Git (englisch »Blödmann«) sinngemäß wie folgt begründet haben: »Ich habe Linux nach mir selbst benannt – und nun auch Git.«

Auch Git ist Open Source.

Branching und Merging, zwei der kniffligsten Aufgaben im Umgang mit Subversion, hat Torvalds als die wichtigsten Hürden beim verteilten Entwickeln komplexer Software-Systeme identifiziert und folgerichtig zum Hauptfeature von Git gemacht. Letztlich hat sich das System in der Entwicklerwelt gut bewährt und durchgesetzt. Bekannte und komplexe Software wie Android, Debian, Eclipse, LibreOffice, PHP, PostgreSQL, der Linux-Kernel und natürlich Git selbst werden alle mit Git entwickelt.

Allerdings bringt Git neben einigen Vorteilen auch eine gewisse Hypothek mit: eine erhöhte Komplexität im Ablauf. Wenn Ihr Team nicht rein zufällig bereits über das nötige Fachwissen verfügt, kommen Sie nicht um eine Schulung herum, wenn Sie Git einführen möchten. Zudem benötigen die Abläufe eine genauere Überwachung, sonst läuft es aus dem Ruder. Der Chefentwickler muss das Geschehen im Git-Repository genau im Auge behalten.

Wie Subversion ist auch Git freie Software. Sie können einen zentralen Server mieten, auf dem Sie ein Git-Repository anmieten, beispielsweise auf *https://github.com* (für Open-Source-Projekte kostenlos). Der Kommandozeilen-Client ist ebenfalls frei erhältlich; Entwicklungsumgebungen wie Eclipse oder Android Studio unterstützen Git per Plug-In oder von Haus aus.

Installieren Sie Git unter Debian oder Ubuntu Linux wie folgt:

```
sudo apt-get install git
```

Für Windows oder Mac OS X finden Sie die Software zum Download auf der Homepage:

https://git-scm.com/downloads

3.2.2 Von Subversion zu Git

Betrachten wir ein Beispiel aus dem echten Leben: Sie haben in einem der 57 Millionen bei GitHub gehosteten Projekten einen kleinen Fehler gefunden und möchten ihn korrigieren. Der (fiktive) Fehler befindet sich in einer NoSQL-Datenbank namens *Redis*.

Multiple Git-Repositories — Grundsätzlich verfügt mit Git jeder Entwickler über eine komplette Kopie des gesamten Repositorys auf seiner Maschine. Rein technisch betrachtet ist auch das zentrale Repository nichts Besonderes, außer, dass es als Master-Kopie dient und dass damit Releases des Projekts gebaut werden.

Daher beschaffen Sie sich zunächst eine komplette Kopie des Repositorys, quasi einen Klon. Das schließt alle Branches mit ein! Das ist der entscheidende Unterschied zu Subversion. Navigieren Sie in ein Arbeitsverzeichnis, und befehlen Sie:

```
git clone https://github.com/antirez/redis.git
```

Wenn Sie eine grafische Oberfläche wie *Sourcetree* (*https://www.sourcetreeapp.com*) verwenden, suchen Sie die `clone`-Option, und geben Sie die URL als Quelle ein. Natürlich können Sie auch eine Integration in eine Entwicklungsumgebung verwenden. Für Eclipse gibt es dazu beispielsweise das Plug-In *EGit*.

Wenn Sie wirklich einen Fehler in einem fremden Projekt beheben wollen, haben Sie darauf keinen Schreibzugriff. Deshalb müssen Sie das Projekt zunächst *forken*, also kopieren, wofür es bei GitHub einen entsprechenden Button gibt, der eine Kopie des Repositorys mit Ihrem eigenen Account verknüpft.

Während Git den aktuellen Branch herunterlädt (ca. 70 MB), werfen Sie einen Blick auf die Webseite des Projekts auf GitHub:

https://github.com/antirez/redis

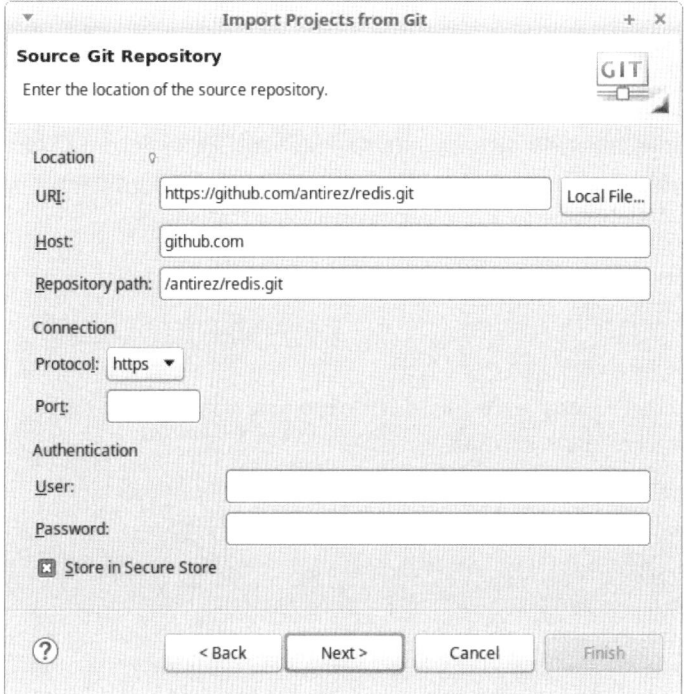

Abbildung 3.2 EGit bereichert Eclipse um Git-Funktionalität.

Sie können dort den ganzen Code sowie die komplette Änderungshistorie einsehen. Unterhalb der Liste der Dateien im Wurzelverzeichnis des Repositorys wird automatisch der Inhalt der *README.md* angezeigt, die in diesem Fall eine kurze Einführung in das Projekt enthält.

Wichtiger ist zunächst der grüne Button oben rechts, der mit CLONE OR DOWNLOAD beschriftet ist. Auf Knopfdruck erscheint die https-URL, die Sie gerade mit dem Befehl git clone verwendet haben.

Git merkt sich in einem versteckten Verzeichnis *.git* unter anderem, woher Sie Ihre Repository-Kopie bezogen haben. Wenn Sie später Ihre Kopie aktualisieren möchten, verwenden Sie den folgenden Befehl:

git pull

Dies entspricht svn up, allerdings wird in diesem Fall das gesamte Repository inklusive aller Branches aktualisiert, nicht nur der aktuelle Branch bzw. Trunk.

Alle Änderungen (Branches, Commits) führt der Entwickler zunächst nur an seinem eigenen Repository durch. Das bietet große Freiheiten:

- Entwickler können testweise Branches anlegen, ohne andere Entwickler damit zu belästigen.
- Entwickler können offline arbeiten (z. B. auf dem Weg zur Arbeit).

Im Moment befinden Sie sich im Standard-Branch. Der heißt im Fall von Redis *unstable*. Das finden Sie heraus, indem Sie Folgendes eintippen:

```
git branch
```

Um eine Änderung vorzunehmen, erzeugen Sie einen eigenen Branch und checken ihn aus:

```
git checkout -b mybranch
```

Der Parameter -b sorgt dafür, dass ein neuer Branch *mybranch* erstellt wird, falls er noch nicht existiert.

Tippen Sie erneut git branch ein, zeigt Git Ihnen die vorhandenen Branches an. Der Stern markiert den aktuellen Stand:

```
* mybranch
  unstable
```

Jetzt nehmen Sie die gewünschte Änderung vor. Hinterlassen Sie doch einfach einen Gruß in der *README.md*:

```
I was here!
```

Committen Sie Ihre Hinterlassenschaft:

```
git commit -a -m "added a greeting"
```

Git wird Ihnen das im Detail quittieren und die Anzahl der Änderungen angeben. Um nicht jedes Mal Ihren Usernamen eingeben zu müssen, können Sie ihn (und z. B. Ihre E-Mail-Adresse) in einer Konfiguration hinterlegen. Auch dies kann mit dem Kommandozeilenprogramm geschehen:

```
git config --global user.name "Uwe Post"
git config --global user.email "email@domain.com"
```

Im letzten Schritt schicken Sie die Änderung ans zentrale Repository:

```
git push origin mybranch
```

Da es sich um einen Schreibzugriff handelt, müssen Sie sich an dieser Stelle authentifizieren. Wenn Sie ein Entwicklungssystem verwenden, merkt sich das auf Wunsch Ihre Zugangsdaten.

Es ist nun Aufgabe des Projekt-Maintainers, Ihren Branch (und damit Ihre Änderung) zu überprüfen und in den Master-Branch zu mergen. Das geht so:

```
git merge mybranch
```

Wie schon bei Subversion können an dieser Stelle natürlich Konflikte auftreten, die manuell behoben und anschließend committet werden müssen.

Letztlich bedeutet jeder Commit einen Branch, der einen vorangegangenen referenziert. Ein größeres Projekt mit vielen Mitarbeitern erinnert in Git bald deutlich mehr an einen Baum mit vielen Zweigen als unter Subversion, wenn dort hauptsächlich im Trunk gearbeitet wird. Damit Sie den sprichwörtlichen Wald vor lauter Bäumen noch sehen können, verwenden Sie beispielsweise ein Tool wie *gitk*. Dieses zeigt Ihnen Historie und Branches tabellarisch an und erlaubt einen schnellen Blick auf alle Commits (siehe Abbildung 3.3).

Branches und Mergen mit Git

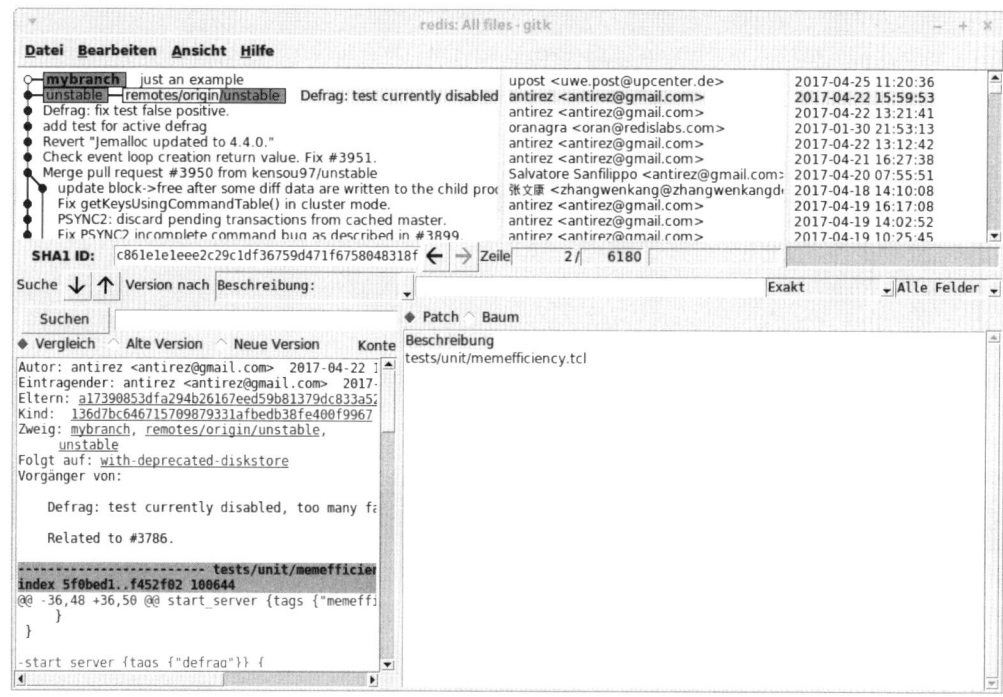

Abbildung 3.3 gitk sorgt für Übersicht im lokalen Git-Repository.

Verzweigen und Zusammenführen nehmen bei der Arbeit mit Git viel Zeit in Anspruch im Vergleich zu einem Trunk-basierten Workflow mit Subversion. Das ist nur folgerichtig: Umfangreiche Software, an der zahlreiche Entwickler an verschiedenen Orten arbeiten, gerät sonst leicht zu einem unüberschaubaren Moloch. Oft ist es sinnvoll, wenn ein Maintainer (plus Stellvertreter) die Fäden in der Hand hält. Je komplexer das Projekt, umso mehr Aufwand geht für die Organisation drauf. Das ist unvermeidlich und wird gern übersehen. Falls Sie das Ihrem Boss erklären müssen, versuchen Sie es mit folgendem Beispiel: Beim Fußball stehen elf

Spieler auf dem Platz. Tja, wer braucht schon Trainer, Manager oder Busfahrer ...? Die schießen ja schließlich keine Tore.

Sie brauchen in einem großen Projekt nicht nur Personal, das Code schreibt, sondern auch Personal, das sich um die Organisation kümmert.

3.2.3 Bitbucket oder GitHub

Um die Abläufe besser zu organisieren, helfen webbasierte Tools. Bereits erwähnt habe ich GitHub: Hier können Sie nicht nur an Speicherplatz für Ihre Git-Repositories kommen, das Portal bietet außerdem Unterstützung bei der Organisation Ihrer Arbeit.

Ich kann Ihnen in diesem Buch natürlich nicht alles erklären, was GitHub zu bieten hat. Aber ich greife ein wichtiges Beispiel heraus: *Pull Requests*.

Pull Requests   Ein Pull Request dient dazu, den Maintainer eines Projekts auf eine Änderung aufmerksam zu machen, die Sie in ein Repository gepusht haben. Er enthält dazu die genaue Differenz aller beteiligten Dateien sowie den zugehörigen Commit-Kommentar.

Letztlich ist der Pull Request ein Antrag, eine Änderung aus einem Branch (oder geklonten Repository) zu ziehen (daher »pull«) und in den Master zu mergen.

Alle offenen Pull Requests können Sie auf der GitHub-Seite eines Projekts einsehen (ein Beispiel zeigt Abbildung 3.4).

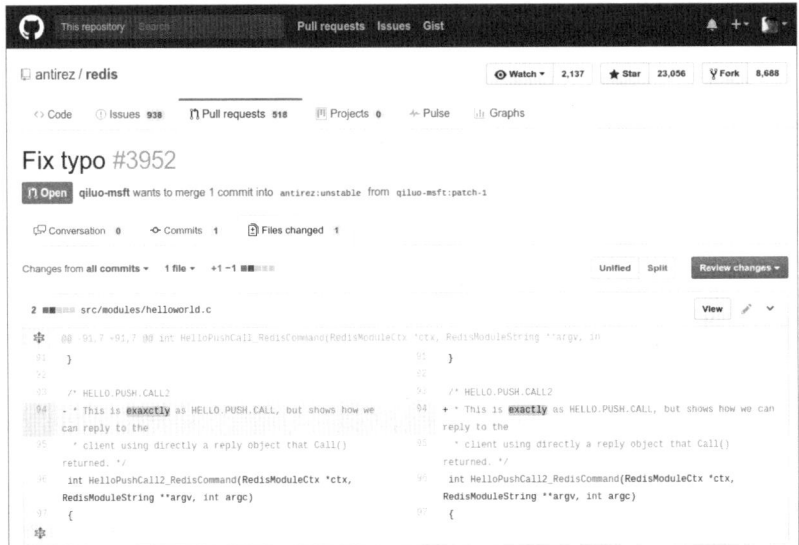

Abbildung 3.4 Auch wenn jemand nur einen simplen Tippfehler findet, wird daraus zunächst ein Pull Request.

Die Änderung ist für den Maintainer übersichtlich dargestellt. Bewirkt die Änderung keine Konflikte, kann sie der Maintainer (oder jeder mit Schreibzugriff auf das Repository) per Knopfdruck übernehmen. Bei größeren Änderungen wird er zunächst Tests vornehmen. Falls es Rückfragen gibt, kann er eine Nachricht an den Absender hinterlassen.

An dieser Stelle sollte ein Code Review stattfinden (mehr dazu im nächsten Kapitel). Die Möglichkeit, für jeden Pull Request eine Diskussion zu führen, eignet sich gut, um die Qualität der Änderungen sicherzustellen. Das muss nicht unbedingt der Maintainer erledigen: Es gibt auch eine Review-Funktion. Darüber kann der Autor des Pull Requests einen Kollegen bitten, seine Änderungen zu prüfen (*Review Request*).

Eine Alternative zu GitHub ist *Bitbucket* (*https://bitbucket.org/*). Für bis zu fünfköpfige Teams ist auch Bitbucket kostenlos. Es bietet ähnliche Features wie GitHub und arbeitet zusätzlich mit anderen Tools des Herstellers *Atlassian* zusammen: An erster Stelle ist da *JIRA* zu nennen, ein sehr mächtiges Tool zum Verwalten von Tickets, die sich mit Commits und Pull Requests verknüpfen lassen. Dazu gibt es den kostenlosen *HipChat* (*https://www.altassian.com/software/hipchat/enterprise/data-center*), der Git mit effizienter Kommunikation im Team verbindet. Wer schon einmal mit JIRA gearbeitet hat und nach seinem Urlaub eine vierstellige Anzahl von Benachrichtigungs-E-Mails im Postfach vorgefunden hat, wird die Vorzüge eines Chatprogramms an dieser Stelle zu schätzen wissen.

Mächtige Tools sind aber immer nur das Fundament, auf dem Sie Ihr Haus (oder Villa, Raumstation, Großflughafen) errichten. Das gilt auch für die Quellcodeverwaltung. Wählen Sie ein Produkt, das für Ihr Team geeignet ist.

Wenn Sie erst einmal zwanzig Leute zu Git-Schulungen schicken müssten, bleiben Sie bei Subversion. Ist Ihr Projekt komplex und Ihr Team dynamisch, sind Sie mit Git besser bedient.

Besteht Ihre aktuelle Quellcodeverwaltung aber aus der Hoffnung, dass der Laptop des Chefentwicklers *ganz sicher* nicht verloren geht, investieren Sie dringend etwas Zeit in die Einführung von Subversion oder git. Sie fahren ja auch nicht ohne Sicherheitsgurt Auto!

Mehr zu Git

Homepage: *https://git-scm.com/*

Git-Code: *https://github.com/git/git*

Git-E-Book: *https://git-scm.com/book/en/v2*

3.3 »Guckstu!«

Warum gibt es eigentlich in Flugzeugen einen Co-Piloten? Warum holen Ärzte eine Zweitmeinung ein, bevor sie Ihnen den Bauch aufschneiden und irgendwelche Organe entfernen? Warum gibt es in jedem Kaninchenzüchterverein eine Kassenprüfung?

Andersherum gefragt: Warum arbeiten viele Entwickler allein an ihrem Code, ohne dass jemand schaut, ob er Sinn ergibt? Viel besser fahren (oder fliegen) Sie mit *Code Review*!

3.3.1 Vier Augen sehen mehr als zwei

Code Review

Ich muss Ihnen nicht erklären, warum die Absicherung durch einen Kollegen sinnvoll ist. Da es trotzdem selten geschieht, mache ich es dennoch.

Rein mathematisch betrachtet nehmen wir einmal an, dass ein Entwickler eine Fehlerquote von 5% hat. Das könnte bedeuten, dass er in einer von zwanzig geschriebenen Zeilen einen Bug einbaut oder aber dass ihm in jeder zwanzigsten geschriebenen Funktion ein Fehler unterläuft. Darauf kommt es nicht an.

Entscheidend ist: Wenn ein zweiter Entwickler den geschriebenen Code prüft, sinkt die Wahrscheinlichkeit dafür, dass ein Fehler unentdeckt bleibt, grob gesagt auf bis zu 5% von 5%, also 1:400.

Das Vieraugenprinzip hat sich vielerorts bewährt. Warum man auf diese zusätzliche Sicherheit beim Programmieren verzichten sollte, die sich recht leicht erreichen lässt, erschließt sich mir nicht.

Im Eingangskapitel hatte ich den Heartbleed-Bug erwähnt. Man kann vermuten, dass er nicht passiert wäre, wenn ein zweiter Entwickler intensiv den Code geprüft hätte, den der bemitleidenswerte Verursacher eingebaut hat.

Natürlich lässt sich niemand gern auf die Finger schauen. Der Code, den ich geschrieben habe, ist etwas Intimes. Niemand sollte daran herumkritteln, denn dass er funktioniert, ist doch selbstverständlich! Und wenn nicht, dann werde ich es früher oder später erfahren.

Bitte betrachten Sie den vorstehenden Absatz als bittere Ironie, geboren aus schmerzhafter Erfahrung.

Wir sind alle Menschen. Menschen bauen Mist, mehr oder weniger. Damit Software anständig funktioniert, tun Sie gut daran, Mist im Code zu vermeiden. Denn wenn Computer eines richtig gut können, dann Dinge vervielfältigen. Das tun sie auch mit Mist, aus dem sehr schnell sehr viel mehr Mist wird.

3.3.2 Milchmädchenrechnung

Bitte kommen Sie nicht in Versuchung, die für einen Code Review notwendige Zeit schlechtzureden. Natürlich kostet er Zeit, aber die Zeit, die Sie später aufwenden müssen, um den Bug nachträglich zu beheben, wiegt fast immer schwerer.

Sie müssen sich später erst wieder in den fraglichen Code reinfinden, wohlgemerkt, unter der Voraussetzung, dass Sie die richtige Stelle überhaupt finden konnten. Manche Bugs lassen sich ihre Ursache nur sehr ungern entlocken. Das gilt für den Heartbleed-Bug und für viele Bugs in komplexen Software-Systemen.

Lassen Sie uns auch dies mathematisch unmissverständlich ausdrücken:

$$T_{Codereview} < T_{Bugfix}$$

Besonders brisant ist Coden unter Zeitdruck. Wenn der Feierabend bevorsteht oder wenn der Projektleiter noch dringend ein Feature braucht (»Bis vorgestern, pronto!«) oder wenn Sie einen kritischen Fehler beheben müssen, steigt Ihre Fehlerquote.

Das bedeutet, dass der Code Review umso wichtiger ist.

Und jetzt finden Sie mal kurz vor Feierabend einen Kollegen, der Zeit hat, sich Ihren Code anzuschauen!

Schlimmer noch: Stellen Sie sich vor, Sie arbeiten gerade an einem zeitkritischen Problem, und ein Kollege wird vorstellig und bittet Sie, einen Blick auf *seinen* Code zu werfen.

Folgende Reaktionen sind jetzt grundverkehrt:

»Verzieh dich!«

»Keine Zeit!«

»Such dir ein anderes Opfer!«

Nein, die perfekte Antwort lautet: »Na gut, ich komme in ein paar Minuten, und dann schaust du dir bitte auch meinen Code an, den ich gerade eilig zusammenstricke, okay?«

Sie werden überrascht sein, wie glücklich Sie Ihren Kollegen mit dieser Antwort machen.

Code Review: »So viel Zeit muss sein!«

Sie verringern gleich für zwei kritische Codestellen die Wahrscheinlichkeit, dass ein Fehler unentdeckt bleibt. Klar, Sie kommen einen Bus später nach Hause, oder der Release-Termin wird verschoben.

Egal. So viel Zeit muss sein!

Jetzt, wo Sie den Code Review in die Wege geleitet haben, ist es natürlich an der Zeit, zu überlegen, wie er genau ablaufen sollte.

3.3.3 Was ist ein Code Review?

Wenn Sie fremden Code überprüfen sollen, lassen Sie sich zunächst kurz erklären, welche Anforderungen es gab und was verändert oder neu implementiert wurde. Fragen Sie nach, wenn etwas unklar ist. Versuchen Sie nicht, im Kopf die Implementierung selbst vorzunehmen.

Die Frage an Sie lautet nicht: »Wie hätte ich es gemacht?« Sie lautet: »Hat der Kollege es richtig gemacht?«

- Prüfen Sie zunächst, ob die Implementierung semantisch der Anforderung entspricht. Sind if-Bedingungen korrekt formuliert, wird die richtige Funktion aufgerufen?
- Entspricht der Code den Konventionen des Teams, was Formatierung und Style angeht? Gibt es, wo nötig, Kommentare?
- Falls das Projekt mit automatisierten Tests gesegnet ist: Laufen die Tests durch? Wurden neue Tests hinzugefügt oder existierende geändert? Falls ja, müssen auch diese im Review mit einbezogen werden. Sie müssen an dieser Stelle nicht die gesamte Testsuite des Projekts durchlaufen lassen, falls das zu lange dauert.
- Haben die Änderungen (inklusive der Tests) möglicherweise Auswirkungen auf andere Programmteile?
- Gibt es Sicherheitsrisiken? Denken Sie an Buffer Overflow und den Heartbleed-Bug. Gerade wenn der Code sicherheitsrelevante Funktionen berührt, sollten Sie in die Rolle des Angreifers schlüpfen und sich vorstellen, Sie wären er. Finden Sie eine Sicherheitslücke?
- Könnte der fragliche Programmcode effizienter oder performanter geschrieben werden, etwa durch Verwendung anderer Funktionen oder Bibliotheken?

Manchmal fällt dem Autor des Codes selbst schon in dem Moment, in dem er ihn erläutert, ein Fehler oder eine mögliche Verbesserung auf. Auch Sie sollten keinesfalls zögern, Vorschläge zu machen. Vielleicht hat der Kollege aus gutem Grund eine bestimmte Funktion verwendet, die Sie für ineffizient halten. In dem Fall lernen Sie etwas dazu.

Das ist ohnehin einer der großen Vorteile des Code Reviews: Sie erhalten Einblick in Code, der Ihnen sonst fremd wäre. Sie lernen so Funktionen, Bibliotheken oder, wenn Sie frisch im Geschäft sind, vielleicht sogar neue Programmiertechniken kennen. Know-how wird verteilt. Kalkulieren Sie diesen Faktor mit ein, so fällt die Kosten-Nutzen-Rechnung zugunsten des Code Reviews noch einmal besser aus.

3.3.4 Ad hoc oder Bürokratie

Wenn Sie, Ihr Team und Ihr Boss erst einmal eingesehen haben, dass Code Reviews nützlich sind, stellt sich die Frage, wie man sie effizient organisiert.

Bei jeder Kleinigkeit einen Kollegen bei seiner eigenen Arbeit zu stören (»Mach mit mir Code Review! Jetzt! Sofort!«), ist sicher die schlechteste Idee. Knifflig wird es außerdem, wenn Sie im Homeoffice oder nachts arbeiten und gerade niemand verfügbar ist. Zudem sind manche Reviews aufwendig, manche wiederum schnell erledigt.

Ich zeige Ihnen hier einige Beispiele, wie ein Code Review organisiert werden kann. Wählen Sie, was zu Ihrem Team am besten passt – auch Mischformen kommen infrage.

Code Reviews organisieren

- Ad hoc: Änderungen werden möglichst spontan besprochen. Wie eingangs erwähnt, ist diese Methode nur in Ausnahmefällen empfehlenswert: Der zuständige Entwickler schnappt sich einen Freiwilligen, zerrt ihn zu seinem Arbeitsplatz, und man bespricht alles in Ruhe.

   »In Ruhe« zeigt Ihnen gleich ein mögliches Problem: In einem Großraumbüro gibt es per se keine Ruhe, und ein zu intensiver Meinungsaustausch könnte unbeteiligte Kollegen stören. Freilich kann man im Laptop-Zeitalter schnell einen unbenutzten Meeting-Raum aufsuchen, aber das erhöht direkt den zeitlichen Aufwand. Ad-hoc-Reviews eignen sich folglich am besten für Zweierbüros: Die Insassen können sich jederzeit gegenseitig helfen, ohne Dritte zu stören.

- Regelmäßige Meetings: Um das Problem der zeitlichen Verfügbarkeit zu umgehen, können Sie tägliche oder wöchentliche Code-Review-Meetings veranstalten. Zu einem solchen Termin trifft sich das Team (mit Laptops) in einem eigenen Raum und bespricht in Zweiergruppen der Reihe nach alle anfallenden Änderungen. Ein offensichtlicher Nachteil: Zwischen der Implementierung und der Besprechung vergeht Zeit. Zwischendurch war der Entwickler bereits mit anderen Aufgaben beschäftigt, er muss sich in seine eigene Änderung zunächst wieder hineinversetzen. Das kann sogar nützlich sein, denn mit etwas Abstand betrachtet lässt sich eine Lösung kritischer begutachten.

Ein weniger offensichtlicher Nachteil ist, dass Code-Review-Meetings auf der Liste der als unnötig erachteten Termine ziemlich weit oben stehen. Es gibt doch immer etwas Wichtigeres, als sich mit Kollegen über die Position einer geschweiften Klammer zu streiten, oder?

- **Tool-basiert:** Wenn Sie ein Ticket-System oder ein Application Lifecycle Management-Tool verwenden, können Sie auf persönliche Treffen weitgehend verzichten.

  Der Entwickler weist das fragliche Ticket einem Kollegen zu und versieht es mit dem Status »Code Review«. Der Kollege führt den Review durch, sobald er Zeit dazu findet, und schiebt es kommentiert zur Nachbesserung zurück, oder er winkt es durch und ändert den Status auf »erledigt« (abhängig von dem Workflow, der in Ihrem Team verwendet wird).

  Falls nötig, können sich die beiden Entwickler immer noch kurzfristig persönlich vor einem Rechner treffen, was letztlich einiges an Zeit sparen hilft. Wichtig ist, dass der korrekte Status des Reviews festgehalten wird. Ein Tool bietet hier handfeste Vorteile. Ein paar geeignete Produkte stelle ich Ihnen in Abschnitt 8.3 vor.

Vernachlässigen Sie nicht die Frage, *wer* den Review durchführen sollte. Es sollte sich um einen erfahrenen Kollegen handeln, der das Drumherum zumindest in groben Zügen kennt. Das gilt insbesondere dann, wenn der Code die Geschäftslogik betrifft. Die kann eine wahrhaft höllische Komplexität annehmen, umso wichtiger ist die Expertise auf diesem Gebiet.

Natürlich sind freundliche, diplomatisch auftretende Kollegen besonders gefragt, wenn es um die Suche nach einem Reviewer geht. Sie können daran manchmal die Gesamtstimmung im Team festmachen: Wenn jemand nie zum Reviewer erwählt wurde, woran könnte das liegen?

Wenn Code Reviews grundsätzlich unwillig ausgeführt werden und auf die Stimmung im Team drücken, könnte es helfen, den Kommunikationsstil zu trainieren. Konstruktiv sollte er sein, freundlich, aber klar und ohne jeden Bogen um den heißen Brei herum.

Beziehen Sie die Qualität der Code Reviews in die Beurteilung der gesamten Teamarbeit mit ein. Wenn Sie regelmäßige Retrospektiven veranstalten, fragen Sie die Kollegen, wie gut die Code Reviews funktionieren. Finden Sie Beispiele für Fälle, in denen trotzdem Fehler durchgerutscht sind, und überlegen Sie gemeinsam, wie man das künftig verhindern kann. Achten Sie darauf, dass verpflichtende Code Reviews nicht »geflissentlich übersehen« werden.

Dieses Schicksal erleiden sie nämlich erfahrungsgemäß viel zu oft.

3.4 Doppelt hält besser: Pair Programming

Wenn man sowieso jeden Code durch vier Augen begutachten lässt, warum programmiert man dann nicht gleich zu zweit?

Genau auf dieser Idee fußt *Pair Programming*, einem Konzept aus dem Bereich des *Extreme Programming* (*XP*).

Der deutsche Begriff *Paarprogrammierung* klingt etwas unglücklich, daher bleibe ich beim englischen Original.

3.4.1 Pilot und Co-Pilot

Beim Pair Programming sitzen zwei Entwickler vor einem Rechner. Die optimale Arbeitsaufteilung ist dabei allerdings nicht, dass einer die Tastatur bedient und der andere die Maus.

Vielmehr gilt folgende Arbeitsaufteilung: *Einer schreibt, einer denkt mit.*

Nennen wir die beiden Rollen in Anlehnung an das Vieraugenprinzip im Flugzeug-Cockpit »Pilot« und »Co-Pilot«. Der Pilot verfügt über Tastatur und Maus, der Co-Pilot behält alles im Auge, und die Rollen können auch getauscht werden. Der Co-Pilot kann den Piloten *sofort* auf kleinere Fehler aufmerksam machen. Beide besprechen gemeinsam die optimale Lösung für das zu bewältigende Problem. *Pilot und Co-Pilot*

Auf den ersten Blick ist klar: Das Paar erzeugt besseren Code als ein Einzelner.

Aber ist es unter dem Strich auch doppelt so schnell? Zahlt es sich aus, insgesamt zwei teure Entwickler an ein Problem zu setzen?

Die Antwort ist wie so oft: Es kommt darauf an.

Die Vorteile des Pair Programming schlagen sich nicht unbedingt direkt in der aufgewendeten Entwicklungszeit nieder (geschweige denn, dass sie sie direkt halbieren), sondern eher langfristig. Deshalb ist es zwar nicht auf den ersten Blick ersichtlich, aber erfahrungsgemäß verkürzt Pair Programming die Entwicklungsdauer, weil sich der zeitraubende Prozess der Fehlerbehebung dank höherer Codequalität verkürzt.

Zählen wir die naheliegenden Vorteile doch einmal auf:

- Geringere Fehlerquote: Pair Programming entspricht einem sofortigen Ad-hoc-Code-Review.
- Höhere Disziplin: Wenn ein Kollege danebensitzt, verirrt man sich nicht so leicht auf ablenkende Webseiten. Umso wichtiger sind erholsame Pausen, in denen man genau das tun kann. Oder man geht an die frische Luft, das ist natürlich noch besser.
- Besserer Code: Zwei Köpfe haben mehr Ideen als einer. Man darf getrost annehmen, dass unter dem Strich häufiger die beste Lösung für eine Aufgabe gefunden wird.
- Wissenstransfer: Jeder lernt vom anderen.
- Teambildung: Gemeinsames Arbeiten bedeutet gemeinsame Verantwortung, und das schweißt ein Team zusammen.

Pair Programming setzt voraus, dass das Team über Konventionen verfügt (siehe Kapitel 2) – sonst gerät eine einfache for-Schleife zu einem Anlass für stundenlange Debatten. Pair Programming ist nur zielführend, wenn die Grundlagen gelegt sind. Womit wir bei den Grenzen der Methode angekommen sind.

3.4.2 Grenzen des Pair Programming

Natürlich funktioniert Pair Programming nur, wenn die Rahmenbedingungen stimmen. Naturgemäß kann es nicht schweigend ablaufen, das Paar sollte also an einem Ort arbeiten, wo es andere Kollegen nicht stört. Die beiden Kollegen sollten außerdem über einen ähnlichen Umfang an Wissen und Fertigkeiten verfügen, denn sonst wird aus der Paar-Situation schnell eine Lehrer-Schüler-Konstellation. Die kann zwar auch dem Wissenstransfer dienen, wirkt sich aber weniger positiv auf die Codequalität aus.

Wer es schon einmal ausprobiert hat, der weiß: Pair Programming ist anstrengend. Man sollte einen Pausenrhythmus vereinbaren sowie regelmäßig die Rollen tauschen.

Damit der Wissenstransfer sich nicht nur auf zwei Kollegen beschränkt, sollten die Paare wechseln oder abhängig von der Aufgabe spontan zusammengestellt werden. Das kann gleichzeitig dazu führen, dass zwei Kollegen miteinander arbeiten müssen, die nicht gut miteinander auskommen. Entweder die gemeinsame Erfahrung des Pair Programming ist hier hilfreich, oder es funktioniert überhaupt nicht.

Stellen Sie sich vor, Sie sind gerade der Pilot, und Ihr Co-Pilot starrt die ganze Zeit schweigend auf den Bildschirm. Vielleicht sagt er ab und zu »Aha« oder »Okay«. Am Ende der Veranstaltung stellt er fälschlicherweise fest: »Hat ja prima geklappt.«

Ein anderes Extrem wäre ein Kollege, der alles besser weiß und dies den Piloten in der Rolle des Co-Pilots deutlich spüren lässt. Er rutscht auf seinem Stuhl hin und her, seufzt ab und an oder schüttelt mitleidig den Kopf, gipfelnd in der geflüsterten Bemerkung: »Allein wäre ich hiermit längst fertig.«

Fassen wir also ehrlicherweise die Nachteile des Pair Programming zusammen:

- Langsamer: Sich zu besprechen kostet Zeit.
- Doppelte Personalkosten: Zwei Mann kosten mehr als einer.
- Ortsbindung: Screensharing ersetzt nicht die persönliche Anwesenheit. Es ist einfach leichter, mit dem Finger direkt auf einen Bildschirm zu zeigen, gerne nervt eine ruckelnde Verbindung im falschen Moment, und nicht zuletzt ist die Bedeutung von Körpersprache nicht zu unterschätzen.
- Teambildung: Manche Leute können nicht miteinander, einige haben eine Persönlichkeit, die nicht gut mit den Voraussetzungen für Pair Programming harmoniert. Pair Programming muss man, wie jede Fertigkeit, erst erlernen, Paare sollten Gelegenheit bekommen, sich aufeinander einzuspielen. Nicht zuletzt müssen banale Dinge wie Arbeitsbeginn, Feierabend und Pausen einfach passen.
- Urheberrecht und Haftung: Auf den ersten Blick übersieht man diesen Punkt leicht, aber beim Pair Programming kann nicht eine einzelne Person als Urheber gelten oder haftbar gemacht werden.

Wenn Ihr Team Pair Programming noch nie ausprobiert hat, lassen Sie es auf einen Versuch ankommen. Wohlgemerkt, stellen Sie nicht gleich die gesamte Projektarbeit um, sondern wählen Sie eine geeignete (nicht zu komplexe, aber auch nicht zu einfache) Aufgabe aus, setzen Sie zwei Leute daran, und hören Sie sich an, was die beiden über ihre Erfahrungen berichten.

Möglicherweise ist es eine gute Idee, eine Liste von Kriterien aufzustellen, der eine Aufgabe genügen muss, um Pair Programming zu rechtfertigen. Eine solche Liste könnte wie folgt aussehen:

- Die Aufgabe betrifft sicherheitskritische Komponenten.
- Eine neue, zentrale Komponente ist zu entwickeln.
- Es kommt eine neue, noch nicht bewährte oder völlig beherrschte Technologie zum Einsatz.
- Aufgaben, mit denen sich eine einzelne Person überfordert fühlt, werden aufgeteilt.
- Ein umfangreiches Refactoring komplexer Komponenten findet Berücksichtigung.

> **Mehr zu Pair Programming**
> *http://www.extremeprogramming.org/rules/pair.html*
> Ein Erfahrungsbericht: *https://heise.de/-2748049*

3.5 Wer macht wann was?

Jedes Projektteam muss die anfallende Arbeit in irgendeiner Form organisieren.

Es gibt dafür unterschiedliche Methoden, von denen ich Ihnen hier einige näherbringen möchte. Aussparen werde ich lediglich die Methode »Totales Chaos«, die in etwa so funktioniert:

Der Projektleiter kommt ins Großraumbüro, steuert zielstrebig auf Sie zu und fragt: »Warum ist das neue Feature noch nicht fertig?«

Sie fragen: »Welches Feature?«

Er: »Jenes, dessen Fertigstellungstermin – gestern – du mir vor drei Monaten versprochen hast.«

Sie wissen von nichts. Schließlich stellt sich heraus, dass der Projektleiter Sie mit einem anderen Entwickler verwechselt hat, der das Unternehmen allerdings bereits vor Wochen auf eigenen Wunsch hin verlassen hat.

Kommt Ihnen das bekannt vor?

Dann werfen Sie einen Blick auf die im Folgenden erläuterten Methoden, die solche Erlebnisse möglichst verhindern sollen.

3.5.1 Unter dem Wasserfall

Ich bin mir nicht sicher, wer die Bezeichnung *Wasserfall-Modell* erfunden hat. Mich erinnert die Methode eher an eine nicht enden wollende Schlammlawine, aber das mag subjektiv sein.

Wasserfall-Modell

Einigkeit herrscht in einer Hinsicht: Der Wasserfall kennt nur eine Richtung, nämlich von oben nach unten.

Die Arbeit an einem Projekt wird dabei in Phasen unterteilt, die streng linear aufeinanderfolgen:

- Analyse und Festlegung der Anforderungen, Erstellen eines Lastenhefts
- Design und Spezifikation der Lösung
- Implementierung (einschließlich Unit-Tests)
- Test des gesamten Systems
- Auslieferung bzw. Go-Live

Entscheidend ist, dass jede Phase komplett abzuschließen ist, bevor die nächste beginnen kann. Üblicherweise wird am Ende einer Phase ein Dokument verabschiedet, das die Ergebnisse schriftlich fixiert.

Die Nachteile sind offensichtlich:

- Selbst wenn sich Anforderungen im Nachhinein als ungenau oder gar fehlerhaft erweisen, gibt es streng genommen kein Zurück.
- Bei komplexen Systemen ist eine komplette, fehlerfreie Spezifikation, die sich in der Praxis bewährt, die Ausnahme.
- Versteckte Fehler, die zu Beginn der naturgemäß sehr langen Implementierungsphase eingebaut werden, werden erst viel später gefunden.
- Jede unfertige Kleinigkeit verzögert das Ende einer gesamten Phase.
- Änderungen erfordern einen komplett neuen Durchlauf eines weiteren Wasserfalls.
- Ressourcen werden nicht optimal eingesetzt: Wenn die Entwickler einen bestimmten Aufgabenteil in Angriff nehmen, ist der Engineer, der das Software-Design dafür erstellt hat, womöglich längst in einem anderen Projekt beschäftigt.
- Kunden sind oft nicht sehr gut darin, ihre Anforderungen exakt und vollständig zu definieren, dafür können Sie am Ende (meist Monate oder Jahre später) umso hartnäckiger behaupten, dass sie sich das alles ganz anders vorgestellt hatten.

Ich verrate Ihnen kein Geheimnis, wenn ich mich als kategorischer Gegner des Wasserfall-Modells oute. Deshalb erlaube ich mir, ziemlich schnell zu einem anderen zu wechseln. Nehmen Sie die zuvor aufgeführten Nachteile als Argumentationshilfe, um es von Ihrem Team fernzuhalten.

3.5.2 Kanban

Kanban-Methode

Ursprünglich erfunden wurde *Kanban* von Toyota. Der japanische Begriff bezeichnet eine Art Karteikarte, die für einen Produktionsschritt erforderlich ist.

Auch in der Software-Entwicklung arbeitet die Kanban-Methode mit Karteikarten (die natürlich virtuell sein können, also von einer Art Ticket-System verwaltet werden).

Die Karteikarte repräsentiert dabei eine Teilaufgabe des gesamten Projekts. Nacheinander durchläuft die Karte (und damit die Aufgabe) verschiedene Stationen. Sie können ein Whiteboard verwenden, in dem jede Spalte zu einer Station gehört, und die Karte jeweils von einer zur nächsten nach rechts verschieben, bis die Aufgabe letztlich komplett abgearbeitet ist.

Dabei gibt es ein paar wichtige Regeln:

▶ Die Anzahl und die Bedeutung der Spalten sind genau zu definieren.

▶ Die Anzahl der Karten pro Spalte ist begrenzt. Auf diese Weise erkennen Sie am Board sofort, an welcher Stelle in der Produktionskette es Flaschenhälse gibt. Möglicherweise sind die Kollegen gerade kollektiv im Urlaub. Realistisch betrachtet ist es wahrscheinlicher, dass die zuständige Abteilung schlicht nicht über genug einsatzfähige Ressourcen verfügt. Es kann für verschiedene Spalten verschiedene Maximalzahlen geben; für die Spalte »in Arbeit« ist die Zahl normalerweise identisch oder nicht größer als die Anzahl der verfügbaren Entwickler im Team.

▶ Die Zeit, die eine Karte benötigt, um von ganz links nach ganz rechts zu wandern, ermöglicht Abschätzungen des Zeitverbrauchs für das Gesamtprojekt und muss daher gemessen werden.

▶ Es muss genau definiert werden, wer unter welchen Bedingungen eine Karte in die nächste (oder vorherige) Spalte verschieben darf.

Ein Kanban-Board kann beispielsweise aussehen wie in Abbildung 3.5.

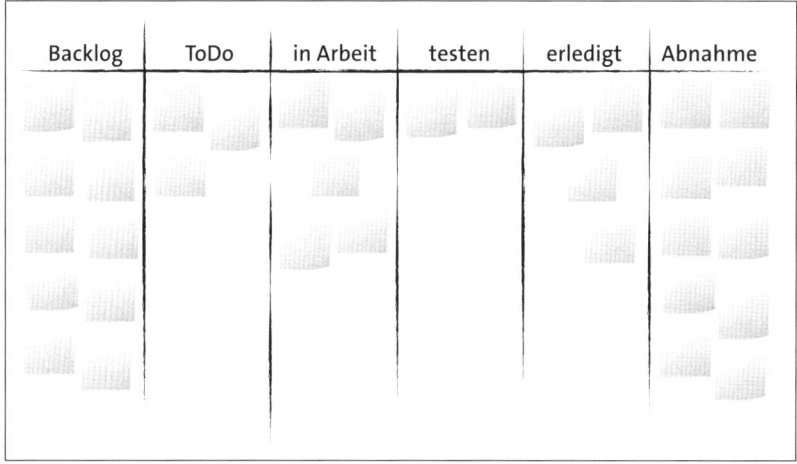

Abbildung 3.5 Ein Kanban-Board mit sechs Spalten und vielen Post-its.

Die im Beispiel gezeigten Spalten sind nicht in Stein gemeißelt, haben sich jedoch in der Praxis bewährt. Sie können erahnen, dass es eine Begrenzung von fünf Karten pro Spalte gibt – nur für »Backlog« und »Abnahme« gilt das nicht.

Maximale Karten pro Spalte

Im Backlog landen zunächst alle Aufgaben bzw. Karten, die vom Team oder vom Produktmanager definiert wurden. Sie enthalten möglichst exakte Beschreibungen der Aufgaben und beschränken sich auf eine überschaubare Menge an Arbeit. Es kann vorkommen, dass das Team eine Karte in zwei aufteilt, die dann wieder im Backlog landen.

Eine Person (zumeist der Produktmanager) priorisiert die Aufgaben und füllt die TODO-Spalte bis zur Maximalkapazität von fünf auf. Meist genügt es, das einmal pro Tag oder sogar noch seltener zu tun – es hängt ganz von dem Durchsatz ab, den das Team schafft.

Wenn Sie als Entwickler morgens (nach dem ersten Kaffee) das Kanban-Board aufsuchen, schauen Sie sich die Karten in der TODO-Spalte an. Suchen Sie sich eine aus, von der Sie glauben, dass Sie sie bewältigen können.

Falls Sie eine Karte finden, deren Aufgabenbeschreibung nicht genau genug ist, überbringen Sie sie dem Produktmanager zwecks Nachbesserung. Falls dergleichen häufiger vorkommt, teilen Sie auf dem Board links unten einen Bereich ab, in den Sie solche Karten kleben können.

Ansonsten kleben Sie die Karte in die Spalte »in Arbeit«. Nehmen Sie sie nicht mit an Ihren Arbeitsplatz! Machen Sie lieber mit Ihrem Handy ein Foto davon. Es sollte jederzeit auf dem Kanban-Board erkennbar sein, dass das Team gerade tatsächlich an (bis zu fünf) Aufgaben arbeitet!

Einfacher ist hier natürlich ein Online-Tool, das Ihnen das Handyfoto erspart und außerdem herunterfallende Klebezettel, wenn jemand kräftig durchlüftet, überflüssig macht.

Wenn Sie die Implementierung abgeschlossen haben (inklusive Unit-Test), kleben Sie die Karte in die Spalte »testen«.

In manchen Teams gibt es eine zusätzliche Spalte »Code Review«; im Beispiel unterstellen wir, dass Sie das ad hoc mit einem Kollegen erledigt haben. Ansonsten stellen Sie sicher, dass auf der Karte (egal ob real oder virtuell) Ihr Name vermerkt ist, damit der Kollege, der Ihren Code reviewen möchte, weiß, an wen er sich wenden muss.

Sofern es ein dediziertes Testteam gibt, wird sich dann einer der Kollegen Ihres Zettels annehmen, ansonsten muss das ein anderer Kollege erledigen. Wenn Sie Glück haben, finden Sie den Zettel irgendwann unter »erledigt«. Wenn nicht, bringt Ihnen der Tester die Aufgabe zurück und erklärt Ihnen, wo sein Test fehlschlug.

Im obigen Beispiel habe ich eine Spalte »Abnahme« hinzugefügt, die unterstellt, dass der Produktmanager oder sogar der Kunde selbst das Feature offiziell abnicken muss.

Andere Spalten, die Sie einführen können, wären:

- Test in Arbeit
- Code Review
- auf Entwicklungsserver installiert oder deployed

Definition of »Done« Wann eine Karte in die letzte Spalte wandern darf, unterliegt Bedingungen, die durch eine *Definition of »Done«* festgelegt sein sollten. Jedes Teammitglied muss diese Definition kennen und verstehen. Das gilt natürlich für das gesamte Workflow-Modell, aber erfahrungsgemäß kommt es in dieser Hinsicht besonders oft zu Irrtümern. Ähnlich wie die tatsächlich verwendeten Spalten ist diese Definition von Team zu Team unterschiedlich. Üblicherweise sollte die Definition folgende Kriterien enthalten:

- Das Feature ist wie gefordert implementiert.
- Der Code ist mit aussagekräftigem Kommentar committet.
- Die Dokumentation ist vorhanden (intern und, wenn nötig, offiziell).
- Der Code Review wurde durchgeführt.
- Das Feature wurde erfolgreich getestet (Unit-Test und funktionaler Test).
- Die Abnahme durch Produktmanager oder Kunden ist erfolgt.

Der entscheidende Unterschied zwischen Kanban und Wasserfall ist, dass einzelne Aufgaben die Stationen durchlaufen. Einzelne Schritte können leichter korrigiert werden als ein ganzer Marsch in die verkehrte Richtung. Wenn die einzelnen Aufgaben in einer geschickten Reihenfolge durch die Kette geschickt werden, steigt die Effizienz bei gleichzeitig hoher Flexibilität.

Kanban hat außerdem den Vorteil, dass zumindest eine probe- oder teilweise Einführung in einem zuvor nach dem Wasserfall-Modell arbeitenden Unternehmen nicht so leicht an grundsätzlichen Bedenken scheitert. Das ist bei dem letzten Modell, das ich Ihnen vorstellen möchte, üblicherweise etwas anders.

3.5.3 Scrum

Während es bei Kanban hauptsächlich darum geht, die Abläufe zu optimieren, steht bei der agilen Methode *Scrum* das Team im Mittelpunkt.

Agil entwickeln mit Scrum

Das Team bestimmt, welche und wie viele Aufgaben aus einer von außen vorgegebenen Liste es zuerst erledigt, und es optimiert seine Arbeitsweise durch wiederholte Iterationen, die sogenannten *Sprints*.

Jeder Sprint dauert einen vorab definierten Zeitraum, etwa zwei Wochen. Für jeden Sprint wird eine begrenzte Anzahl Aufgaben eingeplant und der Aufwand abgeschätzt. Dann werden die Aufgaben so weit wie möglich bearbeitet. Am Ende des Sprints stehen zwei Dinge: erstens die fertiggestellten Programmteile und zweitens das Wissen darüber, wie viel Aufwand das Team innerhalb eines Sprints zu bewältigen in der Lage ist.

Für den nächsten Sprint werden dann neue Aufgaben eingeplant, und zwar in etwa so viele, dass ihr Aufwand der Arbeit entspricht, die im vorherigen Sprint geschafft wurde. Außerdem werden die internen Abläufe besprochen, und es werden für den folgenden Sprint mögliche Verbesserungen vereinbart, etwa mehr Pair Programming, mehr Tests oder auch genauere Aufgabenbeschreibungen. Unter dem Strich ist Scrum also empirisch, inkrementell und iterativ.

Dabei ist es wichtig, dass am Ende eines Sprints nicht nur fertige und getestete, aber irgendwo im Code verborgene Features stehen, sondern dass diese unmittelbar ausprobiert werden können. Das ermöglicht es dem *Product Owner*, frühzeitig Teile seines gewünschten Produkts tatsächlich in die Finger zu bekommen, was oft zu kurzfristigen Änderungswünschen führt. Diese kann ein Scrum-Team im nächsten Sprint gleich berücksichtigen.

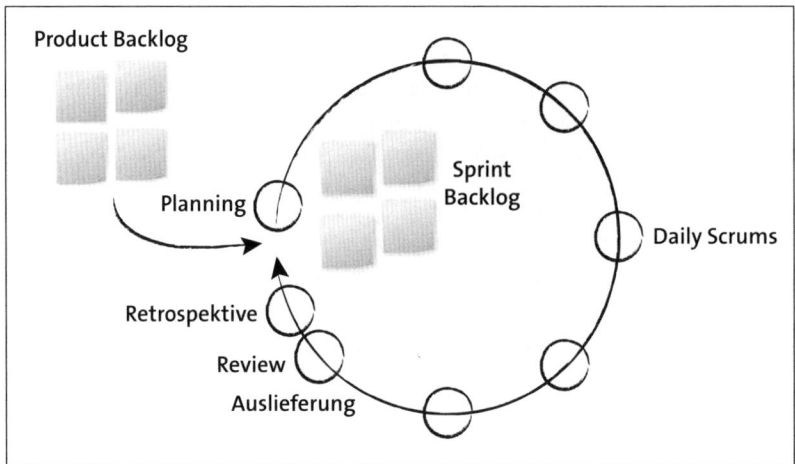

Abbildung 3.6 Jeder Sprint (großer Kreis) beginnt mit dem Planning, bei dem User Storys aus dem Product Backlog ins Sprint Backlog übernommen werden, und endet mit Auslieferung, Review und Retrospektive.

Der Product Owner ist außerdem dafür zuständig, die Anforderungen aus seinem *Product Backlog* zu priorisieren und auszuwählen, die in einem Sprint angegangen werden sollen. Daran ist das Team beteiligt, indem es die Anforderungen in kleinere Aufgaben oder *User Storys* herunterbricht und deren Aufwand abschätzt, um sicherzustellen, dass nicht zu viele Aufgaben in einen Sprint gequetscht werden.

Rollen bei Scrum: Product Owner, Entwickler, Scrum Master

Neben dem Product Owner (üblicherweise ein Produktmanager oder Projektleiter auf Kundenseite) gibt es im Scrum-Team natürlich die Entwickler, aber das ist nicht alles: Eine besondere Position bekleidet der *Scrum Master*.

Aufgabe des Scrum Masters ist es, die Scrum-Regeln durchzusetzen und Hindernisse aus dem Weg zu räumen, auf die die Entwickler treffen. Manchmal wirft er vorwitzige Projektmanager achtkantig raus, die versuchen, seine Entwickler mit projektfremden Aufgaben zu belästigen. Er organisiert ein tägliches Kurz-Meeting (*Daily Scrum*), in dem jeder Entwickler kurz erklärt, woran er zuletzt gearbeitet hat, was er als Nächstes tut und ob ihn irgendetwas blockiert. Das Daily Scrum sollte immer kurz sein, daher setzt man sich nicht in einen Meeting-Raum, sondern stellt sich vor dem Scrum-Board auf. Längere technische Diskussionen unterbindet der Scrum Master, wenn sie nicht unbedingt notwendig sind – sie sollten im Anschluss unter den betroffenen Entwicklern stattfinden.

Ferner moderiert der Scrum Master die beiden großen Meetings am Anfang und am Ende jedes Sprints: *Sprint Planning* und *Sprint Review*.

Im Planning erklärt der Product Owner, welche Features er im nächsten Sprint umgesetzt haben möchte. Das Team bespricht die Features, um sicherzustellen, dass sie klar definiert sind, und einigt sich über Grundsätzliches zur Umsetzung, um den Aufwand abschätzen zu können. Am Ende des Plannings steht eine Prognose, welche Features umgesetzt werden können. Im zweiten Schritt zerlegt das Team die Features in Einzelaufgaben, sprich: Klebezettel (aus Papier oder in einem Tool).

Im *Sprint Review* am Ende jedes Sprints präsentiert das Team dem Product Owner die Ergebnisse des Sprints. Fertige Features sind abgenommen, unfertige wandern in den nächsten Sprint. Im zweiten Schritt – üblicherweise unter Abwesenheit des Product Owners – reflektiert das Team den Ablauf des Sprints in einer *Sprint Retrospektive*, um im folgenden Sprint effizienter zu werden. Dabei fliegen auch schon mal die Fetzen, denn hier sind offene Worte nicht nur erlaubt, sondern unbedingt notwendig, denn ohne Kritik kann es keine Verbesserung geben.

Meist werfen gute Scrum Master die Frage »Was war gut, was war schlecht?« in den Raum. Wohlgemerkt, zuerst die positiven Aspekte – dann fühlt sich die folgende Auseinandersetzung über die Dinge, die nicht so gut liefen, weniger deprimierend an.

Die relativ übersichtlichen Regeln von Scrum adaptieren auch unerfahrene Teams üblicherweise schnell, dabei hilft der Scrum Master. Entscheidend ist, dass das Team im Mittelpunkt steht. Es organisiert sich selbst. Es verbessert seine Arbeitsweise iterativ. Es liefert in definierten Intervallen fertige Produktfeatures.

Nach außen hin wirkt die Vorgehensweise bisweilen etwas ungeordnet, aber das gilt ja bekanntermaßen recht häufig für den Anfang von sich selbst optimierenden Prozessen. Letztlich muss sich Scrum in einem Unternehmen immer am Erfolg messen lassen, und der ist keineswegs garantiert.

Aber auch das gilt für jede andere Arbeitsmethode in gleichem Maße.

Mehr zu Scrum
- Scrum-Homepage: *https://www.scrum.org*
- Scrum mit JIRA von Atlassian: *https://de.atlassian.com/agile/scrum*

Open-Source-Scrum-Tools (Beispiele)
- Orangescrum: *https://www.orangescrum.org*

Kapitel 4
Gut, besser, 91,2%: Software-Qualität messen

In Kapitel 2 habe ich Ihnen bereits eine Reihe von Vorschlägen für Konventionen unterbreitet, die die Qualität Ihrer Software verbessern können.

Um diese Qualitätsverbesserung zu erreichen, benötigen Sie einen möglichst objektiven Maßstab. Es steht außer Zweifel, dass ein Hundertmeterläufer seine Leistung verbessert hat, wenn er heute eine Zehntelsekunde früher ins Ziel einläuft als noch bei einem Lauf vor einem halben Jahr. Aber bei Software können verschiedene Betrachter durchaus zu unterschiedlichen Resultaten kommen, genau wie bei der Einschätzung der Qualität von Smartphone-Verpackungsdesigns, Cartoons in Fachbüchern oder dem Output der Pizzeria gleich um die Ecke.

Wie misst man also Software-Qualität? Welcher Maßstab ist objektiv genug? Lassen Sie sich nicht auf Diskussionen ein, nutzen Sie vorhandene erprobte Kriterien. Mit entsprechender Gewichtung können Sie eine Zahl ausrechnen, die die Qualität Ihrer Software im Kontext der Ansprüche Ihrer Firma repräsentiert.

Dieses Kapitel über das Messen von Software-Qualität spricht Entwickler und Berater an, die Codequalität messen möchten oder eine Argumentationshilfe gegenüber ihrem Boss brauchen, wenn es darum geht, eine Verbesserung nachzuweisen oder einzufordern.

4.1 Muss funktionieren!

Um die Qualität eines umfangreichen Gesamtpakets zu bestimmen, liegt es nahe, einzelne Aspekte und Module zu bewerten, mit einer sinnvollen Gewichtung zu versehen und einen Mittelwert zu bilden. Lassen Sie uns also zunächst alle Aspekte betrachten, die einer Bewertung bedürfen. Um der Angelegenheit eine Struktur zu verpassen, teilen wir zunächst alle Anforderungen, die an Software gestellt werden, in zwei Gruppen auf:

Funktionale und nichtfunktionale Anforderungen

- Funktionale Anforderungen
- Nichtfunktionale Anforderungen

Funktionale Anforderungen beschreiben das Verhalten eines Systems. Verhält es sich anders als gewünscht, indem es gelegentlich beispielsweise Mahnungen an Unbeteiligte verschickt, liegt offensichtlich in mindestens einem Aspekt eine schlechte Qualität vor.

Nichtfunktionale Anforderungen betreffen die Art und Weise, in der funktionale Anforderungen umgesetzt sind, z. B. Performance, Sicherheit oder Wartbarkeit.

4.1.1 Elemente einer Anforderung

Anforderungen genau definieren

Jede Anforderung sollte aus folgenden Elementen bestehen:

- eine eindeutige Identifikation (z. B. Ticket-Nummer)
- eine eindeutige und kurze Beschreibung
- Hintergrunderläuterung, die die Anforderung in den Gesamtzusammenhang stellt
- Autor der Anforderung (etwa für Rückfragen)
- genaues Abnahmekriterium
- Erstellungsdatum

Es kann weitere Elemente geben wie eine Priorität oder Verweise auf Anforderungen, zu denen es Querverbindungen gibt. Entscheidend für Sie ist aber, dass die Anforderung exakt beschrieben ist. Da das oft genug nicht der Fall ist, hier ein Negativbeispiel:

Ticket #13
Die Einstellungen sollen gespeichert werden.

Sicher sehen Sie sofort, welche Informationen hier fehlen:

- Von welchen Einstellungen ist die Rede?
- Wo sollen die Daten gespeichert werden? (Cloud, lokale Daten, bestimmtes Verzeichnis ...)
- Wann sollen die Daten gespeichert werden? (sofort nach jeder Änderung oder beim Beenden der Applikation ...)
- Wann sollen die Einstellungen geladen werden?
- Gibt es eine Präferenz für das zu verwendende Format?
- Wer löst den Speichervorgang aus, wer ist der Akteur in dieser User Story?

Ungenau formulierte Anforderungen sind eine Seuche in der Software-Entwicklung. Um ihr nicht zum Opfer zu fallen, fordern Sie genaue Formulierungen ein. Letztlich können auch nur exakt bekannte Anforderungen wirklich bewertet werden.

4.1.2 Bewertung von Anforderungen

Sie können sich vorstellen, ein Tabellendokument anzulegen, das in jeder Zeile in Spalte A eine konkrete funktionale Anforderung enthält (ID und Kurzbeschreibung). Tragen Sie in der nächsten Spalte einen Prozentwert zwischen 0 und 100 ein, um die Qualität grob zu beurteilen. Grübeln Sie nicht lange, ob eine 42 oder eine 43 den Zustand am besten beschreibt – runden Sie grob, scheuen Sie sich nicht, eine 0 einzutragen. Am Ende kommt es auf den Mittelwert an, und dem ist es egal, ob Sie 42 oder 43 hinschreiben. Achten Sie aber darauf, konsistent in Ihrer Beurteilung zu bleiben. Oft eignen sich Workshops mit Kollegen dazu, solche Tabellen auszufüllen. Meist können sich die Anwesenden leicht auf einen geeigneten Wert einigen, ohne um die Nachkommastellen zu feilschen.

Bedeutung von Anforderungen gewichten

Eine weitere Spalte kann eine Gewichtung enthalten, denn nicht alle Anforderungen haben die gleiche Bedeutung für Ihr Projekt. Um sich nicht zu verzetteln, hilft es, Anforderungen zu gruppieren und mit einer einheitlichen Gewichtung zu versehen, über deren Wert Sie sich mit den Projektverantwortlichen abstimmen müssen. Die gewichtete Qualität ist dann der Mittelwert der Anforderungen einer Gruppe, multipliziert mit der Gewichtung. Die Gesamtqualität ist der gewichtete Mittelwert der einzelnen Qualitäten. Eine solche Tabelle zeigt die effektive Gesamtqualität ganz unten rechts:

Gruppe	Gewicht	Anforderung	Beurteilung	Mittelwert	Gewichteter Mittelwert
Datenverarbeitung	2	Korrekte Datenerfassung	100%	80%	2×80=160
		Korrekte Verarbeitung	60%		
Sicherheit	1	Zugriffskontrolle	100%	50%	1×50=50
		Verschlüsselung	0%		
		Einbruchsicherheit	50%		
Summe	3	Gesamtqualität			210/3=70%

Tabelle 4.1 Tabelle mit Anforderungen

Um die Gewichtung zu berücksichtigen und am Ende wieder einen Prozentwert für die Gesamtbewertung zu erhalten, dividieren Sie die Summe der letzten Spalte durch die Summe der Gewichte.

In diesem fiktiven Beispiel führten anscheinend erhebliche Probleme bei der korrekten Verarbeitung von Daten zu einer Beurteilung mit nur 60%. Mit der Sicherheit sieht es noch düsterer aus, Verschlüsselung findet offenbar überhaupt nicht statt. Da Sicherheit aber weniger stark gewichtet wird als die Datenverarbeitung, würde selbst eine Verbesserung der Verschlüsselung auf 90% nur zu einer Gesamtqualität von 80% führen.

Eine solche Übersicht ist besonders bei nichtfunktionalen Anforderungen sinnvoll, weil sie mit eingebauten Gewichtungen einen guten Überblick über die Qualität eines Gesamtsystems ermöglicht, ohne vom konkreten Einsatzzweck abzuhängen. Deshalb komme ich im weiteren Verlauf dieses Kapitels noch einmal auf dieses Thema zurück. Bleiben wir zunächst bei den *funktionalen* Anforderungen.

Da an jedes Software-System unterschiedliche funktionale Anforderungen gestellt werden, kann ich hier für Sie nur beispielhaft einige häufige Kandidaten mit den damit verbundenen Problemen aufschlüsseln.

4.1.3 Systematische Störungen

Kennen Sie das? Ab und zu stürzt Ihre Software ab. Das äußert sich möglicherweise in Verbindungsabbrüchen in einem verteilten System, in fett aufgeblähten Logfiles voller Stacktraces oder schlicht in regelmäßigen saftigen Beschwerde-Mails ungeduldiger Kunden.

Solche Störungen haben oft ein System. Auch wenn Sie den Fehler nicht auf Anhieb identifizieren können: Sie sind sicher, dass es einen gibt.

Ein Beispiel aus dem echten Leben:

In einer serverbasierten Anwendung, die zu einem Multiplayer-Spiel gehörte, kam es oft in Stoßzeiten zu Ausfällen des Dienstes. Die Client-Apps stürzten ab, die User beschwerten sich. Im Logfile wimmelte es nur so vor Fehlermeldungen, die letztlich auf sehr lang laufende Datenbankabfragen hindeuteten – obwohl das damit verbundene SQL-Statement sehr simpel war:

```
2017-04-22 00:10:10,034 [teams-3] [80.187.98.248]
ERROR DataNucleus.Datastore.Persist  - Update of object
"Team@3c774fc9" using statement "UPDATE team SET
tableposition=? WHERE id=?" failed :
org.postgresql.util.PSQLException:
An I/O error occured while sending to the backend.
...
Caused by: java.net.SocketTimeoutException: Read timed out
```

In diesem Fall gab es sogar mehrere Ursachen, und eine davon betraf eine funktionale Anforderung (auf die andere komme ich später noch zurück). Im ersten Schritt finden wir heraus, warum hier eine *funktionale* Anforderung schlecht umgesetzt wurde, indem wir die Ursache lokalisieren.

Zunächst können Sie ein Ausschlussverfahren anwenden:

- Erstens ist die PostgreSQL-Datenbank alles andere als berüchtigt dafür, sporadische Fehler zu produzieren.
- Zweitens liegt sie auf dem gleichen Rechner wie die Serveranwendung, auf eine Netzwerkstörung kann der gemeldete I/O-Fehler also nicht zurückzuführen sein.
- Drittens: Auch die Hardware ist raus, handelt es sich doch um eine virtuelle Instanz in der Amazon-Cloud (AWS). Falls Ihr System auf »bare metal« oder auch »echtem Blech« läuft, können Sie diesen Punkt nicht so einfach wegdiskutieren. Sowohl Fehler auf einer Festplatte als auch eine zig Jahre lang 24 Stunden, sieben Tage unter Strom stehende Platine können alle möglichen sporadischen Probleme verursachen.
- Viertens: Es gab keine Hinweise auf Angriffe von außen, seien es DDoS-Attacken auf Ihren Rechner oder gar einen Hacker, der irgendwie das root-Passwort Ihrer Datenbank geknackt hat.

So leid es mir tut: Die Software ist schuld. Es muss einen Bug geben oder schlicht eine falsche Implementierung. Letztlich fanden sich im Protokoll des PostgreSQL-Servers entscheidende Hinweise auf sich gegenseitig blockierende Transaktionen:

```
2017-04-22 00:09:40 CEST LOG:   process 4054 still waiting for
    ShareLock on transaction 2913682023 after 1.130 ms
2017-04-22 00:09:40 CEST STATEMENT:   UPDATE team SET
    tableposition=$1 WHERE id=$2
2017-04-22 00:11:16 CEST LOG:   process 4054 acquired ShareLock
    on transaction 2913682023 after 96434.204 ms
2017-04-22 00:11:16 CEST STATEMENT:   UPDATE team SET
    tableposition=$1 WHERE id=$2
```

Sie sehen hier, dass es geschlagene anderthalb Minuten (genauer: 96 Sekunden) dauert, bis die Abfrage überhaupt zum Zuge kommt, nachdem sie ewig auf ein *ShareLock* gewartet hat. (Beim PostgreSQL-Server können Sie das Logging solcher Fälle differenziert konfigurieren.)

Ich werde hier nicht weiter ins Detail gehen, aber relationale Datenbanksysteme bringen grundsätzlich diese Problematik mit sich: Wenn eine Transaktion schreibend auf zwei Tabellenzeilen zugreift und eine weitere dasselbe in der anderen Reihenfolge versucht, bevor die erste fertig ist, kann es passieren, dass sie warten muss.

Im Fall von fast allen Client-Server-Anwendungen gibt es daher folgende funktionale Anforderung:

Isolation von Abläufen *Isolation/Abgrenzung: Requests müssen gleichzeitig ablaufen, ohne sich gegenseitig zu stören.*

Auf der Ebene des Java-Programmcodes bedeutet das, dass Schreibzugriffe synchronisiert werden müssen, oberflächlich betrachtet etwa so:

```
synchronize(team) {
  beginTransaction();
  team.setTablePosition(p);
  commitTransaction();
}
```

Zugriffskontrolle Damit daraus keine Störung im Sinne des gerade definierten Prinzips wird, müssen alle Transaktionen, die Schreibzugriffe enthalten, möglichst schnell durchlaufen. Das kann es erforderlich machen, längere Berechnungen außerhalb von Transaktionen durchzuführen – mit dem Risiko, dass sich die zugrunde liegenden Daten beim Beenden der Berechnung bereits verändert haben, das Resultat also letztlich nicht mehr dazu passt. Es ist Aufgabe des Software-Designs, solche Fälle ordentlich zu berücksichtigen.

Im vorliegenden Fall war es tatsächlich so, dass bei bestimmten Vorgängen das `team`-Objekt nicht synchronisiert wurde, und dann liefen mehrere Transaktionen in die Sackgasse. Dass der resultierende Fehler gehäuft in Hauptverkehrszeiten auftritt, erklärt sich augenscheinlich dadurch, dass dann die Wahrscheinlichkeit für gleichzeitige Zugriffe auf das gleiche Objekt steigt.

Wie Sie solche Probleme im Code ordentlich lösen können, beschreibt ausführlich Kapitel 12.

Ein zweites Beispiel mit der Tendenz, erhebliche Probleme zu verursachen, ist die *Zugriffskontrolle*.

Sie kennen das sicher von Internetforen wie *phpBB*: Benutzer können in Gruppen gepackt werden, und die Gruppen genießen gewisse Rechte. Beispielsweise dürfen Mitglieder der Moderatorengruppe Threads verschieben. Verwarnungen und Sperren verhängen dürfen aber nur Mitglieder der Gruppe »Globale Moderatoren«.

Zudem können Sie jedem Benutzer einzeln Rechte zuweisen. Wenn ein Benutzer nun eine bestimmte Aktion ausführen möchte, muss die Software aufgrund seiner Gruppenzugehörigkeit, der Rolle und der persönlichen Rechte entscheiden, ob das erlaubt ist oder nicht.

Die Anzahl der möglichen Fälle ist hier immens groß, da sich die einzelnen Optionen multiplizieren. Schlimmstenfalls bleibt ein Fehler unentdeckt – zumal sich die wenigsten Benutzer von sich aus melden werden, wenn sie versehentlich mehr Rechte haben als vorgesehen.

Aus Sicht der Software-Architektur tut man hier gut daran, das Rechtemodell besonders sauber zu implementieren und umfassend zu testen. Das gilt grundsätzlich für komplexe Anforderungen, da hier am leichtesten Fehler passieren, die letztlich im Detail von einer minimal unklaren Formulierung im Anforderungskatalog verursacht werden können.

Während die korrekte Umsetzung funktionaler Anforderungen zumeist mit ordentlichen Tests sichergestellt und bewertet werden kann, sind nichtfunktionale Anforderungen von anderer Natur – Grund genug, sich damit ausführlich auseinanderzusetzen.

4.2 Muss schön sein!

Nichtfunktionale Anforderungen

Nichtfunktionale Anforderungen beschreiben die Qualität, in der die funktionalen Anforderungen ausgeführt werden (wenn sie denn überhaupt funktionieren). Für diese oft nicht eindeutige Unterscheidung gibt es ein recht griffiges Kriterium:

Nichtfunktionale Anforderungen sind bei jeder Software grundsätzlich gleich, funktionale nicht.

Eine Banking-App muss Überweisungen ausführen können, ein Notepad-Klon muss Texte speichern können. Das sind zwei völlig verschiedene *funktionale* Anforderungen. Beide Anwendungen müssen aber ansprechend aussehen und sich automatisch updaten lassen. Das sind Beispiele für *nichtfunktionale* Anforderungen, die (mit unterschiedlicher Gewichtung) auf jede Software anwendbar sind. Es ist sogar ziemlich praktisch, dass diese für verschiedene Produkte als identisch betrachtet werden können: Selbst wenn es Ihnen an Erfahrung fehlt, können Sie gängige Maßstäbe anlegen. Für einige der wichtigsten nichtfunktionalen Anforderungen möchte ich Ihnen im Folgenden Beispiele darstellen.

Behalten Sie dabei immer im Hinterkopf, dass es letztlich darum geht, die Qualität Ihrer Software zu verbessern – was aber nur geht, wenn diese beziffert werden kann.

4.2.1 Performance

Sicher fluchen Sie gelegentlich über langsame Software. Warum ist das so? Hat der Programmierer geschlampt? Oder brauchen Sie dringend einen schnelleren Rechner?

Tatsächlich weisen anscheinend viele Projektmanager der nichtfunktionalen Anforderung »Leistung und Effizienz« eine niedrige Gewichtung zu. Anders ist es nicht zu erklären, dass manche App eine geschlagene Minute braucht, um zu starten, und dass selbst ein häufig genutztes und lange existierendes Programm wie der Windows Explorer auch im Jahr 2017 überaus träge seine Icons nachlädt, wenn ich mein (volles) Download-Verzeichnis öffne.

Mag sein, dass manche Programmierer voraussetzen, dass alle Nutzer wie sie selbst frische SSDs im Rechner haben und die neuesten Prozessoren, Grafikkarten und am besten 32 GByte RAM. Ist aber nicht so. Dabei müsste man die Applikation lediglich auf einem etwas weniger modernen System testen und würde sehr schnell zu dem Ergebnis kommen, dass etwas Optimierung nicht ganz falsch wäre. Dasselbe gilt für Speicherbedarf (auch wenn Terabyte-Festplatten billig sind) und benötigtes Datenvolumen. Wenn eine Android-App ein Update benötigt, wird meist das komplette Paket heruntergeladen, das gut und gerne 50 bis 100 MByte groß sein kann – selbst wenn tatsächlich nur ein winziger Bugfix der Grund für das Update ist. Effizienz sieht anders aus.

Wenn man sich mal kurz vor Augen hält, wie viele Smartphones und PCs auf automatisches Updaten aller installierten Anwendungen konfiguriert sind, wird offensichtlich, dass hier eine gehörige Portion der nicht überall üppigen Bandbreite schlicht verschwendet wird.

Unter Umständen kann mangelhafte Performance zu ernsthaften Problemen führen. Denn irgendwann wird beispielsweise ein Client-Server-System so sehr belastet, dass es pro Sekunde mehr Requests verarbeiten soll, als es bei der gegebenen Performance bewältigen kann. Dann laufen Requests in Timeouts, es gibt Verbindungsabbrüche, der Kunde kann seinen Kauf nicht ausführen, wir verlieren Geld!

Eine mögliche Abhilfe bei mangelnder Performance ist – zumindest bei Client-Server-Systemen – oft das Hinzuschalten einer weiteren Instanz. Das erfordert allerdings, dass das System *skalierbar* angelegt wurde.

Skalierbarkeit

Einen zweiten Webserver (plus Load Balancer) können Sie leicht installieren, aber was, wenn die Datenbank nicht schnell genug ist?

An dieser Stelle komme ich wie versprochen auf das in Abschnitt 4.1.3 erwähnte Beispiel des nicht sauber laufenden Multiplayer-Games zurück:

Abgesehen von der fehlenden Isolation gab es auch Timeouts, die sich schlicht auf ein schlechtes Antwortverhalten der Datenbank zurückführen ließen. Insbesondere zu Stoßzeiten produzierte die verwendete MariaDB häufig Fehler, die auf mangelhafte Performance schließen ließen. Das änderte sich auch nicht durch erweitertes Caching in der Java-Anwendung und diverse Optimierungen. Da das Spiel einige Tausend Schreibzugriffe (`SQL INSERT` oder `UPDATE`) pro Sekunde erforderte, war schlicht die Festplatte nicht schnell genug. Wir tauschten sie gegen ein SSD-RAID und waren das Problem los.

Umfangreiche Untersuchungen, Änderungen am Code und letztlich sogar ein Hardware-Tausch waren nötig, um eine Verbesserung der nichtfunktionalen Anforderung »Performance« zu erreichen. Die ließ sich sehr leicht quantifizieren: Die Anzahl der Timeout-Fehlermeldungen in den Logfiles ging von einigen Tausend pro Tag fast auf 0 zurück.

Nicht jede nichtfunktionale Anforderung lässt sich so leicht numerisch bewerten.

4.2.2 Wartbarkeit

Ein System mit schlechter Wartbarkeit zeichnet sich dadurch aus, dass der zuständige Entwickler bei jeder kleinen Änderung erst einmal um Bedenkzeit bittet und am Folgetag erklärt, die Sache möglicherweise bis zu seinem Urlaub fertigstellen zu können. Solche Aspekte drehen sich um die Konfigurierbarkeit der Anwendung, aber auch um die Wartbarkeit des Codes selbst.

Dass eine Software auch nach dem Go-Live nie »fertig« ist, ist eine Binsenweisheit. Je schwieriger es ist, dann noch Änderungen durchzuführen, umso schlechter ist die Wartbarkeit. Wartung betrifft hauptsächlich fünf verschiedene Szenarien:

- Korrektur von Fehlern
- Änderung von Konfigurationen
- Verbesserung nichtfunktionaler Anforderungen (z. B. Performance oder auch die Wartbarkeit selbst)
- adaptive Wartung, z. B. Anpassung an veränderte Rahmenbedingungen oder an häufigeren Konfigurationsänderungen
- Hinzufügen neuer Funktionalität

Leider hat die Wartbarkeit eine überaus unangenehme Eigenschaft: Sie wird mit der Zeit automatisch immer schlechter, selbst wenn sich rein gar nichts an der Software selbst ändert. Die Gründe sind vielfältig:

- Experten verlassen das Projekt oder das Unternehmen, d. h. Verlust von Know-how.
- Software altert, z. B. kann ein Update des Betriebssystems erforderlich sein, wodurch sich fehlende Abwärtskompatibilität auswirken kann.
- Logfiles und Datenbanken werden immer größer und unhandlicher.
- Kommen Änderungen hinzu, wird es noch schlimmer:
  - Code wird durch »schnelle« Änderungen unübersichtlicher.
  - Kompatibilität zu anderen Komponenten wird immer schwerer zu gewährleisten.
  - Dokumentation wird vernachlässigt oder gerät in Unordnung.

Wartbarkeit sinkt mit der Zeit.

Sie tun also gut daran, die Wartbarkeit von vornherein wichtig zu nehmen. Letztlich verursacht die Wartung oft einen Löwenanteil an den Gesamtkosten und übersteigt leicht die Kosten für die eigentliche Entwicklung. Allerdings wird sie meist deutlich schlechter bezahlt. Als Anbieter der Software zahlen Sie also oftmals drauf, wenn ein Wartungsvertrag Anforderungen festschreibt, die dazu führen, dass sich mehrere hoch bezahlte Mitarbeiter in Vollzeit um das System kümmern. Also ist gute Wartbarkeit wichtig. Je länger die Software eingesetzt werden soll, umso wichtiger.

Um die Wartbarkeit eines Systems zu bewerten, schlüsseln Sie die zugehörigen Kriterien am besten auf:

Kriterien für Wartbarkeit

- gute Dokumentation (in Quellcodekommentaren, aber auch externen Dokumenten)
- gute Analysierbarkeit (z. B. durch sinnvolles Logging oder Diagnosefunktionen)
- eingebaute Plausibilitätsprüfungen (Assertionen)
- gute Testbarkeit und hohe Testabdeckung des Codes, damit Fehler sofort gefunden werden
- Parametrisierbarkeit (Parameter als Konstanten oder verteilte Konfiguration)
- modularer Aufbau nach üblichen Entwurfsmustern
- hohe Wiederverwendbarkeit vorhandenen Codes
- allgemeine Codequalität

Hervorheben möchte ich einige dieser Punkte anhand kurzer Beispiele.

Angenommen, Sie haben einem vorhandenen System ein zusätzliches Login-Formular hinzugefügt. Sie möchten jetzt die folgende Funktion der Klasse `UserService` verwenden:

```
public User findUserByAccountNameAndPassword(String accountName, ⊃
    String password)
```

Das funktioniert auch in Ihren Tests hervorragend, bloß gibt es später im Live-Betrieb ein böses Erwachen. Sie finden heraus, dass das System immer crasht, wenn ein User Ihr Login-Formular abschickt, ohne etwas eingetippt zu haben. Der Grund ist ganz banal: In der ursprünglichen Version wurden in dem Fall Leerstrings übermittelt, in Ihrer Fassung aber `null`-Objekte. Denn leider steht irgendwo in der oben genannten Funktion eine Zeile wie diese:

```
accountName = accountName.trim();
```

Hier werden normalerweise eventuell vorhandene Leerzeichen vorn und hinten abgeschnitten. Das ist so weit in Ordnung, allerdings knallt Ihnen die Zeile eine `NullPointerException` um die Ohren, falls `accountName` null ist – wie im vorliegenden Fall.

So genau haben Sie sich die Funktion nicht angeschaut – dazu fehlte die Zeit, und Sie sind nicht davon ausgegangen, dass Ihrem Vorgänger ein solcher Lapsus unterläuft. Richtig müsste die Zeile natürlich wie folgt aussehen:

```
accountName = StringUtils.trimToEmpty(accountName);
```

Diese Variante verwendet eine Funktion aus der Klasse StringUtils aus der Apache-Bibliothek commons-lang. Sie ist null-safe und liefert einen Leerstring zurück, falls der übergebene Parameter null ist.

Eine Alternative wäre gewesen, zu dokumentieren, dass die Funktion nicht mit dem Wert null klarkommt, etwa im Javadoc:

```
/**
 * @param accountName may not be null
 * ...
 */
```

Aber auch das geht noch besser:

```
public User findUserByAccountNameAndPassword(@NonNull String ⤸
    accountName, @NonNull String password)
```

Eingangswerte auf Plausibilität prüfen

Das sind Annotations, die Teil des Checker Frameworks sind (*https://checkerframework.org*). Sie ermöglichen es dem Compiler, Fälle zu erkennen, in denen es zu NullPointerExceptions kommen könnte, um sie schon in der Entwicklungsumgebung anzukreiden. Wenn Sie eine Android-App entwickeln, verwenden Sie stattdessen android.support.annotation.NonNull. Ein zusätzlicher Vorteil ist, dass Sie innerhalb der Funktion nicht mehr prüfen müssen, ob der Parameter null ist, das spart Codezeilen.

Allgemein sind Plausibilitätsprüfungen für Eingabeparameter durchaus sinnvoll.

In C verwenden Sie dafür üblicherweise das Makro assert (aus der Standardbibliothek, zu finden in *assert.h*):

```
assert( input );
```

Ist input Null, erscheint eine Assertion failed-Meldung in stderr. Natürlich erfordert dieses Vorgehen, stderr auch auszuwerten, und die Prüfung findet erst zur Laufzeit statt. Aber besser eine Fehlermeldung als ein undefiniertes Verhalten.

Versteckte Features verringern die Wartbarkeit.

Das letzte Beispiel für schlechte Wartbarkeit dreht sich um Parameter. Angenommen, Sie möchten einen Timeout für einen HTTP-Request ändern. Eine Mobil-App kann beispielsweise nicht damit rechnen, ständig auf ein schnelles Netzwerk zugreifen zu können. Im Gegenteil: Manchmal sitzt der Besitzer in einem Funkloch fest. Ruft er dann eine News-App auf, die auf einen Server zugreifen möchte, um aktuelle Nachrichten abzuholen, sollte es keine 30 Sekunden lange Zwangspause geben (üblicher HTTP-Standard-Timeout). Vielmehr sollte die App nach wenigen Sekunden aufgeben, die zuletzt bekannten Nachrichten anzeigen und es in einer Minute noch mal versuchen – vielleicht hat der Zug, in dem der Nutzer sitzt, dann das Funkloch verlassen.

In meinem konkreten Fall habe ich die C#-Bibliothek Akavache verwendet (*https://github.com/akavache/Akavache*), die aus dem Netz geholte (und andere) Inhalte cachen kann.

Die Funktion zum Herunterladen von Daten von einer URL ist wie folgt definiert:

```
public IObservable<byte[]> DownloadUrl(
  IBlobCache This,
  string key,
  string url,
  IDictionary<string, string> headers = null,
  bool fetchAlways = false,
  DateTimeOffset? absoluteExpiration = null)
```

Listing 4.1 So ist die Funktion »DownloadUrl« definiert.

Keine Spur von einem HTTP-Timeout! (Der Parameter absoluteExpiration definiert die Lebenszeit des heruntergeladenen Inhalts im Cache.)

Glücklicherweise ist Akavache ein Open-Source-Projekt, also konnte ich einen neugierigen Blick riskieren und fand heraus, dass DownloadUrl() intern eine zweite Funktion aufruft:

```
static IObservable<WebResponse> MakeWebRequest(
  Uri uri,
  IDictionary<string, string> headers = null,
  string content = null,
  int retries = 3,
  TimeSpan? timeout = null)
```

Da ist er, der gesuchte timeout-Parameter! Er ist mit einem Defaultwert von null versehen. Die Stelle, an der timeout dann tatsächlich zum Einsatz kommt, ist diese:

```
request.Timeout(timeout ?? TimeSpan.FromSeconds(15), ⊋
  BlobCache.TaskpoolScheduler).Retry(retries);
```

Falls kein timeout-Parameter an MakeWebRequest() übergeben wird, verwendet die Funktion also einen hartcodierten Standardwert von 15 Sekunden.

Leider übergibt DownloadUrl() aber niemals einen timeout-Wert!

Da haben wir den Salat: Sie haben keine Chance, den Timeout zu ändern, letztlich müssen Sie den Code duplizieren oder `DownloadUrl()` in einen Task verpacken und selbst mit einem `Task.Delay(timeout)` versehen – schön ist das nicht.

Um die Wartbarkeit zu verbessern, müsste Akavache eine überladene `DownloadUrl()`-Variante anbieten, die einen Timeout durchreicht, oder wenigstens den Standardwert als statisches Klassenattribut global einstellbar machen.

Wenig ist ärgerlicher, als wenn man für eine simple Wertänderung zusätzlichen Code schreiben (und testen!) muss. Behalten Sie das stets im Hinterkopf: Wenn Sie wartbaren Code schreiben wollen, wählen Sie sinnvolle Standardwerte, aber erlauben Sie dem Nutzer auch, weitestgehend eigene Werte wählen zu können.

4.2.3 Benutzbarkeit

Die beste Software nützt nicht viel, wenn der Nutzer nicht weiß, wie er sie bedienen soll. Schlimmstenfalls kann das zu Falscheingaben und Fehlbedienung führen – und bei einer schlechten Fehlerbehandlung zu drastischen Folgen.

Am 20. Februar 2017 kam es bei der deutschen KfW-Bank zu einem solchen Fall im Zusammenhang mit einer Zahlungsverkehrssoftware (SWIFT). Laut KfW unterlief einem »erfahrenen Programmierer« ein »Konfigurationsfehler«, der dazu führte, dass Zahlungen an vier andere Banken in einer Art Endlosschleife wiederholt wurden. Die KfW hat den Betrag, um den es dabei ging, nicht genannt, aber in der Presse war seinerzeit von Größen zwischen 5 und 6 Milliarden Euro zu lesen.

Der Fehler wurde entdeckt und das Geld zurücküberwiesen. Ehrlichkeit ist doch etwas Schönes!

Weitere Details wurden nicht bekannt, aber wer mit den teils erheblichen historischen Software-Altlasten gerade in der Bankenbranche vertraut ist, kann sich leicht vorstellen, was hier vermutlich geschehen ist: Dem Programmierer unterlief der Fehler möglicherweise, weil er ein extrem unübersichtliches, bestenfalls kryptisch dokumentiertes System bedienen musste. Letztlich ist der Akteur (obwohl von Beruf Programmierer) im fraglichen Moment ein *Benutzer* gewesen: Er nahm eine Konfiguration vor, die wegen schlechter Benutzbarkeit der fraglichen Schnittstelle fehlerhaft geriet.

Gerne toben sich Designer an Benutzeroberflächen aus, die schließlich wirklich hübsch aussehen, aber dem Nutzer Rätsel aufgeben: »Wo ist der Login-Button?«, »Wieso ist mein Webmail plötzlich in Englisch, und wo kann ich es wieder auf Deutsch umschalten?«. Oder der Produktmanager besteht darauf, das Hauptmenü irgendwo zu verstecken, wo es nur ein Detektiv findet. Dropdown-Menüs auf Webseiten schaffen zwar Übersichtlichkeit, genau wie Mouseover-Effekte, allerdings funktionieren sie oft schlecht auf Tablets oder Smartphones, denn da gibt's eben keine Maus und folglich kein Mouseover.

Sicher sind Ihnen schon genug schlecht bedienbare Anwendungen begegnet, deshalb werde ich Sie jetzt nicht mit einem Horrorkabinett langweilen. Dass Usability Tests eine tolle Idee sind (am besten mit neutralen, also extern rekrutierten Testpersonen), hat sich noch nicht überall herumgesprochen.

Wenn Sie Ihrem Designer gegenüber Argumentationshilfen benötigen, weil er mal wieder die Leitlinie »form follows function« falsch herum ausgelegt hat, lege ich Ihnen die Artikel von Usability-Guru Jakob Nielsen ans Herz (*https://www.nngroup.com/articles/#popular*),

»form follows function«

Natürlich sollte eine Software auch visuell attraktiv sein. Einem Fußballmanager, der die Spieler mit der Ästhetik einer Excel-Tabelle empfängt, wird wenig Erfolg beschieden sein. Das Kunststück besteht darin, einen Kompromiss zu finden zwischen Attraktivität und Benutzbarkeit.

4.2.4 Sicherheit

Endlich! Mein Lieblingsthema!

Zunächst eine simple These:

Die am meisten verbreitete Sicherheitsmaxime in der IT lautet: »Es wird schon nichts passieren.«

»Es wird schon nichts passieren.«

Anders ist es kaum zu erklären, dass der Anteil verschlüsselter E-Mails am Gesamtaufkommen vernachlässigbar ist, dass der Anteil von Spam und Scam 2016 bei um die 58% lag (laut Kaspersky Lab) und dass auch heute noch eine sechsstellige Anzahl Webseiten die *Heartbleed*-Lücke aufweist. Freilich machen es typische E-Mail-Programme dem Durchschnittsnutzer auch alles andere als leicht, Verschlüsselung zu verwenden. Aber in professionellen Unternehmen gilt das nicht als Ausrede: Die nötige Konfiguration erledigt der Administrator, Mitarbeiter kann man schulen.

Sicherheit hat viele Aspekte. Und Beteiligte. Am schlimmsten ist nicht einmal der gefürchtete *Man in the middle*, der dank irgendeiner Sicherheitslücke den gesamten Datenverkehr auf einer Verbindung abhört. Sie dürfen zwar nicht davon ausgehen, dass Hacker und Script Kiddies ausgerechnet Ihren Server verschonen, aber die Wahrscheinlichkeit, einem solchen Angriff zum Opfer zu fallen, ist nicht allzu hoch. Oft ist der *Nutzer* Risikofaktor Nummer eins.

Abbildung 4.1 zeigt ein Beispiel.

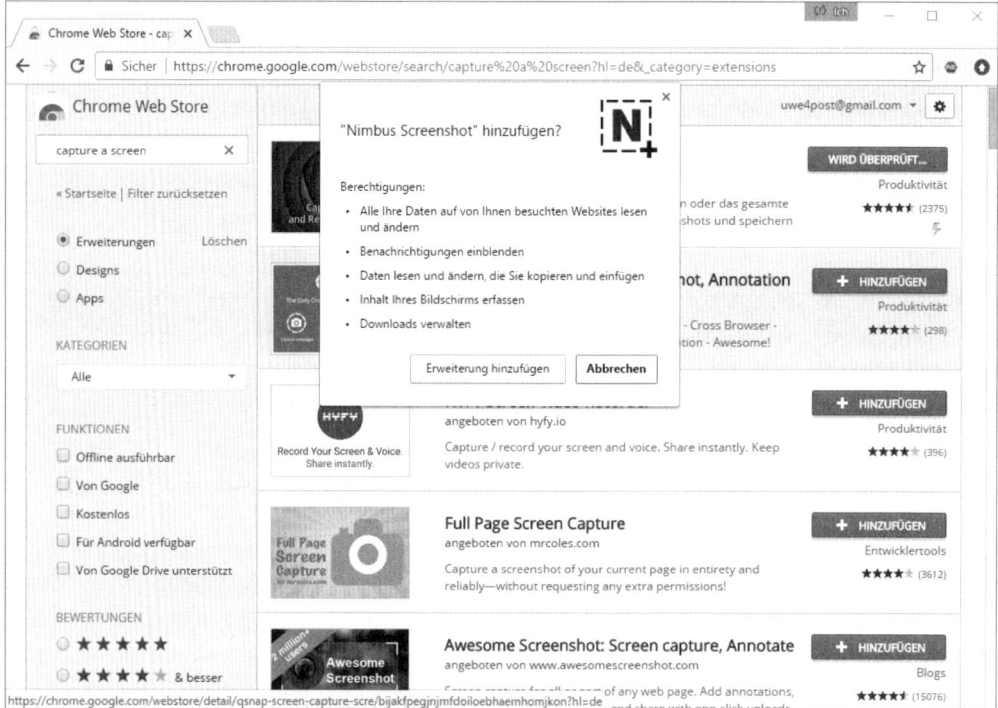

Abbildung 4.1 Ein beliebtes Plug-In mit vielen Freiheiten kann ein Sicherheitsrisiko sein.

Lassen Sie sich einen Moment lang auf der Zunge zergehen, welche Freiheiten jemand einem Browser-Plug-In gewährt, nur um besonders komfortabel Screenshots von Webseiten anfertigen zu können:

▶ alle Ihre Daten auf von Ihnen besuchten Websites lesen und ändern

▶ Daten lesen und ändern, die Sie mit der Zwischenablage kopieren und einfügen

▶ Inhalte Ihres Bildschirms erfassen

Wir können natürlich *hoffen*, dass das Plug-In beispielsweise die dritte Berechtigung nur in dem Moment nutzt, in dem wir den Screenshot auslösen. Möglich, dass die Rechteverwaltung des Chrome-Browsers einfach nicht feingranuliert genug ist, um dieses Detail zu unterscheiden. Warum es für einen Screenshot nötig ist, Daten auf Webseiten sogar zu *verändern*, fragen Sie sich hoffentlich gerade selbst auch.

Offenkundig erfordert es eine gewisse Menge Vertrauen in den Anbieter, dieses Plug-In zu installieren. Wohlgemerkt sind 2.376 größtenteils gute Bewertungen kein *Grund* für ein solches Vertrauen, sondern zeigt nur, dass andere Nutzer welches hatten. Ob zu Recht, können wir nicht wissen.

Vielleicht sollten wir doch lieber weiterhin die `Druck`-Taste verwenden, um einen Screenshot anzufertigen? Oder die Sache einem Open-Source-Programm wie *GIMP* anvertrauen?

Was hat ein solches Plug-In mit der Sicherheit Ihrer eigenen Software zu tun?

Eine hundertprozentige Sicherheit ist realistisch betrachtet nicht erreichbar. Selbst wenn Sie grundlegende Erwägungen berücksichtigt haben, kann eine unbedachte Aktion des Nutzers diese unterlaufen. Schadsoftware ist höchst verbreitet, von *Phishing*-Mails über *Scam* (betrügerische Angebote) bis hin zu als Game-Apps getarnte *Malware*. Das kann aber keine Ausrede dafür sein, um auf Sicherheit komplett zu verzichten. Sichern Sie Ihre Anwendung dort ab, wo die Gefahr am größten ist. Vor allem wenn der Aufwand gering ist, sollte eine abgesicherte Implementierung selbstverständlich sein. Die folgende Liste zeigt einige Stellen, an denen Sie besonders aufpassen sollten, was das Design und die Implementierung Ihrer Anwendung angeht:

Der Nutzer ist das schwächste Glied.

- Die Übertragung von Daten übers Netzwerk zwischen verschiedenen Teilen einer Anwendung sollte verschlüsselt sein (z. B. mit SSL).
- Passwörter sollten am besten überhaupt nicht übertragen werden, sondern nur Hashes.
- Absicherung gegen Code Injection
- Absicherung gegen Buffer-Overflow-Fehler
- Absicherung gegen unautorisierte Nutzung von kritischen Funktionen
- *Robustheit*, z. B. Plausibilitätsprüfungen gegen vorsätzliche oder versehentliche Fehlkonfiguration oder -eingaben

Das folgende Beispiel zu *Code Injection* habe ich (sinngemäß) vor einiger Zeit in einem recht umfangreichen, neu konzipierten System gefunden, das für Bezahlvorgänge im Mobiltelefonnetz gedacht war, aber (glücklicherweise) so nicht live gegangen ist:

```
sql = "SELECT * FROM users WHERE name = '" + username + "';";
ResultSet rs = connection.prepareStatement(sql).executeQuery();
```

Dieser Java-Code verwendet SQL-Code, um aus einer Datenbank die Daten eines Users mit dem übergebenen Namen `username` auszulesen. Dabei wurde `username` zuvor direkt als Parameter aus einem Web-Request extrahiert.

Stellen Sie sich vor, es gelingt einem Angreifer, für den Parameter `username` folgenden Wert zu übergeben:

```
' or '1'='1
```

Das resultierende SQL-Statement lautet dann:

```
SELECT * FROM users WHERE name = '' or '1'='1';
```

Da die zweite Bedingung immer erfüllt ist, liefert dieses Statement *alle* User zurück.

SQL Injection Dieses Vorgehen nennt sich *SQL Injection*, und es ist keineswegs unwahrscheinlich, dass Ihr Dienst einem solchen Angriff ausgesetzt wird – es gibt simple Hacker-Skripte, die solche Angriffe auf gut Glück bei jeder Webseite ausprobieren, die ihnen vor die Flinte kommt.

Selbstverständlich gibt es eine einfache Möglichkeit, sich vor einem solchen Angriff zu schützen:

```
statement = "SELECT * FROM users WHERE name = ?";
statement.setString(1, username);
```

Die verwendete Java-Klasse `PreparedStatement` bringt die nötige Funktion mit: Die Wildcard ? wird intern durch den richtigen String ersetzt, aber eben so, dass der vom Angreifer übermittelte Wert als Suchbegriff verwendet wird, statt die semantische Bedeutung des Statements zu verändern.

Mehr zum Thema Code Injection finden Sie in Abschnitt 9.3.6.

Anfälliger Code ist schlechter Code. Verwenden Sie die richtige Variante *immer*, selbst bei Machine-to-Machine-Diensten. Selbst wenn Sie sich vermeintlich darauf verlassen können, dass nur eine (zweifellos integre) Client-Applikation auf Ihren Webservice zugreift: Die abgesicherte Codevariante ist nicht aufwendiger, aber sicherer – es gibt nicht den geringsten Grund, die anfälligere zu verwenden. Anders ausgedrückt:

Potenziell anfälliger Code ist falscher Code.

Es gibt allerdings deutlich weniger offensichtliche Probleme im Zusammenhang mit Sicherheit, das zeige ich Ihnen in einem zweiten Beispiel:

Es war einmal eine stark genutzte Client-Server-Anwendung, die jahrelang klaglos ihren Dienst verrichtete. Sie lief 100% stabil, im Logfile waren keine Fehler zu sehen. Sowohl Client als auch Server waren Webapplikationen, die auf irgendwelchen Hosts in einem zertifizierten Rechenzentrum liefen – einmal gab eine Festplatte in einem RAID-1-Array den Geist auf, aber sie war schnell ersetzt, es gab keine Datenverluste.

Eines Tages aber funktionierte rein gar nichts mehr. Bis jemand Alarm schlug, hatte die Client-Anwendung ein paar Millionen Mal folgende Zeile ins Logfile geschrieben:

```
secure connetion error
```

Ja, da fehlte ein »c«. Das war nicht das Problem, im Gegenteil, darauf komme ich gleich zurück. Der alarmierte Entwickler erwies sich als nicht zuständig, denn der Client war von einem externen Kollegen geschrieben worden, mit dessen Unternehmen ein Wartungsvertrag existierte. Leider jedoch bestand das fragliche Unternehmen, hastig auf höchster Ebene herantelefoniert, darauf, ebenso wenig zuständig zu sein, denn der Client liefe ja offenbar, das Problem müsse beim Server liegen, den der Client anscheinend nicht mehr kontaktieren könne.

Bloß erfreute sich der Server bester Gesundheit: keine Fehler im Log, auch ein verzweifelter Neustart änderte nichts. Port 8443 (HTTPS) war online und auch vom Client aus erreichbar, das konnte der verzweifelte und übermüdete Entwickler schnell bestätigen.

Nach einigen Stunden – der gesamte Dienst war vom Netz genommen worden, die Chefetage stand auch schon mit dickem Hals im Raum – hatte unser bemitleidenswerter Entwickler den Sourcecode gefunden, unbürokratisch die Leserechte auf dem fraglichen Subversion-Repository erhalten und angefangen, die circa zehntausend Zeilen Code zu sichten, fand aber die fragliche Stelle nicht sofort, an der der Client versuchte, den Server zu erreichen.

Dann lästerte einer der zahlreichen Schaulustigen, der Code sei ja wohl von minderwertiger Qualität, wenn nicht einmal die Fehlermeldung korrekt buchstabiert sei. Das Team kam endlich auf die Idee, den ganzen Code nach dem Wort »connection« zu durchsuchen, und fand dies:

```
HttpClient httpclient = new HttpClient();
GetMethod httpget = new GetMethod(url);
try {
```

```
    processResult(httpclient.executeMethod(httpget));
} catch(Exception e) {
    logger.log("secure connetion error");
} finally {
    httpget.releaseConnection();
}
```

Listing 4.2 Der catch-Block in diesem Code verschluckt unzulässigerweise die geworfene Exception. Damit gehen wichtige Informationen verloren.

Nie Exceptions verschlucken

Traurig, aber wahr: Die offensichtlich beim Verbindungsversuch geworfene Exception wird gefangen und dann *verschluckt*. Die mysteriöse Ursache des Verbindungsfehlers wurde fein säuberlich verworfen und nicht ausgegeben. Richtig müsste die Zeile wie folgt aussehen:

```
logger.log("secure connection error", e);
```

So ziemlich jedes Logging-Framework ballert daraufhin die Exception-Message und den gesamten Stacktrace ins Logfile.

Sie ahnen vermutlich, was als Nächstes geschah: Der verzweifelte Entwickler korrigierte die Zeile und wollte das Projekt bauen, um es zu deployen und die tatsächliche Ursache des Fehlers zu erfahren. Leider erwies sich das als unmöglich: Das Projekt ließ sich nicht so einfach bauen, es hagelte Fehlermeldungen des Build-Systems, eine Build-Dokumentation war auf die Schnelle nicht auffindbar.

Zu allem Überfluss wurde der Chef langsam ungeduldig, was damit zu tun hatte, dass sein Handy ununterbrochen klingelte.

Es ist nicht überliefert, welcher der umstehenden Zuschauer auf die Idee kam, die Server-URL einmal von einem Browser aus aufzurufen.

Auch das erwies sich wegen einer rigiden Firewall-Konfiguration nicht als trivial, aber schließlich gelang es, vom Client aus mit dem Programm *curl* von der Kommandozeile aus die fragliche Adresse anzusprechen (*https://server1.domain.de/servlet*).

Das Resultat:

```
* SSL connection using TLS1.2 / ECDHE_RSA_AES_128_GCM_SHA256
* server certificate verification failed. CAfile:
*/etc/ssl/certs/ca-certificates.crt CRLfile: none
* Closing connection 0
```

Hätte der Bildschirm Augen gehabt, hätte er in lauter staunend geöffnete Münder geblickt.

Von diesem Punkt aus war es nicht mehr weit bis zu der Erkenntnis, dass schlicht und ergreifend *das SSL-Zertifikat des Servers abgelaufen war*. Die Zuschauer erfanden daraufhin einige besonders kreative Flüche, die hier nicht wiedergegeben werden können.

An sich ist das gar kein Programmierfehler, sondern ein Fehler der Administration. Verwendet man für interne Verbindungen ein SSL-Zertifikat, muss es entweder ein extrem weit in der Zukunft liegendes Gültigkeitsdatum erhalten, oder auf die Liste vorzunehmender regelmäßiger Wartungsarbeiten gehört der simple Hinweis, die Gültigkeit des Zertifikats zu prüfen und es, wenn nötig, zu verlängern, bevor es abläuft. Ansonsten hat man hier eine Zeitbombe im System. Ob eine SSL-Verbindung zwischen zwei geschützt aufgestellten Rechnern im gleichen Rechenzentrum überhaupt notwendig ist, ist eine andere Frage (schließlich kostet SSL auch etwas Performance). Natürlich ist die höchstmögliche Sicherheit die beste – aber sie bringt Aufwand mit sich.

Der eigentliche Programmierfehler – das »Verschlucken« der Exception – wäre Ihnen sicher bei einem ordentlichen Code Review aufgefallen, richtig?

Davon abgesehen sollte man in einem verteilten System Überwachungsmechanismen einsetzen, etwa basierend auf *Nagios* oder einer anderen bewährten Software. Einmal konfiguriert, meldet Ihnen ein solches System Ausfälle direkt per Mail oder aufs Handy, und zwar mit allen nötigen Details. Das entbindet natürlich nicht von der Pflicht, Fehlerbehandlung sauber zu implementieren.

Sie sehen: Sicherheit beschränkt sich nicht nur darauf, Daten zu schützen. Sie ist eng verknüpft mit Codequalität, Wartbarkeit und Ausfallsicherheit.

Andere Aspekte der Sicherheit sind Backup und Verfügbarkeit – darauf komme ich zu einem späteren Zeitpunkt noch zurück.

4.2.5 Skalierbarkeit

Ein System ist skalierbar, wenn sich seine Leistungsfähigkeit durch Hinzufügen von Ressourcen steigern lässt.

Das ist allerdings nur auf den ersten Blick eine einfache Sache. Tatsächlich gibt es ganz verschiedene Ressourcen:

- Prozessorgeschwindigkeit
- Prozessorkerne
- RAM
- Größe von Festspeichern

- Zugriffszeiten von Festspeichern
- Lese-/Schreibgeschwindigkeit von Festspeichern
- Netzwerkgeschwindigkeit
- Geschwindigkeit der Grafikkarte
- Anzahl verfügbarer Rechner

Um zu verstehen, wie Ihre Applikation skaliert, müssen Sie die verschiedenen Ressourcen getrennt betrachten. Natürlich werden die meisten Programme schneller, wenn eine CPU mit 3,0 statt 2,0 GHz getaktet wird – aber fast nie um satte 50%. Skalierung funktioniert selten linear, zudem hängt sie davon ab, in welchem Bereich der Leistungsbedarf variiert. Eine Anwendung, die unter Last gerät und nicht skalieren kann, reagiert mit verlängerten Antwortzeiten, Timeouts oder verweigert gar die Annahme weiterer Anfragen. Dabei machen sich unter Umständen Fehler bemerkbar, die bei geringer Last nicht auftreten.

Es gilt also, herauszufinden, welche Ressourcen eine Applikation in welcher Form verwendet. Weiter oben hatte ich Ihnen bereits ein Beispiel genannt: Stark frequentierte Datenbanken freuen sich über schnelle Festplatten (oder RAID-Arrays mit SSDs).

Wenn sich ein System durch einen Cache entscheidend beschleunigen lässt, bewirkt die verfügbare Größe dieses Caches (in RAM oder auf Platte) eine Skalierung – allerdings nur dann, wenn ein Großteil der eingehenden Anfragen vom Cache profitiert und die *Time to Live* (TTL) lang genug ist. Wird ein Eintrag im Schnitt erst nach Ablauf der TTL wieder benötigt, bringt der Cache nicht viel.

Horizontale und vertikale Skalierung

Viel bedeutender als die *vertikale* Skalierung (englisch *Scale Up*) – also Vergrößerung von RAM oder Austausch der CPU gegen eine schnellere – ist heutzutage die *horizontale* (*Scale Out*): Oft übersteigt der Performancebedarf um ein Vielfaches die Leistungsfähigkeit eines einzelnen Rechners. Da der Preis von Hardware abhängig von ihrer Leistung exponentiell ansteigt, lohnt es sich oft, einfach mehrere Rechner parallel zu betreiben. Das aber stellt zusätzliche Anforderungen an die Software. Bei Systemen mit mehreren Anwendungsschichten betrifft das sogar mehrere Software-Komponenten.

Am schwierigsten zu skalieren sind Datenbanken. Wenn die Daten konsistent sein sollen, benötigen Sie Transaktionen über mehrere Rechner hinweg. Solange Lesezugriffe gegenüber Schreibzugriffen in der deutlichen Mehrheit sind, können Sie beispielsweise mit Readonly-Replikas arbeiten.

Weitaus interessanter ist aber die Frage für Sie als Entwickler, der sein Produkt verbessern möchte: Wie können Sie bewerten, ob eine Software horizontal skaliert, und wie verbessern Sie diese Skalierbarkeit, wenn sie zu schlecht ist?

Natürlich eignet sich praktisch nur serverbasierte Software für horizontale Skalierung. Sie verwenden einen (oder mehrere) *Load Balancer* am Eingang, der alle eingehenden Anfragen gleichmäßig auf eine Anzahl gleichwertiger Server weiterleitet (siehe Abbildung 4.2). In fortgeschrittenen Szenarien können Load Balancer sogar erfragen, ob einer ihrer Upstream Server unter starker Last leidet, um ihn dann vorläufig mit weiteren Abfragen zu verschonen.

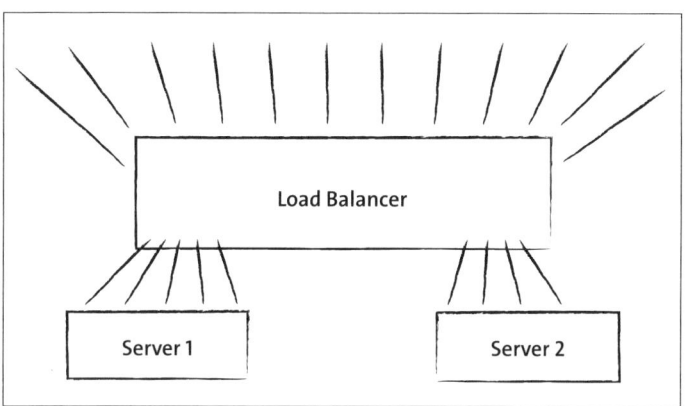

Load Balancing

Abbildung 4.2 Der Load Balancer verteilt die Arbeit gnadenlos fair.

Daraus ergibt sich die zentrale Anforderung an Ihre Software: *Jede Instanz muss austauschbar sein und unabhängig von den anderen die Anfragen beantworten können.*

Um dies zu gewährleisten, verdienen einige Aspekte besonderes Augenmerk:

- möglichst wenige Ressourcenkonflikte (die sich gegenseitig sperren)
- möglichst kurze Verarbeitungszeit (optimierter Code)
- zustandslose Komponenten
- nur Schreibzugriffe mit Transaktionen, Lesezugriffe hingegen ohne Transaktionen

Wenn Sie unbedingt ausschließen müssen, dass höhere Last dazu führt, dass keine Requests mehr angenommen werden, bietet sich eine *Queue* an, in der zunächst alle Requests landen. Alle parallel eingesetzten Instanzen holen sich immer dann eine neue Aufgabe, wenn sie mit der vorangegangenen fertig sind. Die Länge der Queue ist ein direktes Maß für die Belastung des Systems: Steigt sie oder bleibt über längere Zeit hoch, müssen Sie zusätzliche Instanzen einfügen.

Auch wenn die einzelnen Maßnahmen stark von der Anwendung abhängen: Den Grundstein für gute Skalierbarkeit müssen Sie bereits beim Design Ihrer Applikation legen. Später werden nötige Umbauarbeiten teuer. Hier zahlt sich Weitsicht aus.

Mehr zum großen Thema »Paralleler Code« finden Sie in Kapitel 12.

Um Skalierbarkeit letztlich zu bewerten, richten Sie das Augenmerk auf die Parallelisierbarkeit der Komponenten. Denn mit vertikaler Skalierung stoßen Sie irgendwann an Grenzen wirtschaftlicher und technischer Natur.

4.2.6 Portierbarkeit und Kompatibilität

Sie werden glücklicherweise selten in die Verlegenheit kommen, dass Ihr Boss von Ihnen verlangt, Ihre unter Betriebssystem A sauber laufende Applikation mal eben schnell umzustricken, damit sie auf System B läuft (denn dadurch spart Ihr Chef pro Jahr 13 Dollar an Lizenzgebühren).

Glauben Sie aber bitte nicht, dass dergleichen nie vorkommt. Ab und zu wird eine Firma von einer anderen gekauft, und ehe Sie »Muss das sein?« sagen können, beginnt schon der Masterplan »Vereinheitlichung der IT-Infrastruktur«. Solche Projekte dauern übrigens erfahrungsgemäß in großen Konzernen ungefähr drei Millionen Jahre.

Auch wenn Sie sicher sind, dass Sie Ihre Android-App niemals nach iOS portieren müssen, lesen Sie weiter, denn unter Portierbarkeit verstehe ich noch etwas mehr:

▸ Abwärtskompatibilität (z. B. Laden von Dateien, die von älteren Versionen gespeichert wurden)
▸ Aufwärtskompatibilität (z. B. Speichern von Dateien in einem erweiterbaren Format)
▸ Interoperabilität
▸ Einhalten von Standards
▸ Anpassbarkeit

Zeit für ein weiteres Beispiel aus dem wirklichen Leben!

Am Anfang des Smartphone-Booms (anno 2010, Sie erinnern sich?) waren Datenflatrates teuer, UMTS war eine Werbefloskel, die noch nicht überall in der Realität angekommen war, und Handys wie das erste Nexus oder ein HTC Tattoo waren alles andere als flott.

Folglich entschied sich ein schlauer Programmierer, das Protokoll zum Austausch von Daten zwischen Handy-App und einem Applikationsserver besonders schlank zu gestalten: 100 Bytes passen eben eher zwischen zwei Funklöcher als ein paar Kilobytes, und ohne Komprimierung und SSL-Protokoll bescheren sie dem Nutzer eine gefühlt deutlich flottere Bedienung der App, weil der Prozessor weniger zu rechnen hat (das spart nebenbei auch Akkuladung).

Statt Daten also mit XML-Tags oder JSON aufzublähen, wurde als Übertragungsformat CSV gewählt: Datensätze waren zeilenweise angeordnet, Spalten darin durch das Zeichen | getrennt. Server und App verfügten für jedes zu übertragende Datenmodell über einkompilierte Listen, wie der Inhalt der Spalten den Attributen der zugehörigen Objekte zuzuordnen sei. Auch der zu verwendende Zeichensatz (UTF-8) wurde per Konvention einheitlich festgelegt.

Ein Datensatz, den die Webapplikation zurückgab, konnte also etwa wie folgt aussehen:

```
109|Henry|Müller|henry@mail.de
```

Wenn Sie das mit einer Entsprechung in XML vergleichen, sehen Sie sofort die Ersparnis:

```
<?xml version="1.0" encoding="utf-8" ?>
<user>
<id>109</id>
<lastname>Müller</lastname>
<firstname>Henry</firstname>
<email>henry@mail.de</email>
</user>
```

In Zahlen: 32 Bytes gegen 155 Bytes, ein Faktor von 4,8!

Zum Vergleich noch das JSON-File:

```
{"id":"109",
 "lastname":"Müller",
 "firstname":"Henry",
 "email":"henry@mail.de"}
```

Das sind 83 Bytes, immer noch ein Faktor von 2,6.

Hauptursache für den Unterschied ist natürlich die Tatsache, dass XML und JSON die Bedeutung der Attribute mitliefern und sich nicht darauf verlassen müssen, dass der Empfänger die richtige Reihenfolge im CSV-Format kennt. Je größer die Inhalte der Spalten im Vergleich zu den Namen der Attribute werden, umso kleiner der Unterschied.

Ich muss Ihnen sicher nicht erklären, dass sich die Wahl des CSV-Formats in den folgenden Jahren als problematisch erwies. Erweiterungen wurden hinten angehängt, das war für unvermeidlicherweise noch existierende ältere Client-Apps nicht kritisch. Aber eine Spalte irgendwo in der Mitte einzufügen war unmöglich.

Mangelnde Weitsicht = schlechte Portierbarkeit

Gerne strapaziert man für die schlechte Portierbarkeit einer Software die Behauptung, sie sei »historisch gewachsen«. Anders ausgedrückt: Die Entwickler haben ursprünglich nicht besonders viel Weitsicht an den Tag gelegt. Sie waren mehr darauf bedacht, das Problem des Tages zu lösen, statt an jene Probleme jener Tage zu denken, die noch kommen mögen.

Kompatibilität, Interoperabilität und Anpassbarkeit werden aber auch nicht selten auf dem Altar der Selbstsüchtigkeit geopfert.

Vielleicht ist Ihnen das auch schon passiert: Ein Kollege hat ein Protokoll oder eine Datenstruktur auf recht »spezielle« Weise umgesetzt. Wenn Sie ihn fragen, warum er nicht auf bewährte Standards gesetzt hat, sieht er sie an, als hätten Sie gerade vorgeschlagen, im Jahr 2017 noch Lochkarten und Centronics-Schnittstellen zu verwenden.

In einer denkwürdigen Besprechung über die Modernisierung einer komplexen Software durfte ich mir einmal anhören, dass SOAP als Kommunikationsprotokoll ersetzt werden müsse, weil es alt und überholt sei, heutzutage spreche man REST bzw. JSON.

»Alt« heißt nicht automatisch »schlecht«, sondern oft auch »bewährt«.

Freilich ist SOAP alles andere als das, wofür der erste Buchstabe des Akronyms steht (»simple«), und ganz sicher ist es nicht schlank, aber es hat sich millionenfach bewährt. Wenn Sie das WSDL-File (*Web Service Definition Language*) eines SOAP-Webservice haben, können Sie automatisiert den zugehörigen Client-Code erzeugen (z. B. mit Apache CXF). Das ist eine bewährte Technologie. Alt, ja, aber deswegen nicht schlecht. Wenn Sie Argumente gegen eine Technologie wie SOAP vorbringen möchten, dann bitte nicht »alt«.

In der fraglichen Besprechung kam etwas später zur Sprache, dass die neu zu erstellende Anwendung weiterhin mit SOAP-Webservices würde sprechen müssen, weil die zuständige Abteilung (noch) nicht dazu bereit sei, ihren Service umzustellen. Folglich wurde eine zusätzliche Komponente eingeplant, die SOAP in REST übersetzen konnte und umgekehrt. Da sich niemand dazu in der Lage sah, das WSDL zu beschaffen, wurde der nötige

SOAP-Client letztlich nicht mit automatisch generiertem Code geschrieben, sondern das Protokoll »zu Fuß« mit einem HTTP-Client nachgebildet.

Die Sache funktionierte tatsächlich (nachdem die Kinderkrankheiten beseitigt waren). Aber gute Interoperabilität sieht anders aus.

Noch ärgerlicher ist nur mangelhafte Abwärtskompatibilität. Regelmäßig zwang beispielsweise in den Jahren 2015 und 2016 eines der vielen Updates von Android Studio und dem verwendeten Build-System *Gradle* App-Entwickler, Änderungen an ihren Build-Skripten durchzuführen.

Wenig erbaulich sind auch Umbenennungen von nicht ganz konsistent benannten Bezeichnern. Die alten werden als `@deprecated` markiert, die neuen funktionieren nicht auf alten Systemen.

Manchmal möchten Sie aufgrund eines Bugfix eine neuere Version einer Bibliothek verwenden, die auch ein Update einer dritten, abhängigen Bibliothek erfordert – das Ihnen aber wegen mangelhafter Abwärtskompatibilität notwendige Umbauarbeiten beschert.

In diesem Abschnitt habe ich Ihnen die wichtigsten nichtfunktionalen Anforderungen gezeigt. Das erhebt keinen Anspruch auf Vollständigkeit – die aber ist Bedingung für seriöse, professionelle Einschätzungen. Deshalb stelle ich Ihnen im nächsten Abschnitt Ansätze vor, die die Anforderungen an Software völlig systematisch betrachten.

4.3 ISO 25010 und andere Buzzword-Sammlungen

Wenn Ihre Argumente kein Gehör finden, greifen Sie zu härteren Bandagen: Sagen Sie Ihrem Chef: »Das ist ein ISO-Standard.« Dann muss ja was dran sein, nicht wahr?

4.3.1 ISO 25010

Der ISO-Standard 25010 wurde gemeinsam mit der IEC (International Electrotechnical Commission) entwickelt. Der IEC haben wir unter anderem zu verdanken, dass wir in den meisten Ländern der Welt von Metern, Sekunden und Kilogramm sprechen und nicht von Klaftern, Unzen und Turmuhrschlägen: das SI-Einheitensystem.

Bleiben wir aber bei Software: *ISO 25010* hört offiziell auf den Namen »System und Software-Engineering – Qualitätskriterien und Bewertung von System und Software-Produkten (SQuaRE) – Qualitätsmodell und

Leitlinien«. Die Länge dieses Namens ist sicher der Hauptgrund dafür, dass man sich lieber eine fünfstellige Zahl merkt und eben von ISO 25010 redet.

Diese Norm ist der Nachfolger von ISO 9126, und letztlich eignet sie sich vor allem als Checkliste, wenn es um die mögliche Einschätzung von Software-Qualität geht: Sie bewerten eine Software in Bezug auf jeden einzelnen Punkt und gelangen so zu einer Gesamtbewertung.

Die meisten Aspekte, die in der Liste vorkommen, habe ich Ihnen im vorangegangenen Abschnitt bereits erklärt. Deshalb zeige ich Ihnen zunächst einfach die Checkliste. Dabei verwende ich weitgehend englische Begriffe, denn der Standard liegt bisher offiziell nur auf Englisch vor. Falls Sie damit in Berührung kommen, werden Ihnen also hauptsächlich die englischen Begriffe begegnen.

Die Checkliste ist in acht Bereiche gegliedert, wovon der erste die funktionalen Aspekte behandelt, der Rest nichtfunktionale.

ISO 25010-Checkliste

ISO 25010-Checkliste

- **Functional Suitability**
  - Completeness (Vollständigkeit)
  - Correctness (Richtigkeit)
  - Appropriateness (Eignung)
- **Performance and Efficiency**
  - Time behaviour (zeitliches Verhalten)
  - Resource utilization (Ressourcenverbrauch)
  - Capacity (Verarbeitungskapazität)
- **Compatibility**
  - Co-existence (Unabhängigkeit von anderen Produkten)
  - Interoperability (möglicher Informationsaustausch mit anderen Produkten)
- **Usability**
  - Appropriateness recognizability (Erkennbarkeit von Funktionalitäten)
  - Learnability (Erlernbarkeit)
  - Operability
  - User error protection (Toleranz gegenüber Fehlbedienung)
  - UI aesthetics (ansehnliche Benutzeroberfläche)
  - Accessibility (Zugänglichkeit für alle Personengruppen)

- **Reliability**
  - Maturity (Verlässlichkeit)
  - Availability (Verfügbarkeit)
  - Fault tolerance (Toleranz gegenüber Hardware- oder Software-Fehlern)
  - Recoverability (Betriebsfähigkeit nach Ausfällen)
- **Security**
  - Confidentiality (Datenschutz und Privatsphäre)
  - Integrity (Schutz vor Fremdzugriff)
  - Non-repudiation (Unbestreitbarkeit, fälschungssichere Protokollierung)
  - Authenticity (Authentifizierung, digitaler Fingerabdruck)
  - Accountability (Verantwortlichkeit)
- **Maintainability**
  - Modularity (Modularität)
  - Reusability (Wiederbenutzbarkeit)
  - Analysability (Diagnosemöglichkeit)
  - Modifiability (Veränderbarkeit)
  - Testability (Testbarkeit)
- **Portability**
  - Adaptability (Portierbarkeit auf andere Systeme)
  - Installability (Installierbarkeit und Deinstallierbarkeit)
  - Replaceability (Ersetzbarkeit)

Wie eingangs erläutert, können Sie die Qualität eines Software-Produkts quantifizieren, wenn Sie jeden einzelnen Aspekt mit einer Bewertung z. B. von 0 bis 100 Punkten (»nicht vorhanden« bis »perfekt«) versehen und eine geeignete Gewichtung einführen.

Was jeder einzelne Aspekt im konkreten Fall bedeutet, hängt so stark vom Produkt ab, dass Sie das selbst einschätzen müssen (wenn nötig mit Unterstützung eines externen Beraters).

Hier nur zwei Beispiele, wie das aussehen könnte:

Ist Ihnen aufgefallen, dass in der Checkliste der Punkt »Backup« fehlt? In Wirklichkeit ist er Teil der *Recoverability*. Was hilft Ihnen ein Backup, wenn Sie es nicht vernünftig zurückspielen können? Wenn Sie möglicherweise noch zig manuelle Reparaturschritte vornehmen müssen, um das System nach einem Ausfall wieder zur Mitarbeit zu überreden?

Machen Sie schnell ein Backup! Jetzt!

Dass Backups häufig vernachlässigt werden, ist eine Binsenweisheit. Anlässlich des World Backup Day am 31.3.2017 führte eine große Beratungsfirma eine Umfrage durch, laut der etwa ein Viertel aller Anwender überhaupt keine Backups anfertigt. (Falls Sie dazugehören, dürfen Sie gerne die Lektüre kurz unterbrechen, um die Statistik schleunigst zu verbessern.)

Um im Punkt Recoverability eine 100-Punkte-Wertung zu erhalten, sollte ein Unternehmen mindestens einmal mit Live-Daten einen Desaster-Fall erfolgreich durchgespielt haben, optimalerweise nur testweise natürlich. Eine saubere Dokumentation, wie in verschiedenen Fällen zu verfahren ist, gehört ebenso dazu. Was man im Fall des Falles überhaupt nicht gebrauchen kann, ist ein Administrator, der sich erst mal ein paar Stunden Bedenkzeit erbittet, um herauszufinden, wo sich das Backup befindet und wie er es zurück ins System bekommt.

Eine letzte Anmerkung zu *Replaceability*. Es könnte Ihnen passieren, dass Ihr Produktmanager der Ansicht ist, dass eine Bewertung von 0 an dieser Stelle erstrebenswert ist. Denn niemand möchte, dass ein Kunde Ihr System einfach so durch ein anderes ersetzen kann. Mehr noch: Wenn das mit hohem Aufwand verbunden ist, binden Sie den Kunden ja an Ihr Produkt.

Tatsächlich geht es aber um das Gegenteil: Wie gut kann Ihr Produkt ein beim Kunden vorhandenes Konkurrenzprodukt ersetzen? Das erfordert, dass Sie die gleichen Schnittstellen bedienen, die vorhandenen Dateiformate lesen (und schreiben!) können und dass der Benutzer sich auf Anhieb in der Benutzeroberfläche zurechtfindet, weil sie ähnlich strukturiert ist.

Aus diesem Blickwinkel betrachtet, wird Ihr Produktmanager sicher leicht von der hohen Bedeutung dieses Aspekts zu überzeugen sein.

Letztlich können Sie nach der ISO 25010-Checkliste nicht nur eigene, sondern auch Konkurrenzprodukte beurteilen, wenn Sie über genug technisches Detailwissen verfügen. Das ermöglicht Ihnen den direkten Vergleich und gegenüber potenziellen Neukunden das Herausarbeiten der Vorteile Ihres eigenen Produkts.

Und schließlich hilft Ihnen die Checkliste, Aspekte zu identifizieren, in denen Sie Ihre Software verbessern können.

Mehr im Netz

http://iso25000.com/index.php/en/iso-25000-standards/iso-25010

4.3.2 IEEE 730 und andere

Im Gegensatz zu ISO 25010 beschreibt der *IEEE-Standard 730* (*https://standards.ieee.org*, kostenpflichtig) den gesamten Prozess der Software-Qualitätssicherung (»IEEE Standard for Software Quality Assurance Processes«). Das entspricht dem ISO-Standard 25040, geht aber etwas darüber hinaus. Im Hinblick auf die Aufschlüsselung einzelner Aspekte hilft Ihnen dieser Standard aber nicht weiter.

Die älteste Einschätzung zu diesem Thema datiert übrigens schon von 1976: B. W. Boehm schrieb damals einen Artikel namens »Quantitative evaluation of software quality«. Als ich mir den Text zum ersten Mal durchgelesen habe, habe ich mehrmals irritiert auf das Veröffentlichungsdatum geschaut – allem Anschein nach haben sich die grundlegenden Probleme im Zusammenhang mit Software-Qualität in den letzten 40 Jahren nicht besonders verändert.

Boehm sortierte die einzelnen Aspekte einer Software in einer Baumstruktur, die bemerkenswerte Ähnlichkeit mit der ISO-Checkliste aufweist. Er ordnete die Aspekte der untersten Ebene mehreren übergeordneten Themen zu, was die Verwandtschaft vieler Punkte illustriert.

Bei der *GASQ* (Global Association for Software Quality, *http://gasq.org*) können Sie sich diversen Prüfungen stellen und zertifizieren lassen. In Deutschland gibt es den Arbeitskreis Software-Qualität und -Fortbildung e.V. (*ASQF*, *https://www.asqf.de*), dessen SQ-Magazin (*http://www.sq-magazin.de, PDF-Downloads*) nicht zuletzt zeigt, wie differenziert das ganze Thema in verschiedenen Branchen behandelt wird – und wie wichtig es geschätzt wird.

Kapitel 5
Jeder ist Architekt

Viele Teams verfügen über einen eigenen Architekten oder Lead Developer, mit Glück sogar in Vollzeit. Aber wer »jetzt sofort« einen Tipp braucht, hilft sich besser selbst.

Für die richtige *Detail-Architektur* nimmt Ihnen niemand die Kleinarbeit ab. Dieses Kapitel erklärt Ansätze und hilft, die richtige Architektur zu wählen. Ich zeige Ihnen typische Entwurfsmuster und bewährte Lösungen für häufige Problemstellungen – und natürlich Fallen (*Anti-Patterns*), die man besser meiden sollte.

5.1 Normalisierte Daten

Software hantiert mit Daten. Allerdings sind »reale« Daten komplexe Gebilde – Computer arbeiten aber letztlich mit einzelnen Bits. Folglich müssen die Daten irgendwie strukturiert abgebildet werden. Das klingt einfach, aber schon hier kann eine Menge schiefgehen. Deshalb stelle ich an den Anfang des Kapitels Überlegungen zu strukturierten Daten, bevor ich mir typische Fragen zu Entwurfsmustern und anderen Aspekten von Software-Architektur vornehme.

Daten normalisieren

Um zu illustrieren, wie Sie Daten strukturieren sollten (und wie nicht), zeige ich Ihnen zwei Beispiele.

5.1.1 Einstellungen in der Datenbank

In einem größeren Projekt lief mir vor längerer Zeit eine Anwendung über den Weg, die Konfigurationsdaten aus einer Datenbank bezog.

Dabei ging es um URLs für Webservices, die die Anwendung ansprechen sollte, um Timeouts, Zuordnung von Fehlermeldungen zu Fehlercodes, aber auch um Passwörter für die Authentifizierung gegenüber vorgenannten Webservices. Als besonderes Feature erlaubte es das Projekt, einen Satz von Einstellungen zu deaktivieren und einen anderen zu aktivieren – sehr praktisch für Tests oder automatisierte Fallback-Mechanismen, falls ein Webservice mal nicht mehr antworten sollte.

Nun könnte man darüber diskutieren, wo Passwörter im Klartext sicher untergebracht sind und wo nicht – aber darum geht es in diesem Abschnitt nicht.

Vielmehr geht es mir darum, dass die zugehörige Datenbanktabelle namens `configuration` nur über zwei Spalten verfügte – und *eine Zeile*:

```
MariaDB [config_db]> select * from configuration;
+--------+--------------------------+
| active | config                   |
+--------+--------------------------+
|      1 | ["password":"123456",...] |
+--------+--------------------------+
1 row in set (0.00 sec)
```

Wie gesagt, wir reden nicht über im Klartext gespeicherte Passwörter, sondern über die *Normalisierung* von Daten. Sicher kennen Sie folgende Regel:

Eine Tabelle enthält pro Spalte maximal einen Wert.

Das ist die *erste Normalform*. Besteht der Inhalt eines Datenfelds aus einer Kombination von Werten, liegt ein Verstoß gegen diese Regel vor. Genau das ist im obigen Beispiel der Fall: Die Spalte `config` enthält nämlich *JSON*-Code.

Offenbar ist JSON die bevorzugte Nahrung des Konfigurationsmoduls der vorliegenden Software. Zudem sollte leicht zwischen verschiedenen Konfigurationssätzen gewechselt werden können. Also hatte der zuständige Entwickler die Idee, die gesamte Konfiguration jeweils in ein Datenfeld zu schreiben und von dort in die Applikation zu pumpen. Praktisch: Er konnte eine Menge Code sparen, der das Resultat einer Datenbankabfrage in JSON konvertiert.

Andererseits kann die Datenbank auf der JSON-Spalte keine sinnvollen Operationen ausführen. Man kann sich nicht mit einem einzigen SELECT alle verwendeten Passwörter anzeigen lassen, ohne das Risiko einzugehen, bei einer Substring-Abfrage unerwünschte Treffer zu erhalten. Wo verschiedene Codes (hier: SQL und JSON) vermischt werden, steigt außerdem das Risiko, durch Vertipper oder fehlendes Escaping Syntaxfehler zu produzieren.

Trotzdem ist ein Verstoß gegen die Regel der ersten Normalform fast immer als Anti-Pattern einzuordnen.

Übrigens unterstützen moderne Datenbanken sogar von Haus aus JSON-Spalten (MySQL mit InnoDB ab 5.7, MariaDB ab 10.2.3, PostgreSQL ab 9.4). Das bedeutet allerdings nicht, dass es eine gute Idee ist, Daten nicht in Normalform zu speichern. Vielmehr bietet JSON Ihnen bei genauem Hinsehen eine viel elegantere Lösung, hier zur Abwechslung mit PostgreSQL:

```
postgres=# select * from norm_configuration;
 active | password |         url          | username
--------+----------+----------------------+----------
 t      | 123456   | https://192.168.0.2  | user
(1 row)
```

Jetzt nutzen Sie einfach die seit PostgreSQL 9.2 verfügbare Funktion `row_to_json()`:

```
postgres=# select row_to_json(norm_configuration) from norm_configuration where active=true;
```

Und das Ergebnis lautet:

```
{"active":true,"password":"123456","url":"https://192.168.0.2","username":"user"}
```

Fertig! Sie müssen keinen speziellen Code für die Konvertierung schreiben und testen.

Nun existiert für jede mögliche Einstellung genau eine Spalte. Das bedeutet, dass Sie für neue Einstellungsmöglichkeiten Spalten hinzufügen müssen. Was auf den ersten Blick nach zusätzlicher Arbeit klingt, vereinfacht in Wirklichkeit einiges: So können Sie beim Anlegen der neuen Spalte mit SQLs `default`-Anweisung sofort für alle vorhandenen Konfigurationen einen Standardwert einstellen. Bei der nicht normalisierten Version müssten Sie jedes einzelne JSON auslesen, erweitern und wieder speichern.

Falls Ihre Applikation aus irgendeinem Grund einmal Konfigurationen nicht mehr im JSON-Format, sondern als XML entgegennehmen möchte, ändern Sie nur eine Stelle:

```
postgres=# select xmlforest(password,url,username) from norm_
configuration where active=true;
```

Das Ergebnis ist ein XML-Fragment, das Sie leicht weiterverarbeiten können:

```
<password>123456</password>
<url>https://192.168.0.2</url>
<username>user</username>
```

Am häufigsten kommen meiner Erfahrung nach Verstöße gegen die erste Normalform vor, wenn in einer schon länger betriebenen Applikation neue Daten hinzugefügt werden müssen, man aber Angst hat, eine zusätzliche Tabellenspalte (oder gar Tabelle) könnte zu Nebeneffekten führen. Ein beliebter Fehler ist in diesem Zusammenhang, einer neuen Spalte die Bedingung NOT NULL, aber keinen Defaultwert zu verpassen. Will vorhandener Code (der die neue Spalte nicht kennt) dann Daten einfügen, quittiert die Datenbank das mit einem Fehler, weil NULL eingefügt werden müsste, aber nicht eingefügt werden darf. Sinnvoll ist diese Vorgehensweise nur dann, wenn Sie auf diese Weise eben jene Laufzeitfehler provozieren wollen.

Retten Sie die erste Normalform! Relationale Datenbanken sind darauf optimiert. Alles andere kommt spätestens dann als Bumerang zurück, wenn die Datenmengen und die Anforderungen wachsen. Und das tun sie immer, verlassen Sie sich drauf.

5.1.2 Eine Geld-Klasse

Datenstrukturen mögen wie Detailfragen aussehen, sind aber letztlich eine Grundlage für eine saubere Architektur. Deshalb zeige ich Ihnen in diesem Abschnitt einen exemplarischen Fall: Es geht wie so oft ums liebe Geld.

Wenn Ihre Applikation an irgendeiner Stelle mit klingender Münze hantiert, müssen Sie Geldbeträge speichern. Natürlich bietet sich als passender Datentyp dafür Integer an (wenn man immer Cent speichert) oder Float, denn zwei Nachkommastellen reichen ja.

Wirklich?

Rechnen Sie mal mit:

1.000.000 + 1,2 − 1.000.000 = ?

Leicht, oder?

Fragen Sie mal Java:

```
System.out.println(1000000.0f + 1.2f - 1000000.0f);
1.1875
```

Auf einen Cent genau gerundet:

```
1.19
```

Ups!

Vielleicht sollte der Nutzer Ihrer Banking-Software besser nicht 1 Euro und 20 Cent einzahlen und dann 1 Million Euro abbuchen, wenn er über 1 Million Euro verfügt. Sonst verliert er einen ganzen Cent.

Klingt harmlos, ist aber natürlich völlig inakzeptabel.

Wenn Sie Integer benutzen, kann Ihnen das freilich nicht passieren, aber dann benötigen Sie Methoden, um Euro und Cent umzurechnen und krumme Beträge richtig darzustellen. Sie möchten einem Kunden in einem Online-Shop ja nicht als Kaufpreis 9.899 Cent anzeigen.

Java führt leider erst in Version 9 mit dem JSR (*Java Specification Requests*) 354 eine `JavaMoney`-Klasse ein, die mit verschiedenen Währungen funktioniert und einige praktische Funktionen mitbringt:

JavaMoney in Java 9

- Währungsumrechnung
- Abhängigkeit von hierarchischen Regionen
- Validieren, auch im historischen Kontext (z. B. konnte man im Jahr 1987 die neue Platte von Michael Jackson nicht mit Euros bezahlen)
- Formatierung

Sie können die aktuelle Version (oder den Backport für Java 7 oder 8 namens *jsr354-ri-bp*) jetzt schon verwenden (*http://javamoney.github.io/*).

Falls Sie sich für Integer (oder besser Long) entschließen, bedenken Sie, dass es möglicherweise Leute gibt, die mehr als `Long.MAX_VALUE` Cent besitzen (92.233.720.368.547.758,07, also 92 Billiarden). Wie immer gilt: *Denken Sie weitsichtig, implementieren Sie vernünftig.*

Auf Nummer sicher gehen Sie mit `java.lang.BigDecimal` (bzw. einem Analogon in Ihrer Lieblingsprogrammiersprache), das hat überhaupt keine Begrenzung.

5.1.3 Zu spät!

Ein weiteres Beispiel für die nicht triviale Wahl sinnvoller Datenstrukturen betrifft die Zeit.

Wenn Sie in Ihrer Applikation mit Uhrzeit und Datum hantieren müssen, stehen Sie vor der Entscheidung, welchen Datentyp Sie am besten verwenden. Wohlgemerkt, Zeitstempel bilden eine Ausnahme von der Regel der ersten Normalform: Niemand würde ernsthaft auf die Idee kommen, für Tag, Monat und Jahr einzelne Datenbankspalten anzulegen.

Wagen wir mal einen Blick zurück in die Vergangenheit:

Im Zeitalter der Home-Computer gab es noch keine Hardware-Uhren, ein Datum fand sich bestenfalls als hartcodierte Zeichenkette im Copyright-Vermerk. Irgendwann kamen Computer mit Echtzeituhr auf den Markt, allerdings führte eine leere Batterie auf dem Motherboard manchmal zu einer Zeitreise in die Vergangenheit. Das Internet erlaubt heutzutage jedem vernetzten Gerät, sich die aktuelle Uhrzeit von einem NTP-Server zu holen. Was ältere Handys zumeist nicht konnten, ist bei Smartphones nun Standard. Letztlich ist Ihre Software immer auf diese Systemzeit angewiesen, es sei denn, Sie fragen selbst bei einem NTP-Server nach.

Aber wie speichern Sie Datum und Uhrzeit in Ihrem Programm, wie verarbeiten Sie sie weiter? Nicht zuletzt gibt es ja Aspekte wie Zeitzonen, Sommerzeit (wussten Sie, dass es zwischen und 1947 und 1949 in Deutschland eine »Hochsommerzeit« gab, in der die Uhr um eine zweite Stunde verstellt wurde?) und Schaltsekunden. Falscher Umgang mit Datumswerten führte gegen Ende des letzten Jahrhunderts zu hysterischen Weltuntergangsszenarien wegen des gefürchteten *y2k-Bugs* (wenn Jahreszahlen nur als zwei Ziffern gespeichert wurden).

Jahr-2038-Bug

Aber das Thema ist keineswegs erledigt: Die nächste Apokalypse droht im Jahr 2038, genauer am Dienstag, den 19. Januar, um 03:14:08 Uhr UTC. Vergessen Sie nicht, sich den Termin im Kalender anzustreichen! Die Ursache dieses Problems ist, dass der Unix-Timestamp im `C-time_t` überläuft, wenn er als signed 32-Bit-Wert gespeichert wird (2.147.483.647 abgelaufene Sekunden seit 01.01.1970). Alle Programme, die noch den 32 Bit breiten Datentyp `long` verwenden, müssen mit 64-Bit-Architektur neu übersetzt werden, um den 20. Januar 2038 zu erleben. Noch ist ja ein bisschen Zeit, sich darum zu kümmern. Übrigens gehört mit dem Timestamp-Spaltentyp von MySQL auch ein recht prominenter Vertreter dazu.

Nur scheinbar harmlos sind Schaltsekunden: Im Jahr 2012 führte eine solche in bestimmten Fällen zu Endlosschleifen im Linux-Kernel (siehe z. B. https://heise.de/-1629612).

Datenstrukturen für Zeit und Datum

Für verschiedene Sprachen gibt es ganz unterschiedliche Datenstrukturen, die sich unter dem Strich bewährt haben:

Datenstrukturen für Datum und Uhrzeit

- C: `clock_t`, `time_t`, `struct tm` aus Standardbibliothek (*time.h*)
- C++: Wenn die C-Funktionen nicht genügen, hilft die *Boost* Library (*http://www.boost.org*).
- Java: `java.lang.Date`, `java.sql.Date`, `java.util.Calendar`; mehr Funktionen bietet die Apache-Bibliothek *Commons Lang* im Package `org.apache.commons.lang3.time` (`DateUtils`, `DateFormatUtils`, `DurationFormatUtils`, `StopWatch` usw.).
- C#/.NET: `System.DateTime`
- JavaScript: `Date`, unzählige Bibliotheken wie *Moment.js*, *Date.js*, *Xdate.js*
- Python: Module `datetime`, `time`, `calendar`

Man könnte vermutlich ein ganzes Buch über den richtigen Umgang mit Zeitstempeln schreiben. Unterhaltsamer ist aber ein Blick auf die Fallstricke. Einige sind Ihnen vielleicht bereits begegnet, andere umgehen Sie künftig elegant, wenn Sie die nächsten Zeilen lesen.

Das am meisten unterschätzte Problem ist die Serialisierung (und Deserialisierung). Natürlich kann jede Programmiersprache irgendwie einen Zeitstempel adäquat speichern und damit rechnen. Aber meistens möchten Sie diesen Zeitstempel irgendwo ausgeben, und andere Programme möchten ihn wieder einlesen – Programme, die möglicherweise auf Rechnern laufen, die in anderen Zeitzonen stehen. Dabei denke ich jetzt weniger an SQL-Datenbanken, die nicht nur die passenden Datentypen, sondern auch alle denkbaren darauf basierenden Operationen bieten, sondern an Datenaustausch in Textformaten. So besitzen weder XML noch JSON streng typisierte Datenfelder, Zeit- und Datumswerte sind also als String auszugeben – und zwar so, dass eine andere Maschine beim Einlesen kapiert, was damit gemeint war. Sicher haben Sie auch schon einmal davon gehört, dass eine Person im biblischen Alter von 106 Jahren einen Einschulungsbescheid bekam. Solche Peinlichkeiten sollten Sie Ihrer Software ersparen.

Einmal war ich (zum Glück nur kurz) an einem Projekt beteiligt, bei dem es darum ging, Logfiles verschiedener Rechner zusammenzuführen, die in unterschiedlichen Zeitzonen generiert worden waren. Leider sahen typische Einträge in diesen Dateien wie folgt aus:

```
2012-05-10 00:00:46,236 [thread-12] INFO com.company.package -
 user statistics: 762354,765234,73465
```

Sie sehen sofort, was fehlt: die Zeitzone.

Es war also Aufgabe des Projekts, jede einzelne Logfile-Zeile einzulesen, den Zeitstempel abhängig vom Standort des Rechners, der sie ausgespuckt hatte, in Universal Time (UTC) umzurechnen und sie in einer Datenbank abzulegen. Zwischendurch stellte sich heraus, dass einige der beteiligten Rechner von vorausschauenden Administratoren längst auf UTC umgestellt worden waren. Die Logfiles dieser Rechner waren also (ab dem Zeitpunkt der Umstellung) von der Umrechnung auszunehmen.

Sie sehen: Die Zeitzone gehört zum Zeitstempel immer dazu, es sei denn, Sie arbeiten ausschließlich mit UTC (und dokumentieren diese Tatsache sauber).

Lassen Sie uns einen Blick auf die Java-Klasse Date werfen, die eine ganze Reihe eigener Fallstricke mit sich bringt.

Das fängt schon damit an, dass Date in Wirklichkeit ein DateTime darstellt, also Datum *und* Uhrzeit, und damit unzutreffend benannt ist.

Fallstricke in Javas »Date«-Klasse

Nun eine kleine Quizfrage: Welche Ausgabe erzeugt die folgende Zeile?

```
System.out.println(now.getYear());
```

Kleiner Tipp: In dem Moment, in dem ich dieses Kapitel schreibe, zeigt mein Wandkalender die Zahl 2017.

Der obige Java-Code gibt aber Folgendes aus:

```
117
```

Hätten Sie's gewusst?

Tatsächlich speichert die Date-Klasse intern die Jahreszahl als Anzahl der Jahre seit 1900.

Das ist aber noch nicht alles:

```
System.out.println(now.getMonth());
```

Diese Zeile gibt Ihnen im Januar eine 0 aus und im Dezember eine 11.

Finger weg von veralteten »Date«-Funktionen!

Bevor Sie jetzt die Entwickler von Java verfluchen, sei fairerweise gesagt, dass die beiden genannten Funktionen schon seit Java 1.1 *deprecated* sind (also seit 117–97 = 20 Jahren). Laut Javadoc sollen wir lieber die Klasse Calendar verwenden. Meiner Erfahrung nach hat sich das allerdings noch nicht bis zu allen Entwicklern herumgesprochen, daher dieser Hinweis: *Finger weg von den veralteten* Date*-Funktionen!*

Die Klasse `Calendar` berücksichtigt immerhin die Zeitzone, indem sie verschiedene Konstruktoren mitbringt (die allerdings statische Methoden sind, weil `Calendar` selbst `abstract` ist):

```
Calendar.getInstance();
Calendar.getInstance(Timezone zone);
```

Um ein bestimmtes Attribut des Datums herauszufinden, übergeben Sie der Funktion `Calendar.get()` jeweils die zugehörige Konstante:

```
Calendar now = Calendar.getInstance();
```

Holen wir uns jetzt noch mal den Monat:

```
month = now.get(Calendar.MONTH)
```

Auch diese Zeile gibt im Januar eine 0 und im Dezember eine 11 aus. Sie sollten deshalb die Konstanten `Calendar.JANUARY` usw. verwenden, wenn Sie feststellen wollen, ob Sie sich in einem bestimmten Monat befinden.

Hingegen ist der erste Tag des Monats tatsächlich 1 und das Jahr 2017. Am 01. Januar 2020 werden Sie folgende Ausgabe erhalten:

```
System.out.println(now.get(Calendar.DAY_OF_MONTH));
1
System.out.println(now.get(Calendar.YEAR));
2020
```

Wenn Sie die Monatszahl (aus `now.get(Calendar.MONTH)`) um 1 erhöhen, könnten Sie also damit leicht ein Datum in der Schreibweise `Tag.Monat.Jahr` ausgeben. Aber lassen Sie's, das ist ein Anti-Pattern, weil Sie damit eine vorhandene, besser implementierte Funktionalität nachzubilden versuchen. Verwenden Sie lieber die Klasse `DateTimeFormatter` (Java 8):

```
DateTimeFormatter format =
  DateTimeFormatter.ofPattern("M.d.yyyy");
```

Dazu passend gibt es die neue Klasse `LocalDate`, die schon anhand ihres Namens klarstellt, dass sie intern die aktuelle Zeitzone verwendet. Der `DateTimeFormatter` liefert Ihnen dann von Haus aus die ISO-Schreibweise (das `System.out.println()` lasse ich der Übersicht halber weg):

```
LocalDate now = LocalDate.now();
now.format(DateTimeFormatter.ISO_DATE)
2017-04-01
```

Die in der aktuellen Region richtige Schreibweise können Sie mit einer `FormatStyle`-Konstanten auswählen:

```
now.format(DateTimeFormatter.ofLocalizedDate(FormatStyle.SHORT))
01.04.17
```

Wenn Sie keine Java 8-Klassen verwenden können, weil Ihr Projekt unter einer älteren Runtime läuft, versuchen Sie trotzdem bitte nicht, die nötigen Operationen selbst zu bauen. Verlassen Sie sich lieber auf Bibliotheken wie commons-lang3 mit Klassen wie `DateUtils` und `DateFormatUtils`.

Sommerzeit erfordert Speichern von Zeitstempeln und Zeitzonen.

Sobald Sie Zeitstempel in Datenbanken speichern, müssen Sie sehr genau die Dokumentation lesen und den richtigen Spaltentyp verwenden. Das gilt vor allem für das Speichern der Zeitzone. Wenn eine Veranstaltung (etwa ein Webinar) um 20:15 Uhr MEZ beginnt, müssen Sie einem Interessenten in St. Petersburg 22:15 Uhr MSK (Moskauer Zeit) anzeigen. Ihre Datenbank muss also den Zeitstempel mit speichern oder alle Zeiten beim Schreiben/Auslesen in/von UTC (*Coordinated Universal Time*) konvertieren.

Glauben Sie bitte nicht, dass Sie dieses Problem ignorieren können, falls alle Ihre Nutzer in Deutschland leben sollten. Erstens könnten sie in einem anderen Land Urlaub machen, zweitens gibt es die Sommerzeit – die ist auch nichts anderes als eine andere Zeitzone!

Bei *MySQL* speichert nur der Spaltentyp `TIMESTAMP` die Zeitzone – aber der läuft wie oben erwähnt am 19. Januar 2038 über! Bei *PostgreSQL* müssen Sie als Spaltentyp `TIMESTAMPTZ` (`TIMESTAMP WITH TIMEZONE`) verwenden, das Jahr-2038-Problem hat diese Datenbank aber nicht.

Wenn schon der richtige Umgang mit einem vermeintlich simplen Datentyp wie einem Zeitstempel so problematisch ist, wie ist das dann erst mit komplexen Datenstrukturen, die in der realen Geschäftswelt alltäglich sind?

5.2 Alles ist ein Objekt, aber welches?

Alles ist ein Objekt.

Nicht umsonst hat die *objektorientierte Programmierung* (*OOP*) seit ihrer Erfindung einen Siegeszug angetreten, der im Grunde mit dem Erfolg der Angry Birds zu vergleichen ist: Man wirft verschiedene, dennoch irgendwie gleichartige Dinge auf komplexe Strukturen und zerlegt sie in Einzelteile.

Zu einem Teil liegt das daran, dass Objektklassen und Abstraktionen dem Vorstellungsvermögen des menschlichen Geistes keinen allzu großen

5.2 Alles ist ein Objekt, aber welches?

Spagat abverlangen: Tulpen und Rosen haben verschiedene Eigenschaften, sind aber auch Blumen, was gewisse Gemeinsamkeiten mit sich bringt.

Die richtige Abbildung einer geforderten Geschäftslogik in ein sinnvolles OOP-Modell ist trotzdem nicht trivial.

5.2.1 OOP-Paradigmen

Es lohnt sich, die bedeutenden Eigenschaften der OOP zu rekapitulieren. Grundsätzlich möchten Sie reale Strukturen so abbilden, dass der entstehende Code möglichst effizient ist. Dabei helfen Ihnen die OOP-Paradigmen.

- Alles ist ein Objekt.
- Jedes Objekt verfügt über einen eigenen Speicherbereich für seine Daten.
- Objekte können miteinander kommunizieren, indem sie andere Objekte austauschen (Parameter oder Nachrichten).
- Jedes Objekt ist Instanz einer Klasse.
- Jede Klasse implementiert die zugehörigen Verhaltensweisen.

Diese Liste geht auf Alan Kay zurück, den Entwickler der Programmiersprache *Smalltalk*.

Zur OOP gehören aber noch mehr wichtige Konzepte:

- Abstraktion (Interfaces, abstrakte Basisklassen)
- Datenkapselung (Verbergen von Implementierungsdetails)
- Vererbung (abgeleitete Klassen »erben« Methoden und Attribute ihrer Vorfahren)
- Polymorphie (Verhalten eines Objekts hängt von der tatsächlichen Klasse ab, nicht von der Deklaration)

Gerade Polymorphie bereitet manchmal Kopfzerbrechen. Sehen Sie sich das folgende Beispiel an:

```
public class Mitarbeiter {
  public BigInteger getGehalt() {
    return 1000;
  }
}
...
```

```
// Auszahlung des Gehalts
for(Mitarbeiter m : alleMitarbeiter) {
  auszahlen(m.getGehalt());
}
```

Listing 5.1 Zahltag!

Unfassbar, aber wahr: Jeder verdient das gleiche Salär! Allerdings kassiert Ihr Chef trotzdem mehr als Sie. Denn es gibt noch eine weitere Klasse:

```
public class Chef extends Mitarbeiter {
  @override public BigInteger getGehalt() {
    return 9000;
  }
}
```

Polymorphie

Sie sehen: Wenn der Chef mehr verdient als Sie, ist das nicht ungerecht, sondern *Polymorphie*.

Als UML-Diagramm sieht das wie folgt aus:

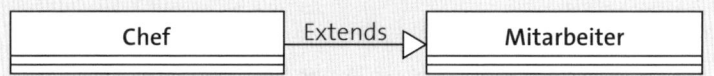

Abbildung 5.1 Im UML-Diagramm zeigt der Pfeil in Richtung der Elternklasse. Der Pfeil bedeutet so viel wie »erbt von«.

Auch Objekte der Klasse Chef sind gleichzeitig Objekte der Klasse Mitarbeiter, deshalb kann in obiger for-Schleife das Objekt m sowohl einen Mitarbeiter als auch einen Chef enthalten. Zur Laufzeit des Programms kann der Aufruf von getGehalt() also letztlich in zwei verschiedene Funktionen münden, entweder jene von Mitarbeiter oder die *überschriebene* von Chef.

Zu den Vorteilen der OOP gehört die relativ gute Wartbarkeit von Klassen, die eine gewisse Funktionalität verkapseln. Natürlich gibt es immer Abhängigkeiten, so dass der Wiederverwendbarkeit Grenzen gesetzt sind.

Ein häufig unterschätzter Nachteil der OOP ist der gegensätzliche Ansatz der zumeist eingesetzten relationalen Datenbanken. Jeder objektrelationale Layer, der zum Verbinden beider Seiten verwendet werden kann, hat den einen oder anderen Nachteil. Beispielsweise müssen referenzierte Objekte automatisch nachgeladen werden, entweder sofort beim ersten Zugriff (was eine Menge überflüssigen Datenverkehr produzieren kann) oder nachträglich, wenn sie benötigt werden (in dem Fall muss die Datenbankverbindung geöffnet bleiben – und das kann die Transaktionsdauer stark verlängern).

Natürlich würde ich zu weit greifen, wenn ich Ihnen an dieser Stelle in aller Ausführlichkeit die OOP erklärte, dafür gibt es eigene Bücher. Ich konzentriere mich in Abschnitt 5.3 auf typische Entwurfsmuster und vor allem Anti-Patterns, also Vorgehensweisen, die Sie meiden sollten. Zunächst aber eine kurze Ausführung hinsichtlich einer häufig benutzten Art von Objekten.

5.2.2 POJOs und DTOs

Auch für Datenobjekte gilt das Single-Responsibility-Prinzip. Das bedeutet, dass in einer Klasse Book das Geburtsdatum des Autors nichts zu suchen hat. Das gehört in die Klasse Author oder, je nach Umfang Ihrer Geschäftslogik, in Person.

In der Klasse Person hat wiederum eine Funktion sendBirthdayGift() nichts zu suchen, außerdem sollte es der Klasse egal sein, ob sie in einer Android-App oder auf einem Application Server verwendet wird. Die Klasse weiß nichts über irgendwelche Spezifikationen, die für ihre Anwendung von Bedeutung sind – diese bleiben auf andere Klassen beschränkt, so dass die simple Klasse unabhängig bleibt.

Solche »einfachen« Klassen heißen in Java POJOs (Plain Old Java Objects), in C# POCOs (Plain Old CLR Objects). Sie erben nicht von speziellen Klassen, implementieren keine besonderen Interfaces und enthalten keine Annotations:

```
public class Hotel {
  public String name;
  public Collection<Room> rooms;
  public Address address;
  public boolean hasFreeRooms();
}
```

Der Begriff POJO geht auf Martin Fowler zurück, der ihn einführte, weil er meinte, einfache Java-Objekte würden nur deshalb geringe Beliebtheit genießen, weil ein origineller Name fehlte.

Unterscheiden Sie davon Klassen, die nichts anderes tun, als Daten auszutauschen (*DTO, Data Transfer Object*). Sie weisen keine nennenswerte Logik auf und dienen als Transportobjekte zwischen verschiedenen Teilen Ihrer Software, etwa Datenbank und Applikation, Klasse A und Klasse B oder Webserver und Client (in serialisierter Form).

DTOs wiederum können mit Annotations versehen werden, wenn das nötig ist, um sie zu (de)serialisieren. Keinesfalls gehört Geschäftslogik in

DTOs, und die konkrete Implementierung sollte mit keinerlei Überraschungen aufwarten.

Ich erinnere mich noch gut daran, wie ich einen halben Tag lang die DTO-Klassen für eine Hotelsuche-App schrieb, nur um am übernächsten Tag festzustellen, dass `Hotel`, `Address`, `Rating` usw. nur noch Interfaces waren. Ein anderer Entwickler war zu der Ansicht gelangt, dass es hilfreich sein würde, hinter diesen Namen je nach Einsatzzweck POJOs oder aber JSON-Objekte zu verstecken. Dummerweise kann bei der Deserialisierung von JSON eine Menge schiefgehen. Stellen Sie sich vor, ein Webservice liefert überraschenderweise gar kein JSON, sondern den Hinweis, man möge sich doch bitte im WLAN des Kaufhauses erst anmelden, bevor man ins Netz geht. Das ist durchaus ein alltägliches Problem. Wenn nun eine Klasse versuchen würde, Eigenschaften des Hotels auszulesen, würde die folgende Zeile womöglich eine `JSONParseException` werfen:

`hotelName = hotel.getName();`

Natürlich ist das Parsen einer Serverantwort ein Vorgang, der lange abgeschlossen sein muss, bevor eine Anwendung versucht, die Daten tatsächlich zu verwenden. Nur so ist eine vernünftige Fehlerbehandlung möglich.

Identifizieren Sie also in Ihrer Anwendung Kandidaten für POJOs oder DTOs, und implementieren Sie diese ohne Schnörkel.

5.3 Entwurfsmuster

Ich habe die Wahl einer geeigneten Datenstruktur an den Anfang dieses Kapitels über Architektur gestellt, weil sie für ein Projekt so bedeutend sein kann wie die Frage, ob am nächsten Bundesliga-Spieltag runde oder doch eher eckige Bälle zum Einsatz kommen.

Wie hätten Sie's gelöst? Nein, ich übertreibe nicht! Mir sind in den letzten Jahrzehnten mehr Anti-Patterns, »Code Smells« oder »Bad Practices« untergekommen als ein Fußballplatz Grashalme hat.

Gut, jetzt übertreibe ich doch ein wenig.

Ohnehin kann man sich wunderbar über dummen Programmcode lustig machen. Die Webseite *https://thedailywtf.com* eignet sich bestens, um Ihnen jeden Morgen vor Beginn der Arbeit das Gefühl zu vermitteln, Sie seien ein prima Programmierer. Jedenfalls im Vergleich zu den armen Tröpfen, die – glücklicherweise anonym – zu der zweifelhaften Ehre einer Erwähnung auf *thedailywtf* kommen.

Aber mal ehrlich: Wer noch nie groben Unfug programmiert hat, der werfe den ersten Stein!

Fragen Sie sich immer, wenn Sie sich über ein Anti-Pattern amüsieren, wie Sie selbst das Problem gelöst hätten – unter Zeitdruck, mit wenig Erfahrung, ohne Code Review oder schlaue Kollegen, die man fragen kann.

Damit Sie bei dieser Frage nicht in Verlegenheit geraten, ist es ein guter Ansatz, sich an *Entwurfsmustern* zu orientieren.

Entwurfsmuster sind schematische Lösungen für häufig wiederkehrende Aufgaben, die sich in der Vergangenheit bewährt haben.

Viele Entwickler orientieren sich an einem 1994 erschienenen Buch der *Viererbande* (Die *Gang of four* sind Erich Gamma, Richard Helm, Ralph Johnson und John Vlissides).

Ich habe für die folgenden Abschnitte eine subjektive Auswahl getroffen, die meiner Erfahrung nach die häufigsten Fälle abdeckt sowie jene, die oft suboptimal implementiert werden. Sie finden auch die englischen Begriffe in den Überschriften, da sie oft besser bekannt und verbreiteter als die deutschen Übersetzungen sind.

5.3.1 Fabrikmethoden/Fabrik-Klassen (»factory method«/»factory class«)

Das Erzeugungsmuster namens *Fabrikmethode* erzeugt Objekte und ist damit eine Alternative zum klassischen Konstruktor. Ein Beispiel ist das bereits in diesem Kapitel erwähnte LocalDate in Java:

```
LocalDate now = LocalDate.now();
```

Oft kommen solche statischen Fabrikmethoden zum Einsatz, wenn eine Klasse mehr als nur unterschiedliche Objekte erzeugen möchte. In Local-Date gibt es weitere Varianten:

```
LocalDate date = LocalDate.of(year,month,dayOfMonth);
LocalDate date = LocalDate.parse(text);
```

Der Vorteil ist, dass die Fabrikmethoden sprechende Namen besitzen. Der Konstruktor new LocalDate() impliziert hingegen nicht eindeutig, welchen genauen Zeitstempelwert das erzeugte Objekt repräsentiert – folgerichtig ist dieser Konstruktor auch gar nicht verfügbar.

Komplexere Fabrikmethoden sind nicht statisch, sondern erfordern eine Erzeuger-Instanz, die wiederum auf einer abstrakten Basisklasse basieren kann, die nur den Funktionsrumpf vorschreibt. Als Beispiel stellen Sie sich ein Spiel vor, in dem es verschiedene Typen von Gegnern gibt. Die Basis-

Abstrakte Fabrik-Klassen

klasse aller Gegner ist Actor. Die abstrakte *Fabrik-Klasse* (*Erzeuger*) sieht dann wie folgt aus:

```
public abstract class BaseActorFactory {
  abstract Actor createActor();
}
```

Natürlich endet jedes Level mit einem epischen Kampf gegen einen Bossgegner, der besondere Eigenschaften hat. Folglich schreiben Sie dafür eine eigene Factory:

```
public class BossFactory extends BaseActorFactory {
  @Override
  public Actor createActor() {
    return new Boss();
  }
}
```

Irgendwo im Spiel soll dann ein Actor erzeugt werden. Die zuständige Funktion erhält als Parameter aber nur eine BaseActorFactory:

```
public void addNewActorToScene(BaseActorFactory factory) {
  addToScene(factory.createActor());
}
```

Dieser Funktion kann es piepegal sein, was für eine konkrete Factory zur Anwendung kommt und welche Art Actor sie erzeugt. Eine solche Implementierung ist sehr flexibel, weil leicht weitere Ableitungen von Actor und BaseActorFactory hinzugefügt werden können, ohne addNewActorToScene() anfassen zu müssen.

Das zugehörige UML-Diagramm zeigt Abbildung 5.2.

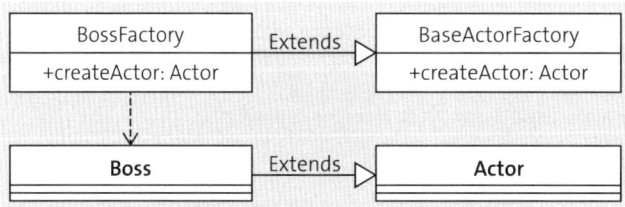

Abbildung 5.2 Das UML-Diagramm zur Boss-Factory

5.3.2 Singleton

Für das Entwurfsmuster *Singleton* gibt es keinen ausgeprägten deutschen Begriff – das englische Wort hat sich aufgrund seiner häufigen Verwendung in der Entwicklergemeinde verfestigt.

Ein Singleton verwenden Sie immer dann, wenn es von einer Klasse in Ihrer Applikation zu jeder Zeit höchstens eine Instanz geben darf.

Typische Singletons sind Dienste, deren Funktionen üblicherweise zustandslos Operationen ausführen. Dazu gehören beispielsweise ein Cache oder ein Logger. Die Klasse selbst merkt sich dabei die Referenz auf ihre einzige Instanz in einem statischen Attribut.

Ähnlich wie bei einer Fabrikmethode gibt es eine statische Funktion, um eine Referenz auf die Instanz zu erhalten und, falls noch nicht vorhanden, automatisch zu erzeugen. Wichtig ist, dass Sie den Konstruktor »verstecken«, damit nicht versehentlich doch mehrere Instanzen des Singletons entstehen. Hier ein Beispiel für eine typische Implementierung in Java:

```java
public class Singleton {
  private static final Singleton instance = new Singleton();
  private Singleton() {}
  public static Singleton getInstance() {
    return instance;
  }
}
```

Listing 5.2 So implementieren Sie ein Singleton in Java.

In diesem Fall wird die Instanz erstellt, sobald die Klasse zum ersten Mal referenziert wird.

Stattdessen könnten Sie in Versuchung kommen, die Instanz erst beim Aufruf von getInstance() zu erzeugen:

```java
public class Singleton {
  private static final Singleton instance;
  private Singleton() {}
  public static Singleton getInstance() {
    if(instance==null) {
      instance = new Singleton();
    }
    return instance;
  }
}
```

Listing 5.3 Vorsicht! Wenn die Instanz erst beim ersten Aufruf von »getInstance()« erzeugt wird, können sich mehrere Threads »überholen«.

Vorsicht! *Diese Version ist nicht threadsicher.* In Anwendungen, in denen Nebenläufigkeit eine Rolle spielt, kann es passieren, dass genau zwischen

Singletons sollten threadsicher sein.

den Zeilen if(...) und dem new Singleton() ein anderer Thread zum Zuge kommt und den ersten überholt. Damit gibt es dann *zwei* Singleton-Instanzen. Um das zu verhindern, müssen Sie das Schlüsselwort **synchronized** zur Funktion getInstance() hinzufügen. Allerdings erzeugt dieses Locking einen überflüssigen Overhead, verwenden Sie also besser die erste gezeigte Variante. (Alternativ verwenden Sie *Inversion of Control*, darauf komme ich in Abschnitt 6.3 noch zurück.)

Beachten Sie, dass in nebenläufigen Anwendungen Funktionen, die auf Instanz-Attribute zugreifen, in Singletons zumeist durch synchronized-Blöcke abgesichert werden müssen. Das kann die Performance beeinträchtigen.

Die schlimmste Eigenschaft von Singletons ist aber, dass sie für Unit-Tests schwer zu mocken, d. h. durch Testobjekte zu ersetzen sind.

Singleton
- instance: Singleton
- Singleton +getInstance: Singleton

Abbildung 5.3 Das UML-Diagramm zum Singleton-Entwurfsmuster

Ein Wort zu Klassen mit statischen Methoden und Attributen: Sie sind kein guter Ersatz für Singletons, weil statische Methoden keine Interfaces implementieren können. Dementsprechend können Sie ein Singleton als Parameter übergeben, eine statische Klasse jedoch nicht.

5.3.3 Erbauer (»builder«)

Manche Klassen verfügen über eine große Anzahl Attribute. Ein Teilnehmer an einem Rollenspiel besitzt beispielsweise einen Namen, ein Level, Lebenspunkte und diverse Charakterwerte für Stärke, Weisheit, Geschicklichkeit und so weiter. Um ein solches Objekt zu erzeugen, benötigen Sie einen Konstruktor (oder eine Fabrikmethode) mit ziemlich vielen Parametern. Lange Parameterlisten machen Code jedoch unübersichtlich. Fehler in der Reihenfolge der Parameter können leicht passieren.

Eine *Erbauer*-Klasse ermöglicht es, ein Objekt schrittweise aufzubauen. Sie ist deswegen nicht zustandslos und kann keinesfalls als Singleton implementiert werden:

```
public class ActorBuilder {
  private String name;
  private int level=1;
  ...
  public ActorBuilder() {
  }
  public void setName(String name) {
    this.name = name;
  }
  public void setLevel(int level) {
    this.level = level;
  }
  ...
  public Actor createActor() {
    return new Actor(name, level, [...]);
  }
}
```

Listing 5.4 Eine »Builder«-Klasse für verschiedene »Actor«-Instanzen

Somit existiert die lange Parameterliste nur noch an einer Stelle, außerdem können Sie optionale Werte einfach mit einem sinnvollen Standard versehen und müssen ihn nicht weiter beachten, in diesem Beispiel etwa ist das Level eines Anfängers immer 1:

```
ActorBuilder builder = new ActorBuilder();
buider.setName(myName);
newbie = builder.createActor();
```

Für eine übersichtliche Schreibweise ist es außerdem sinnvoll, wenn jede set-Methode das Builder-Objekt zurückgibt:

```
public ActorBuilder setName(String name) {
  this.name = name;
  return this;
  }
```

Das erlaubt es Ihnen, die set-Aufrufe zu verketten:

```
ActorBuilder builder = new ActorBuilder();
rogue = buider.setName(name).setLevel(13).createActor();
```

Benutzen Sie dieses Entwurfsmuster immer dann, wenn Sie Objekte mit vielen Attributen in unterschiedlichen Ausprägungen benötigen.

Die Lehrbuchvariante dieses Entwurfsmusters sieht noch einen *director* vor, der den Erbauer und seine Funktionen verwendet, um verschiedene

Objekte zu erzeugen. Oft fällt diese Aufgabe aber direkt Ihren eigenen Klassen zu.

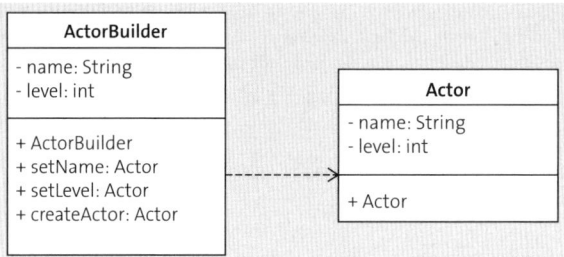

Abbildung 5.4 Der »ActorBuilder« als UML-Diagramm

In C# werden Sie Erbauer selten verwenden, weil Sie Attribute gleich hinter dem Konstruktor initialisieren können. In diesem Fall entfallen lange Parameterlisten, und Verwechslungen sind praktisch ausgeschlossen:

```
Actor rogue = new Actor { Name = rogueName, Level = 13 };
```

5.3.4 Adapter (»wrapper«)

Manchmal möchten Sie eine Klasse verwenden, aber deren Schnittstelle sieht ein wenig anders aus als jene, die Sie benötigen. Vielleicht haben Sie auch schon einmal geflucht, wenn ein Mini-HDMI-Stecker nicht in eine Micro-HDMI-Buchse passte: Sie brauchen einen Adapter, den Ihnen der Elektronikfachmarkt Ihres Vertrauens gern zu horrenden Preisen verkauft.

Ein *Adapter* ist letztlich ein Notnagel: Was nicht passt, wird passend gemacht.

Angenommen, Sie haben eine Anwendung geschrieben, die einem Benutzer Nachrichten zustellt. Dann gibt es irgendwo eine Funktion wie diese:

```
void sendMessage(User target, Message message);
```

Message verfügt dabei über Funktionen wie getTopic(), getText() oder getTimestamp().

Nun kommt Ihr Produktmanager auf die Idee, dass man doch Nachrichten, die von einem völlig anderen System stammen, ebenfalls dem User zukommen lassen könnte. Leider sieht die fragliche Klasse namens StrangeMessage etwas anders aus – keinesfalls können Sie sie direkt an sendMessage() übergeben.

Eine Lösung ist ein *Wrapper* oder *Objektadapter*. Dazu müssen Sie zunächst dafür sorgen, dass Message ein Interface ist, keine Klasse. Ihre bisherigen Message-Objekte werden zu Instanzen von DefaultMessage und implementieren das neue Interface:

```
public interface Message {
  String getTopic();
  String getText();
  long getTimestamp();
}
public class DefaultMessage implements Message {
  ...
}
```

Implementieren Sie nun den eigentlichen Wrapper, der die StrangeMessage »einwickelt« und deren Inhalte über das Message-Interface adaptiert:

```
public class StrangeMessageWrapper implements Message {
  private StrangeMessage wrappedMessage;
  StrangeMessageWrapper(StrangeMessage strangeMessage) {
    this. wrappedMessage = strangeMessage;
  }
  @Override
  public String getTopic() {
    return wrappedMessage.extractMsgSubject();
  }
  ...
}
```

Listing 5.5 Der Wrapper verpackt eine »StrangeMessage« und wirkt nach außen wie eine Message.

Ein Objekt der Klasse StrangeMessageWrapper können Sie nun problemlos an sendMessage() übergeben.

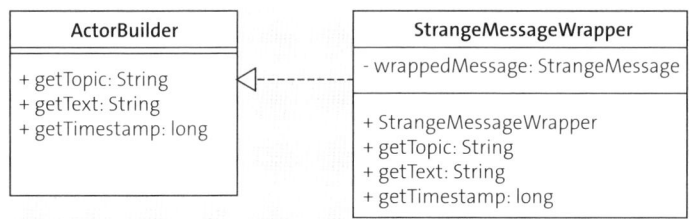

Abbildung 5.5 Der »StrangeMessageWrapper« im UML-Diagramm

Eine Variante des Wrappers ist der *Klassenadapter*.

Klassenadapter

In diesem Fall erbt eine neue Adapterklasse sowohl von der gewünschten Schnittstelle als auch von der zu adaptierenden Klasse. Das funktioniert aber nur mit Mehrfachvererbung (die es in C++ gibt, aber nicht in Java oder C#).

Verwandt mit dem Adapter ist das Proxy-Entwurfsmuster, das ich im nächsten Abschnitt behandle.

5.3.5 Brücke und Proxy (»bridge«/»proxy«)

Eine *Brücke* bauen Sie immer dann, wenn es sinnvoll erscheint, Implementierung und Interface voneinander zu trennen. Das ist immer dann der Fall, wenn es einer Klasse egal sein sollte, wie eine andere konkret implementiert ist – es kommt lediglich darauf an, dass ihr gewisse Methoden zur Verfügung stehen.

Besonders empfehlenswert sind Brücken überall dort, wo verschiedene Module oder Applikationsschichten miteinander kommunizieren sollen. Werden zwischen den Programmteilen lediglich Interfaces herumgereicht, können Sie die eigentliche Implementierung jederzeit austauschen.

Als Beispiel werfen wir einen Blick auf die Schnittstelle zwischen Ihrer Anwendung und der Datenbank. Das fällt in den Zuständigkeitsbereich der sogenannten *Data Access Objects (DAO)*. Ein DAO-Interface, das die aktuelle Bestenliste eines Online-Games liefert, könnte beispielsweise wie folgt aussehen:

```
public interface ToplistDao {
  List<Player> fetchToplist(int limit, int offset);
}
```

Der eigentliche Zugriff auf die Datenbank findet in der zugehörigen Implementierung statt:

```
public class ToplistDaoImpl implements ToplistDao {
  @Override
  public List<Player> fetchToplist(int limit, int offset) {
    Statement stmt = conn.createStatement();
    ResultSet rs = stmt.executeQuery("SELECT * from [...]");
    ...
  }
}
```

Listing 5.6 Eine typische DAO-Implementierung

Wie Sie sehen, greift die Implementierung auf eine SQL-Datenbank zu, um die gewünschten Daten abzurufen. Dazu verfügt sie über eine Verbindung (conn), die beim Initialisieren der Instanz ins Leben gerufen wurde. Aus dem ResultSet muss die Funktion noch eine List<Player> erzeugen; dieser Teil ist hier uninteressant, daher habe ich ihn weggelassen.

Entscheidend ist: Wenn Sie nun an irgendeiner Stelle in Ihrer Anwendung diese Bestenliste (z. B. die Top Ten) anzeigen wollen, schreiben Sie dazu eine Funktion, die sich nur auf das Interface stützt:

```
public void showTopTen() {
  List<Player> toplist = toplistDao.fetchToplist(10,0);
}
```

Sie erfüllen damit ein wichtiges Kriterium für hohe Codequalität, nämlich die Unabhängigkeit verschiedener Module. Der Funktion showTopTen() ist es egal, welche Implementierung letztlich hinter dem Interface ToplistDao steckt. Falls Sie später entscheiden, dass die Liste aus einer anderen Datenbank oder, wenn das zu langsam ist, aus einer gecachten Version kommen soll, muss die neue Implementierung lediglich dasselbe Interface bedienen, alles andere ist egal.

Als Bonus helfen Ihnen DAO-Brücken beim Testen Ihrer Anwendung, weil sie sich leicht durch Mocking-Implementierungen ersetzen lassen, die Testdaten liefern, ohne dass eine ganze Datenbank benötigt wird. Mehr zu diesem Thema finden Sie in Kapitel 6.

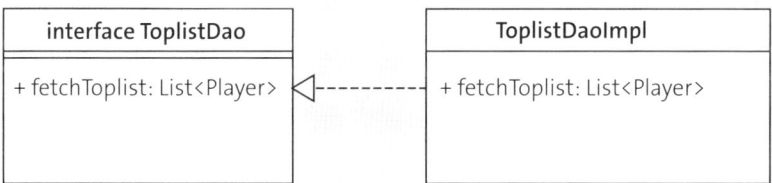

Abbildung 5.6 Die DAO-Brücke im UML-Diagramm

Ein verwandtes Entwurfsmuster ist der *Stellvertreter* (*Proxy*), dessen Aufbau jenem des Wrappers ähnelt.

Stellvertreter (Proxy)

Stellvertreter kommen unter anderem bei Remote-Kommunikation zum Einsatz. Java *RMI (Remote Method Invocation)* ermöglicht es beispielsweise, völlig transparent Funktionen aufzurufen, die letztlich auf einem anderen Rechner liegen.

Dazu wird auf dem lokalen Rechner eine Interface-Funktion aufgerufen, und die zugehörige Implementierung ist ein Stellvertreter, der eine Verbindung zum Server aufbaut, um die eigentliche Funktion dort ausführen zu lassen.

5.3.6 Beobachter (»observer«, »listener«, »publisher«, »subscriber«)

Das *Beobachter*-Muster ist an Bedeutung kaum zu unterschätzen, weil es die Entkopplung verschiedener Software-Module vereinfacht.

Sicher ist Ihnen dieses Muster schon oft begegnet. Der Hauptgrund dafür ist, dass Software selten eine gewisse Befehlsliste linear abarbeitet, sondern häufig auf *Ereignisse* wartet, um darauf zu reagieren.

Ereignisbehandlung

Deshalb ist die Ereignisbehandlung (Event Handler) ein wichtiges Beispiel für das Beobachter-Muster. Stellen Sie sich vor, Sie haben eine Android-App geschrieben, in der es einen Button gibt. Tippt der Benutzer den Button an, soll etwas geschehen. Sie sind der *Beobachter (subscriber)* des Buttons (*Subjekt, publisher*), und das Einzige, was der Button über Sie wissen muss, ist die Stelle, an die er das Antipp-Ereignis melden soll:

```
button.setOnClickListener(listener);
```

Der Parameter `listener` ist ein Interface namens `OnClickListener`, das etwa so aussieht:

```
public interface OnClickListener {
  void onClick(View v);
}
```

Um den Button-Klick zu verarbeiten, müssen Sie also eine Klasse schreiben, die das Interface `OnClickListener` und die Funktion `onClick()` implementiert. Eine Instanz dieser Klasse übergeben Sie dann an `button.setOnClickListener()`. Irgendein Code in der `Button`-Klasse (dessen Details Sie nicht interessieren) ruft dann `onClick()` auf, und Sie können auf den Knopfdruck reagieren.

Sie sehen: Beobachter und Subjekt wissen so wenig wie möglich voneinander, und gerade so viel wie nötig. Eine bessere Entkopplung kann es nicht geben, es sei denn, Sie betrachten das Entwurfsmuster in einem erweiterten Kontext.

Im obigen Fall muss gewährleistet sein, dass das Objekt, das zum Listener ernannt wurde, ständig verfügbar ist. Falls seine Lebensdauer beschränkt ist, kann ein Button-Klick ins Leere gehen.

Event Queues

Wenn Sie gewährleisten möchten, dass ein Ereignis nicht verloren geht, benötigen Sie eine zusätzliche Infrastruktur, die das Ereignis puffert, bis es verarbeitet wird. Dazu dienen Event Queues. Sie ermöglichen eine zusätzliche *zeitliche* Entkopplung: Wenn der Beobachter in dem Moment, in dem das Ereignis ausgelöst wird, nicht zur Verfügung steht oder ausgelastet ist, landet das Ereignis in einer Warteschlange. Nach dem Prinzip »first in – first out« werden Ereignisse später abgearbeitet, sobald es möglich ist. Im Grunde handelt es sich um einen Beobachter, der zwischendurch mal wegschaut oder dringend zur Toilette muss und bei seiner Rückkehr die liegen gebliebene Arbeit in Angriff nimmt.

Welche erheblichen Vorteile Event Queues in komplexen, stark von Nebenläufigkeit geprägten Anwendungen haben, erkläre ich ausführlicher in Kapitel 12.

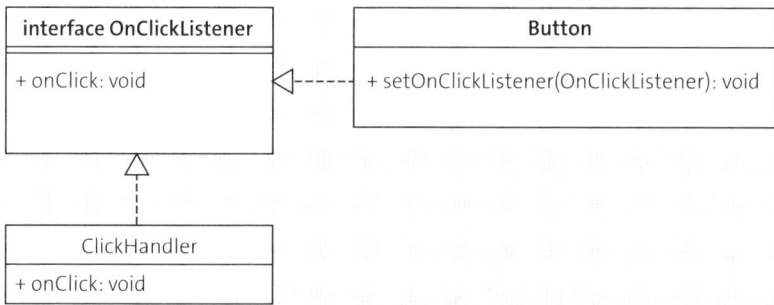

Abbildung 5.7 Die Ereignisbehandlung als UML-Diagramm

5.3.7 Besucher (»visitor«)

Das *Besucher*-Entwurfsmuster wird gerne geflissentlich übersehen, obwohl es sich das Prädikat »Besonders wertvoll« im Hinblick auf zukünftige Erweiterungen einer Software verdient.

Lassen Sie uns erneut in eine Rollenspiel-Welt eintauchen, um ein Beispiel zu konstruieren: In dieser Welt gibt es verschiedene Figuren und außerdem mächtige Magier, deren Zaubersprüche sich auf die Figuren auswirken. Damit Ihre Mitspieler am Ball bleiben, planen Sie von Anfang ein, dass Sie irgendwann weitere Zaubersprüche einführen.

Der *Besucher* wäre in diesem Szenario der Zauberspruch, und die Figuren sind die besuchten Elemente. Jede Spielfigur erbt von der Klasse Actor, deren entscheidende Fähigkeit darin besteht, Besucher (also Zaubersprüche der Klasse Spell) entgegenzunehmen:

```
public abstract class Actor {
  void processSpell(Spell spell);
}
```

Natürlich gibt es verschiedene Figuren im Spiel, und jede muss den Besucher empfangen, also den Zauberspruch verarbeiten können:

```
public class Ork extends Actor {
  void processSpell(Spell spell) {
    spell.processFor(this);
  }
}
```

Die Basisklasse für alle Zaubersprüche muss die verschiedenen Figuren unterstützen. Dies ist gleichzeitig der Nachteil des Entwurfsmusters: Wenn Sie zusätzliche Ableitungen von Actor einführen, müssen Sie eine passende Funktion hinzufügen:

```
public abstract class Spell {
  void processFor(Ork ork);
  void processFor(Elf elf);
  void processFor(Stone stone);
  ...
}
```

Nun kann jeder konkrete Spell die unterschiedlichen Figuren besuchen (bezaubern):

```
public class HealSpell extends Spell {
  int value;
  HealSpell(int value) {
    this.value=value;
  }
  void processFor(Ork ork) {
    ork.addHealth(value);
  }
  void processFor(Elf elf) {
    elf.addHealth(value*2);
  }
  void processFor(Stone stone) {
    // stones cannot be healed
    return;
  }
}
```

Listing 5.7 Die »Spell«-Implementierung ist erweiterbar für weitere »besuchbare« Figurentypen.

In diesem Beispiel würde die Klasse Actor außerdem über eine Methode addHealth() verfügen.

Sie sehen, dass es bei diesem Entwurfsmuster sehr einfach ist, zusätzliche Zaubersprüche einzuführen, also *Operationen*. Dafür ist es allerdings aufwendiger, zusätzliche Datenelemente (hier: Spielfiguren) hinzuzufügen, denn jedes einzelne Element erfordert eine Erweiterung aller existierenden Operationen.

Da sich aber in vielen Projekten die auszuführenden Operationen stärker wandeln und weiterentwickeln als die zugrunde liegenden Daten, ist das Besucher-Entwurfsmuster oft sehr empfehlenswert.

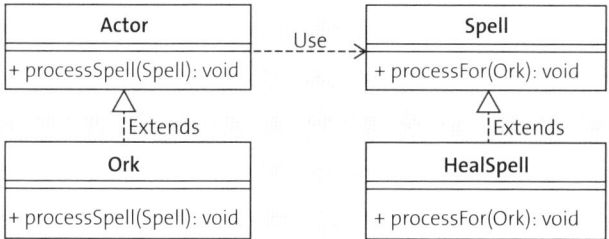

Abbildung 5.8 Das Besucher-Entwurfsmuster als UML-Diagramm, der Übersicht halber wurde es nur mit einer »processFor()«-Funktion gezeichnet.

Natürlich können Sie in Ihrem Spiel verschiedene Arten von Besuchern definieren: Abgesehen von Spells könnten sich beispielsweise Tränke oder Gifte auswirken:

```
public abstract class Actor {
  void processSpell(Spell spell);
  void processPotion(Potion potion);
  void processPoison(Poison poison);
}
```

Ferner kann es eine weitere Klassenhierarchie geben, die ebenfalls für Zaubersprüche empfänglich ist, beispielsweise geheimnisvolle Artefakte:

```
public abstract class MysticArtifact {
  void processSpell(Spell spell);
}
```

Dazu müssen Actor und MysticArtifact keine gemeinsamen Vorfahren haben.

Das Besucher-Entwurfsmuster ist eine Investition in die Zukunft, allerdings nur sehr schwer nachträglich einzuführen. Berücksichtigen Sie es also von Anfang an, wenn Sie die Architektur für Ihr Projekt entwerfen.

5.3.8 Iterator (»cursor«)

Ohne Zweifel gehört das *Iterator*-Entwurfsmuster zu jenen, die Sie fast täglich bereits anwenden – zumindest in der Nutzerrolle.

Ein Iterator erlaubt es, durch eine Datenmenge zu navigieren, ohne deren genauen Aufbau zu kennen. Dabei ist es irrelevant, ob es sich bei der Datenmenge letztlich um ein Array, eine Queue oder die Ergebnisse einer SQL-Abfrage handelt. Entscheidend ist, dass der Iterator Ihnen genau zwei Funktionen zur Verfügung stellt:

- aktuelles Element liefern
- zum nächsten Element gehen

Letztere Funktion kann fehlschlagen, wenn keine weiteren Elemente vorhanden sind. Manchmal sind beide Funktionen in einer zusammengefasst, etwa beim Java-Interface Iterator:

```
public interface Iterator<E> {
  E next();
  ...
}
```

In diesem Fall liefert next() beim ersten Aufruf das erste Element.

Zusätzlich gibt es meist eine Funktion, die Sie darüber informiert, ob ein weiteres Element existiert, das Entwurfsmuster schreibt das aber nicht zwingend vor:

```
public interface Iterator<E> {
  boolean hasNext();
  ...
}
```

Den Iterator richtig verwenden

Streng genommen ist diese zweite Funktion unnötig, denn falls kein Element mehr existiert, schlägt der Aufruf von next() fehl. Allerdings wirft ein Java-Iterator in dem Fall eine NoSuchElementException, und Exceptions sollten nicht dazu dienen, den Kontrollfluss unter erwartbaren Umständen zu steuern. Deshalb ist die richtige Implementierung einer Schleife über alle Elemente eines Iterators die folgende:

```
while(iterator.hasNext()) {
  doSomethingWith(iterator.next());
}
```

Diese Schleife können Sie semantisch identisch auch mit for schreiben:

```
for(Element e : set) {
  doSomethingWith(e);
}
```

Der Unterschied ist, dass for auch mit Arrays funktioniert, und Sie sparen sich zudem eine Zeile, um sich den Iterator der Datenmenge zu beschaffen. Intern verwendet auch for den Java-Iterator.

Der Java-Iterator definiert zusätzlich die Methode remove(), um das aktuelle Element zu löschen, aber sie ist als optional gekennzeichnet. Falls die zugehörige Datenmenge diese Funktion nicht unterstützt, wirft ein Aufruf eine UnsupportedOperationException().

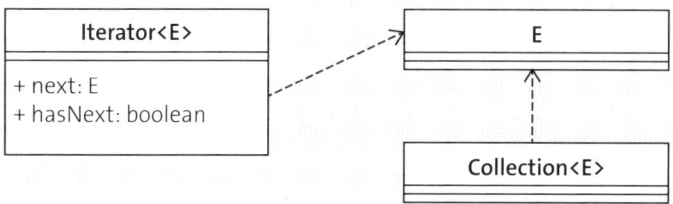

Abbildung 5.9 Der Iterator für Elemente der Klasse E als UML-Diagramm

Je nach Implementierung kann der Iterator auch einen Rückwärtsschritt anbieten. In vielen Anwendungsfällen ist das durchaus hilfreich, etwa wenn ein Nutzer in beide Richtungen durch eine Liste wandern möchte.

Beachten müssen Sie, dass nicht alle Iteratoren *robust* gegenüber zwischenzeitlichen Veränderungen an der Datenmenge sind. In nebenläufigen Szenarien ist das äußerst wichtig. Eine Veränderung im Hintergrund kann den Iterator ungültig machen, so erhalten Sie beispielsweise in C# eine Exception, sogar dann, wenn Sie in einer Schleife ein Element entfernen, da der C#-Iterator im Gegensatz zu demjenigen von Java die remove-Methode nicht unterstützt. Um in C# einzelne Elemente einer Liste anhand einer Bedingung zu entfernen, müssen Sie zunächst eine Liste der zu entfernenden Elemente anlegen und dann über diese iterieren, um die Original-Liste zu bereinigen.

5.3.9 Befehl (»command«)

Ein weiteres Verhaltensmuster heißt *Kommando* oder *Befehl*. Hierbei implementiert jedes Kommando ein bestimmtes Verhalten. Solche Kommando-Objekte können beispielsweise in eine Warteschlange gestellt werden, die nichts über die Implementierung der Kommandos wissen muss, sondern nur, wie die Ausführung zu starten ist (etwa mit einer execute()-Funktion). Das Kommando wiederum ruft eine Funktion eines *Receivers* auf, um die gewünschte Operation vorzunehmen. Wenn dazu Daten zu übergeben sind, speichert das Kommando diese.

Wenn ein Kommando-Objekt dazu in der Lage ist, sein implementiertes Verhalten rückgängig zu machen, kann eine Reihe von solchen Objekten auch als *Undo*-Stapel verwendet werden.

Eine wichtige Eigenschaft des Befehls-Entwurfsmusters ist, dass die Instanz, die den Befehl absendet, völlig von jener getrennt sein kann, die ihn letztlich ausführt.

Als Beispiel kehren wir zu dem Button in einer App zurück. Wenn Sie für dessen Verdrahtung ein Beobachter-Entwurfsmuster verwenden, gibt es eine direkte Verbindung zwischen Button und jener Klasse, die den Listener implementiert.

Alternativ könnte der Knopfdruck aber auch einen Befehl erzeugen und in eine Warteschlange stellen:

```
button.setOnClickListener(new SendCommandListener(new ⊃
   StartCommand()));
```

Der `SendCommandListener` könnte wie folgt aussehen:

```java
public class SendCommandListener implements OnClickListener {
  private Command command;
  public SendCommandListener(Command command) {
    this.command=command;
  }
  void onClick(View view) {
    CommandQueue.getInstance().enqueueCommand(command);
  }
}
```

Listing 5.8 So könnte ein Listener für »Command«-Objekte aussehen.

Nun können Sie jedem beliebigen Button den gleichen `SendCommandListener` verpassen, nur dessen konkretes `Command` unterscheidet sich je nach Anwendungsfall. Sobald ein Button angetippt wird, legt der `SendCommandListener` das zugehörige Kommando in die CommandQueue, die hier als Singleton ausgeführt ist.

Die abstrakte Command-Basisklasse verfügt über eine Methode zum Ausführen des Kommandos:

```
public abstract class Command {
  void execute();
}
```

An einer völlig unabhängigen Stelle – etwa ein im Hintergrund laufender Service – wird dann von einem CommandExecutor die CommandQueue abgearbeitet:

```
while(!CommandQueue.getInstance().isEmpty()) {
  Command command = CommandQueue.getInstance().poll();
  command.execute();
}
```

Die konkrete Implementierung des Commands ist an dieser Stelle egal. Notwendigerweise muss jede Ableitung von Command alle Parameter mitführen, die für die Ausführung erforderlich sind.

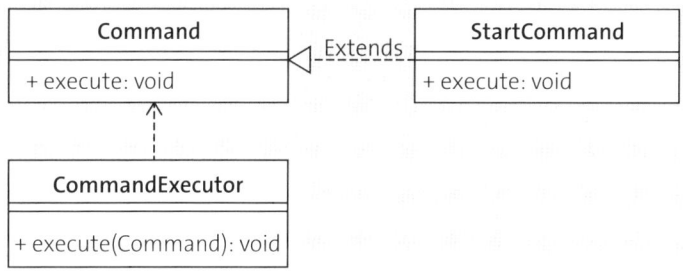

Abbildung 5.10 Dieses UML-Diagramm für das Command-Entwurfsmuster sieht eine CommandExecutor-Klasse vor, die Befehle ausführt.

Die Entkopplung von auslösenden Modulen einerseits und verarbeitenden Modulen andererseits ist ein großer Vorteil dieses Entwurfsmusters. Beide Module können sich sogar auf verschiedenen Rechnern befinden, und unter Umständen gibt es mehrere Worker Threads oder Maschinen, die die Queue gleichberechtigt abarbeiten.

Natürlich müssen Sie für jedes Command eine eigene Klasse schreiben – das kann schnell epische Ausmaße annehmen, aber das ist als Preis für eine weitgehende Entkopplung von Komponenten hinnehmbar.

5.3.10 Zustand (»state«)

In vielen Anwendungen müssen Sie den Zustand eines Objekts verwalten, der durch bestimmte Operationen wechseln kann. Das klassische Beispiel dafür ist ein Kassettenrekorder. Aber wer benutzt einen solchen heutzutage noch?

Als lebensnahes Beispiel habe ich für Sie das Essverhalten einer Durchschnittsperson ausgewählt.

Dieses kann zwei Zustände annehmen, die durch gewisse Operationen ineinander überführt werden können:

- hungrig
- satt

Die durchaus realistischen weiteren Zustände »überfressen« und »verhungert« lasse ich hier mal außen vor. Aber weil ich ahne, dass mein Produktmanager früher oder später auf die Idee kommt, diese und weitere neue Zustände einzuführen, implementiere ich meinen Esser möglichst zukunftssicher. Statt den Zustand also mit einem enum und einem längeren switch-Konstrukt zu versehen, lassen Sie uns die Zustände in Klassen auslagern. Es gibt eine abstrakte Basisklasse (oder ein Interface), und diese definiert die möglichen Operationen:

```
public abstract class PersonState {
  public void eat(Person person);
  public void work(Person person);
}
```

Der Zustandsautomat selbst ist dafür zuständig, sich den aktuellen Status zu merken, in diesem Fall entspricht dies der Person:

```
public class Person {
  private PersonState personState;
  public void setState(PersonState newState) {
    personState = newState;
  }
  public void eat() {
    personState.eat();
  }
  public void work() {
    personState.work();
  }
}
```

Listing 5.9 Der Zustandsautomat für eine Person kennt Operationen, die den Zustand ändern.

Jetzt definieren Sie für jeden Zustand eine Ableitung von PersonState, die die möglichen Operationen implementiert:

```
public class PersonStateHungry extends PersonState {
  @Override
  public void eat(Person person) {
    person.setState(new PersonStateSaturated());
  }
  @Override
  public void work(Person person) {
    throw new CannotWorkException();
  }
}
public class PersonStateSaturated extends PersonState {
  @Override
  public void work(Person person) {
    person.setState(new PersonStateHungry());
  }
@Override
  public void eat(Person person)
      throws CannotEatMoreException {
  }
}
```

Listing 5.10 Verschiedene »PersonStates« implementieren die eigentlichen Zustandsänderungen.

Sie sehen, dass jede Operation die Person in einen neuen Zustand versetzt. Die Funktion `PersonStateSaturated.eat()` wäre die Stelle, an der ein zusätzlicher Zustand »überfressen« eingeführt werden würde – oder der Code wirft, wie im jetzigen Zustand, eine Exception, statt beliebig häufige Nahrungsaufnahme zu erlauben.

Ein Nutzer-Modul kann nun eine Person einfach zum Essen schicken:

`person.eat();`

Anschließend ist die Person definitiv gesättigt.

Schicken Sie sie zur Arbeit, und die Nahrung wird »verbraucht«:

`person.work();`

Letzteres wird freilich nicht funktionieren, wenn die Person vorher nichts gegessen hat: Eine hungrige Person zur Arbeit zu schicken ist eine unerlaubte Operation, daher erhalten Sie eine `CannotWorkException`. Alternativ könnten Sie die Operationen mit einem boolean als Rückgabewert versehen, der den Erfolg signalisiert.

Ein auf diese Weise implementierter Zustandsautomat hat den Vorteil relativ leichter Erweiterbarkeit. Da Zustandsänderungen oft an diverse Bedingungen geknüpft sind, wäre es unübersichtlich, alles in eine Klasse zu packen.

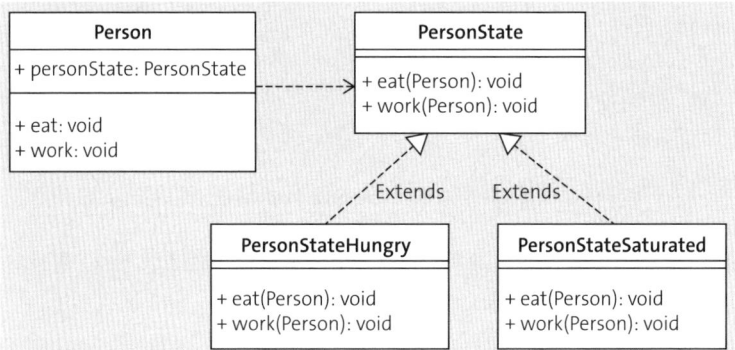

Abbildung 5.11 Eine essende und arbeitende Person als Zustandsautomat im UML-Format

Falls es viele Zustände mit vielen Operationen gibt, aber in vielen Zuständen nur wenige valide Operationen möglich sind, empfiehlt es sich, leere Rümpfe in der Basisklasse zu implementieren (oder solche, die `false` zurückgeben oder eine Exception werfen). Nur für die erlaubten Operationen überschreiben Sie die zugehörigen Funktionen in den Ableitungen.

Auch der Übergang von einem Status zu einem anderen könnte ein Verhalten implementieren.

Das Entwurfsmuster des Zustandsautomaten erlaubt es, komplexes Verhalten in übersichtlichen, relativ kleinen Klassen zu implementieren.

5.4 Was ist eigentlich ein »Item«?

Spätestens wenn Sie für Ihre Anwendung einige wichtige Entwurfsmuster identifiziert haben, sollten Sie sich über das Datenmodell Gedanken machen.

Oft ist es alles andere als trivial, die Daten, mit denen ein Produkt hantieren möchte, in ein passendes Modell zu gießen. Ein kritischer Vorgang hierbei ist die Übersetzung der produktspezifischen Sprache in die technische: Wenn der Produktmanager des Kunden von einem »Vorgang« spricht, ist das eine Model-Klasse oder nur eine Funktion? Ist ein »Bauteil« eine Abstraktion für verschiedene Produkte in einer Lieferkette? Und wenn ja: Ist es die höchste Abstraktionsebene?

5.4.1 Hierarchische Datenmodelle

Sobald in einer Produktspezifikation unterschiedliche Dinge mit zum Teil ähnlichen Eigenschaften auftauchen, denken Sie natürlich sofort an Vererbung.

Für diesen Abschnitt ernenne ich Sie jetzt zum Chefentwickler einer neuen Anwendung zur Verwaltung der Produktionslinien in einer Fabrik für Süßwaren. Die Fabrik stellt unter anderem Pralinen, Schokoriegel und Weihnachtslebkuchen her (Letztere nur von August bis Dezember).

Alle diese leckeren Artikel haben mehrere Gemeinsamkeiten:

- Sie können in einer Produktionslinie hergestellt werden.
- Sie haben Attribute wie Gewicht, Herstellungsdatum, Mindesthaltbarkeitsdatum usw.
- Alle können in Verpackungen und Gebinden zusammengestellt werden.

Was liegt näher als eine gemeinsame Basisklasse?

Datenmodelle mit Basisklasse

```
public abstract class Candy {
  public long id;
  public Owner owner;
  public float weight;
  public Date productionDate;
  public Date bestBeforeDate;
}
```

Listing 5.11 Diese Süßkram-Basisklasse verwendet der Übersicht halber »public«-Attribute. Sie können natürlich auch »private« verwenden und »getter« und »setter« hinzufügen.

Hierbei stellt das Attribut owner eine 1:n-Relation zu einem Besitzer-Objekt dar, dem die Süßigkeit im Moment zugeordnet ist. Das könnte eine Verpackung oder auch eine Produktionslinie sein. Da ein realer Schokoriegel sich zur gleichen Zeit nur an einer Stelle befinden kann, scheint diese Relation genau die richtige zu sein.

Die Besonderheiten der verschiedenen Süßigkeiten finden sich in konkreten Subklassen wie dieser, die einen mehrschichtigen Schokoriegel beschreibt:

```
public class CandyBar extends Candy {
  public ChocolateType[] chocolateLayers;
  public ChocolateType cover;
}
```

Klingt lecker, oder? Gehen wir besser nicht näher ins Detail, was die gesundheitlichen Konsequenzen der Inhaltsstoffe angeht.

Open/closed principle Dieses Konzept entspricht dem *Open/closed principle*. Ein Modul (hier: die Model-Klassenhierarchie) ist offen für Erweiterungen, aber geschlossen für direkte Veränderungen. Sie ändern nicht einfach ein Attribut in Candy, um zusätzliche Funktionalität abzubilden.

Entscheidend ist, dass eine solche Hierarchie eine Menge Vereinfachungen im Code ermöglicht. Eine Produktionslinie kann Candy-Objekte in einem Zustandsautomaten verwalten, auch andere vorgestellte Entwurfsmuster lassen sich leicht anwenden.

Gehen Sie einen Schritt weiter: Natürlich gibt es in der Firma auch Maschinen, die Gebinde von Schokoriegeln oder Pralinenpackungen zu noch größeren Paketen verschnüren, und gegenüber dem Kunden werden sicher keine einzelnen Lebkuchen abgerechnet, sondern Großpackungen oder Sortimente. Ist nicht also auch eine solche Zusammenfassung mehrerer Süßigkeiten zu einem Objekt mit einem Besitzer denkbar?

Abstrahieren Sie bis zum bitteren Ende, gelangen Sie irgendwann zu dieser Klasse:

```
public abstract class Item {
  public long id;
  public Owner owner;
}
```

Plötzlich erbt auch der Owner von Item, denn auch Pralinenschachteln können sich irgendwo in einer Verpackungsmaschine oder später in einem großen Paket befinden:

```
public abstract class Owner extends Item {
  public PackageType packageType;
}
```

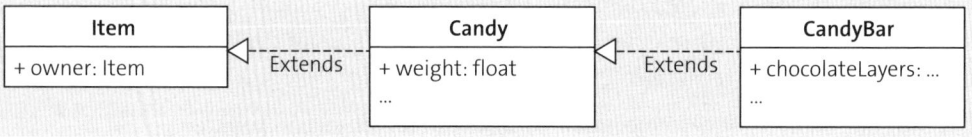

Abbildung 5.12 Dieses UML-Diagramm zeigt eine vielleicht etwas übertriebene Abstraktion von Schokoriegeln als Items.

Übertreiben Sie es nicht mit der Abstraktion!

Denn letztlich müssen Sie alle Daten irgendwo speichern. Meist in einer Datenbank. Und fast immer in einem RDBMS, in einem relationalen

Datenbanksystem also. Wenn Sie die freie Wahl hätten, würden Sie vielleicht gerne eine Objektdatenbank wie *DB4o* verwenden, aber die Warenwirtschaft möchte zig Reports generieren können, und sowohl der zuständige Mitarbeiter als auch das angebundene SAP-System ziehen SQL vor.

Folglich benötigen Sie eine objektrelationale Schicht und/oder ein passendes Produkt wie Oracle oder PostgreSQL. Jetzt überschlagen Sie grob, wie viele Datenbanktabellen beteiligt sein werden, wenn Sie Pakete mit Pralinenschachteln behandeln möchten. Zu jeder Klasse gehört meist eine Tabelle – da wären also `Item`, `Owner`, `Candy`, `Praline`, `Box`, `Package` (vielleicht kommen Sie damit noch nicht einmal aus).

Zudem erfordert jeder Lesezugriff `JOIN`-Operationen quer über mehrere Tabellen und – oft noch schlimmer – bei Schreibzugriffen exklusive Sperren auf mehreren Tabellen. Und wir reden hier von Tabellen, in denen täglich Millionen von Zeilen hinzugefügt und (irgendwann) entfernt werden.

Hier bezahlen Sie eine sehr flexible Klassenhierarchie also möglicherweise mit einem umfangreichen, letztlich unübersichtlichen Datenbankschema, und mit etwas Pech bekommen Sie sogar ein Performanceproblem. Es bedarf sehr genauer Überlegung, ob das Modell unter diesem Gesichtspunkt betrachtet noch wünschenswert ist.

Wie sehen die Alternativen aus?

5.4.2 Dokumentdatenbanken

Sicher haben Sie auch schon die faszinierenden Geschichten über die enorm schnellen *NoSQL*-Datenbanken gehört. Die sind tatsächlich nicht erfunden. Eine Datenbank, die sich nicht groß um Transaktionen und Fremdschlüssel kümmern muss, ist naturgemäß schneller als ein ausgewachsenes RDBMS mit komplexen Tabellenstrukturen. Natürlich nur, solange Sie nichts Unmögliches verlangen, wie z. B. Abfragen über nicht indizierte Attribute von Millionen Dokumenten, die quer über verschiedene Tabellen verteilt sind. Oder eben die fest eingebaute Transaktionssicherheit.

Dokumentdatenbanken ohne Schema

Der entscheidende Unterschied zwischen einer SQL-Datenbank und einer Dokumentdatenbank ist das Fehlen des festen Schemas in Letzterer. Meist bestehen die »Dokumente« aus einer Sammlung von Name-Wert-Paaren, JSON- oder XML-Dokumenten. Jedes dieser Dokumente verfügt über eine eindeutige ID (ähnlich wie der Primary Key in SQL), um darauf zuzugreifen. Bekannte Dokumentdatenbanken sind *BaseX* (für XML-Dokumente), *CouchDB* und *MongoDB*.

Wegen der Unabhängigkeit von einem Schema können alle Produkte der Süßwarenfabrik Dokumente sein – bloß eben mit unterschiedlichen Inhalten.

Sie können weiterhin eine Klassenhierarchie wie zuvor skizziert einsetzen, benötigen aber einen Wrapper (siehe Abschnitt 5.3.4) oder eine Übersetzungsschicht, um aus dem Dokument Java-Objekte zu erzeugen oder umgekehrt. Alternativ arbeiten Sie die ganze Zeit mit Dokumenten, erkaufen sich dies aber mit aufwendigerem Code.

Hier ein kurzes Beispiel in Java mit einer lokal installierten MongoDB:

```java
MongoClient mongoClient = new MongoClient();
DB db = mongoClient.getDB( "candy" );
DBCollection coll = db.getCollection("productionLineAlpha");
BasicDBObject candyBar = new BasicDBObject("type", "Alpha");
coll.insert(candyBar);
```

Listing 5.12 Java speichert einen Schokoriegel in einer MongoDB.

Die hier erzeugte DBCollection stellt eine Art Tabelle dar, in der Dokumente gespeichert werden können. Natürlich kann es mehrere davon geben, so können Sie beispielsweise Süßkram von einer Produktionslinie in eine zur Versandabteilung gehörenden Collection verschieben.

Datenbankabfragen ermöglichen es ähnlich wie bei SQL-Datenbanken, Dokumente anhand bestimmter Attributwerte abzurufen, zu verändern oder wieder zu löschen.

Natürlich haben schlaue Entwickler längst hilfreiche Libraries gebaut, die Ihnen die Arbeit mit MongoDB (oder anderen NoSQL-Datenbanken) erleichtern. So ist es möglich, Datenobjekte direkt auf Dokumente abzubilden. Zwischen Java und MongoDB vermittelt beispielsweise die Bibliothek *Morphia*. Um festzulegen, wie ein Objekt in ein MongoDB-Dokument umzuwandeln ist, müssen Sie *Annotations* hinzufügen, im einfachsten Fall so:

```java
@Entity
public class Candy {
  @Id private ObjectId id;
  private String type;
  private Date bestBeforeDate;
  ...
}
```

Listing 5.13 Morphia-Annotationen sorgen für das richtige Dokumentformat in der MongoDB.

Die Funktionen `getXXX()` und `setXXX()` habe ich der Übersicht halber hier weggelassen.

Die Annotation `@Entity` verrät Morphia, dass Sie Objekte der Klasse `Candy` in der MongoDB speichern möchten. Standardmäßig wird dazu eine Collection mit dem Namen der Klasse angelegt, aber auf Wunsch können Sie den Namen natürlich auch frei wählen.

Das Attribut für die eindeutige Kennzeichnung des Dokuments ist mit `@Id` annotiert. Die Klasse `ObjectId` ist MongoDB-spezifisch, stattdessen können Sie auch einen String, Long oder BigInteger verwenden.

Um mit Objekten der Klasse `Candy` zu hantieren, müssen Sie zunächst Morphia verraten, wo sich die zugehörigen Klassen befinden. Die Bibliothek durchsucht daraufhin Ihre Klassen nach Annotations und kümmert sich um den Rest. Das sieht ungefähr wie folgt aus:

```
Morphia morphia = new Morphia();
morphia.mapPackage("de.candycompany.model");
Datastore datastore =
  morphia.createDatastore(new MongoClient(), "candycompany");
```

Listing 5.14 Morphia muss die annotierten Datenklassen kennen.

Hierbei übergeben Sie der Methode `mapPackage()` einfach den Namen des Java-Packages, in dem sich Ihre Model-Klassen wie `Candy` oder `CandyPackage` befinden. Apropos Pralinenschachtel: Natürlich unterstützt Morphia auch Listen. So können Sie den Inhalt einer Pralinenschachtel angeben:

```
@Entity
public class CandyPackage {
  @Id private ObjectId id;
  @Reference private List<Candy> contents;
}
```

Wichtig ist, dass es sich bei `contents` um eine Liste von Referenzen handelt. Keinesfalls sollen sich `Candy`-Dokumente innerhalb des `CandyPackage`-Dokuments (und damit in der `CandyPackage`-Collection) befinden, sondern nur *Verweise* auf `Candy`-Dokumente in ihrer eigenen Collection.

Listen mit Referenzen

Um Süßkram einer bestimmten Sorte zu finden, befragen Sie den Datastore:

```
List<Candy> outdated = datastore.createQuery(Candy.class)
   .field("bestBeforeDate").lessThan(new Date())
   .asList();
```

Auch mit einer NoSQL-Datenbank wie MongoDB können Sie also komfortabel programmieren. Das gilt grundsätzlich für alle möglichen Datenbanken und Sprachen – im Einzelfall mag es Fallstricke geben, beispielsweise Performanceprobleme, Transaktionssicherheit oder Nebenläufigkeit, aber zunächst einmal haben Sie die freie Auswahl. Um zu entscheiden, welche Art von Datenbank Sie wählen und welche Schicht Sie zwischen diese und Ihre Applikation hängen, wägen Sie die Vor- und Nachteile ab. Natürlich kann ich Ihnen hier nicht alle Details zu den verfügbaren Produkten auflisten, aber eine Aufstellung häufig verwendeter Technologien möchte ich Ihnen dennoch nicht vorenthalten.

> **Datenbanken und Datenzugriffsschichten (Auswahl)**
>
> Beliebteste SQL-Datenbanken (laut *https://db-engines.com/de/ranking*, Stand Sommer 2017):
>
> - *Oracle SQL*
> - *MySQL*
> - *Microsoft SQL Server*
> - *PostgreSQL*
> - *DB2*
> - *Microsoft Access*
> - *SQLite*
>
> Beliebteste NoSQL-Datenbanken:
>
> - *MongoDB,*
> - *Cassandra*
> - *Redis*
>
> Datenzugriffsschichten für SQL-Datenbanken:
>
> - *Hibernate* (Java, *http://hibernate.org*)
> - *Entity Framework* (.NET, *https://docs.microsoft.com/en-us/ef*)
> - *SQLAlchemy* (Python, *https://www.sqlalchemy.org*)
>
> Datenzugriffsschichten für NoSQL-Datenbanken:
>
> - *Hibernate OGM* (Java/MongoDB, *http://hibernate.org/ogm*)
> - *Morphia* (Java/MongoDB, *https://mongodb.github.io/morphia*)
> - *Spring Data* (Java/Spring Framework/MongoDB, Cassandra, Redis …, *http://projects.spring.io/spring-data/*)
> - *Kundera* (Java/MongoDB, Cassandra, Redis, CouchDB …, *https://github.com/impetus-opensource/Kundera*)
> - *Entity Framework 6* (.NET 4.5/MongoDB, *https://docs.microsoft.com/en-us/ef*)

5.4.3 Domänenspezifische Sprachen

Wenn es Ihnen gar zu umständlich erscheint, ein Datenmodell in der Programmiersprache Ihrer Wahl darzustellen, erfinden Sie doch einfach eine passende neue Sprache! Ihr Kunde spricht dauernd »Kundisch«, und Sie benötigen ein Wörterbuch, um seine Schilderungen in »Technisch« zu übersetzen? Verzichten Sie auf das Wörterbuch, indem Sie direkt »Kundisch« mit Ihrem Entwicklungssystem sprechen!

Kennzeichen von domänenspezifischen Sprachen

Auf den ersten Blick klingt das wie die sprichwörtliche, auf Spatzen zielende Kanone. Aber es ist durchaus verhältnismäßig einfach möglich, eine solche spezielle *domänenspezifische Sprache* (*DSL, Domain Specific Language*) zu entwerfen. Die Domäne, von der hier die Rede ist, repräsentiert all die Eigenheiten, die Ihr Projekt erfordert: Objekthierarchien und Funktionen, die darauf angewendet werden können. Wichtig ist, dass Ihre DSL *nur* dies tut: Sie hat nicht den Anspruch, jegliches denkbare Problem zu lösen, sondern nur jene, um die es im vorliegenden Projekt geht. Im Grunde setzt eine solche *Internal DSL* auf einer existierenden auf, erbt also ihre Fähigkeiten, und fügt domänenspezifische hinzu.

Beispiele für domänenspezifische Sprachen, die Ihnen geläufig sein dürften, sind:

Bekannte domänenspezifische Sprachen
- CSS (Cascading Style Sheets)
- Makefile
- Ant build.xml
- jedes XML, zu dem es eine Schema-Definition (XSD) gibt

Kennzeichen einer guten DSL sind:

- ausdrucksstark
- einfach
- präzise
- leicht nutzbar für einen Experten der Domäne

Natürlich ist dieses Thema so umfangreich, dass ich es unmöglich in einem Abschnitt wie diesem erschöpfend darstellen kann. Aber ich werde Ihnen die grundsätzliche Vorgehensweise erläutern, Vor- und Nachteile darstellen, so dass Sie daraufhin entscheiden können, ob eine DSL für Sie infrage kommt. Völlig außen vor lasse ich hier *External DSL*, die nicht auf einer existierenden Sprache aufsetzen, sondern von Grund auf erfunden werden müssen. Der damit verbundene Aufwand sprengt natürlich schnell alle vertretbaren Größenordnungen – dafür ist die Flexibilität grenzenlos.

Fluent interface DSL

Im folgenden einfachen Beispiel erfinden wir eine DSL für den bereits bekannten Süßwarenhersteller. Die einfachste Möglichkeit, eine eigene Sprache innerhalb einer anderen zu definieren, sind verkettete, sprechende Methodennamen (*Fluent Syntax*).

Ziemlich gut lesbar ist beispielsweise folgende Definition eines Fertigungsprozesses für einen Schokoriegel:

```
CandyBarBuilder builder = new CandyBarBuilder();
builder.addBaseLayer()
    .addCookie()
    .addChocolate()
    .coolDown()
    .wrap()
    .printBestBeforeDate()
    .addToPackage()
    .startAdvertisingCampaign()
    .deliver();
```

Listing 5.15 Eine einfache DSL verwendet schlicht »sprechende« Methodennamen und verkettete Aufrufe.

Das ist keine besondere Syntax, sondern es handelt sich bloß um verkettete Methoden. Jede liefert ein Objekt zurück, auf dem die nächste Methode funktioniert (und keine andere).

Ein großer Vorteil dieser einfachen DSL ist, dass Entwickler keine spezielle Syntax lernen müssen.

DSL mit Groovy

Eine weiter verbesserte Lesbarkeit erreichen Sie, wenn Sie eine andere Sprache verwenden, z. B. *Groovy*.

Groovy erzeugt Bytecode für die Java Virtual Machine, Programme laufen also überall, wo auch Java-Programme funktionieren, und Sie können alle für Java verfügbaren Bibliotheken verwenden. Im Vergleich zu Java hat Groovy allerdings eine weitaus entspanntere Syntax, die geradezu dazu einlädt, domänenspezifisch zu programmieren.

Stellen Sie sich vor, Sie implementieren alle möglichen Schritte der Fertigungsprozesse in Java. Sie können jede Maschine ansteuern, die Menge und den Kakaogehalt der hinzugefügten Schokolade regulieren und so weiter.

Dazu schreiben Sie eine Java-Klasse, die in etwa wie folgt aussieht:

```java
public class CandyBarBuilder {
  public static CandyBarBuilder make() {
    return new CandyBarBuilder();
  }
  public CandyBarBuilder add(String layer) {
    ...
    return this;
  }
  public CandyBarBuilder coolDown(int temperature) {
    ...
    return this;
  }
}
```

Listing 5.16 Dieser »CandyBarBuilder« besteht der Übersicht halber nur aus Platzhalterfunktionen.

Wie schon im Beispiel weiter oben verwenden Sie hier das Builder-Entwurfsmuster mit Funktionsaufrufen, die verkettet werden können.

Jetzt kommt Groovy ins Spiel:

```
import de.candyfactory.CandyBarBuilder
CandyBarBuilder.make() add "base" add "cookie" add "chocolate" ↄ
  coolDown 20
```

Nachdem die erste Zeile die Java-Klasse importiert hat, können Sie fast sämtliche Punkte und Klammern weglassen, um die Funktionsaufrufe für `add()` und `coolDown()` zu verketten.

Sie können das leicht testen, indem Sie in der Java-Klasse die ... durch einfache `println()`-Anweisungen ersetzen und das Groovy-Skript laufen lassen. Mit Eclipse geht das ganz leicht, wenn Sie das nötige Plug-In installieren (*https://github.com/groovy/groovy-eclipse/*).

Groovy unterstützt zig weitere Konstrukte, die Code besonders leserlich machen. Da Groovy-Code jederzeit kompiliert und ausgeführt werden kann, können Sie auf diese Weise eine dynamische Sprache zur Steuerung der Herstellungsabläufe definieren. Diese Sprache zu beherrschen erfordert keine große Expertise – auch ein geschulter Assistent kann auf diese Weise eine Änderung vornehmen, und zwar ohne das gesamte System kennen oder gar bauen zu müssen.

Letztlich also erleichtert eine solche Fluent Syntax intuitives Programmieren in einem domänenspezifischen Kontext.

Betrachten Sie abschließend die Vor- und Nachteile domänenspezifischer Sprachen, die im folgenden Kasten aufgelistet sind.

> **Eigenschaften domänenspezifischer Sprachen**
> + leicht erlernbar
> + klare Beschreibungen
> + Übersichtlichkeit
> + gute Lesbarkeit
> + erfordert wenig technische Expertise
> + kein Ballast
> + weniger falscher Code aufgrund maximaler Einschränkung der Syntax
> − kein Standard, d. h., jeder neue Mitarbeiter muss die Sprache lernen
> − Bindung an die proprietäre Sprache
> − einmaliger, hoher Aufwand für Definition und Entwicklung

Vor allem den letzten Punkt sollten Sie nicht übersehen: Eine Sprache zu entwickeln fordert Ihnen eine völlig neue Denkweise ab. Sei das Konzept auch noch so verlockend: In den meisten Projekten wäre eine domänenspezifische Sprache ein Kandidat für Attribute wie *oversized* oder *overengineered*.

5.5 Do- und Don't-Merksatz-Akronyme

So viele Regeln, wer soll sich das alles merken? Sollen wir unser Büro damit tapezieren? Sparen Sie sich den Kleister. Für einige Regeln wurden Akronyme erfunden, um nicht zu sagen: Eselsbrücken.

Dos and Don'ts in Kurzform. Hier eine Auswahl.

5.5.1 KISS

Wenn Ihnen ein Entwicklerkollege ein »KISS« entgegenwirft, geraten Sie sicher nicht in die Verlegenheit, das als plumpen Anmachversuch zu interpretieren.

»Keep It Simple, Stupid«

Es herrscht allerdings eine gewisse Uneinigkeit über die genaue Bedeutung der Abkürzung KISS. »Keep It Simple, Stupid« kommt der Sache recht nahe, während »Keep It Short & Simple« etwas freundlicher klingt, aber gleichzeitig die »Kürze« einer Lösung betrifft.

Wie auch immer:

KISS erinnert Sie daran, dass komplexe Lösungen nur dann gefragt sind, wenn einfache Lösungen nicht ausreichen.

Dazu ein Beispiel: Sie möchten in einer Android-App einige Nutzereinstellungen speichern, etwa die zuletzt verwendete Datei oder einen Nickname.

Natürlich denken Sie an die Zukunft: Später möchten Sie vielleicht weitere, komplexere Daten hinterlegen. Warum nicht gleich eine vernünftige Datenbank benutzen? *CouchDB* ist modern und schnell! Und es gibt eine Android-Version (*https://github.com/couchbase/couchbase-lite-android*).

Gut, stattdessen könnten Sie SQLite verwenden ... oder einfach Androids *SharedPreferences*, die Standardlösung für persistente Daten für Apps.

Wenn Sie nicht möchten, dass Ihre Kollegen Sie fragen, wieso zum Geier Sie wegen ein paar einfacher Einstellungen gleich eine ganze NoSQL-Datenbank einbinden, verwenden Sie die einfache Lösung, bis Sie tatsächlich eine umfangreichere benötigen. *Keep it simple.*

5.5.2 POITROAE

Die nächste Abkürzung lässt sich nicht halb so gut merken wie KISS und kommt auch deutlich seltener vor.

POITROAE steht für »Premature Optimization Is the Root of All Evil« und geht auf die Programmierlegende Donald Knuth zurück – und wird durchaus kontrovers diskutiert.

Der Satz scheint zu unterstellen, dass Codeoptimierung mehr Probleme verursacht als sie löst, beispielsweise weil schnellerer Code unübersichtlicher wird.

Ich will jetzt nicht allen Programmierern langsamer Software (und die nervt uns häufig, nicht wahr?) unterstellen, sich POITROAE zu sehr zu Herzen genommen zu haben. Oft wird auf Optimierung schlicht verzichtet, weil sich der User gefälligst einen schnelleren Rechner oder ein moderneres Smartphone anschaffen soll (nur 1 Gigahertz in der Hosentasche? Wie altmodisch!). Und nicht, weil der Code dadurch zu kompliziert werden würde.

Hinzu kommt, dass das Knuth-Zitat streng genommen aus dem Zusammenhang gerissen wurde. Tatsächlich findet sich in seinem lesenswerten Paper »Structured Programming With Go To Statements«[1] folgendes Zitat:

»*We should forget about small efficiencies, say about 97% of the time: premature optimization is the root of all evil.*«

Es ging ihm also lediglich um »small efficiencies«, also kleine, unbedeutende Optimierungen. Hingegen ist es kaum vorstellbar, dass Herr Knuth den Bubblesort- einem Quicksort-Algorithmus vorziehen würde, weil Letzterer eine »premature optimization« wäre. Wenn Sie den richtigen Algorithmus für eine Aufgabe wählen, sind weitere Optimierungen unnötig.

Letztlich habe ich dieses Akronym hier also hauptsächlich aufgenommen, um dieses Missverständnis aus der Welt zu schaffen.

Tatsächlich lassen Sie uns lieber ein neues Akronym erfinden, das der Wirklichkeit besser gerecht wird:

> SCIB = »Slow code is bad!«

SCIB: »Slow Code Is Bad!«

Langsamer Code ist oft ein Zeichen für eine schlechte Lösung. Sie müssen nur selten – etwa bei Microcontroller-Programmierung – Laufzeiten auf ein paar Millisekunden optimieren. Guter, effizienter Code ist meistens automatisch auch ziemlich schnell.

Statt sich SCIB zu merken, denken Sie alternativ einfach immer daran, wie ungeduldig Sie darauf warten, bis Windows endlich hochgefahren ist und einigermaßen flott auf Ihre Mausklicks reagiert. Das ist vermutlich einprägsamer als jedes Akronym.

5.5.3 YAGNI

> YAGNI = »You ain't gonna need it«

In eine ähnliche Kerbe wie KISS schlägt YAGNI: »You Ain't Gonna Need It!«

Die Abkürzung erinnert Sie daran, dass Sie nur den Code schreiben sollten, den Sie aktuell benötigen. Schreiben Sie keine generischen Klassen und abstrakte Modelle, nur um auf zukünftige Erweiterungen vorbereitet zu sein.

Erstens kommt es doch immer anders. Zweitens schaffen Sie eine unnötige Komplexität. Schlimmstenfalls entwickeln sich die Anforderungen an Ihren Code in eine Richtung, die überhaupt nicht zu Ihrer weitsichtigen Verallgemeinerung passt – vielleicht stört sie sogar.

Vergessen Sie nicht, dass der aufgeblähte Code aufgrund seiner Komplexität eigene Dokumentation erfordert. Das erhöht letztlich den Aufwand

---

[1] Donald Knuth: *Structured Programming With Go To Statements*, Computing Surveys, Vol 6, No 4, December 1974.

doppelt: Für Sie, weil Sie die Dokumentation schreiben müssen, und für andere Entwickler, die sie lesen müssen.

Insbesondere beim Extreme Programming gilt nicht nur YAGNI, sondern auch DTSTTCPW: »Do The Simplest Thing That Could Possibly Work«

Lösen Sie die Aufgabe mit dem am einfachsten möglichen Code. Natürlich darf er nicht gegen andere Konventionen verstoßen. Diese Akronyme sind keinesfalls eine Ausrede für schlechten Code! Denn nur sauberer Code kann später vernünftig erweitert und refaktoriert werden, wenn tatsächlich neue Anforderungen auftauchen.

Besonders witzige Kollegen merken sich übrigens das »Don't« mit der Abkürzung DO: »Don't Overdesign«

5.5.4 SMART

Die Abkürzung SMART steht für eine Menge Dinge, hier geht es allerdings nicht um den gleichnamigen eingebauten Selbsttest von Festplatten, sondern um die Eigenschaften von Kriterien, die sich für Ziele eignen:

S = Spezifisch: Ziele müssen genau definiert sein.

M = Messbar: Es muss messbar sein, ob ein Ziel erreicht wurde.

A: Das A wird unterschiedlich interpretiert, z. B. für englische Begriffe wie Achievable (erreichbar), Attractive (attraktiv) oder Appropriate (angemessen).

R = Realistisch: Ziele müssen erreichbar sein.

T = Terminiert: Das Ziel muss in einer definierbaren Zeitspanne zu erledigen sein.

Nur Ziele, die alle fünf Kriterien erfüllen, sind SMART.

Besonders wenn Aufgaben für ein umzusetzendes Projekt definiert werden, achten Sie darauf, dass die Formulierungen SMART sind.

Dies hier ist ein Gegenbeispiel: »*Das User-Interface soll schön aussehen.*«

Dieses Ziel ist erstens ungenau definiert, zweitens am Ende kaum messbar (weil Schönheit im Auge des Betrachters liegt), ferner wohl weder erreichbar noch in einer definierbaren Zeitspanne zu erledigen. Letzteres fällt übrigens immer dann auf, wenn es Ihnen nicht möglich erscheint, den Aufwand für eine Aufgabe einzuschätzen.

Oft müssen Sie eine Recherche-Aufgabe voranstellen, deren Ziel es ist, die Folgeaufgabe überhaupt erst SMART definieren zu können.

5.5.5 SOLID

SOLID nimmt eine Sonderrolle unter den Akronymen in diesem Kapitel ein, es ist nämlich genau genommen ein Akronym-Akronym.

Es steht für:

S = SRP (Single responsibility principle, siehe Abschnitt 2.3.1)

O = OCP (Open/closed principle, siehe Abschnitt 5.4.1)

L = LSP (Liskov substitution principle: Objekte sollten durch Instanzen ihrer Ableitung ersetzbar sein)

I = ISP (Interface segregation principle: Clients sollten durch Interfaces nicht in unnötige Abhängigkeiten gezwungen werden, siehe Abschnitt 10.2.4)

D = DIP (Dependency inversion principle: High-Level-Module sollten noch von Low-Level-Modulen abhängen, Abstraktionen sollten nicht von Details abhängen)

Im Grunde fasst SOLID also einige Design-Regeln zusammen, die Sie ganz oder teilweise adaptieren können.

Meiner Ansicht nach hängt es stark vom Projekt und vom Team ab, welche Prinzipien sie forcieren. Insofern ist SOLID ein recht sperriger Begriff, der im Gegensatz zu den vorgenannten weniger ein Merksatz ist, sondern eher eine Eselsbrücke, um sich die Namen der beteiligten Design-Prinzipien merken zu können. Um sie richtig umzusetzen, braucht man also mehr als nur den Begriff SOLID.

5.5.6 CRUD

Die Abkürzung CRUD steht für die grundlegenden Funktionen eines persistenten Speichers:

C = Create

R = Retrieve

U = Update

D = Delete

Es hilft gelegentlich, sich vor Augen zu halten, dass jeder Speicher diese Funktionen zur Verfügung stellen muss; und damit auch jedes Interface, das den Zugriff auf einen solchen ermöglicht. Das gilt nicht nur für SQL-Datenbanken, sondern auch für Objektdatenbanken oder Smartcards.

Die vier CRUD-Operationen finden sich auch in RESTful-Webservices wieder, allerdings wegen der Historie des HTTP-Protokolls etwas anders:

C = PUT oder POST

R = GET

U = PUT, POST oder PATCH

D = DELETE

REST wurde ja nach HTTP erfunden, nicht umgekehrt – sonst würden die HTTP-Methoden heutzutage vielleicht anders heißen.

5.6 Neue Räder extra teuer!

Warum haben Autos eigentlich keine Räder aus Vollgummi? Und wieso sind Reifen schwarz und nicht rot oder grün?

Warum gibt es in Java keine Funktion, um zu prüfen, ob ein Array leer ist? Die Bedingung `array.length==0` liest sich doch etwas sperrig, oder?

Schreiben Sie sich doch schnell eine Hilfsklasse:

```java
public class ArrayUtils {
  static boolean isEmpty(int[] array) {
    return array.length==0;
  }
}
```

Diese Idee bringt leider zwei oder drei Probleme mit sich.

Erstens: Die Funktion eignet sich nur für int-Arrays, für andere müssten sie jeweils eigene schreiben.

Zweitens: Wenn irgendjemand auf die Idee kommt, als Parameter `null` zu übergeben (absichtlich oder versehentlich), wirft Ihr Code eine `NullPointerException`.

Das dritte Problem folgt mittelbar aus den beiden ersten und ist das entscheidende:

Ein anderer Entwickler hatte Ihr Problem sicher auch – und er hat es längst zufriedenstellend gelöst. In diesem Fall findet sich die fertige Lösung in der Bibliothek Commons Lang von Apache. Da es sich dabei um Open Source handelt, können Sie sich den relevanten Code leicht anschauen:

```java
public static boolean isEmpty(final int[] array) {
  return getLength(array) == 0;
}
```

Dieselbe Funktion gibt es in dieser Bibliothek auch für Arrays anderer Datentypen, und sogar an die umgekehrten Funktionen isNotEmpty() hat man gedacht. Dass die intern verwendete Funktion getLength() null-safe ist, also 0 zurückgibt statt eine Exception zu werfen, können Sie sich sicher bereits denken.

Entscheidend hierbei ist: Die Wahrscheinlichkeit, dass jemand ein häufiges Problem in einer frei zugänglichen Bibliothek längst gelöst hat, ist sehr hoch.

Wenn Sie auf Anhieb nicht wissen, ob und wo Sie eine von Ihnen benötigte Funktion finden, fragen Sie einen Kollegen – oder lesen Sie den nächsten Abschnitt, der Ihnen eine Auswahl wichtiger Bibliotheken vorstellt.

5.6.1 Universal-Bibliotheken

Viele hilfreiche Funktionen finden Sie bereits in der Java Runtime. Es mag erstaunen, aber mir sind schon Entwickler untergekommen, die beispielsweise eine Ableitung von Thread programmiert haben, die gewisse Aufgaben in regelmäßigen Zeitabständen ausführt. Dabei gibt es doch dafür längst praktische Klassen im Java-Lieferumfang:

```
ScheduledExecutorService svc =
    Executors.newSingleThreadScheduledExecutor();
svc.scheduleAtFixedRate(runnable, startDelay, interval,
    TimeUnit.SECONDS);
```

Es lohnt sich also immer erst mal der Blick in die Java-Dokumentation.

Wenn Sie Bibliotheken für allgemeine Probleme suchen, finden Sie meist solche, die versuchen, viele häufige Fälle abzudecken – in diesem Fall ist der Begriff »Universal-Bibliothek« angemessen.

Wichtig ist es fast immer, die Lizenz im Auge zu behalten. In Abschnitt 5.7 gehe ich darauf noch im Detail ein.

Die folgende Liste erhebt keinen Anspruch auf Vollständigkeit. Wenn hier Ihre Lieblings-Bibliothek fehlt, schreiben Sie sie dazu, oder melden Sie sich gerne bei mir.

> **Universal-Bibliotheken für Java**
> ▶ *Apache Commons Lang* (Open Source, Apache-Lizenz 2.0): Hilfsklassen für das Hantieren mit Strings, Arrays, Nebenläufigkeit, Serialisierung, Datum, Diffs, Exceptions, Bruchrechnung und vieles mehr. Das Javadoc ist Pflichtlektüre: Jeder Java-Entwickler sollte wissen, welche

praktischen Hilfsmittel diese Bibliothek versammelt. *http://commons.apache.org/proper/commons-lang*
- *Google Guava* (Open Source, Apache-Lizenz 2.0): Bibliothek mit Klassen, die Google in seinen Java-basierten Projekten verwendet. Dazu gehören Klassen zum Umgang mit null-Werten, Collections, Caching, Nebenläufigkeit, Strings, Streams, Hashes, funktionale Programmierung, ein EventBus, Mathematik und Graphen. *https://github.com/google/guava*

5.6.2 Spezial-Bibliotheken

Auch wenn Sie Bedarf nach speziellen Funktionalitäten haben, lohnt ein Blick in die Welt der frei verfügbaren Bibliotheken.

Ich kann unmöglich ahnen, welche konkreten Bedürfnisse sich in Ihrem Projekt ergeben, deshalb orientiere ich mich an der Häufigkeit der Verwendung (auf GitHub und durch mich selbst), wenn ich Ihnen jetzt eine kleine Liste aus der riesigen Java-Welt präsentiere.

Einige beliebte spezielle Bibliotheken für Java

- *Junit* (Eclipse Public License 1.0): Das verbreitetste Framework für Unit-Tests (mehr dazu in Kapitel 6). *http://junit.org*
- *slf4J* (MIT License) und *log4j (2)* (Apache-Lizenz 2.0): Während slf4j eine einheitliche Logging-Fassade zur Verfügung stellt, ist log4j (2) die verbreitetste Implementierung. *https://www.slf4j.org/*, *https://logging.apache.org/log4j/2.x*
- *Apache Commons IO, Commons Collections und weitere Bibliotheken des Apache-Projekts* (Apache-Lizenz 2.0): Neben der bereits erwähnten Bibliothek Commons Lang hält das Apache-Projekt viele weitere Hilfspakete bereit. Hier mögen Commons IO und Commons Collections als Stellvertreter dienen; über das gesamte Angebot könnte man ein eigenes Buch schreiben. *https://commons.apache.org*
- *Gson* (Apache-Lizenz 2.0): Googles Gson-Bibliothek beherrscht die (De-)Serialisierung von Java-Objekten ins JSON-Format. *https://github.com/google/gson*
- *XStream* (BSD License): Was Gson für JSON ist, ist XStream für XML. *http://x-stream.github.io*
- *DOM4J* (BSD Style License): Auch mit DOM4J können Sie XML erzeugen, es bietet außerdem Unterstützung für das Document Object

Model (DOM) und die Java API für XML (JAXP). *https://github.com/dom4j/dom4j*

- *SimpleXML* (Apache-Lizenz 2.0): Und noch eine XML-Bibliothek, damit Sie die Qual der Wahl haben: SimpleXML erlaubt Ihnen die einfache (De-)Serialisierung von Java-Objekten von und nach XML mit Annotations. *http://simple.sourceforge.net*
- *ehcache* (Apache-Lizenz 2.0): Flexibler Cache im Speicher, auf Platte oder verteilt (mit *Terracotta*). *http://www.ehcache.org*
- *Quartz Job Scheduler* (Apache-Lizenz 2.0): Umfangreiches Framework zum Planen und Ausführen von Jobs. *http://www.quartz-scheduler.org*
- *Spring Framework* (Apache-Lizenz 2.0): Zum Schluss zwei Frameworks: Spring bringt zahlreiche Vereinfachungen für Java-Entwickler mit und treibt insbesondere den Inversion of Control-Ansatz, indem es dazu einen Dependency Injection-Container zur Verfügung stellt (siehe Abschnitt 6.3). Mit Spring Boot steht eine extrem handliche Variante zur Verfügung, die auf dem Konzept »Konvention vor Konfiguration« basiert. Das Spring-Plug-In für Eclipse erzeugt Code per Knopfdruck. *https://spring.io*
- *Play Framework* (Apache-Lizenz 2.0): Dieses Framework entstand ursprünglich für die JVM-Sprache Scala, funktioniert aber auch mit Java. Ähnlich wie Spring Boot setzt es auf »Konvention vor Konfiguration«. *https://playframework.com*

5.6.3 Veraltet oder stabil wie ein Fels?

Wenn Sie sich einige der oben aufgelisteten Bibliotheken anschauen, stutzen Sie vielleicht hier und da, wenn Sie das Datum der letzten Änderung sehen. So datiert das letzte Release von *SimpleXML* vom 30. Februar 2013 (so steht es auf der Webseite – offenbar ein Tippfehler, das letzte Dateidatum ist der 08. Juni 2013).

Ich habe diese Bibliothek mit Absicht aufgenommen. Hand aufs Herz: Würden Sie Code einsetzen, der von einem einzigen Entwickler geschrieben wurde, seit mehr als vier Jahren nicht mehr angefasst wurde und bei *sourceforge.net* nur 15 Bewertungen hat (im Schnitt 4,8 Sterne)?

Meiner Erfahrung nach funktioniert der Code so, wie er soll. Er verfügt über Unmengen Unit-Tests, und vielleicht sind 35 offene Tickets ein Zeichen für weitgehende Fehlerfreiheit. Der Entwickler ist ferner nicht wie viele andere in Versuchung gekommen, seiner Software immer neue Features hinzuzufügen, die kein Mensch braucht (KISS!).

Zwar altert Software, allein schon, weil die Basis sich ändert, auf der sie läuft. Ein zehn Jahre altes PC-Game ist vielleicht allein aufgrund nicht mehr zeitgemäßer Grafik unspielbar und kostet zu Recht nur noch 99 Cent. Eine solide Bibliothek aber kann immer noch von Wert sein. Der bessere Vergleich ist vielleicht eine Flasche Rotwein: Lange reift der Wein in seinem Fass, dann wird er abgefüllt und wird von diesem Zeitpunkt an eine ganze Weile genießbar bleiben.

Bibliotheken werden nicht schlecht, bloß weil sie alt sind.

Innovationen bergen Risiken.

Natürlich verursacht Ihnen eine Bibliothek wie Commons Lang keine schlaflosen Nächte. Sie bietet Ihnen fast die ideale Kombination: langjährig bewährt, aber immer noch aktiv entwickelt. Ich schreibe »fast«, denn wenn Sie von den Verbesserungen der letzten Version profitieren möchten, müssen Sie Ihren Code anfassen: Aufgrund fehlender Abwärtskompatibilität wurde das Paket in commons-lang3 umbenannt und ist folglich nicht mehr 1:1 austauschbar. Dafür können Sie beide Versionen parallel betreiben. Ob das eine gute Idee ist, wage ich allerdings zu bezweifeln. Verwechslungen sind geradezu unausweichlich.

Was für Bibliotheken gilt, gilt analog für Sprachen. Natürlich sind Scala oder Kotlin modernere und in der Syntax oft elegantere Sprachen als das gute alte Java. Das ist aber kein alles übertreffender Trumpf. Wenn Ihr halbes Team erst einmal an einem Scala-Kurs teilnehmen muss, bevor das Projekt beginnen kann, stehen dem unbestreitbaren Vorteil erhebliche Kosten und Risiken gegenüber.

Ein letzter Blick geht nach vorn: zu brandaktuellen Frameworks.

In der Entwicklerszene begegnen Ihnen oft Kollegen, die besonders innovationsfreundlich sind. Auf einer Konferenz wurde beispielsweise ein neues Framework vorgestellt, viel gelobt, noch nie dagewesen ... Sie wollen es unbedingt ausprobieren. Am besten gleich im nächsten neuen Projekt. Oder warum nicht gleich ins vorhandene Projekt mit hineinwurschteln?

Ich rate hier eher zur Vorsicht.

So wurde mir einmal das *Play Framework* als moderne Lösung für alle denkbaren Probleme präsentiert. Beim Versuch, Entwickler mit einschlägigem Fachwissen zu rekrutieren, kam dann die Ernüchterung: Es gab keine, oder sie verlangten horrende Stundensätze.

Was hilft die tollste Software, wenn Sie niemanden haben (oder bezahlen können), der sich damit auskennt?

Im konkreten Beispiel steht das Play Framework in direkter Konkurrenz zu Spring Boot, einer Weiterentwicklung des Spring Frameworks. Entwickler, die sich damit auskennen, sind weitaus leichter zu finden.

Wenn Sie bei *stackoverflow.com* nach Fragen suchen, die mit dem Tag »Play Framework« versehen sind, erhalten Sie 14.313 Treffer, bei »Spring Boot« 20.310. Das kann durchaus bedeuten, dass Sie bei Problemen, auf die Sie stoßen, leichter Antworten finden werden. Betrachtet man Spring Boot nur als Sonderfall des Spring Frameworks (was es auch ist), halten Sie sich die Zahl 110.000 vor Augen: Das ist die Anzahl der Fragen mit dem Tag »Spring«. Spring taucht auch in den Top 20 der meistverwendeten Java-Bibliotheken (bei GitHub) auf.

Lassen Sie es mich anders formulieren:

Sie werden bei der Entwicklung Ihres Projekts auf genug Probleme stoßen. Halsen Sie sich nicht noch eventuelle Kinderkrankheiten eines modernen Frameworks auf, wenn Sie nicht genau wissen, dass sie damit klarkommen. Verlassen Sie sich auf bewährte Technologie.

Wenn es um die Entscheidung geht, welche Bibliothek zum Einsatz kommt, sollte Verlässlichkeit eine erhebliche Rolle spielen.

Ist Ihre Software modular genug aufgebaut, sollte es kein Problem darstellen, sie später umzustellen, wenn Sie sich dadurch entscheidende Vorteile versprechen.

5.7 Meins! (Wirklich?)

Es soll schon vorgekommen sein, dass ein großer Konzern die Software für Teile eines Entertainmentsystems komplett neu schreiben musste, um die existierende Version nicht veröffentlichen zu müssen. Man hatte nämlich nicht darauf geachtet, unter welchen Lizenzen der verwendete Code stand. Und es gibt nun einmal Code, dessen Verwendung erfordert, dass daraus abgeleitete Software unter die gleiche Lizenz gestellt werden muss – sprich: Er muss veröffentlicht werden.

Damit Sie nicht in dieselbe Falle tappen, liste ich Ihnen in den letzten kurzen Abschnitten dieses Kapitels die wichtigsten Open-Source-Lizenzen auf.

5.7.1 GNU General Public License

Wer an GNU GPL denkt, denkt oftmals sofort an freie Software und Open Source. Kein Wunder, so lizenzierte Software ist sehr verbreitet: Linux und MySQL gehören dazu.

Die GPL, geschrieben im Jahr 1989 von Richard Stallman, dem Gründer des GNU-Projekts, verfügt allerdings über den sogenannten *Copyleft-Effekt*: Verbreitet man die Software (oder eine veränderte Form) weiter, muss sie unter die gleiche Lizenz gestellt werden.

Copyleft: Weiterentwicklung unter gleicher Lizenz

Das lag durchaus im Interesse der Erfinder, die den Open-Source-Gedanken weltweit verbreiten wollten (und das mit Erfolg). Allerdings möchten Sie als Entwickler gerade jene Erweiterungen oder Änderungen, die womöglich die Geschäftsidee Ihrer Firma ausmachen, nicht unbedingt der Konkurrenz zugänglich machen.

Wohlgemerkt: Es ist kein Problem, auf einem Webserver unter Linux und MySQL irgendeine eigene Software einzusetzen, ohne den Code zu veröffentlichen. Entwickeln Sie das unter GPL stehende System aber weiter – wie es beispielsweise mit MySQL in Form der MariaDB geschehen ist –, müssen Sie den Code veröffentlichen.

Bibliotheken sind statt unter GPL meist unter der LGPL (Library General Public License) lizenziert, was es erlaubt, sie für eigene Projekte zu verwenden, unabhängig von dessen Lizenz. Nur eine Veränderung an einer solchen Bibliothek selbst hat wiederum den Copyleft-Effekt zur Folge.

Code unter GPL-Lizenz
- Linux-Kernel
- MySQL, MariaDB
- Blender
- VLC Media Player
- Gnome Desktop

5.7.2 Apache-Lizenz 2.0

Im Grunde ist die Apache-Lizenz (2.0) wohl die am meisten verbreitete Open-Source-Lizenz ohne Copyleft-Effekt. Abgeleitete Software kann nach Wahl ihres Rechteinhabers anders lizenziert werden – insbesondere für kommerzielle Anwendungen als closed source unveröffentlicht bleiben. Aber eine Kopie der Lizenz müssen Sie beilegen. Falls Sie Änderungen vorgenommen haben, müssen Sie diese deutlich kennzeichnen.

> **Code unter Apache-Lizenz 2.0**
> - Android
> - Apache HTTP Server
> - Jetty und Tomcat Application Server
> - Spring Framework
> - Open Office
> - Docker
> - Swift

5.7.3 MIT-Lizenz

Diese Lizenz erbt ihren Namen vom Massachusetts Institute of Technology, wo sie erfunden wurde.

Ähnlich wie die Apache-Lizenz 2.0 erfordert die MIT-Lizenz nicht, dass abgeleiteter Code veröffentlicht wird. Auch die MIT-Lizenz eignet sich also für kommerzielle Produkte.

Die MIT-Lizenz muss der Software beigelegt werden, das ist aber auch alles: Die MIT-Lizenz darf als äußerst freizügig gelten, sie erlaubt sogar die Unterlizenzierung der Software, d. h. die Verwendung einer anderen Lizenz für Ableitungen.

> **Code unter MIT-Lizenz**
> - XWindows
> - jQuery
> - Ruby on Rails

5.7.4 BSD-Lizenz

Ähnlich wie die vorgenannten Lizenzen enthält auch die BSD-Lizenz keine Copyleft-Klausel. Im Gegensatz zur MIT-Lizenz ist eine Unterlizenz nicht möglich. Dafür fordert sie, dass Werbung für ein abgeleitetes Produkt ein Hinweis auf die Universität von Berkeley in Kalifornien enthält (daher der Name BSD, Berkeley Software Distribution).

Hier müssen Sie aufpassen: Manchmal wird Software unter eine modifizierte BSD-Lizenz gestellt, die diesen Passus nicht enthält – und auch nicht einen weiteren, der es erfordert, eine Erlaubnis der Universität einzuholen, bevor man den oben genannten Hinweis ins Werbematerial schreibt.

Diese Variante nennt sich dann »Simplified BSD License« oder »FreeBSD License«.

Code unter einer BSD-Lizenz
- Chromium
- FreeBSD, OpenBSD
- Go (Programmiersprache von Google)
- Ruby
- Scala
- Tor
- Trac
- Ogg Vorbis

Es gibt eine ganze Menge weiterer Lizenzen, verbreitet oder proprietär. Manche sind inkompatibel miteinander (z. B. die GPL und die vollständige BSD-Lizenz). Sie tun sicher gut daran, eine Liste der in Ihrem Projekt verwendeten Lizenzen in Augenschein zu nehmen – bevor der Anwalt mit der einstweiligen Verfügung winkt.

Kapitel 6
Erst mal testen

Sicher haben Sie schon vom Paradigma der *testgetriebenen Entwicklung* gehört (Test Driven Development, kurz: TDD). Aber wann und warum ist es eigentlich sinnvoll, zuerst den Test zu schreiben und dann den Code? Ist es überhaupt notwendig, den *gesamten* Code zu testen? Ist das nicht viel zu viel Aufwand? Sind bestimmte Codeteile überhaupt testbar? Wie testet man eine Funktion, die von externen Parametern oder gar Zufallswerten abhängt (wie z. B. dem Wetter)?

Es ist klar zu unterscheiden zwischen *Modultests* auf der untersten Ebene und *Integrationstests*, die den Gesamtzusammenhang betreffen. Sie benötigen letztlich beides, aber ohne Modultests brauchen Sie streng genommen mit den Integrationstests gar nicht erst anzufangen: Alles Mögliche könnte schiefgehen, und Sie könnten unter Umständen die Ursache nicht leicht lokalisieren.

Eines steht fest: Mit ordentlichen Tests finden Sie Fehler, die Sie sonst übersehen. Außerdem dauern manuelle Tests viel länger als automatisch ablaufende. Wie Sie Ihren Code möglichst effizient testen können und wie sie gegebenenfalls schon vorhandene Tests verbessern können, erklärt Ihnen dieses Kapitel.

6.1 Gute und schlechte Unit-Tests

Unit-Tests testen jeweils genau ein Modul.

Ein Modultest oder Unit-Test soll einzelne Funktionen einer Software auf ihre korrekte Funktion hin überprüfen.

Eine »einzelne Komponente« ist zumeist eine Funktion einer Klasse – und diese Anforderung legt den Verdacht nahe, dass Unit-Tests nur sinnvoll einsetzbar sind, wenn Ihre Software stark modularisiert ist. Klassen sollten möglichst unabhängig voneinander funktionieren, sonst betrifft Modultest A plötzlich auch Modul B.

Keinesfalls sollten Ihre Tests vorhandene Daten verändern, etwa in einer Datenbank, ohne auf die Existenz solcher Daten angewiesen zu sein. Bestimmte knifflige Fälle zu diesem Thema finden Sie im weiteren Verlauf dieses Kapitels. Ganz gewiss sollten Unit-Tests nicht zweckentfremdet werden, um etwa bequem eine Datenbank zu initialisieren oder eine Applikation zu starten (Sie ahnen sicher, dass ich das nicht ohne Grund erwähne ...).

Ferner sollten Unit-Tests automatisch ausführbar sein, also ohne geschultes Personal. Die einzige Anforderung an das Personal ist es, den Ausführen-Knopf zu drücken. Nach einer gewissen Wartezeit sind entweder alle Tests erfolgreich durchgelaufen oder auch nicht. Weder muss das Personal Voreinstellungen vornehmen noch Zeilen ein- oder auskommentieren, um verschiedene Testfälle zu berücksichtigen (auch dies erwähne ich nicht ohne Grund).

Wenn ich im nächsten Abschnitt mit einem extrem einfachen Beispiel beginne, schütteln Sie bitte nicht den Kopf: Ich habe genug Projekte kennengelernt, in dem selbst einfachste Testfälle fehlten oder falsch aufgebaut waren. Ein genauer Blick kann daher nicht schaden.

6.1.1 Einfache Unit-Tests

Grundsätzlich sind Unit-Tests, egal ob in Java, C# oder einer anderen Sprache, simple Klassen mit zumeist mehreren parameterlosen Funktionen. Üblicherweise ist eine Unit-Test-Klasse dafür zuständig, eine Klasse Ihrer Software zu testen. Bei Java sind die Package-Namen von Klasse und Testklasse identisch, nur liegen Letztere in einem separaten Sourcecode-Verzeichnis. Die übliche Verzeichnisstruktur sieht wie folgt aus:

project
 src/main/java
 src/test/java

Auf diese Weise sind Produktiv- und Testcode völlig voneinander getrennt. Ihre Applikation enthält überhaupt keinen Testcode, wenn Sie sie veröffentlichen. Wozu auch? Für den Test sind Sie zuständig, nicht der Endanwender (ein häufiges und bedauerliches Missverständnis).

Jede Funktion in der Testklasse testet üblicherweise eine Funktion der zu testenden Klasse.

Zeit für ein Beispiel!

Sie haben ein Fußballspiel programmiert. Darin gibt es unter anderem eine Model-Klasse, die ein einzelnes Spiel darstellt:

```
public class Match {
  private int goals1, goals2;
  private Team team1, team2, winner, loser;
  private boolean played;
  public Match(Team team1, Team team2) {
    this.team1 = team1;
    this.team2 = team2;
    goals1 = goals2 = 0;
    played = false;
  }
  ...
}
```

Listing 6.1 Die Model-Klasse »Match« verfügt über einen Konstruktor für zu spielende Paarungen. Ferner verfügt sie über getter und setter, die hier der Übersicht halber weggelassen wurden.

Um sicherzugehen, dass der Konstruktor korrekt funktioniert, können Sie einen Unit-Test schreiben.

Wenn Sie Eclipse verwenden, nimmt Ihnen ein Wizard die Arbeit ab. Wählen Sie im Menü NEW... – JUNIT TEST CASE. Wenn Ihre Match-Klasse gerade im Editor geöffnet ist, schlägt Ihnen der Wizard vor, einen Test namens MatchTest zu erzeugen (siehe Abbildung 6.1). Achten Sie darauf, dass das richtige Source-Verzeichnis eingestellt ist.

Wenn Sie im ersten Schritt des Wizards auf FINISH drücken, erzeugt er nur eine leere Klasse. Drücken Sie stattdessen NEXT, können Sie auswählen, welche Funktionen Sie testen möchten (siehe Abbildung 6.2). Für dieses Beispiel wähle ich den Konstruktor.

6 Erst mal testen

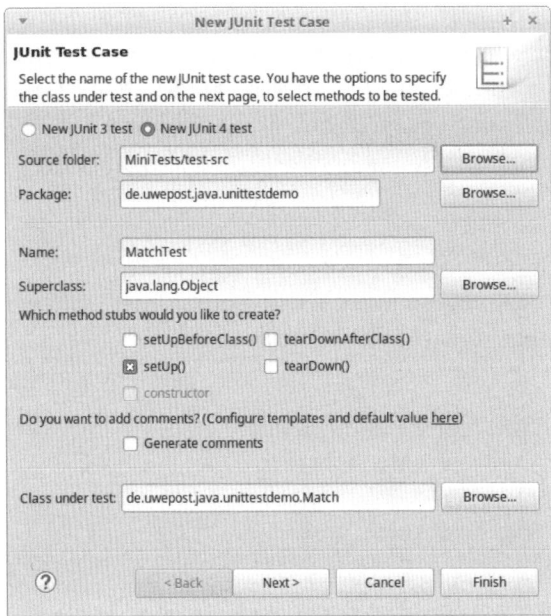

Abbildung 6.1 Der Eclipse Wizard erzeugt den JUnit Test Case auf Knopfdruck.

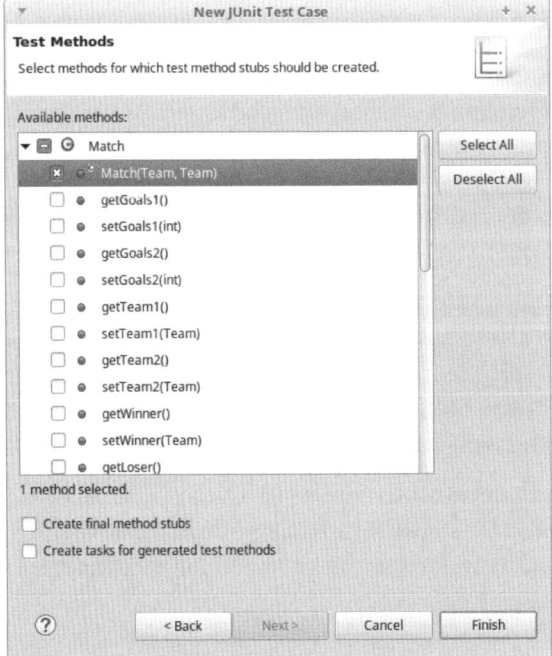

Abbildung 6.2 Der Wizard erzeugt auf Wunsch Funktionsrümpfe für die zu testenden Funktionen.

Das Resultat ist ein fehlschlagender Unit-Test:

```
package de.uwepost.java.unittestdemo;
import static org.junit.Assert.*;
import org.junit.Before;
import org.junit.Test;
public class MatchTest {
  @Before
  public void setUp() throws Exception {
  }
  @Test
  public void testMatch() {
    fail("Not yet implemented");
  }
}
```

Listing 6.2 Der automatisch erzeugte Unit-Test schlägt natürlich fehl. Fatal wäre es, wenn er durchlaufen würde. Manche Programmierer wären dann nämlich an dieser Stelle fertig: Alle Tests sind »grün«!

Grundsätzlich arbeitet JUnit mit Annotations. So erhält die eigentliche Testfunktion für den Match-Konstruktor den Vermerk @Test, um ihn ausführbar zu machen. Des Weiteren gibt es eine Methode setUp(), die mit @Before annotiert ist. Diese Methode wird vor jedem einzelnen Test aufgerufen. Sie können dort Daten initialisieren, die für mehrere Tests erforderlich sind. Tests dürfen diese Daten verändern, denn setUp() (bzw. jede mit @Before annotierte Methode) wird vor jedem einzelnen Test erneut aufgerufen. Verwenden Sie also keinesfalls einen Konstruktor der Testklasse, um Testdaten vorzubereiten!

Die Testmethode schlägt automatisch fehl, solange Sie sie nicht ersetzen. Um sich davon zu überzeugen, können Sie in Eclipse mit der rechten Maustaste auf eine Testmethode klicken und RUN AS... JUNIT TEST wählen. Führen Sie den Rechtsklick auf dem Klassennamen aus, werden alle Methoden in der Klasse durchlaufen, allerdings nur bis zum ersten Fehlschlag. Das JUnit-Fenster zeigt Ihnen die Resultate und ermöglicht es per Klick, einen Test erneut auszuführen – alle oder alle zuvor fehlgeschlagenen (siehe Abbildung 6.3).

Es ist an der Zeit, den tatsächlichen Test zu schreiben. Um den Match-Konstruktor aufzurufen, benötigen Sie Team-Objekte, die Sie in diesem einfachen Beispiel einfach so erzeugen können. In der realen Anwendung kämen sie vermutlich aus einer Datenbank und müssten gewisse Eigenschaften erfüllen (z. B. eine eindeutige ID besitzen). Verwenden Sie auf keinen Fall Objekte aus einer solchen Datenbank! Wie Sie reale Objekte imitieren können, erkläre ich ausführlich in Abschnitt 6.4.

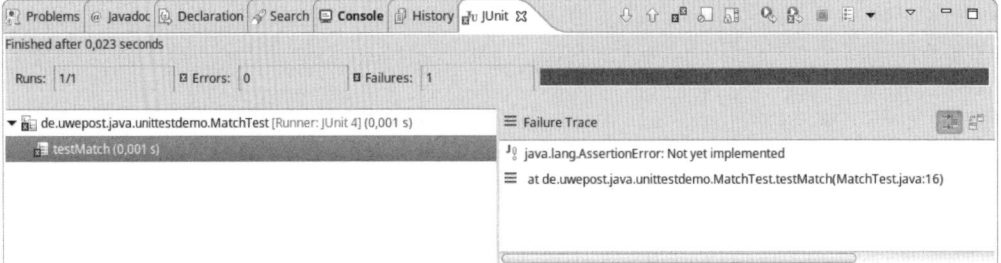

Abbildung 6.3 Das JUnit-Fenster quittiert Ihnen nicht nur alle Resultate, sondern misst auch die Laufzeit.

Da Sie möglicherweise für spätere Tests ebenfalls Team-Objekte benötigen, erstellen Sie sie ruhig in setUp():

```
private Team team1,team2;
@Before
public void setUp() throws Exception {
  team1 = new Team();
  team2 = new Team();
}
```

Listing 6.3 Erzeugen Sie für Tests erforderliche Objekte keinesfalls im Konstruktor der Testklasse, sondern in »setUp()«.

Beachten Sie, dass Sie in dieser Funktion nicht den Konstruktor der Klasse Team testen, dafür ist ein anderer Test zuständig.

Jetzt können Sie den Test schreiben:

```
@Test
public void testMatch() {
  Match match = new Match(team1,team2);
  assertEquals(team1, match.getTeam1());
  assertEquals(team2, match.getTeam2());
}
```

Listing 6.4 Dieser Test des »Match«-Konstruktors ist noch nicht fertig.

Es gehört möglicherweise etwas Fantasie dazu, den Sinn in einem solch einfachen Test zu sehen. Aber ich bin sicher, Ihnen sind schon Tippfehler untergekommen, die ein so simpler Test gefunden hätte.

Gar nicht so selten passieren Copy-and-paste-Fehler.

6.1 Gute und schlechte Unit-Tests

Halten Sie sich die beiden hier getesteten Zeilen der Klasse Match noch mal vor Augen:

```
this.team1 = team1;
this.team2 = team2;
```

Fragen Sie sich jetzt einmal selbst: Würden Sie die erste Zeile mit Copy-and-paste kopieren, um die zweite zu erzeugen? Wahrscheinlich. Wir Programmierer sind tippfauler als ein Goldfisch, nicht wahr?

In dem Moment, in dem Sie Strg+V drücken, piept Ihr Telefon. Breaking News: Ihr Lieblingsverein hat den Trainer gefeuert! Das muss sofort in der Teeküche diskutiert werden. Sie machen aber noch schnell aus der einen 1 eine 2 …

```
this.team1 = team1;
this.team1 = team2;
```

Als Sie an Ihren Platz zurückkehren, schreiben Sie die nächste Funktion.

Wie gut, dass es einen Unit-Test gibt, nicht wahr?

Was die anderen Initialisierungen des Konstruktors angeht, können Sie sich beruhigt zurücklehnen:

```
goals1 = goals2 = 0;
played = false;
```

Tatsächlich sind nicht initialisierte ints in Java immer 0 und booleans immer false, so dass diese Zeilen an sich unnötig sind und entsprechende asserts im Unit-Test ebenso. In anderen Sprachen, etwa in C, ist das aber unter Umständen anders. Belassen wir es aber für den Moment dabei und testen lieber eine Methode, die echte Geschäftslogik implementiert.

6.1.2 Whitebox-Tests

Lassen Sie uns nun einen etwas schwierigeren Test für unser Fußballspiel schreiben.

Nach jedem Spiel muss festgestellt werden, wer der Gewinner ist. Da es sich hierbei um eine überraschend komplexe Logik handelt (z. B. wenn eine Europapokal-Auswärtsregel angewendet werden muss), gehört diese keinesfalls in die Model-Klasse Match, sondern in eine Dienstklasse MatchResultAnalyzer:

```
public class MatchResultAnalyzer {
  public void determineWinner(Match match) {
    if(match.isPlayed())
```

```
      match.setWinner( match.getGoals1()>match.getGoals2() ?
        match.getTeam1() : match.getTeam2() );
  }
}
```

Listing 6.5 Die Funktion »determineWinner()« in »MatchResultAnalyzer« ist dafür zuständig, den Gewinner eines Spiels zu ermitteln und ins »Match«-Objekt zu schreiben.

Wenn Sie in der obigen Implementierung einen Fehler gefunden haben, behalten Sie diesen zunächst im Hinterkopf. Schreiben Sie jetzt erst einmal den Test:

```
public class MatchResultAnalyzerTest {
  private MatchResultAnalyzer analyzer;
  @Before
  public void setUp() throws Exception {
    analyzer = new MatchResultAnalyzer();
  }
  @Test
  public void testDetermineWinner() {
    Team team1 = new Team();
    Team team2 = new Team();
    Match match = new Match(team1,team2);

    match.setFinalResult(2,1);
    analyzer.determineWinner(match);
    assertEquals(team1, match.getWinner());
  }
}
```

Listing 6.6 Dieser Test für »determineWinner()« funktioniert wirklich prima. Besser gesagt: Er zeigt keinen Fehler.

Die Methode `match.setFinalResult()` ist eine Abkürzung für den Aufruf der beiden setter für `goals1` und `goals2` und setzt gleichzeitig `played` auf `true`:

```
public void setFinalResult(int goals1,int goals2) {
  this.goals1=goals1;
  this.goals2=goals2;
  played=true;
}
```

Listing 6.7 Dieser Mehrfach-setter verkürzt das Setzen des Endergebnisses auf einen Aufruf – und sollte in einem separaten Test selbst getestet werden.

Beachten Sie bei diesem Test zunächst drei Dinge:

- Die zu testende Klasse wird in `setUp()` instanziiert.
- Der Konstruktor `Match()` wird hier nicht erneut getestet.
- Auch dieser Test erzeugt Eingabewerte, ruft die zu testende Funktion auf und prüft das Ergebnis.

Vor allem aber erkennen Sie an diesem Beispiel, dass Sie gut daran tun, Tests nicht mal eben so nebenbei kurz vor Feierabend (oder am Montagmorgen als Allererstes) zu schreiben: Genau wie die eigentliche Funktion sollte auch der Test mit Gehirn auf Volltouren geschrieben werden. Sie müssen jede Reaktion der zu testenden Funktion auf jede mögliche Eingabe prüfen, selbst wenn Sie glauben, dass sie ganz bestimmt nicht mit unsinnigen Parametern aufgerufen wird.

Auch Tests zu programmieren erfordert volle Konzentration.

Ein »grüner« Test ist nur sinnvoll, wenn die gesamte Geschäftslogik überprüft wird. Wie Sie diese sogenannte *Testabdeckung* messen können, erkläre ich im übernächsten Abschnitt.

Also, was passiert eigentlich, wenn das Ergebnis überhaupt nicht gesetzt wurde?

```
Match match = new Match(team1,team2);
analyzer.determineWinner(match);
assertNull(match.getWinner());
```

Ohne Ergebnis sollte der Gewinner nicht feststehen, also `null` sein.

Klappt auch! Alles wunderbar. Oder?

Nein, keineswegs. Es genügt fast nie, nur das »positive« Verhalten einer Methode zu testen. Sie sollten nicht nur prüfen, was sie tut, sondern auch, was sie *nicht* tut. Achten Sie darauf, dass Sie bei veränderlichen Objekten wie `Match` immer ein frisches Objekt erzeugen:

Testen Sie mal ein Unentschieden:

```
match = new Match(team1,team2);
match.setFinalResult(1,1);
analyzer.determineWinner(match);
assertEquals(null, match.getWinner());
```

Listing 6.8 Testen Sie jeden denkbaren Fall, auch ein Unentschieden.

Natürlich schlägt dieser Test fehl: Den Bug in der Methode determineWinner() haben Sie ja sicher vorhin schon gefunden. Ein Unentschieden wird dort nämlich überhaupt nicht berücksichtigt.

Beim Versuch, den Bug zu beheben, stellen Sie hoffentlich fest, dass so ein ?:-Operator verdammt unübersichtlich ist, spätestens wenn man zwei davon verschachtelt und mit einer if-Konstruktion zwar mehr Zeilen produziert, aber der dunklen Seite der Macht mal gehörig eins auswischt:

```
public void determineWinner(Match match) {
  if(match.isPlayed()) {
    if(match.getGoals1() > match.getGoals2())
        match.setWinner(match.getTeam1());
    else if(match.getGoals2() > match.getGoals1())
        match.setWinner(match.getTeam2());
  }
}
```

Listing 6.9 Eine fehlerfreie Implementierung von »determineWinner()«.

Das sieht doch schon viel besser aus. Es gibt allerdings noch einen Fall zu berücksichtigen.

Im Gegensatz zu anderen Sprachen (wie z. B. Kotlin) ist Java anfällig für null-Werte.

Ergänzen Sie Ihren Test wie folgt:

```
analyzer.determineWinner(null);
```

Diese Zeile wirft eine NullPointerException, weil die zu testende Methode ungeprüft auf getter des übergebenen Objekts zugreift.

Bitte kommen Sie jetzt nicht auf die Idee, diese Exception zu fangen und in dem Fall den Test fehlschlagen zu lassen:

```
try {
  analyzer.determineWinner(null);
} catch(NullPointerException npe) {
  Assert.fail();
}
```

Listing 6.10 So bitte nicht!

Der Aufruf lässt den Test ohnehin fehlschlagen, es erscheint der zugehörige Stacktrace – das `Assert.fail()`, das den Fehlschlag eigens provoziert, ist (insbesondere ohne Nachrichttext als Parameter) völlig überflüssig.

Falls eine Funktion eine Unchecked Exception werfen könnte, fangen Sie sie trotzdem nicht, sondern ergänzen Sie `throws Exception` an der Testfunktion. Wenn `determineWinner()` beispielsweise eine von Ihnen definierte `MatchUnplayedException` wirft, solange das Spiel noch gar nicht gespielt wurde, fordert Java, dass Sie sie behandeln oder weiter nach oben durchreichen, also tun Sie genau das:

`public void testDetermineWinner() throws Exception { ...`

Wenn wirklich eine solche Ausnahme auftritt, wird der Test fehlschlagen und den zugehörigen Stacktrace anzeigen.

Beachten Sie, dass Exceptions immer Ausnahmebehandlungen sind und keine Geschäftslogik implementieren. Deshalb müssen Sie auch normalerweise nicht testen, ob eine Funktion wirklich eine bestimmte Exception wirft. Unit-Tests testen Geschäftslogik. Ausnahmen hingegen enthalten im Stacktrace ihre Ursache. Wenn sie nicht verschluckt oder ignoriert werden, ist es meist leicht, die Ursache zu erkennen und zu beseitigen.

Ausnahmen erfordern keine Testfälle.

Im vorliegenden Fall sollte entweder die Methode `determineResult()` nichts tun, wenn der Parameter `null` ist (ähnlich wie die `StringUtils` in Apache Commons), oder Sie sollten diesen Fall überhaupt nicht testen, weil er eben nicht zur Geschäftslogik gehört, sondern nur bei einem krassen Programmierfehler vorkommen kann.

6.1.3 Ping-Pong

Unit-Tests sind ein perfektes Beispiel für die Notwendigkeit guter Teamarbeit.

Um eine Funktion korrekt zu implementieren, müssen Sie die geforderte Geschäftslogik begriffen haben. Dann können Sie den zugehörigen Test auf Basis des gleichen Wissens schreiben.

Was aber, wenn Sie bei der Definition der Geschäftslogik eine Winzigkeit falsch verstanden haben? Dann schreiben Sie auch den Test falsch, d. h., er zeigt »grün«, obwohl die Logik nicht so implementiert ist wie eigentlich gewünscht.

Um bei dem Beispiel mit dem Fußballspiel zu bleiben: Sicher gibt es neben der Methode setFinalResult() auch eine, um ein Zwischenergebnis zu speichern:

```
public void setResult(int goals1,int goals2) {
  this.goals1=goals1;
  this.goals2=goals2;
}
```

Listing 6.11 Die Methode »setResult()« speichert ein Zwischenergebnis, ohne das Spiel zu beenden.

Die Methode setResult() setzt also nicht Match.played auf true.

Würden Sie jetzt den MatchResultAnalyzer und seinen Test entsprechend implementieren, ohne dass Ihnen der Unterschied klar ist, könnte das Ergebnis wie folgt aussehen:

```
match = new Match(team1,team2);
match.setResult(2,1);
analyzer.determineWinner(match);
assertEquals(team1, match.getWinner());
```

Listing 6.12 Dieser Test verwendet irrtümlich die falsche »set«-Methode ...

Dementsprechend würden Sie auch determineWinner() ohne das if() schreiben:

```
public void determineWinner(Match match) {
  if(match.getGoals1()>match.getGoals2())
    match.setWinner(match.getTeam1());
  else if(match.getGoals2()>match.getGoals1())
    match.setWinner(match.getTeam2());
}
```

Listing 6.13 ... aber mit der so implementierten Methode ist der Test »grün«.

Ihr Test würde durchlaufen, Sie wären fertig. Und hätten dennoch einen Fehler eingebaut, über dessen Auswirkungen wir jetzt nicht spekulieren müssen.

Außerdem kann Ihnen auch in einem Testfall ein simpler Tippfehler unterlaufen, der einen Test versehentlich durchlaufen lässt.

Der entscheidende Punkt ist: Tests und Implementierung sollten am besten von zwei verschiedenen Entwicklern geschrieben werden. Zumindest aber erfordern Tests ebenso ein Vieraugenprinzip wie die Implementierung: Der »grünste« Test hilft nichts, wenn er nicht die geforderte Logik testet, sondern die tatsächlich implementierte.

Sie sehen: Unit-Tests zu schreiben macht vielleicht nicht unbedingt den größten Spaß, aber es ist keinesfalls eine langweilige Arbeit, bei der Sie den Kopf nicht benötigen. Vielmehr erfordert es Ihre ganze Aufmerksamkeit, gute Tests zu schreiben, auf die sich das Team hinterher auch verlassen kann.

6.1.4 Testabdeckung

Es ist kein Geheimnis, dass Unit-Tests oft etwas vernachlässigt werden. Wenn Sie in ein Projekt involviert sind, auf das dies zutrifft, können Sie versuchen, nach und nach die Anzahl der Tests zu erhöhen. Allerdings ist die pure Anzahl von Tests natürlich kein besonders geeignetes Maß – das ist vielmehr die *Testabdeckung*, also der prozentuale Anteil aller Codezeilen, die bei Unit-Tests durchlaufen werden.

Im Beispiel mit dem `MatchResultAnalyzer` wäre beispielsweise die Testabdeckung um eins kleiner, wenn Sie auf den Test eines Auswärtssieges verzichteten:

```
match = new Match(team1,team2);
match.setFinalResult(0,2);
analyzer.determineWinner(match);
assertEquals(team2, match.getWinner());
```

Listing 6.14 Vergessen Sie nicht den Testfall »Auswärtssieg«.

Um die Testabdeckung zu messen, ist es erforderlich, den Code vor dem Ablauf des Unit-Tests zu instrumentieren, d. h. mit zusätzlichem Code zu versehen, der für jede durchlaufene Zeile zählt. Natürlich gibt es Tools dafür, die Ihnen diese Arbeit abnehmen. Beispiele habe ich in folgendem Kasten in einer kleinen Liste zusammengestellt (ohne Anspruch auf Vollständigkeit).

6 Erst mal testen

> **Tools zum Messen der Testabdeckung**
>
> *EclEmma* für Java und Eclipse (Open Source): *http://www.eclemma.org*
>
> *Cobertura* für Java (Open Source): *https://github.com/cobertura/cobertura*
>
> *Clover* für Java und Groovy (Open Source): *https://de.atlassian.com/software/clover*
>
> *gcov* für C/C++ (Teil der GNU Compiler Collection, kurz: GCC)
>
> *OpenCover* für .NET 2 und höher – außer MONO (Open Source): *https://github.com/sawilde/opencover*
>
> *JetBrains dotCover* für .NET: *https://www.jetbrains.com/dotcover*

Testabdeckung in Java messen mit EclEmma

Um beispielsweise *EclEmma* auszuprobieren, können Sie einfach in Eclipse das Plug-In vom Marketplace installieren.

Starten Sie danach einen Unit-Test mit RUN • COVERAGE AS • JUNIT TEST, um EclEmma dazu zu bringen, die Abdeckung zu messen.

Die Tests werden ausgeführt, und Sie erhalten als Resultat ein Baumdiagramm, in dem Sie genau ablesen können, welche Codeteile durchlaufen wurden (siehe Abbildung 6.4).

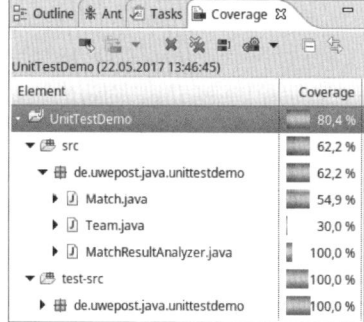

Abbildung 6.4 EclEmma zeigt Ihnen für jede Codedatei die Testabdeckung.

Natürlich ist die Testabdeckung nicht sonderlich hoch, denn in der Klasse Match gibt es eine ganze Menge getter und setter, die nicht verwendet werden.

Dies führt sofort zu der kniffligen Frage nach der Aussagekraft eines Messwertes: Was bedeutet eine hohe Abdeckung von Code, der von der IDE generiert wurde? Die getter und setter schreiben ja normalerweise nicht Sie, sondern Eclipse. Wenn Ihre Model-Klassen tatsächlich keinerlei Logik enthalten, können Sie sie von der Berechnung der Testabdeckung explizit ausnehmen.

Eine andere Strategie ist es, getter und setter erst zu erzeugen, wenn sie benötigt werden, und zunächst nur die als private deklarierten Attribute hinzuschreiben. Das verringert gleichzeitig die Menge nutzlosen Codes.

Oder Sie betrachten nicht den Abdeckungswert des Gesamtprojekts, sondern jenen eines Packages, das die tatsächliche Geschäftslogik enthält.

Letztlich ist das eine Frage, die Sie im Team diskutieren sollten, damit auch jeder unter dem Wert für die Testabdeckung das Gleiche versteht.

Ebenso ist es eine Geschmacksfrage, welcher Wert denn als »hoch genug« angesehen werden darf. In einer Klausur an der Uni zählen meist 80% der erreichbaren Punktzahl als »gut«. Das mag als Anhaltspunkt dienen.

Wichtiger ist jedoch, dass die Testabdeckung während der Weiterentwicklung eines Projekts nicht sinkt. Sie sollten sie also im Auge behalten und am besten für jedes Release dokumentieren. Ähnlich gehen Sie vor, wenn Sie sich im Team vornehmen, die Testabdeckung nach und nach zu verbessern. Anreize sind hier sicher nicht verkehrt: Für jeweils 5% Verbesserung gibt's eine Runde Pizza fürs ganze Team!

6.2 Testbar und nicht so gut testbar

Wenn Sie im Moment eine Testabdeckung unterhalb der Zimmertemperatur haben, sitzen Sie jetzt sicher mit hochgekrempelten Ärmeln vor Ihrem Code und versuchen, die Lage zu verbessern. Gut so! Allerdings dürfen Sie sich nicht wundern, wenn Sie früher oder später verzweifelt aufschreien: »Wie soll ich *den* Code denn testen?«

Sobald Sie an diesem Punkt angekommen sind, setzen Sie die Lektüre beim nächsten Abschnitt fort.

6.2.1 Getrieben von Tests

Bereits am Anfang des Kapitels habe ich darauf hingewiesen, dass es eine gute Idee ist, die Tests zunächst zu schreiben und danach erst den eigentlichen Code. Dann müssten Sie sich jetzt nicht fragen, wie Sie Ihren Code testen sollen – denn die Tests wären ja schon da.

Natürlich sollen Sie nicht zuerst alle Tests für alle Module Ihrer Software schreiben. Vielmehr gehen Sie Modul für Modul vor:

▶ Sie schreiben einen Test, der eine leere Funktion daraufhin prüft, ob sie das gewünschte Resultat für einen einfachen Testfall liefert. Dieser Test schlägt natürlich zunächst fehl.

- Sie schreiben den Programmcode so, dass der Test durchläuft.
- Anschließend räumen Sie Ihren Code noch auf, optimieren ihn, achten auf Einhaltung von Konventionen und stellen sicher, dass der Test weiterhin durchläuft. Wenn die fragliche Funktion noch weitere Fälle abdecken soll, fangen Sie wieder von vorn an.

Test Driven Development Dieses Paradigma des *Test Driven Developments* geht auf den Entwickler Kent Beck zurück, der zu den Erfindern des Extreme Programming gehört.

Zu den Vorteilen der testgetriebenen Entwicklung gehört nicht nur die von vornherein höhere Testabdeckung, sondern auch die zumeist bessere Strukturierung bei der Implementierung. Dass diese Art der Entwicklung eine höhere Codequalität hervorbringt, ist ein Erfahrungswert – vor allem aber ist es so ausgeschlossen, nicht oder schwer testbaren Code zu produzieren.

Wie sieht gut testbarer Code also aus?

6.2.2 Gut testbar

Wie im Beispiel mit dem Fußballspiel gezeigt, wollen Sie eine Funktion möglichst losgelöst vom Rest der Software testen können. Dazu muss sie möglichst wenige Abhängigkeiten von anderen Funktionen oder Klassen enthalten. Diese zu testen ist nämlich wiederum Aufgabe anderer Tests. Sie wollen, um den MatchResultAnalyzer zu testen, nichts mit Klassen wie StadiumManager oder RefereeBehaviour zu tun haben.

Falls es externe Abhängigkeiten gibt, sollte es leicht möglich sein, sie durch einfache Ersatzobjekte zu ersetzen, die ein bestimmtes Verhalten simulieren (mehr dazu in Abschnitt 6.3 und 6.4).

Werfen Sie noch einmal einen Blick auf die Funktion determineWinner():

```
public class MatchResultAnalyzer {
public void determineWinner(Match match) {
  if(match.isPlayed()) {
    if(match.getGoals1() > match.getGoals2())
      match.setWinner(match.getTeam1());
    else if(match.getGoals2() > match.getGoals1())
      match.setWinner(match.getTeam2());
    }
  }
}
```

Listing 6.15 Gut testbar ist eine Funktion mit hoher Isolation.

Diese Funktion besitzt keinerlei externe Abhängigkeiten. Alles, was sie braucht, wird ihr im Parameter match übergeben. Sie ist *stateless*, modifiziert also keine Attribute ihrer Klasse.

Die Anzahl der möglichen Laufwege durch die Funktion ist gering (vier, um genau zu sein).

Bildhaft gesprochen: Ein 15-Teile-Puzzle können Sie leichter auf Vollständigkeit prüfen als eines mit 2.000 Teilen, das ein frustrierter Sohnemann ohne Verpackung in seinen Spieleschrank geballert hat, dessen Türen sich schon lange nicht mehr gewaltfrei schließen lassen.

Natürlich ist die Anforderung nicht immer so übersichtlich wie hier. Glücklicherweise erreichen Sie aber fast immer eine gute Testbarkeit, wenn Sie alles vermeiden, was sie erschwert.

6.2.3 Nicht so gut testbar

Externe Abhängigkeiten sind der wichtigste Kandidat auf der Liste der Hindernisse auf dem Weg zu guten Tests. Am schlimmsten sind Abhängigkeiten, die Sie beim Ablauf eines Unit-Tests nicht ohne Weiteres ersetzen können, z. B. Singletons.

So ein Singleton führt Operationen aus, wenn die Klasse geladen wird, also bevor Ihr JUnit-Test überhaupt aktiv wird.

Hier ein abschreckendes Beispiel:

```
public class GodSingleton {
  private static GodSingleton instance = new GodSingleton();
  public static GodSingleton getInstance() {
    return instance;
  }

  private GodSingleton() {
    loadPropertiesFromFile();
    loadStuffFromDatabase();
  }
  ...
}
```

Listing 6.16 Singletons, die externe Abhängigkeiten im Konstruktor enthalten, sind schwer testbar.

Was hier im Konstruktor geschieht, entzieht sich der Kontrolle Ihres Unit-Tests. Womöglich versucht die Klasse, eine Verbindung zu einer Datenbank aufzubauen, die von Ihrem Rechner aus überhaupt nicht zugänglich ist. Oder sie versucht erfolglos, eine Properties-Datei zu laden.

Natürlich sind solche Probleme nicht auf den Konstruktor beschränkt.

Werfen Sie einen Blick auf die folgende Funktion, die möglicherweise in Ihrem Fußballspiel vorkommt:

```
public void generateStatistics(Match match) {
  MatchResultAnalyzer analyzer = new MatchResultAnalyzer();
  generateStatisticsInternal(analyzer, match);
  ...
}
```

Listing 6.17 Eine Funktion sollte kein Geschäftslogik-Objekt erzeugen.

Hier liegt eine externe Abhängigkeit in Form eines Konstruktor-Aufrufs vor. Die Klasse `MatchResultAnalyzer` ist allerdings Gegenstand eines ganz anderen Tests, die Isolation ist nicht so hoch wie möglich. Letztlich ist die Methode `generateStatisticsInternal()` jene, die getestet werden sollte – aber sie ist höchstwahrscheinlich als `private` deklariert, obwohl sie eigentlich den Einsprungpunkt darstellen sollte.

Erforderliche Geschäftslogik-Objekte sollten als Konstruktor-Parameter übergeben werden: So geschieht das Erzeugen von Objekten unabhängig von der Programmlogik. Keinesfalls sollten »auf Verdacht« Objektverweise eingebaut werden, obwohl davon später tatsächlich nichts benötigt wird. Besonders gefährlich sind Verwaltungsklassen, die Referenzen zu zig anderen Klassen halten (häufig `Context` benannt). Denn jede Abhängigkeit bringt automatisch ihre eigenen Abhängigkeiten mit – wie der sprichwörtliche Rattenschwanz.

Auch die Instanziierung von Datenobjekten sollte Fabrikmethoden (und -klassen) überlassen bleiben und nicht innerhalb von Geschäftslogik-Klassen geschehen. Das ist eine Frage der Zuständigkeit. Eine Trennung erlaubt es, die für Tests nötigen Objekte nach Bedarf aufzubauen, bevor sie der zu testenden Funktion übergeben werden.

Private Methoden nicht testen

Oft werde ich gefragt, wie man eigentlich `private`-Methoden testet. Es ist durchaus möglich, über Java Reflection die gewünschten Zugriffsrechte einzufordern:

```
Method method = myClass.getDeclaredMethod(methodName, argClasses);
method.setAccessible(true);
method.invoke(targetObject, argObjects);
```

Listing 6.18 Auch »private«-Methoden können Sie via Java Reflection aufrufen und testen. Tun Sie's aber nicht!

Allerdings gibt es hierbei ein Problem. Der Entwickler der zu testenden Klasse hatte einen guten Grund, die Methode als private zu deklarieren. Sie gehört nicht zu der öffentlichen API, die die Klasse anbietet. *Die »private«-Methode geht Sie nichts an.*

Anders ausgedrückt: Behandeln Sie die zu testende Klasse wie eine Blackbox, die eine bestimmte Funktionalität mit public-Methoden zur Verfügung stellt. Was intern geschieht, ist aus Ihrer Sicht irrelevant. Soweit es die Tests betrifft, wird jede private-Methode letztlich von irgendeiner public-Methode verwendet und damit von einem Ihrer Tests.

Wenn nicht, haben Sie entweder einen Testfall vergessen, oder die private-Methode ist überflüssig, weil sie überhaupt nicht verwendet wird.

Wenn das der Fall ist, fragen Sie den zuständigen Entwickler, ob die Methode nicht entfernt werden sollte, um die relative Testabdeckung zu erhöhen. Unbenutzte private-Methoden sollte es schließlich eigentlich gar nicht geben. Wozu auch?

Wenn Sie in einer Klasse sehr viele private-Methoden finden, die Sie gerne einzeln testen möchten, dann ist das meist ein Zeichen dafür, dass die Klasse zu groß ist. Extrahieren Sie logisch zusammengehörige Funktionen in eine andere Klasse, wo sie public sind und damit testbar.

Analog gilt das Gesagte für protected-Methoden: Entweder, es gibt eine abgeleitete Klasse, die diese verwendet, oder sie müssen entfernt werden.

Sie sehen: Zum Teil können Sie schwer testbaren Code umbauen, aber es gibt eine Kategorie, an der Sie sich die Zähne ausbeißen: untestbarer Code.

6.2.4 Unmöglich testbar

Code ist insbesondere dann untestbar, wenn eine externe Abhängigkeit unkontrollierbar oder nicht deterministisch ist. Am schlimmsten sind diese Fälle, wenn die fragliche Abhängigkeit unsichtbar ist – dann ist der

Test »grün«, bis sich die externe Bedingung aus irgendeinem Grund ändert. Und dann knallt's.

Einen solchen Fall gab es im November 2016 bei Googles Chromium-Browser. Nicht ohne Folgen. Von einem Tag auf den anderen funktionierten diverse Webseiten nicht mehr. Der Browser bemängelte plötzlich bestimmte Symantec-Zertifikate von SSL-Servern. Seine wenig hilfreiche Meldung sehen Sie in Abbildung 6.5.

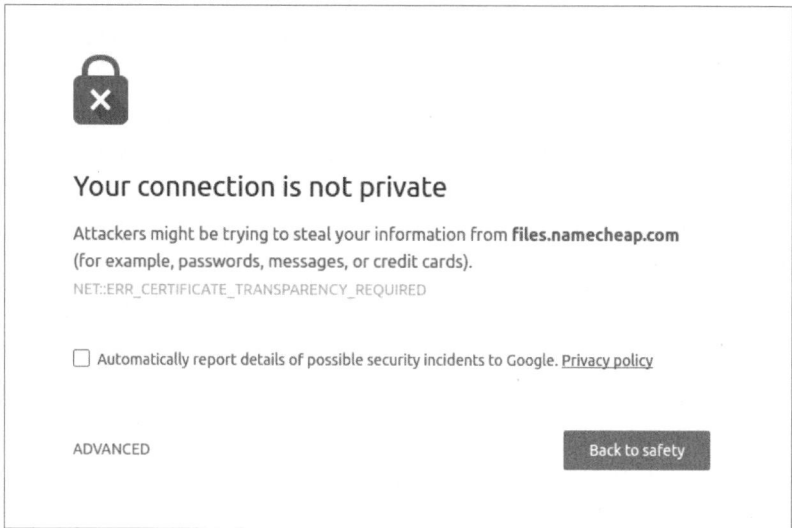

Abbildung 6.5 Chromium-Bug-Nummer 664177

Beim Besuch einer betroffenen Webseite erhielt der Nutzer den Warnhinweis, dass die Verbindung nicht vertrauenswürdig sei. Diese Warnung konnte man wegklicken, mit dem Resultat, dass das bekannte SSL-Schloss-Symbol nicht mehr grün, sondern rot erschien.

Damit hätte man noch leben können. Aber der meiste HTTP-Verkehr findet heutzutage im Hintergrund statt: mit Ajax-Aufrufen durch JavaScript an irgendwelche Webservices. Auch denen fehlte die Vertrauenswürdigkeit, folglich schlugen sie fehl, ohne dass der Nutzer etwas daran ändern konnte. Populäre Webseiten wie *amazon.com* oder *flickr.com* funktionierten nur eingeschränkt.

Was war passiert?

Glücklicherweise zeigt ein Blick in den Code sofort die Ursache. Im C++-Code finden Sie in der Datei *ct_policy_enforcer.cc* dies:

```
// Returns true if the current build is recent enough to
// ensure that
// built-in security information (e.g. CT Logs) is fresh
// enough.
// TODO(eranm): Move to base or net/base
bool IsBuildTimely() {
  const base::Time build_time = base::GetBuildTime();
  // We consider built-in information to be timely for 10
  //weeks.
  return (base::Time::Now() - build_time).InDays() < ↲
    70 /* 10 weeks */;
}
```

Diese Funktion wird verwendet, um festzustellen, ob das Programm vor mehr als zehn Wochen gebaut wurde (`base::GetBuildTime()`). Ist es älter, dann unterstellt es, dass die fraglichen Zertifikate nicht mehr als gültig betrachtet werden können, weil dann möglicherweise aktualisierte Listen mit zurückgezogenen Zertifikaten nicht mehr aktuell sind. Diese Funktion gibt also `false` zurück, wenn die Anwendung vor mehr als zehn Wochen gebaut wurde, was letztlich dazu führt, dass den Zertifikaten nicht vertraut wird und die Verbindung als unsicher bezeichnet wird.

Mit anderen Worten: Sie müssen spätestens alle zehn Wochen eine frische Version von Chromium installieren! Nun mag das bei den heutigen Release-Zyklen vielleicht sogar für manche Nutzer unproblematisch sein – aber es gibt beispielsweise Linux-Distributionen, die Software-Pakete erst ausführlich testen, bevor sie auf die Nutzer losgelassen werden, oder die nur kritische Sicherheits-Updates durchwinken.

Der fragliche Code führte aber dazu, dass Chromium nach exakt zehn Wochen nicht mehr richtig funktionierte und zwangsweise ein Update erforderte. Klingt harmlos?

Stellen Sie sich vor, Sie sind Fotograf, Journalist oder Politiker, befinden sich gerade auf einer Dienstreise in einer Gegend, in der sie froh sein können, wenn Sie überhaupt eine stabile Internetverbindung erhalten. Von einer Minute zur nächsten funktioniert die Webseite nicht mehr, auf die Sie beruflich angewiesen sind. Die Warnmeldung legt außerdem den Verdacht nahe, übertragene Daten seien nicht mehr sicher. Sie können nicht mehr arbeiten! Sie werden auf die Schnelle nicht einmal die Erklärung dafür googeln können, wenn Sie nicht zufällig technisch vorgebildet sind und die Beschreibungen in den offiziellen Bugtrackern finden und verstehen (zum Nachlesen: *https://bugs.chromium.org/p/chromium/issues/detail?id=664177*).

Selbst wenn Sie die Ursache begreifen – lösen können Sie das Problem trotzdem nicht ohne Weiteres, wenn Sie nicht auf Anhieb eine aktuelle Version herunterladen können. Im Fall von Ubuntu Linux dauerte es knapp drei Tage, bis über die offizielle Aktualisierungsverwaltung eine neue Version von Chromium zur Verfügung stand. Ob die nun länger als zehn Wochen funktioniert?

Time-Bomb-Bugs
Ein solches Verhalten nennt man eine *Time Bomb*, eine Bombe mit Zeitzünder. Code, der funktioniert, bis ein bestimmter Zeitpunkt erreicht ist. Der weltweit erste weithin bekannt gewordene Fall ist natürlich »y2k«, das *Jahr-2000-Problem*: Damals mussten Millionen und Abermillionen US-Dollar und D-Mark für die Aktualisierung teils völlig veralten Software investiert werden, die Jahreszahlen nur zweistellig speicherte. Beim Millennium-Wechsel von »99« auf »00« musste mit Schwierigkeiten bis hin zum unbeabsichtigten Start von Atomraketen gerechnet werden.

Die Funktion hat als externe Abhängigkeit schlicht die aktuelle Uhrzeit, und diese entzieht sich der Kontrolle jedes Unit-Tests. Natürlich können Sie sicherheitshalber alle Tests einmal auf einer Maschine laufen lassen, deren Uhr ein paar Tage, Wochen oder Jahre vorgeht. Aber wer tut das schon?

Googles Chromium-Entwickler jedenfalls nicht, das wissen wir jetzt.

Wie geht man mit solchen Fällen um?

Die Faustregel sollte lauten: Alles, was nicht maschinell testbar ist, muss manuell getestet werden und dazu besonders gut dokumentiert sein. Wenn man die Systemuhr umstellt, kann man das Verhalten ja reproduzieren. Dergleichen sollte aber nur in Ausnahmen nötig sein. Wenn nicht deterministische Abhängigkeiten unvermeidbar sind, sollten sie besonders gut durchdacht sein. Sprechen Sie im Team darüber.

Entwickler: »Du, unser Binary funktioniert nach zehn Wochen nicht mehr richtig, wenn wir diese Abfrage so drin lassen.«

Produktmanager: »Ach was, die Leute laden doch immer fleißig die Updates runter. Machst du doch auch, oder?«

Entwickler: »Ja, aber ich bin als Top-Entwickler einer Tech-Firma mit Glasfaser-Internet vielleicht nicht unbedingt repräsentativ.«

Produktmanager: »Jeder weiß doch, dass man bei Problemen erst mal ein Update installiert. Und das behebt es ja.«

Entwickler: »Aber was ist, wenn die Betroffenen lieber nicht das Update installieren, sondern einfach eine Konkurrenz-Software verwenden?«

Produktmanager: »Ähm. Das werden sie schon nicht tun. Da bin ich ganz zuversichtlich.«

Entwickler: »Und was, wenn unzufriedene Nutzer über Twitter, Facebook oder in der Tagesschau ihren Unmut kundtun, unterstützt von technischen Experten, die unseren Code lesen und sich darüber lustig machen? Wäre das nicht schlecht für den Ruf unseres Produkts?«

Produktmanager: »Das, äh, würde doch niemand tun, oder? Ich, äh ... warte ... lass mich noch mal drüber nachdenken ...«

Zum Abschluss fasst die Liste in folgendem Kasten Empfehlungen für gut testbaren Code zusammen.

Empfehlungen für testbaren Code

- Datenobjekte und Logikklassen separieren
- Abhängigkeiten reduzieren
- Singletons vermeiden
- nicht von komplexen Klassen erben, da deren Funktionalität mit getestet werden müsste
- Konstruktoren sollten keine Logik enthalten.
- keine nicht deterministischen Abhängigkeiten

Empfehlungen für testbaren Code

6.3 Umgekehrt wird ein Schuh draus

Weiter oben habe ich Ihnen empfohlen, auf Klassen zu verzichten, die viele Querverbindungen aufweisen. Aber wie sollen Sie dann sicherstellen, dass die vielen Abteilungen Ihrer Software miteinander kommunizieren können?

Sind überhaupt alle Abhängigkeiten auflösbar?

Ja, sind sie. Sie müssen lediglich die Kontrolle über die nötigen Verbindungen an ein Framework übertragen.

6.3.1 Inversion of Control

Wenn die Klassen Ihrer Anwendung alle nötigen Funktionen implementieren, aber die Steuerung des Ablaufs von außerhalb kontrolliert wird, spricht man vom Paradigma *Inversion of Control (IoC)*. In diesem Abschnitt erkläre ich Ihnen die Vorteile und wie Sie sie nutzen können.

Ein Beispiel für IoC sind Servlets. Diese liegen untätig in ihrem Container (z. B. *Jetty*, *Tomcat* oder *JBoss*), bis ein Aufruf von einem Client kommt. Ihre Geschäftslogik-Klasse muss von der Klasse `HttpServlet` erben und Methoden wie `doGet()` oder `doPost()` implementieren, die der Container dann aufruft.

Ganz ähnlich ist der Ablauf, wenn Sie einen Message Broker wie *Apache ActiveMQ* verwenden: Immer wenn eine Nachricht an den von Ihnen implementierten Client eintrifft, tritt Ihr Code in Aktion.

In solchen Fällen ist Ihre Geschäftslogik fast immer stateless, alle verwendeten Daten sind nur aktuell, solange ein Request in Arbeit ist. Das eliminiert viele Querverbindungen. Es bleiben nur Abhängigkeiten in einer baumartigen Hierarchie, deren Stamm z. B. bei der `doGet()`-Methode beginnt. Zumindest im Idealfall.

Wie Sie im vorangegangenen Abschnitt gesehen haben, ist eine hohe Isolation eine Voraussetzung für gute Testbarkeit. Deshalb ist es nützlich, dieses Paradigma noch weiter zu treiben: Eine Software kann die Verwaltung *sämtlicher* Abhängigkeiten an ein Framework auslagern. Ein solches Framework stelle ich Ihnen im nächsten Abschnitt vor.

6.3.2 Dependency Injection mit Spring Boot

Eine konsequente Anwendung des Inversion of Control-Paradigmas erlaubt die *Dependency Injection (DI)*, ein Begriff, der auf Martin Fowler zurückgeht. Entscheidend dabei ist, dass ein Framework allein für alle Instanzen der Geschäftslogik-Klassen verantwortlich ist. Benötigt eine dieser Klassen eine Referenz zu einer anderen, stellt das Framework diese Verbindung zu der ihm bekannten Instanz her, indem es sie *injiziert*.

Welche Instanzen das Framework erzeugt und wie es die Verbindungen vornimmt, ist Aufgabe einer Konfiguration. Nachdem sich solche zumeist in externen Dateien abgelegte Informationen als relativ wenig wartungsfreundlich erwiesen hatten, kamen immer vorwitzigere Frameworks auf den Markt, die letztlich beinahe eine Zero-Config-DI ermöglichen. In einem etwas ausführlicheren Beispiel stelle ich Ihnen an dieser Stelle *Spring Boot* vor, ein schlankes Framework, das es massiv erleichtert, Applikationsserver zu bauen.

Als Teilprojekt des epische Ausmaße umfassenden Spring Frameworks (*https://spring.io*) eignet sich Spring Boot zum schnellen Einstieg und gleichermaßen für komplexe Projekte. Am einfachsten lernen Sie Spring Boot kennen, indem Sie das Spring-Plug-In für Eclipse installieren. Wählen Sie dann File • New • Import Spring Getting Started Content, und suchen Sie dort nach Spring Boot.

Das so erzeugte Projekt besteht aus zwei äußerst überschaubaren Dateien. Zuallererst gibt es eine Application-Klasse:

```
@SpringBootApplication
public class Application {
  public static void main(String[] args) {
    SpringApplication.run(Application.class, args);
  }
}
```

Listing 6.19 Die Einstiegsklasse der Spring Boot-Anwendung enthält nur eine relevante Zeile. Den von der IDE erzeugten, darüber hinausgehenden Beispielcode habe ich weggelassen.

Die Klasse verfügt über die für Java übliche main()-Methode und tut nichts anderes, als die Kontrolle an die SpringApplication zu übergeben. Diese durchsucht daraufhin alle anderen Klassen Ihrer Anwendung nach bestimmten Annotations und bastelt daraus einen ApplicationContext, in dem Instanzen Ihrer Klassen gemeldet sind (die *Beans*) – plus eine Menge nützlicher anderer Klassen.

Die zweite im Beispiel generierte Klasse nennt sich HelloController:

```
@RestController
public class HelloController {
  @RequestMapping("/")
  public String index(@RequestParam String name) {
    return "Hello " + name;
  }
}
```

Listing 6.20 Der »HelloController« behandelt HTTP-Aufrufe.

Üblicherweise nennt man Klassen Controller, die zwecks einer gewünschten Operation die Kontrolle über Daten und User-Interface übernehmen. Genau das tut der HelloController.

Die Annotation @RestController signalisiert Spring Boot, dass es sich um eine Klasse handelt, die entsprechend dem REST-Paradigma Requests entgegennimmt. Jeder REST Controller hat zustandslos zu sein und verfügt über eine einheitliche Schnittstelle. Im hier vorliegenden einfachsten Fall

REST mit Spring Boot

sorgt die zweite Annotation, @RequestMapping, dafür, dass ein Request an die Adresse / von der Funktion index() behandelt wird. Diese Funktion nimmt einen Request-Parameter entgegen.

Wenn Sie die Anwendung starten (mit RUN • RUN AS • SPRING BOOT APP), fährt Spring Boot einen eingebetteten Tomcat Application Server hoch, der auf Port 8080 horcht. Sie können sich im Konsolenfenster von Ecplise die entsprechenden Log-Ausgaben anschauen.

Rufen Sie nun mit Ihrem Browser den Controller auf: *http://localhost:8080/?name=Elvis*

Der Tomcat von Spring Boot nimmt dies entgegen, und das Framework ruft die Funktion index() mit dem Parameter name und dem String »Elvis« auf. Der Rückgabewert, also »Hello Elvis«, erscheint im Browserfenster.

Übrigens können Sie den Port ändern, indem Sie ein System-Property ändern. Das können Sie im Code tun (am Anfang der main()-Methode):

```
System.getProperties().put( "server.port", 8088 );
```

Ferner versteht die Anwendung den Kommandozeilenparameter --server.port.

Bisher war noch keine Rede von Dependency Injection – aber dazu kommen wir sofort.

Angenommen, Sie möchten den Nutzer auf verschiedene Weise begrüßen, etwa abhängig von der Tageszeit. Dafür soll eine andere Klasse zuständig sein, der SalutationGenerator:

```
@Service
public class SalutationGenerator {
  public String generateSalutation(Date now) {
    if(isMorning(now))
      return "Moin";
    else
      return "Mahlzeit";
  }
  private boolean isMorning(Date now) {
    ...
  }
}
```

Listing 6.21 Der »SalutationGenerator« erzeugt einen Gruß abhängig von der Tageszeit. Um eine nicht deterministische Abhängigkeit von der Systemuhr zu vermeiden, muss die Uhrzeit übergeben werden.

Diese Klasse erhält den Vermerk `@Service`. Spring Boot erzeugt dann eine einzelne Instanz (ein Singleton ohne Singleton-Nachteile) und speichert die Referenz in der internen Bean-Tabelle. Der vom Plug-In generierte Code loggt eine Liste aller Beans, dort können Sie auch Ihren `SalutationGenerator` sehen.

Jetzt können Sie im Controller eine Referenz auf den Generator einbauen und es Spring Boot überlassen, sie mit der tatsächlichen Instanz zu verknüpfen. Dazu gibt es die Annotation `@Autowired`:

```
@Autowired private SalutationGenerator salutationGenerator;
```

Genau hier geschieht die Dependency Injection: Das Framework verdrahtet automatisch den Verweis auf den `SalutationGenerator` mit der intern erzeugten Service-Instanz. Sie müssen weder einen Konstruktor von `SalutationGenerator` aufrufen noch sich von irgendwoher eine Referenz darauf beschaffen. Darum kümmert sich Spring.

In die Funktion `index()` schreiben Sie jetzt einfach:

```
return salutationGenerator.generateSalutation(new Date()) + " " + ↪
   name;
```

Auf diese Weise haben Sie mit minimalem Codeaufwand komplett entkoppelte Klassen, die Sie sehr leicht einzeln testen können.

Der Clou ist nämlich, dass Sie für Ihre Tests andere Verknüpfungen herstellen können (oder gar keine, wenn sie nicht benötigt werden). So eröffnet Ihnen Dependency Injection die nötigen Freiheiten beim Testen.

Übrigens: Wenn Sie statt eines einfachen Datentyps wie String ein Modell-Objekt zurückgeben, wird es automatisch in das bei REST übliche JSON-Format umgewandelt.

Das ist nur einer der vielen Tricks, die Spring Boot auf Lager hat. Ein anderer besteht darin, neben Java auch Groovy zu unterstützen. So passt, wie die Macher von Spring Boot betonen, eine komplette Webapplikation in einen einzigen Tweet (*https://twitter.com/rob_winch/status/364871658483351552*).

Da Spring Boot auf die ganze Spring Framework-Infrastruktur zurückgreifen kann, erleichtert Ihnen diese Technologie eine Vielzahl von Standardaufgaben wie z. B. die Anbindung einer Datenbank (mit *Spring Data*) – ganz abgesehen von der guten Testbarkeit dank Dependency Injection.

6.4 Alles einzeln testen

Egal wie gut Sie die verschiedenen Klassen in Ihrem Projekt voneinander separieren: Letztlich gibt es natürlich immer Querverbindungen und Abhängigkeiten. Eine Dienstklasse, die mit bestimmten Datenobjekten hantiert, benötigt zwingend Zugriff auf eine Klasse, die dazu in der Lage ist, die Objekte aus einer Datenbank zu holen und wieder zu speichern.

Um die Dienstklasse einzeln testen zu können, müssen Sie den Datenzugriffs-Layer durch eine Testversion ersetzen.

Das ist die Stelle, an der Mocking-Frameworks ins Spiel kommen.

6.4.1 Unit-Tests mit JMockit

Es gibt eine ganze Reihe verschiedener Mocking-Frameworks für alle möglichen Sprachen. Die grundsätzliche Vorgehensweise ist immer gleich. Daher beschränke ich mich hier auf ein Beispiel mit *JMockit* für Java (*http://jmockit.org*). JMockit funktioniert prima mit JUnit 4 und in Eclipse.

Um Ihren Unit-Tests die Mocking-Funktionalität zur Verfügung zu stellen, müssen Sie die JMockit-Bibliothek zum Build-Pfad des Projekts hinzufügen. Am einfachsten geht das, indem Sie das Release-Archiv von der Webseite herunterladen und die Datei *jmockit.jar* in ein neues Verzeichnis namens *lib* in Ihrem Projekt ablegen. Dann klicken Sie in Eclipse mit der rechten Maustaste auf diese Datei und wählen BUILD PATH... • ADD TO BUILD PATH.

Normalerweise genügt das, damit Eclipse bzw. Java die Bibliothek verwenden kann, aber im Fall von JMockit müssen Sie dafür sorgen, dass die Bibliothek in der Reihenfolge vor JUnit steht. Deshalb ist es eine gute Idee, erst zu diesem Zeitpunkt JUnit hinzuzufügen. Wählen Sie dazu im Kontextmenü Ihres Projekts JAVA BUILD PATH, und fügen Sie auf der Registerkarte LIBRARIES mit dem Button ADD LIBRARY... JUnit 4 hinzu. Auf der Registerkarte ORDER AND EXPORT können Sie die Reihenfolge prüfen und nötigenfalls ändern.

Um Ihnen die Verwendung von JMockit zu demonstrieren, greife ich noch einmal zu dem bereits bekannten Beispiel mit dem Fußballspiel. Zusätzlich zum `MatchResultAnalyzer` und zu den nötigen Datenklassen führe ich einen `MatchService` ein sowie eine Datenzugriffsklasse `MatchDaoImpl` mit zugehörigem Interface `MatchDao`. In Abschnitt 5.3.5 habe ich Ihnen bereits erklärt, warum es eine gute Idee ist, Interface und Implementierung im Datenzugriffs-Layer zu trennen.

Abbildung 6.6 zeigt die Package-Hierarchie des gesamten Projekts in Eclipse.

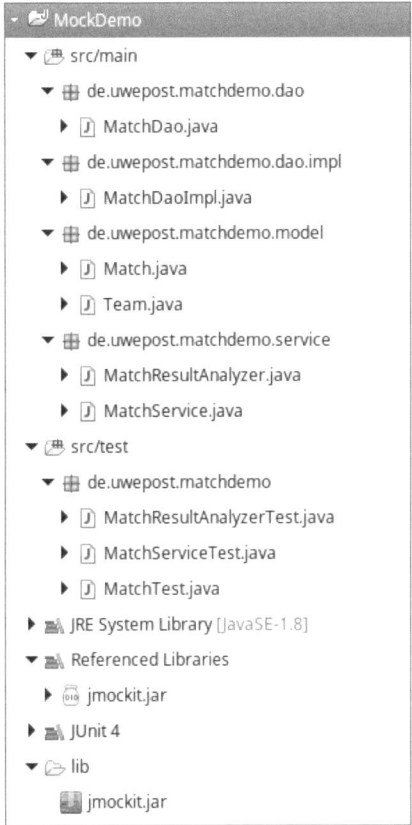

Abbildung 6.6 Das »MockDemo«-Projekt verfügt über zwei separate »src«-Verzeichnisse für Code und Tests sowie über passende Packages.

Die Aufgabe des `MatchService` soll es in diesem einfachen Beispiel sein, alle gespielten Spiele ohne Gewinner zu analysieren, d. h. mithilfe der Klasse `MatchResultAnalyzer` den Sieger zu ermitteln.

Dazu bietet `MatchDao` eine Funktion an, die alle gespielten Spiele ohne Gewinner aus der Datenbank holt. Wie diese Funktion genau aussieht, hängt von der verwendeten Datenbank ab, deshalb enthält `MatchDaoImpl` lediglich eine Dummy-Implementierung, die eine leere Liste zurückgibt. In diesem Kapitel geht es ja nur um die Tests!

Die zu testende Funktion sieht wie folgt aus:

```
public void analyzePlayedMatches() {
  List<Match> matches = matchDao.findPlayedMatchesWithoutWinner();
  for(Match m : matches) {
    analyzer.determineWinner(m);
  }
}
```

Listing 6.22 Die zu testende Funktion ermittelt den Gewinner
für alle Spiele, in denen das noch nicht geschehen ist.

Der `MatchService`, also die zu testende Klasse, verfügt über einen Konstruktor, der Referenzen auf `MatchDao` und `MatchResultAnalyzer` erhält. Das sind die beiden externen Abhängigkeiten, die hier nicht zu testen sind, folglich müssen sie durch »Täuschobjekte«, also *Mocks*, ersetzt werden.

Eine DAO-Klasse mocken

Im Fall von `MatchDao` könnten Sie ein solches Objekt leicht selbst schreiben, denn das ist ja glücklicherweise nur ein Interface, und dem `MatchService` ist es egal, wie die Implementierung ausschaut. Aber diese Arbeit überlassen Sie einfach dem Mock-Framework:

```
public class MatchServiceTest {
  MatchService matchService;
  @Mocked MatchDao matchDaoMock;
  @Mocked MatchResultAnalyzer matchResultAnalyzer;
  ...
}
```

Listing 6.23 Der Unit-Test für »MatchService« verwendet Mocks
für die Abhängigkeiten.

Jetzt können Sie den eigentlichen Test schreiben. Beginnen Sie, indem Sie die nötigen Datenobjekte vorbereiten, in diesem Fall eine Liste mit einem `Match`-Objekt darin, das gespielt wurde, aber noch keinen Gewinner hat:

```
List<Match> matches = new ArrayList<Match>();
Match match = new Match(team1, team2);
match.setFinalResult(2, 3);
matches.add(match);
```

Listing 6.24 Die Liste der zu bearbeitenden Spiele enthält einen Eintrag.

Keine Datenobjekte mocken

Lassen Sie mich an dieser Stelle warnend den Zeigefinger heben: *Mocken Sie keine Datenobjekte!*

Datenobjekte sind dumm. Wenn nicht, beginnen Sie am besten sofort mit dem Refactoring! Dumme Objekte, die lediglich Daten halten, können Sie einfach erzeugen, ohne sie mocken zu müssen. Falls Sie öfter Datenobjekte mit umfangreichen Vorgabewerten erzeugen müssen, schreiben Sie eine Fabrikmethode oder einen Builder, der nur im test-Zweig Ihres Codes existiert.

Den MatchService können Sie in der Funktion setUp() Ihres Tests instanziieren:

```
@Before
public void setUp() throws Exception {
  team1 = new Team();
  team2 = new Team();
  matchService =
    new MatchService(matchDaoMock, matchResultAnalyzer);
}
```

Listing 6.25 Service und Teams für Testzwecke generiert die »setUp()«-Methode ein Mal pro Testfall.

Der Clou bei Mocking-Frameworks wie JMockit besteht darin, die vorgetäuschte Funktion zur Laufzeit festzulegen. Genau das tun Sie bei JMockit, indem Sie anonyme Expectations-Klassen definieren. Die erste sorgt dafür, dass matchDaoMock die vorbereitete matches-Liste zurückgibt, wenn der MatchService die Funktion findPlayedMatchesWithoutWinner() aufruft. Der Testfall *erwartet*, dass die zu testende Funktion die genannte Funktion aufruft (Expectation), und gibt den genannten Wert zurück:

```
new Expectations() { {
  matchDaoMock.findPlayedMatchesWithoutWinner();
  result=matches;
} };
```

Die doppelten geschweiften Klammern sind kein Druckfehler! Diese ungewohnte Syntax erlaubt es, mehrere Expectations in einer Operation zu erstellen. Die Vorbereitungen sind abgeschlossen, jetzt können Sie die zu testende Methode aufrufen:

```
matchService.analyzePlayedMatches();
```

Der Test war erfolgreich, wenn diese Funktion den gemockten matchResultAnalyzer mit match als Parameter aufgerufen hat. Um das zu prüfen, verwenden Sie eine *Verification*:

```
new Verifications() {{
  matchResultAnalyzer.determineWinner(match);
} };
```

Damit ist der Test fertig und läuft durch.

Sie können probeweise einen Fehler in `analyzePlayedMatches()` einbauen, indem Sie beispielsweise den Aufruf des `analyzers` in der Schleife auskommentieren. Dann wird die gemockte Funktion überhaupt nicht aufgerufen, die Verification schlägt fehl und gibt als Fehler »Missing invocation...« aus.

Oder Sie übergeben statt des `Match`-Objekts einfach `null`, auch das passt nicht zur Verification.

Um sicherzustellen, dass die zu testende Funktion auch mit mehr als einem Eintrag in der Ausgangsliste funktioniert, können Sie einfach mehrere `Match`-Objekte in die Liste packen und innerhalb der Verification eine Zählung vornehmen:

```
new Verifications() { {
  matchResultAnalyzer.determineWinner((Match)any);
  times = matches.size();
} };
```

In diesem Beispiel akzeptiert die gemockte Funktion `determineWinner` mit `(Match)any` beliebige `Match`-Objekte als Parameter.

Wenn Ihre Codemodule hinreichend voneinander separiert sind, ist Mocking der Generalschlüssel zu schnellen, effizienten Tests. Sicher dürfen Sie nicht unterschätzen, dass der Einsatz eines Mocking-Frameworks eine mehr oder weniger steile Lernkurve mit sich bringt. Die Investition dürfte sich aber lohnen, probieren Sie's aus!

Mocking-Frameworks

JMockit (für Java, auch EE und Spring, *http://jmockit.org/*)

Mockito (für Java, *http://site.mockito.org/*)

Mockjax (Mocking-Plug-In für jQuery/JavaScript, *https://github.com/jakerella/jquery-mockjax*)

Moq (für C#, BSD-Lizenz, *https://github.com/moq/moq4*)

6.5 Millionen Mausklicks

Der schönste Unit-Test muss vor einer Benutzeroberfläche kapitulieren.

Natürlich besteht jede Oberfläche letztlich aus irgendwelchen Objekten, deren `OnClickListener` auch ein Unit-Test aufrufen könnte. Das funktioniert vermutlich sogar dann ganz prima, wenn das fragliche grafische Objekt, ein Button beispielsweise, hinter einem anderen versteckt ist oder versehentlich Länge und Breite von 0 Pixeln hat und deswegen unsichtbar ist.

Der Unit-Test würde also durchlaufen, ein Nutzer jedoch würde erfolglos nach dem Button suchen. Folglich eignen sich klassische Unit-Tests für den Test von Benutzeroberflächen weniger gut. Die Alternativen sind Personal und UI-Test-Tools. Personal ist teuer, habe ich mal gehört. Also werfen wir im folgenden Abschnitt einen Blick auf den seelenlosen Plan B: UI-Test-Tools.

6.5.1 UI-Tests mit Selenium

HTML, JavaScript und CSS sind nicht gerade die Lieblingssprachen der meisten Entwickler. Aber was will man machen, wenn man eine browserbasierte Anwendung bauen möchte? Java-Applets sind lange out, und ob Flash-Module noch viel Zukunft haben, darf ebenfalls bezweifelt werden.

Sieht man von Smartphone-Apps ab, sind Browser schon lange und auch noch in der Zukunft wichtige Plattformen für Anwendungen mit Nutzerinteraktion. Und die wollen getestet werden. Sonst passieren Dinge, die Ihnen sicher auf Ihren Touren durchs Netz bereits häufig begegnet sind: fehlende Buttons, leere Pop-ups, zerschossene Layouts.

Diese düsteren Aussichten abzustellen, dabei möchte *Selenium* helfen (*http://www.seleniumhq.org*, Open Source, Apache 2.0-Lizenz). Im einfachsten Fall setzen Sie Selenium als Add-on für Mozilla Firefox ein (*https://addons.mozilla.org/en-US/firefox/addon/selenium-ide*).

Einmal installiert, öffnen Sie die Selenium IDE in Firefox mit `Strg`+`Alt`+`S` (oder über das Menü Extras, siehe Selenium WebDriver (Abbildung 6.7). Dann können Sie Interaktionen mit Ihrer Webanwendung aufzeichnen und speichern. Selenium kann diese Aufnahme später wieder abrufen und meldet Fehler, z. B. nicht vorhandene Klickziele oder tote Links.

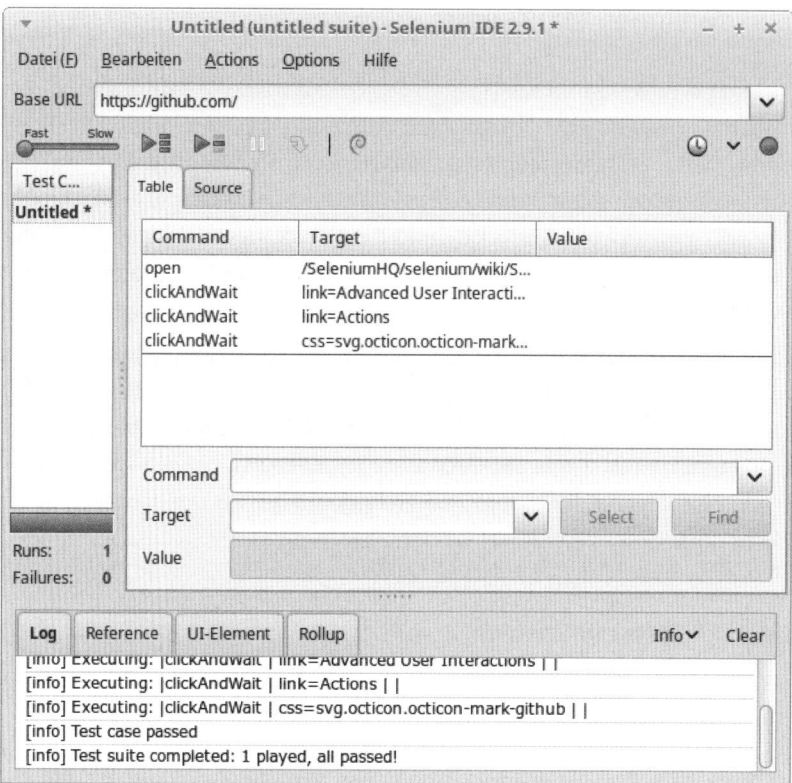

Abbildung 6.7 Selenium IDE zeichnet auf und spielt ab.

Selenium WebDriver

Diese Ad-hoc-Methode eignet sich freilich nicht für umfangreiche Tests. Mehr noch: Eines der größten Probleme von browserbasierten Anwendungen ist das korrekte Funktionieren auf allen gängigen Browsern. Sie möchten also mit minimalem Installationsaufwand Ihre Anwendung auf verschiedenen Browsern (und Browserversionen) testen, ohne alles haarklein aufzeichnen zu müssen. Auch das kann Selenium, und zwar mit dem *Selenium WebDriver*.

Dahinter verbirgt sich ein Server, den Sie von einem Unit-Test aus ansprechen können und der einen Browser fernsteuert, um den eigentlichen UI-Test auszuführen. Das klappt mit Java und JUnit, C# und NUnit, aber auch mit PHP, Ruby und JavaScript.

Hier ein kurzes Beispiel in Java mit Firefox:

```
class MyWebsiteTest
{
  private WebDriver driver;
  @Before
```

```
  public void setUp() throws Exception {
    System.setProperty("webdriver.gecko.driver",
      "/home/uwe/Develop/geckodriver/geckodriver");
    driver = new FirefoxDriver();
  }
  @Test
  public void testPgpKeyPresent() {
    driver.get("http://upcenter.de/wordpress/");
    WebElement element =
      driver.findElement(By.id("pgpkey"));
    assertNotNull(element);
  }
}
```

Listing 6.26 Dieser Test verwendet Selenium WebDriver.

Um Firefox fernzusteuern, benötigt Selenium zusätzlich den geckodriver (*https://github.com/mozilla/geckodriver*). Dessen Aufenthaltsort teilt die setUp()-Methode Selenium via Java-System-Property mit. Wenn Sie den Test starten, öffnet sich ein Firefox-Fenster und führt die von Ihnen hinterlegten Anweisungen aus.

Der eigentliche Test öffnet meine Homepage und prüft, ob darin ein Element mit der ID pgpkey vorhanden ist. Dabei handelt es sich um einen Download-Link zu meinem öffentlichen PGP-Schlüssel:

```
<a id="pgpkey" href="http://upcenter.de/wordpress/wp-content/
uploads/Uwe-Post-PGP.asc">PGP Public Key</a>
```

Mit assertEquals() und element.getAttribute("href") können Sie zusätzlich prüfen, ob der hinterlegte Link stimmt.

Mit element.click() können Sie einen Mausklick simulieren. Besonders hilfreich ist dieses Feature, wenn Sie Formulare auf einer Webseite ausfüllen (etwa eine Registrierung) und abschicken möchten. Befindet sich ein Element innerhalb eines HTML-<form>-Tags, können Sie mit element.submit() das gesamte Formular abschicken. Danach können Sie den Test warten lassen, bis der Aufruf verarbeitet ist, und die Ergebnisseite wiederum mit findElement() auf Korrektheit prüfen.

Als Alternative zum FirefoxDriver (und Drivern für andere Browser) können Sie HtmlUnit verwenden. Dieser Selenium-eigene Treiber simuliert einen unsichtbaren Browser. Wenn es Ihnen nicht darum geht, die Funktion Ihrer Webseite in handelsüblichen Browsern zu testen, sondern Sie nur die grundsätzliche Funktionalität sicherstellen möchten (etwa die An-

HtmlUnit: unsichtbarer Browser für Selenium

wesenheit bestimmter HTML-Elemente), kann das genügen. Wegen einer eigenen JavaScript- und DOM-Implementierung können Sie sich aber nicht darauf verlassen, dass die Ergebnisse eines Tests mit HtmlUnit repräsentativ für alle Browser sind.

Für webbasierte Projekte ist Selenium Pflichtprogramm, insbesondere dann, wenn Sie beabsichtigen, Ihre Webseite auf die weltweite Öffentlichkeit loszulassen, die mit einem ganzen Zoo verschiedener Browser unterwegs ist. Freilich soll es immer noch User geben, die Internet Explorer Version 6 oder andere Dinosaurier verwenden – aber die sind dann selbst schuld, nicht wahr?

Die folgende Tabelle zeigt Ihnen einige Alternativen zu Selenium.

> **Übersicht UI-Test-Frameworks**
> - *Selenium* (für Browsertests, Apache 2.0-Lizenz, *http://www.seleniumhq.org*)
> - *Robot Framework* (generische Testautomatisierung, Apache 2.0-Lizenz, *http://robotframework.org*)
> - *LDTP* (Linux Desktop Testing Project, *https://ldtp.freedesktop.org/wiki*)
> - *Cobra* (Windows/Cross Platform-Version des LDTP, *https://github.com/ldtp/cobra*)
> - *Ranorex*: kommerziell, *http://ranorex.com*
> - *TestingWhiz*: kommerziell, *http://www.testing-whiz.com*
> - *TestComplete*: kommerziell, *https://smartbear.com/product/testcomplete/overview*

6.5.2 UI-Tests unter Android

Seit einigen Jahren laufen Apps klassischen Anwendungen und zunehmend auch browserbasierten Anwendungen den Rang ab. Wenn Sie folglich beispielsweise eine Android-App schreiben, dann möchten Sie natürlich auch deren Benutzerschnittstelle ordentlich testen.

Android-Apps testen mit Espresso — Dazu gibt es (neben anderen Produkten wie *Selendroid*, einer Selenium-Variante für Android-Apps) von Google ein Framework namens *Espresso*. Es führt die UI-Tests auf einem via USB angeschlossenen Gerät oder einem Emulator aus, ähnlich wie es Selenium tut.

Dieses Framework basiert auf JUnit4 und erlaubt Tests für eine oder auch mehrere Activities. Üblicherweise gehört zu jeder UI unter Android eine

Activity-Klasse, die Sie mit dem zugehörigen Unit-Test über eine @Rule-Annotation verbinden:

```
@RunWith(AndroidJUnit4.class)
@LargeTest
public class MainActivityTest {
  @Rule
  public ActivityTestRule<MainActivity> mActivityRule
    = new ActivityTestRule<>(MainActivity.class);
  ...
}
```

Listing 6.27 Der Test einer Android-Activity ist ein spezieller JUnit-Test.

Oft besteht eine Android-Activity aus einem Textfeld und einem Button, der eine Aktion auslöst. In Android besteht jede UI aus einer View-Hierarchie, wobei alle vom App-Code verwendeten Views über ein ID-Attribut verfügen, die statische Attribute der Klasse R.id sind.

Angenommen, Ihre UI verfügt über drei solcher Views:

- ein Texteingabefeld vom Typ »EditText« mit der ID R.id.input
- einen Button vom Typ »Button« mit der ID R.id.button
- ein Textanzeigefeld vom Typ »TextView« mit der ID R.id.reply

Ihre App soll beim Antippen des Buttons nicht mehr tun, als den Text aus dem Eingabefeld in das Anzeigefeld zu schreiben.

Alle Tests gehören in einem Android-Projekt in das Source-Verzeichnis *src/androidTest/java* und dort ins zugehörige Package. Die nötigen Vorkehrungen im Build-Skript, um Espresso überhaupt laufen lassen zu können, nimmt Ihnen der New Project Wizard von Android Studio ab.

Ohne dass Sie sich als Autor des Tests um die Implementierung dieses Verhaltens kümmern müssen, können Sie den Testfall wie folgt schreiben:

```
...
public class MainActivityTest {
  private String input;
  @Before
  public void setUp() {
    input = "Ein Text";
  }
  @Test
  public void testInput() {
    onView(withId(R.id.input))
```

```
        .perform(typeText(input), closeSoftKeyboard());
    onView(withId(R.id.button)).perform(click());
    onView(withId(R.id.reply))
        .check(matches(withText(input)));
  }
}
```

Listing 6.28 Der eigentliche Testfall folgt dem üblichen Paradigma Vorbereitung – Aktion – Überprüfung der Erwartung.

Wie üblich bei JUnit verwenden Sie eine `setUp()`-Methode für notwendige Initialisierungen, die für jeden Testfall des Moduls erforderlich sind. In diesem Fall merkt sich die Methode einen kreativen Text, der später ins Eingabefeld eingetragen werden soll.

Genau das geschieht im eigentlich Test als Erstes:

```
onView(withId(R.id.input))
    .perform(typeText(input), closeSoftKeyboard());
```

Die statische Funktion `withId()` beschafft dazu das gewünschte View-Objekt.

Wohlgemerkt, Espresso simuliert hier tatsächlich eine Nutzereingabe über die ausgeklappte Bildschirmtastatur und schreibt den String `input` nicht einfach direkt ins Attribut des `EditText`-Objekts. Das können Sie mit eigenen Augen sehen, wenn Sie den Test auf einem Gerät laufen lassen. Auch das Schließen der Bildschirmtastatur gehört als User-Interaktion zum Testablauf dazu. Es kann nämlich durchaus einen Unterschied machen, ob die Tastatur geöffnet ist oder nicht.

Die Eingabe ist vorgenommen. Im zweiten Schritt führt der Test die Aktion aus, die letztlich den zu testenden Code der Activity aufruft:

```
onView(withId(R.id.button)).perform(click());
```

Schließlich kann Ihr Test prüfen, ob im `TextView R.id.reply` jetzt der richtige String steht:

```
onView(withId(R.id.reply))
    .check(matches(withText(input)));
```

Espresso erlaubt sehr »sprechende« Testanweisungen.

Natürlich sind die meisten Testfälle deutlich komplizierter als dieses einfache Beispiel. Wenn Ihr Projekt Espresso (oder ein anderes Test-Framework) einsetzen möchte, kommen Sie um eine umfangreiche Einarbeitung nicht herum. Schließlich sollen Ihre Testfälle unbedingt verlässliche Resultate liefern. Dazu müssen Sie wissen, was Sie tun.

Der damit verbundene Aufwand kann natürlich keinesfalls eine Ausrede dafür sein, auf Tests zu verzichten. Dass fehlende oder schlechte Tests irgendwann in der Zukunft hohe Aufwände für Fehlerbehebung und damit Folgekosten verursachen, ist eine Binsenweisheit, die ich zum Abschluss dieses Kapitels gerne noch einmal wiederhole.

UI-Test-Frameworks für Android

Robot Framework (generische Testautomatisierung, Apache 2.0-Lizenz, *http://robotframework.org*)

Espresso (Standard-Testframework für Android, eingebaut in Android Studio)

Robotium Recorder (kommerzielles Test-Tool für Android, *http://www.robotium.com*)

Selendroid (für Android, basierend auf Selenium, *http://selendroid.io*)

Kapitel 7
Continuous Integration

Unter *Continuous Integration* versteht man einen automatisierten Build-Prozess, der auf einem zentralen Server läuft, Tests und andere Prozesse mit einschließt und eventuell am Ende des Tages (oder wann immer Sie wollen) den aktuellen Stand Ihrer Applikation ausspuckt oder auf einem Application Server installiert (*Continuous Delivery*).

Nur wer sich darauf verlässt, dass kein Entwickler je krankfeiert, kann auf eine Continuous Integration verzichten.

Das ist eine Übertreibung?

Dieses Kapitel wird Ihnen das Gegenteil beweisen. Zunächst kommt ausführlich die Java-Landschaft zur Sprache, in Abschnitt 7.6 dann die C#-Welt.

7.1 Digitaler Bauunternehmer

Als ich vor einigen Jahren gebeten wurde, eine Einschätzung zur Arbeitsweise eines Entwicklerteams bei einem mittelgroßen IT-Dienstleister abzugeben, stellte ich unter anderem die Frage nach dem Build-Prozess.

Die Antwort lautete: »Wenn wir etwas geändert haben, sagen wir unserem Lead-Developer Bescheid. Der ruft dann den aktuellen Code ab, startet die Tests und erstellt die Anwendung.«

Da ich mich mit dem fraglichen Chefentwickler bereits vorher unterhalten hatte, wusste ich, dass er in mehrere weitere Projekte involviert war.

Meine darauffolgende Frage war daher vielleicht etwas gemein: »Und das klappt immer sofort?«

»Nein«, musste das Team zugeben. »Manchmal hat der Chefentwickler keine Zeit, dann müssen wir warten.«

»Wie lange? Eine Stunde oder zwei?«

Die befragten Entwickler warfen einander resignierte Blicke zu. »Nun«, antworteten sie dann, »manchmal kann das auch bis zum nächsten Tag dauern.«

Ich nehme an, in dem Moment konnte jeder im Besprechungsraum das Verbesserungspotenzial geradezu physisch spüren.

Aber was ist die Lösung?

In den ausführbaren Codebeispielen, die ich Ihnen bisher gezeigt habe, habe ich stets unterstellt, dass Sie am Entwicklungssystem sitzen und per Knopfdruck den Build-Prozess starten. Alternativ funktioniert fast immer auch die Kommandozeile, aber das ändert nichts daran, dass jemand (in dem Fall Sie) mindestens eine manuelle Aktion ausführen muss, um den Prozess in Gang zu setzen. Selbst wenn jeder Entwickler im Team in die Lage versetzt wird, den Build auszuführen, bleiben trotzdem Nachteile:

▶ Sie müssten sicherstellen, dass die Konfiguration aller Rechner identisch ist, damit sich die erbauten Artefakte nicht von Rechner zu Rechner unterscheiden.

▶ Die Integration in eine serverbasierte Testumgebung ist auf Arbeitsplatzrechnern oft problematisch.

▶ Jedes Teammitglied sollte sich jederzeit über den aktuellen Stand (etwa fehlschlagende Testfälle) informieren können.

Deshalb wurde Continuous Integration erfunden, deshalb existieren Tools, die die beteiligten Prozesse steuern, und deshalb sollten Sie in Ihrem Team einen solchen Mechanismus einsetzen.

Zentraler Build-Prozess — Der Build-Prozess einer Applikation lässt sich leicht zentralisieren, um nicht von einzelnen Personen abhängig zu sein. Der Status (Testresultate, Testabdeckung ...) ist jederzeit abrufbar, eine Historie von Nightly Builds steht zur Verfügung, auch Deployments auf einen entfernten Server können auf Wunsch automatisiert werden.

Gleichzeitig ist ein serverbasierter Build-Prozess eine Blaupause für die Entwickler oder erspart ihnen den oft zeitraubenden Bau der kompletten Applikation. Ich könnte Ihnen jetzt einiges über eine recht komplexe Anwendung erzählen, die nur ein einziger Entwickler zu bauen in der Lage war, *und zwar auf einer VirtualBox Appliance, die eine Kopie des PCs seines Vorgängers war*. Aber ich bin sicher, die Vorteile von Continuous Integration werden Sie bis zum Ende dieses Kapitels auch so restlos überzeugt haben.

Wenn Sie den Build-Prozess auf einen zentralen Server auslagern möchten, können Sie sich nicht mehr auf den Build-Vorgang verlassen, der in Ihrer Entwicklungsumgebung integriert ist – denn die steht auf dem Server gar nicht zur Verfügung. Für größere Projekte ist es ohnehin nicht praktikabel, so zu arbeiten, deshalb haben Sie vermutlich mit typischen Build-Systemen bereits Bekanntschaft gemacht. Einige davon stelle ich in den folgenden Abschnitten ausführlich vor.

Denn entscheidend ist: Für Continuous Integration benötigen Sie auf jeden Fall ein ordentlich konfiguriertes und mächtiges Build-System.

7.2 Java-Builds mit Maven

Seit ein paar Jahren hat das Build-Tool *Maven* in der Java-Welt den Vorgänger *Ant* praktisch komplett abgelöst. Der entscheidende Vorteil von Maven ist der modulare Aufbau mit integrierter Abhängigkeitsauflösung. Ein genauer Blick auf die Möglichkeiten von Maven zeigt Ihnen, wie das funktioniert.

Maven verwaltet Abhängigkeiten.

7.2.1 Dependency Management via Maven Central

Angenommen, Sie möchten die Apache-Bibliothek Commons Lang 3.0 zu Ihrem Java-Projekt hinzufügen. Dazu müssen Sie sie herunterladen, in ein geeignetes Verzeichnis legen und den Java-Build-Pfad in Eclipse konfigurieren. Damit andere Entwickler nicht dasselbe tun müssen (und schlimmstenfalls eine andere Version der Bibliothek erwischen), müssen Sie sie dem Versionskontrollsystem hinzufügen. Bei Binärdaten wie dem von Bibliotheken ist das bestenfalls umständlich, liegen diese Dateien doch im allgegenwärtigen Internet vor. Irgendwo.

Der Clou des Dependency Managements von Maven ist, dass es benötigte Abhängigkeiten in einem zentralen Repository automatisch herunterladen und einbinden kann – und eventuelle kaskadierende Abhängigkeiten gleich mit.

Um eine Abhängigkeit exakt zu definieren, benötigen Sie drei Attribute:

- groupId (z. B. commons.apache.org)
- artifactId (z. B. commons-lang3)
- Version (z. B. 3.5)

Wie kommen Sie an diese Attribute, wenn Sie nur den Namen der Bibliothek kennen?

Am einfachsten ist es, wenn Sie das zentrale Repository durchsuchen. Dazu rufen Sie im Browser *https://search.maven.org* auf und verwenden als Suchbegriff den Namen der gesuchten Bibliothek. Meist gibt es mehrere Treffer (oft *Forks*, also vom Original abgeleitete Varianten). Wenn Sie das gewünschte Artefakt gefunden haben, klicken Sie auf die Versionsnummer. Dann erhalten Sie eine Übersicht wie in Abbildung 7.1.

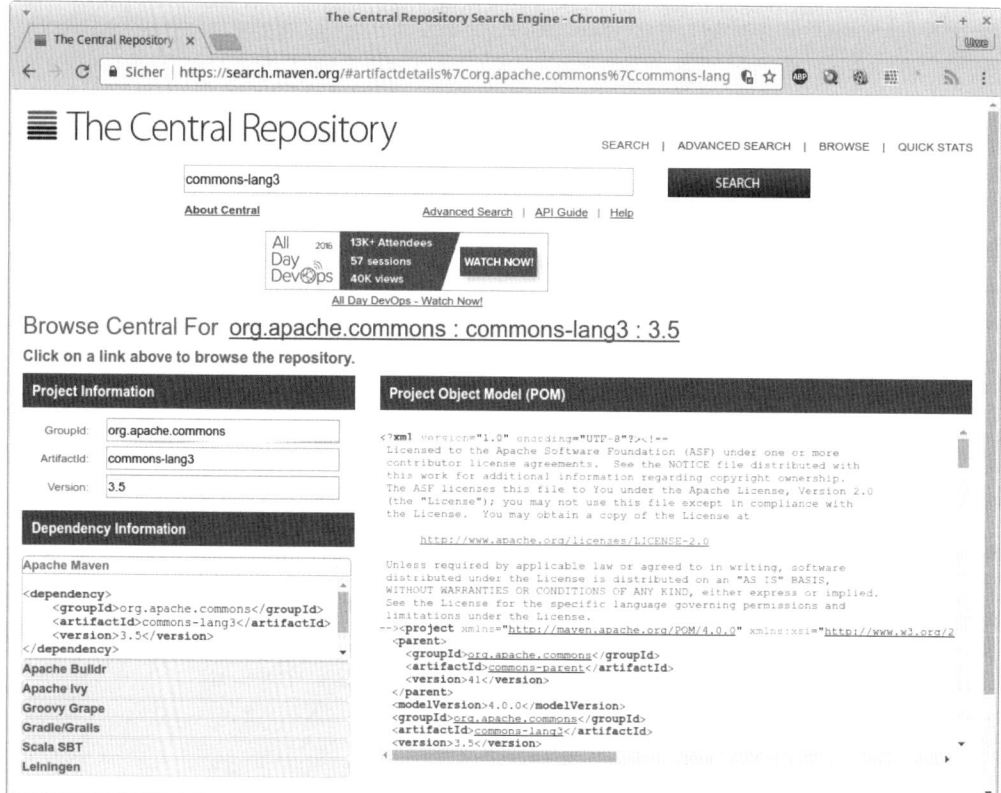

Abbildung 7.1 Mavens Central Repository ist eine zentrale Lagerstätte für Java-Bibliotheken.

Links unten auf der Detailseite finden Sie die Dependency Information in verschiedenen Formaten, an erster Stelle in Mavens eigenem XML-Format.

Diese Zeilen können Sie später auch kopieren, um die Abhängigkeit zu definieren.

Um das komfortabel auszuprobieren, können Sie das Plug-In *Maven Integration für Eclipse (m2e)* installieren und mit FILE • NEW • NEW MAVEN PROJECT ein neues Java-Projekt anlegen, das Maven als Build-System verwendet. Alternativ installieren Sie das Maven Binary (von *https://maven.apache.org*) und verlassen sich auf die Kommandozeile.

Auch Ihr Projekt ist ein Maven-Artefakt und benötigt folglich die drei Attribute groupId, artifactId und Version. Solange Sie sich nicht entschließen, das Projekt via *maven.org* zu veröffentlichen, sind Sie in der Wahl der Attribute frei (siehe Abbildung 7.2).

Wenn Eclipse Ihr Projekt generiert hat, finden Sie nicht nur leere Quellcodeverzeichnisse darin, sondern auch auf oberster Ebene die *pom.xml*, die Steuerungsdatei für Maven.

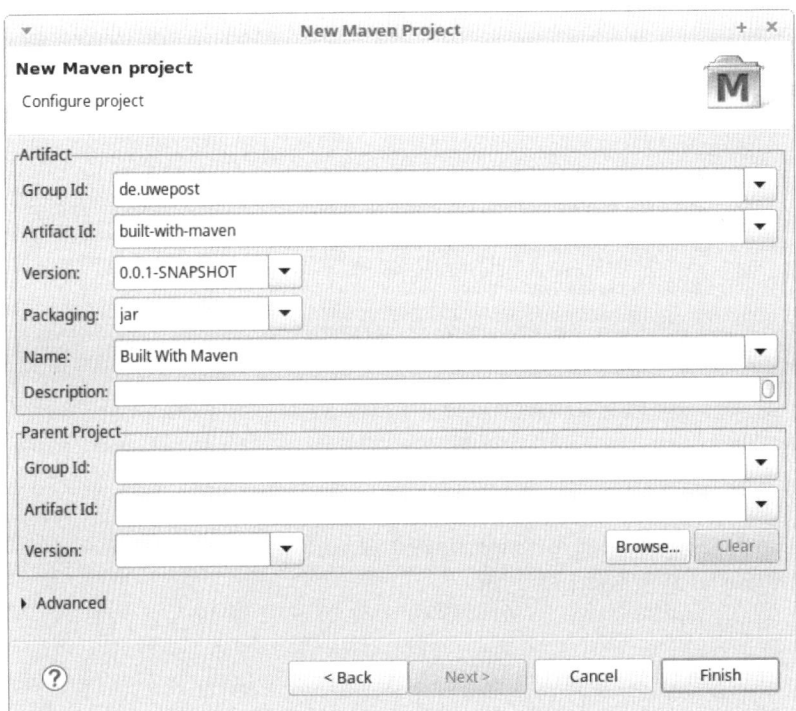

Abbildung 7.2 Füllen Sie das Bestellformular aus, um ein leeres Maven-Projekt zu erhalten. Das Angeben des Elternprojekts ist optional.

Das m2e-Plug-In verfügt über eine eigene Oberfläche, um die *pom.xml* zu bearbeiten, aber es ist oft sinnvoll, direkt mit dem XML-Code zu arbeiten.

Die vorgefertigte *pom.xml* ist ausgesprochen übersichtlich – es steht lediglich das darin, was Sie soeben im Wizard eingetippt haben:

```xml
<project xmlns="http://maven.apache.org/POM/4.0.0" xmlns:xsi="http://www.w3.org/2001/XMLSchema-instance" xsi:schemaLocation="http://maven.apache.org/POM/4.0.0 http://maven.apache.org/xsd/maven-4.0.0.xsd">
  <modelVersion>4.0.0</modelVersion>
  <groupId>de.uwepost</groupId>
  <artifactId>simpletest</artifactId>
  <version>0.0.1-SNAPSHOT</version>
  <name>Simple Test</name>
</project>
```

Listing 7.1 Das Komplizierteste an dieser »pom.xml« ist die sperrige Namespace-Deklaration.

Jetzt können Sie vor dem schließenden `project`-Tag die Abhängigkeit von commons-lang3 einfügen:

```xml
...
  <dependencies>
    <dependency>
      <groupId>org.apache.commons</groupId>
      <artifactId>commons-lang3</artifactId>
      <version>3.5</version>
    </dependency>
  </dependencies>
</project>
```

Listing 7.2 Erweitern Sie die »pom.xml« um beliebig viele Abhängigkeiten mit je einem <dependency>…<…>-Node.

Um das Projekt jetzt zu bauen, tippen Sie auf der Kommandozeile im Projektverzeichnis Folgendes ein:

```
mvn install
```

Daraufhin lädt Maven automatisch eine Reihe nötiger Plug-Ins herunter und baut dann Ihr Projekt. Alle heruntergeladenen Artefakte (und Ihr fertig gebautes) landen fein säuberlich sortiert im lokalen Repository auf Ihrem Rechner, das Sie in einem Verzeichnis namens *.m2* in Ihrem Home-Verzeichnis finden. Dieses Repository wird projektübergreifend genutzt, wenn also zwei völlig unterschiedliche Maven-Projekte commons-lang3 in Version 3.5 benötigen, muss es nur in einfacher Ausfertigung auf der Festplatte herumliegen.

Damit Ihre Entwicklungsumgebung die vereinbarte Abhängigkeit commons-lang3 findet, statt Ihnen daraus verwendete Klassen rot anzustreichen, müssen Sie Maven anweisen, die Eclipse-eigene Projektdatei anzupassen. Dazu befehlen Sie:

`mvn eclipse:eclipse`

Maven und Eclipse

Daraufhin lädt Maven (gefühlt) das halbe Internet herunter, denn auch dieser Befehl erfordert die Anwesenheit gewisser Plug-Ins. Danach können Sie in Eclipse das Projekt aktualisieren (Rechtsklick auf den Projektnamen im Package Explorer, REFRESH) und fürderhin auf die Klassen in commons-lang3 zugreifen.

Natürlich können Sie das Projekt auch ohne Kommandozeile bauen, dazu erzeugen Sie eine Startkonfiguration, indem Sie im Kontextmenü des Projekts RUN AS... MAVEN INSTALL wählen. Die Ausgaben von Maven erscheinen daraufhin in einem Konsolenfenster von Eclipse.

Da Sie das Projekt jetzt per Kommandozeile bauen können, ist es offensichtlich kein weiter Weg mehr bis zu einer Automatisierung.

Zunächst aber ist es wichtig, die Möglichkeiten von Maven genauer zu differenzieren.

7.2.2 Dependency Scopes

Wenn Sie sich im Central Repository die *pom.xml* von commons-lang3 anschauen (siehe Abbildung 7.1), finden Sie unterhalb der Mitte der Datei im `<dependencies>`-Tag die Abhängigkeiten dieser Bibliothek.

An sich gibt es keine, die zur Laufzeit nötig wären – commons-lang3 ist selbst eine Sammlung von Hilfsklassen, die sich keine weiteren Abhängigkeiten ans Bein binden möchte. Und doch deklariert die *pom.xml* Abhängigkeiten, aber nur für den Scope `test`:

```
<dependencies>
  <dependency>
    <groupId>junit</groupId>
    <artifactId>junit</artifactId>
    <version>4.12</version>
    <scope>test</scope>
  </dependency>
...
```

Listing 7.3 commons-lang3 verwendet JUnit 4.12 zum Testen.

Der Scope legt fest, für welchen Build-Modus die Abhängigkeit notwendig ist. Im Fall von `junit` (und den anderen von commons-lang3 deklarierten Abhängigkeiten) ist das der Test-Modus. Folglich lädt Maven diese Abhängkeiten nur herunter und bindet sie ein, wenn Sie commons-lang3 selbst bauen und testen.

Ein weiterer wichtiger Scope heißt `provided`. Maven geht bei so deklarierten Abhängigkeiten davon aus, dass die fragliche Bibliothek in dem Application Container zur Verfügung steht, in dem die Anwendung später läuft (z. B. ein Application Server). Sie muss also nicht ins Artefakt gepackt werden, steht aber zum Entwickeln und Kompilieren zur Verfügung. Es gibt auch den umgekehrten Fall: Der Scope `runtime` bewirkt, dass eine Abhängigkeit zur Entwicklungszeit nicht benötigt wird, sondern nur zur Laufzeit.

Zwar enthält das zentrale Archiv bei Maven Central eine unvorstellbare Menge an Artefakten. Aber nicht selten kommt es vor, dass Sie eine Bibliothek einbinden müssen, die es dort nicht gibt (z. B. eine Speziallösung eines Closed-Source-Anbieters).

Maven-Artefakte manuell importieren

Am einfachsten packen Sie eine solche Bibliothek ins Maven-Repository auf allen Rechnern, die das Projekt bauen möchten. Dazu kennt Maven ein Import-Kommando:

```
mvn install:install-file -Dfile=filename-of-library.jar
  -DgroupId=group-of-library -DartifactId=artifact-of-
  library -Dversion=1 -Dpackaging=jar
```

Dabei können Sie die `groupId`, `artifactId` und `version` willkürlich festlegen.

Falls sich die fragliche Bibliothek öfter mal ändert oder Sie eine größere Menge benötigen, können Sie auf einem Server ein Online-Repository fürs ganze Team einrichten und die Artefakte dort zentral ablegen. Das klappt mit Maven von der Kommandozeile oder je nach verwendetem Produkt auch über eine Weboberfläche.

Legen Sie fest, welches Teammitglied dafür zuständig ist, das Repository zu pflegen. Immer wenn neue Versionen eines Drittanbieter-Artefakts eingespielt werden (mit neuem `version`-Attribut!), muss die Versionsnummer auch in der *pom.xml* der davon abhängenden Projekte geändert werden, und Sie sollten die Entwickler darauf hinweisen, dass Sie die *pom.xml* aus der Quellcodeverwaltung aktualisieren müssen, um die Änderung möglichst frühzeitig mitzubekommen. Updates von Drittanbieter-Artefakten bringen gerne mal API-Änderungen mit und sind ein gefürchteter Verursacher von Fehlern. Umso wichtiger ist es, möglichst frühzeitig damit Bekanntschaft zu machen.

Software für eigene zentrale Maven-Repositories (Beispiele)
- Sonatype Nexus (*http://www.sonatype.org/nexus*)
- Apache Archiva (*https://archiva.apache.org*)

Wenn Sie einigermaßen sicher sind, dass eine neuere Version einer Abhängigkeit Ihre Anwendung nicht beeinträchtigt, können Sie übrigens auch »weichere« Versionsanforderungen angeben. Im Fall von commons-lang3 könnte dieser Vertrauensvorschuss etwa so aussehen:

<!-- marginalia: Weiche Versionsanforderungen -->

```
<dependency>
  <groupId>org.apache.commons</groupId>
  <artifactId>commons-lang3</artifactId>
  <version>[3.5,)</version>
</dependency>
```

Listing 7.4 Sie können Maven befehlen, automatisch die neueste Version einer Abhängigkeit zu verwenden.

Offen gesagt halte ich diese Vorgehensweise nicht für sehr empfehlenswert. Sie können sich darauf verlassen: Irgendwann erscheint ein Update, das aus irgendeinem Grund nicht mit Ihrer Anwendung zusammenarbeiten möchte. Dabei sehen Sie ja zunächst nur, dass bestimmte Unit-Tests fehlschlagen (die Sie hoffentlich haben!). Wenn Sie großes Pech haben, nicht einmal das.

Dass sich Maven beim letzten Release-Build eine neue Version einer Abhängigkeit reingezogen hat, erkennen Sie nur an der zugehörigen Ausgabe des Build-Prozesses.

Das Gute an einem Online-Repository ist ja, dass es stets auch die älteren Versionen eines Artefakts bereithält. Ihr Build-Prozess kann sich darauf verlassen, dass die Abhängigkeiten immer identisch sind und ist dementsprechend deterministisch.

Dafür benötigen Sie eine schnelle Leitung, denn bei größeren Projekten mit mehrköpfigen Teams kann das Herunterladen der vielen Maven-Plug-Ins schon einmal zu einer Nervenprobe werden. Entwickeln ohne Netzwerkzugriff ist überhaupt nicht praktikabel. Aber wir befinden uns ja nicht mehr in der Steinzeit, oder?

7.2.3 Applikationspakete bauen

Jedes Maven-Artefakt, das Sie bauen, können Sie sich wie ein weiteres Ausstellungsstück in einem riesigen Museum vorstellen. Aber meistens wollen Sie kein Kunstwerk, sondern ein Auto, eine Bohrmaschine, eine Kettensäge – bildhaft gesprochen. Gemeint ist: ein Programm, das Sie an einen Kunden ausliefern können und das dieser starten kann. Oder eine Webapplikation, die Sie in einem Application Server hinterlegen können, um einen Webshop für Autos, Bohrmaschinen oder Kettensägen zu betreiben.

Mavens Assembly-Plug-In

Um aus Ihrem Artefakt (und den nötigen Abhängigkeiten) ein brauchbares Paket zu schnüren, verwenden Sie Mavens Assembly-Plug-In. Im Fall einer ausführbaren Anwendung wird das Ergebnis eine JAR-Datei sein, die den Namen jener Klasse kennt, die den Einsprungpunkt für den Start enthält (in Form der Funktion `main()`).

Dass Sie das Assembly-Plug-In verwenden möchten, müssen Sie in der *pom.xml* lang und breit erklären:

```xml
<project
...
  <build>
    <plugins>
      <plugin>
        <artifactId>maven-assembly-plugin</artifactId>
        <configuration>
          <archive>
            <manifest>
              <addClasspath>true</addClasspath>
              <mainClass>de.simpletest.Main</mainClass>
            </manifest>
          </archive>
          <descriptorRefs>
            <descriptorRef>jar-with-dependencies
            </descriptorRef>
          </descriptorRefs>
        </configuration>
        <executions>
          <execution>
            <phase>package</phase>
            <goals>
              <goal>single</goal>
            </goals>
          </execution>
```

```
            </executions>
        </plugin>
      </plugins>
  </build>
</project>
```

Listing 7.5 Die »pom.xml« wird etwas länglich, wenn Sie Maven dazu bringen möchten, ein ausführbares JAR zu erzeugen.

Zwischen einer Menge XML-Tags verbergen sich einige wenige entscheidende Angaben:

In `<mainClass>`…`</mainClass>` geben Sie den vollständigen qualifizierten Namen der Klasse an, die Ihre `main()`-Funktion enthält. Diese Information landet im Manifest von JAR, wo die Java Runtime beim Start danach sucht.

Die Angabe des `jar-with-dependencies` als `<descriptorRef>` aktiviert eine der vorgefertigten Deskriptoren des Assembly-Plug-Ins, der Ihre Klassen sowie die Abhängigkeiten gemeinsam verpackt. Sie könnten auch eine eigene schreiben, aber in diesem Fall genügt die Vorgabe.

Schließlich dienen die Angaben unter `<execution>` dazu, den Aufruf des Assembly-Plug-Ins an die Phase `package` zu knüpfen. Dementsprechend bauen Sie das JAR dann wie folgt von der Kommandozeile:

```
mvn package
```

Anschließend finden Sie im Unterverzeichnis *target* das Resultat in Form einer Datei mit einem recht sperrigen Namen wie *simpletest-0.0.1-SNAPSHOT-jar-with-dependencies.jar*.

Zu lang? Kein Problem. Ergänzen Sie innerhalb des `<configuration>`-Tags Folgendes:

```
<finalName>simpletest</finalName>
```

Trotzdem hängt Ihnen das Plug-In noch penetrant ein *jar-with-dependencies* an den Dateinamen. Um das zu verhindern, fügen Sie zusätzlich hinzu:

```
<appendAssemblyId>false</appendAssemblyId>
```

Voilà, Ihr JAR heißt nur noch *simpletest.jar*, und Sie können es einfach starten mit:

```
java -jar target/simpletest.jar
```

Natürlich sind ausführbare JARs nicht der einzige Anwendungsfall.

7 Continuous Integration

WARs mit Maven bauen

Für einen Application Server benötigen Sie ein WAR (*Web Application Archive*), das eine bestimmte Struktur aufweisen muss. Um diese zu erzeugen, gibt es ein eigenes Plug-In, das WAR Plug-In. Dies zu benutzen ist noch einfacher als beim Assembly-Plug-In:

```
<project>
  ...
  <packaging>war</packaging>
```

Damit das funktioniert, muss Ihr Projekt einer Konvention folgen und unterhalb des *main*-Verzeichnisses ein *webapp*-Verzeichnis besitzen, in dem es wiederum ein Unterverzeichnis *WEB-INF* gibt – dorthin gehört die *web.xml*, die für die Konfiguration Ihrer Anwendung verantwortlich ist.

Das WAR erzeugen Sie dann wiederum mit:

```
mvn package
```

Zum Schluss zeige ich Ihnen noch, wie Sie eine auf Spring Boot basierende Anwendung ordentlich zur Auslieferung verpacken.

Spring Boot mit Maven

In Abschnitt 6.3.2 haben Sie eine einfache Spring Boot-Anwendung aus Eclipse heraus mit dem Spring-Plug-In gestartet. Aber es gibt auch ein Spring Boot-Plug-In für Maven.

In der *pom.xml* sind einige Einträge hinzuzufügen. An erster Stelle müssen Sie Spring Boot als Elternprojekt festlegen. Logisch, Ihre Anwendung liegt ja in einem Dependency Injection-Container:

```
<project ...>
  ...
  <parent>
    <groupId>org.springframework.boot</groupId>
    <artifactId>spring-boot-starter-parent</artifactId>
    <version>1.3.3.RELEASE</version>
  </parent>
  ...
```

Listing 7.6 Lassen Sie Spring Boot Ihr Projekt adoptieren.

Die nötigen Abhängigkeiten sind:

```
<dependencies>
  <dependency>
     <groupId>org.springframework.boot</groupId>
     <artifactId>spring-boot-starter-web</artifactId>
  </dependency>
  <dependency>
```

```xml
    <groupId>org.springframework.boot</groupId>
    <artifactId>spring-boot-starter-actuator</artifactId>
  </dependency>
  <dependency>
    <groupId>org.springframework.boot</groupId>
    <artifactId>spring-boot-starter-test</artifactId>
    <scope>test</scope>
  </dependency>
</dependencies>
```

Listing 7.7 Die nötigen Abhängigkeiten können Sie von Hand eintragen, oder Sie überlassen dem Spring Wizard diese Arbeit, indem Sie beim Anlegen eines neuen Spring Boot-Projekts Maven als Build-System auswählen.

Schließlich aktivieren Sie das Plug-In:

```xml
<project...>
  ...
  <build>
    <plugins>
      <plugin>
        <groupId>org.springframework.boot</groupId>
        <artifactId>spring-boot-maven-plugin</artifactId>
      </plugin>
    </plugins>
  </build>
```

Listing 7.8 Aktivieren Sie das Spring Boot-Maven-Plug-In, um Ihr Projekt mit Maven starten und verpacken zu können.

Zum Starten der Anwendung befehlen Sie:

`mvn spring-boot:run`

Maven lädt daraufhin automatisch die nötigen Plug-In-Dateien nach und kümmert sich um Kompilieren und Start des eingebetteten Tomcat Application Servers, was Sie im Terminal leicht nachvollziehen können.

Um stattdessen eine ausführbare Anwendung zu erzeugen, die Sie auf den nächstbesten Server kopieren und dort starten können, schreiben Sie:

`mvn package`

> **Maven ohne Tests**
>
> Früher oder später wird Ihnen auffallen, dass Maven standardmäßig alle Unit-Tests ausführt, die es im Projekt vorfindet. Das ist Absicht: Schlägt

> ein Test fehl, werden die Bauarbeiten abgebrochen, denn was wollen Sie mit einem Artefakt, das nicht alle Tests besteht?
>
> Falls Sie doch einmal die Tests übergehen möchten, können Sie Maven Ihren Wunsch wie folgt übermitteln:
>
> mvn package -Dmaven.test.skip=true

7.2.4 Empfehlenswerte Maven-Plug-Ins

Die Anzahl nützlicher weiterer Maven-Plug-Ins ist unüberschaubar. Eine ganze Reihe wird direkt vom Maven-Team angeboten, aber zig andere Entwickler haben Speziallösungen gebaut und irgendwo im Netz veröffentlicht.

Bevor Sie auf eigene Faust eine Tour durch diesen Zoo unternehmen, stelle ich Ihnen eine Reihe von Plug-Ins vor, die Sie mit recht hoher Wahrscheinlichkeit gut gebrauchen können.

Mavens Javadoc-Plug-In

Das *Javadoc-Plug-In* erzeugt auf Wunsch aus entsprechend formatierten Kommentaren eine API-Dokumentation im HTML-Format (mehr zu Javadoc finden Sie in diesem Buch in Abschnitt 8.2.1).

Sie können das Plug-In über seine eigenen *goals* aufrufen, z. B. so:

```
mvn javadoc:javadoc
mvn javadoc:jar
```

Während der erste Aufruf den gesamten Javadoc-HTML-Verzeichnisbaum *site/apidocs* innerhalb Ihres *target*-Verzeichnisses erstellt der zweite ein Archiv.

Sie können das Plug-In auch in der *pom.xml* anmelden, um eine Konfiguration zu hinterlegen. Dazu fügen Sie die `<plugin>`-Definition wie folgt hinzu:

```
<plugin>
  <groupId>org.apache.maven.plugins</groupId>
  <artifactId>maven-javadoc-plugin</artifactId>
  <version>2.10.4</version>
  <configuration>
    <show>private</show>
  </configuration>
</plugin>
```

Listing 7.9 Das Javadoc-Plug-In lässt sich in der »pom.xml« konfigurieren.

Das Standardverhalten des Plug-Ins ist es, die Dokumentation von public bis hinunter zu protected-Attributen ins Javadoc aufzunehmen. Um auch private Attribute hinzuzufügen, müssen Sie die Konfiguration für <show> entsprechend ändern.

Das Javadoc-Plug-In verfügt über eine Unzahl weiterer Konfigurationsmöglichkeiten, mit denen Sie die Ausgabe zurechtschneidern können. Sie finden alle Details auf der Homepage des Plug-Ins: *https://maven.apache.org/plugins/maven-javadoc-plugin*

Ein weiteres mächtiges Plug-In heißt *Changes*. Es funktioniert am besten zusammen mit seinem Bruder, *Changelog*.

Mavens Changes-Plug-In

Letzteres extrahiert aus Ihrem Versionskontrollsystem Informationen über alle vorgenommenen Commits (also die History). Dazu müssen Sie in der *pom.xml* nicht nur das Plug-In anmelden (artifactId: maven-changelog-plugin), sondern auch die Verbindungsparameter hinterlegen, und zwar im <project>-Tag:

```
<scm>
  <connection>scm:svn:http://server/path/trunk</connection>
</scm>
```

Das Plug-In erzeugt nicht nur eine übersichtliche Changelog-Datei, sondern auch eine *changelog.xml*, die Sie mit dem anderen Plug-In, Changes, weiterverarbeiten können. Changes kann nicht nur eine Rundmail über das Release senden, sondern auch einen Report über Tickets erzeugen, die von einem Ticket-System wie JIRA, Trac oder GitHub verwaltet werden.

Diesbezüglich kann ich hier nicht weiter ins Detail gehen, aber einen wichtigen Unterschied zu den vorgenannten Plug-Ins möchte ich Ihnen nicht vorenthalten: Changes und Changelog verwenden die Reporting-Funktion von Maven. Das bedeutet, dass Sie in die *pom.xml* eine Sektion <reporting> einführen und die Plug-Ins dort anmelden, und nicht unter <build>:

```
<project>
  ...
  <reporting>
    <plugins>
      <plugin>
        <groupId>org.apache.maven.plugins</groupId>
        <artifactId>maven-changes-plugin</artifactId>
        <version>2.12.1</version>
        <reportSets>
          <reportSet>
```

```xml
<reports>
  <report>changes-report</report>
</reports>
...
```

Listing 7.10 Reporting-Plug-Ins gehören in die Reporting-Sektion der »pom.xml«.

Auch das Javadoc-Plug-In (und andere) können Sie hier einklinken. Die Idee dahinter ist, dass Sie dann nicht alle Reports einzeln erzeugen müssen, etwa mit:

`mvn changelog:changelog`

Stattdessen verwenden Sie das Maven-Goal *site*:

`mvn site`

Dieses Goal arbeitet dann alle unter `<reporting>` eingeklinkten Plug-Ins ab und erzeugt eine Reihe Standardausgaben (z. B. *license.html* mit allen im Projekt verwendeten Lizenzen). Es ist konfigurierbar, wo die erzeugten Dateien landen. Auf diese Weise können Sie beispielsweise einen Webserver bestücken, der dem ganzen Team den aktuellen Stand der Dinge zeigen kann. Ausgangspunkt ist die *index.html*. Wenn Sie sich die erzeugten Seiten anschauen, erkennen Sie sehr schnell, dass alle Maven-Seiten auf der Apache-Homepage genau auf diese Weise erzeugt wurden.

Mavens Surefire-Report

Ein weiterer Kandidat für das Maven-Reporting ist *Surefire-Report*: Nicht zu verwechseln mit *Surefire*, das die Unit-Tests ausführt, erzeugt Surefire-Report eine HTML-Datei, die genau wie das Javadoc im Verzeichnis *target/site* landet. Aufgeschlüsselt nach Paketen und Testklassen, erhalten Sie genaue Statistiken über die Fehlschläge und die verbrauchte Zeit.

Wenn Sie das Plug-In mit seiner `artifactId` (`maven-surefire-report-plugin`) in die *pom.xml* eingetragen haben, wird `mvn site` den Testbericht erzeugen. Testweise können Sie aber auch `mvn surefire-report:report` befehlen.

Inzwischen haben Sie vermutlich längst begonnen, den umfangreichen Plug-In-Katalog unter *https://maven.apache.org/plugins/index.html* durchzukämmen. Deshalb präsentiere ich Ihnen einige weitere Plug-Ins hier nur noch im Schnelldurchlauf:

▸ Unter Umständen möchten Sie den gesamten Quellcode handlich verpacken – verwenden Sie dazu `mvn source:jar`.

▸ Wenn Sie Releases mit Maven verwalten möchten, werfen Sie einen Blick auf das `maven-release-plugin`. Es kann eine Version in Subversion taggen (`mvn release:prepare` und `mvn release:perform`) und die Ver-

sionsnummer in der *pom.xml* erhöhen (`mvn release:update-versions -DdevelopmentVersion=...`).
- Das `gpg-plugin` kann Artefakte oder die *pom.xml* mit GnuPG digital signieren.
- Dasselbe tut das `jarsigner-plugin`, allerdings basierend auf einem normalen Java Keystore mit X.509-Zertifikaten.
- Last, but not least erzeugen Sie mit `mvn pdf:pdf` eine Dokumentation im PDF-Format.

7.3 Gradle en vogue

Relativ neu – und hauptsächlich von Google in *Android Studio* populär gemacht – ist das Build-System *Gradle* (https://gradle.org).

Da es sehr flexibel ist, was die unterstützten Sprachen und Plattformen angeht (Java, Android, C/C++, Clang, Visual Studio), soll es in diesem Buch nicht fehlen, auch wenn komplexere Beispiele hier den Rahmen sprengen würden.

7.3.1 Gradle vs. Maven

Der Hauptunterschied zwischen Maven und Gradle besteht in der Konfiguration. Während Maven auf eine XML-Datei setzt, verwenden Sie in Gradle eine eigene, domänenspezifische Skriptsprache.

Auf den zweiten Blick gehen die Unterschiede viel weiter. Plug-Ins (wie z. B. das Android-Plug-In) können der Skriptsprache eigene Elemente hinzufügen. Im »Continuous Mode« kann Gradle Änderungen am Quellcode überwachen und automatisch betroffene Artefakte neu bauen.

Kompatibel ist aber die Abhängigkeitsverwaltung: Gradle-Skripte können auf Maven-Repositories verweisen und von dort Artefakte anhand der bekannten groupId, artifactId und Versionsnummer beziehen.

maven.org bietet Ihnen dazu für jedes Artefakt einen Gradle-Codeschnipsel an, den Sie mit Copy-and-paste einfügen können.

Sie können den direkten Vergleich leicht vornehmen, indem Sie in Eclipse ein einfaches Gradle-Projekt erzeugen. Wenn nötig, installieren Sie zunächst das Plug-In *Buildship Gradle Integration 2.0* über den Eclipse Marketplace.

Danach finden Sie den Gradle Wizard unter FILE • NEW ... • NEW PROJECT • GRADLE PROJECT (siehe Abbildung 7.3).

Abbildung 7.3 Der Gradle Wizard begnügt sich im einfachsten Fall mit der Angabe des Projektnamens. Klicken Sie dann einfach auf »Finish«.

Eine »build.gradle«-Datei

Genau wie Maven lädt Gradle alle nötigen Module aus dem Internet nach. Das wird beim ersten Mal eine Weile dauern. Alle Dateien landen in einem Verzeichnis namens .gradle/caches.

Das Build-Skript Ihres neuen Projekts heißt *build.gradle* und sieht im Fall einer Java-Anwendung (befreit von jeglichen Kommentaren) wie folgt aus:

```
apply plugin: 'java'
repositories {
  jcenter()
}
dependencies {
  compile 'org.slf4j:slf4j-api:1.7.21'
  testCompile 'junit:junit:4.12'
}
```

Listing 7.11 Die vom Wizard erzeugte Datei »build.gradle« wäre noch eine Zeile kürzer, wenn sie nicht »slf4j« als Beispielabhängigkeit enthalten würde.

Die erste Zeile aktiviert das Java-Plug-In (bei Bibliotheken oder Android-Apps steht hier etwas anderes). Es folgt mit `repositories` eine Deklaration der zu verwendenden Maven-Repositories. An sich hat zwar Gradle nichts mit Maven zu tun, aber das System bedient sich bei denselben Repositories, die eigentlich für Maven-Builds gedacht sind.

Abhängigkeiten mit Gradle verwalten

Neben dem standardmäßig verwendeten *jcenter* (*https://bintray.com/bintray/jcenter*) können Sie auch *Maven Central* verwenden, schreiben Sie dazu einfach:

```
repositories {
  mavenCentral()
}
```

Falls Sie ein eigenes Maven-kompatibles Repository betreiben, können Sie das anhand seiner URL konfigurieren:

```
repositories {
  maven {
    url "http://server/repository"
  }
}
```

Listing 7.12 Eigene Maven-Repositories lassen sich leicht einbinden.

Abhängigkeiten definieren Sie ähnlich wie mit Maven für einen bestimmten Scope (`compile`, `runtime` oder `testCompile`). Um ein Maven-Artefakt eindeutig zu identifizieren, bedient sich Gradle einer besonders kompakten Syntax. Hängen Sie einfach groupId, artifactId und Versionsnummer mit dazwischen gesetzten Doppelpunkten aneinander.

Klinken Sie probeweise commons-lang3 als Abhängigkeit ein:

```
dependencies {
  compile 'org.apache.commons:commons-lang3:3.5'
}
```

Falls Ihnen diese Schreibweise zu unübersichtlich ist, können Sie eine Alternative ausprobieren:

```
compile group:'org.apache.commons', name:'commons-lang3',
        version:'3.5'
```

Anschließend müssen Sie Eclipse die Änderung bekannt geben. Im Kontextmenü des Projekts wählen Sie Gradle • Refresh Gradle Project, und schon kennt auch Eclipse die Dependency.

Applikationen mit Gradle bauen

Um ein Gradle-Projekt zu bauen, können Sie das Eclipse-Fenster GRADLE TASKS verwenden. Freundlicherweise erscheint dort zu jedem verfügbaren Task eine kleine Erläuterung. Verwenden Sie den Task `assemble`, um Ihre Anwendung zu bauen, oder `build`, um sie auch zu testen (das sollte der Normalfall sein). Das Ausgabeverzeichnis wird automatisch erzeugt und nennt sich *build* (im Gegensatz zu *target* bei Maven).

Ausführen können Sie eine Java-Anwendung mit dem Java-Plug-In allerdings nicht, es ist für Bibliotheken gedacht. Für ausführbare Anwendungen (mit der `main()`-Methode) benutzen Sie das Plug-In `application`:

```
apply plugin: 'application'
```

In dem Fall müssen Sie die `Main`-Klasse angeben:

```
mainClassName = "de.uwepost.simpletest.Main"
```

Übrigens ist die Gradle-Syntax recht tolerant. Sie können einfache oder doppelte Anführungszeichen verwenden. Klammern, die an sich hinter eine `compile`-Anweisung gehören, sind optional.

Wenn Sie das Projekt aktualisieren, erscheint im TASKS-Fenster unter dem Knoten `application` der zusätzliche Task `run`. Da das Plug-In `application` auf dem Plug-In `java` aufsetzt, sind die anderen Tasks weiterhin verfügbar.

Natürlich können Sie Gradle auch von der Kommandozeile aus starten, wenn Sie Gradle als Binary installieren:

```
gradle run
```

Vielleicht fällt Ihnen im Projektverzeichnis der Ordner *gradle* auf (in dem sich ein weiterer Ordner namens *wrapper* befindet). Diesen Gradle Wrapper verwendet das Plug-In intern selbst, aber Sie können es auch von der Kommandozeile aus verwenden, falls Sie Gradle nicht installieren können. Dazu liegt das Skript `gradlew` bereit (und für Windows: `gradlew.bat`). Starten Sie einen Task mit dem Wrapper wie folgt:

```
./gradlew run
```

Beziehungsweise unter Windows:

```
gradlew.bat run
```

7.3.2 Hilfreiche Gradle-Plug-Ins

Falls Sie eine Webanwendung schreiben, nützt Ihnen das Plug-In `application` herzlich wenig, denn es gibt ja keine `Main`-Klasse. Glücklicherweise existiert ein eigenes Plug-In für diesen Zweck:

```
apply plugin: 'war'
```

Den Quellcode Ihrer Webanwendung müssen Sie dazu ins Verzeichnis *src/main/webapp* legen. Der build-Task erzeugt dann ein WAR statt ein JAR.

WARs mit Gradle bauen

Es gibt sogar ein Plug-In, um die Webanwendung in einem eingebetteten Jetty-Applikationsserver direkt zu starten:

apply plugin: 'jetty'

Um die Anwendung zu bauen und einen Jetty hochzufahren, in dem sie dann zur Verfügung steht, verwenden Sie den zugehörigen Task:

gradle jettyRunWar

Wenn Sie sich in Eclipse das Fenster GRADLE TASKS ansehen, finden Sie eine ganze Reihe hilfreicher Tasks, die das Java-Plug-In mitbringt. Erzeugen Sie beispielsweise einfach das Javadoc:

gradle javadoc

Und wenn Sie nicht wissen, welche Tasks ein Build-Skript zur Verfügung stellt (und aus irgendeinem Grund das Fenster GRADLE TASKS nicht finden können), versuchen Sie mal dies:

gradle tasks

Übrigens kann das Spring-Plug-In für Eclipse neue Projekte statt mit Maven auch mit Gradle bauen. Das Build-Skript für ein neues Spring Boot-Projekt sieht z. B. so aus:

Spring Boot mit Gradle

```
buildscript {
  repositories {
    mavenCentral()
  }
  dependencies {
    classpath("org.springframework.boot:spring-boot-gradle-plugin:↪
        1.5.3.RELEASE")
  }
}
  apply plugin: 'java'
  apply plugin: 'eclipse'
  apply plugin: 'org.springframework.boot'
  jar {
    baseName = 'gs-spring-boot'
    version =  '0.1.0'
  }
  ...
}
```

Listing 7.13 Das Build-Skript für eine Spring Boot-Anwendung verwendet ein eigenes Plug-In.

In diesem Fall ist bereits unter `buildscript {}` ein Repository angegeben, um dort das Gradle-Plug-In `org.springframework.boot` abzuholen. Der Task zum Starten heißt:

`gradle bootRun`

Vielleicht fällt Ihnen auf, dass Sie die `Main`-Klasse nicht konfigurieren müssen – die findet Spring Boot anhand der Annotations allein.

Zig weitere Möglichkeiten finden Sie in der Gradle-Dokumentation unter *https://docs.gradle.org*.

7.3.3 Gradle und Android Studio

Gradle für Android-Apps Als Google entschied, sich von Eclipse als Standard-Entwicklungsumgebung zu verabschieden, fiel die Wahl des Nachfolgers auf IntelliJ IDEA – grün angemalt, besser bekannt unter dem Namen *Android Studio*.

Gleichzeitig wurde Gradle als neues Build-Tool etabliert, um das doch etwas unflexible und umständliche *Ant* ebenfalls hinter sich zu lassen. Sicher hat die Verwendung von Gradle in Android Studio zum inzwischen recht hohen Bekanntheitsgrad beigetragen.

Ein typisches Build-Skript für eine App verwendet das Android-Plug-In und konfiguriert Android-typische Details:

```
apply plugin: 'com.android.application'
android {
  compileSdkVersion 24
  buildToolsVersion "24.0.1"
  defaultConfig {
    applicationId "de.company.app"
    minSdkVersion 15
    targetSdkVersion 24
    versionCode 1
    versionName "1.0"
  }
  buildTypes {
    release {
      ...
    }
  }
  productFlavors {
    google { ... }
    amazon { ... }
```

        }
}

Listing 7.14 Ein Build-Skript für eine Android-App

Hervorzuheben am Android-Plug-In sind die verschiedenen *Build Types* und *Flavors*. So können Sie leicht umschalten zwischen einem Release-Build und einem Debug-Build, oder Sie bauen leicht unterschiedliche Versionen derselben App für Google Play einerseits und den Amazon Store andererseits (z. B. wegen der verschiedenen Bezahlmethoden).

Allein durch Konventionen sucht Gradle den zugehörigen Code in entsprechenden Verzeichnissen. Bauen Sie die App mit Google Flavor, wird eine »geschmacksabhängige« Klasse *Payment.java* aus dem Verzeichnis *src/google/java* kompiliert, für die Amazon-Variante aus *src/amazon/java*. Der von Flavor unabhängige Code verbleibt komplett unter *src/main/java*. Analog gilt dasselbe für Ressourcen wie AndroidManifest, Bildchen, Texte oder Sounds.

Nicht nur als Android-Entwickler sollten Sie einen genauen Blick auf Gradle werfen, das mindestens so flexibel ist wie Maven, aber oft deutlich übersichtlicher.

7.4 Jenkins, stets zu Ihren Diensten!

Sobald Sie Ihr Projekt mit einem vernünftigen Build-System ausgestattet haben, können Sie einen Server damit beauftragen, die Bauarbeiten und alle damit verknüpften Aufgaben zu organisieren.

Als ein besonders verbreitetes System für automatische Continuous Integration stelle ich Ihnen in diesem Abschnitt die Open-Source-Lösung *Jenkins* vor (*https://jenkins.io*).

7.4.1 Jenkins einrichten

Als in Java geschriebene Webapplikation können Sie Jenkins einfach in jeden Application Server werfen, den Sie vielleicht ohnehin schon betreiben. Ansonsten installieren Sie einfach auf einem für Ihr Team erreichbaren Linux-Server eines der zum Download bereitstehenden Pakete.

Schicken Sie anschließend einfach einen beliebigen Browser zur Adresse des Servers (auf Port 8080), bei einer lokalen Installation also:

http://localhost:8080/

Sobald Sie sich als Administrator angemeldet haben, können Sie festlegen, welche Plug-Ins Jenkins nachinstallieren soll. Für den Anfang können Sie der voreingestellten Empfehlung folgen, denn natürlich können Sie jederzeit weitere Plug-Ins hinzufügen oder überflüssige löschen.

Jenkins mit Plug-Ins ausstatten
Es gibt Plug-Ins zum Abrufen von Code für Subversion, Git und andere Versionskontrollsysteme, Unterstützung für Ant und Gradle (Maven ist inklusive) sowie Anbindungen an LDAP oder Active Directory für die Nutzerverwaltung (bzw. um sich selbige zu ersparen).

Die Plug-In-Architektur von Jenkins erlaubt Ihnen die Optimierung auch für abenteuerliche Aufgaben. Da weit über 1.000 Plug-Ins existieren, kann ich Ihnen an dieser Stelle lediglich ein Beispiel für einen recht überschaubaren Anwendungsfall geben sowie (in Abschnitt 7.4.3) kurz einige weitere spannende Plug-Ins vorstellen.

Jenkins funktioniert übrigens auch in Microsoft Azure und mit .NET-Projekten, dazu komme ich in Abschnitt 7.6.

7.4.2 Ein Jenkins-Projekt konfigurieren

Sobald Sie Jenkins installiert haben, melden Sie sich als Administrator an. Sie werden dann von Ihrem freundlichen Butler empfangen (siehe Abbildung 7.4).

Abbildung 7.4 Willkommen! Jenkins wartet auf seine ersten Aufgaben. Unten links sehen Sie, dass der Butler derzeit nichts zu tun hat.

Einmalig müssen Sie Jenkins verraten, wo sich das Maven-Home-Verzeichnis befindet (unter Linux normalerweise */usr/share/maven*). Im Hauptmenü wählen Sie dazu JENKINS VERWALTEN • GLOBAL TOOL CONFIGURATION. Wenn Sie ein Gradle-Projekt bauen, können Sie an der gleichen Stelle auch den Gradle-Pfad einstellen. Auch den Pfad zu einem installierten JDK sollten Sie dort einstellen.

Ich habe als Beispiel ein simples, auf Spring Boot basierendes Maven-Projekt namens »wordcheck« als Jenkins-Job eingerichtet. Im Fall eines Maven-Projekts genügt es, wenn Sie Jenkins Zugriff auf den richtigen Subversion-Pfad gewähren (oder Git oder was immer Sie verwenden). Empfehlenswert ist es, hierzu einen eigenen Subversion-User anzulegen, der ausschließlich über Leserechte verfügt.

Ferner können Sie einstellen, wann bzw. wie oft Jenkins das Projekt bauen soll (BUILD-AUSLÖSER). Er kann dazu beispielsweise das Subversion-Repository überwachen und nach jeder Änderung einen neuen Build starten. Damit Ihre Festplatte nicht irgendwann voll ist, lassen Sie Jenkins ruhig alte Builds verwerfen. Da Jenkins außerdem exzessiv in Logfiles schreibt, behalten Sie das zugehörige Verzeichnis im Auge: unter Linux */var/log/jenkins*. Da unter anderem wiederholte Meldungen über veraltete Plug-Ins das Logfile fluten können, empfiehlt es sich, die automatische Aktualisierung von Plug-Ins zu aktivieren.

Sobald Sie das Projekt angelegt haben, können Sie einen Build manuell starten. Wenn alles geklappt hat, erscheint kurz darauf eine blaue Kugel als Bestätigung (siehe Abbildung 7.5).

Sie können sich die Build-Historie ansehen, Dateien im Arbeitsbereich oder auch die Testergebnisse. Wenn Sie einen Build anklicken, können Sie sich die Konsolenausgabe anschauen, was insbesondere bei Fehlschlägen wichtig ist.

Auch das gebaute Artefakt lässt sich über den Arbeitsbereich herunterladen.

Stellen Sie ruhig im Büro gut sichtbar einen Rechner auf, der permanent die Jenkins-Startseite anzeigt (und automatisch aktualisiert, der zugehörige Schalter befindet sich rechts oben). Niemandem kann es dann entgehen, wenn ein Build fehlschlägt, weil jemand fehlerhaften Code committet hat.

Sie sehen: Dank Jenkins hat nicht nur das ganze Team jederzeit den Überblick über den Build-Status. Vielmehr stehen die gebauten Artefakte jedem jederzeit zur Verfügung, und auch eine größere Zahl Projekte lässt sich übersichtlich und ressourcenschonend verwalten: Mehr als einen kleinen Linux-Server brauchen Sie dazu nicht.

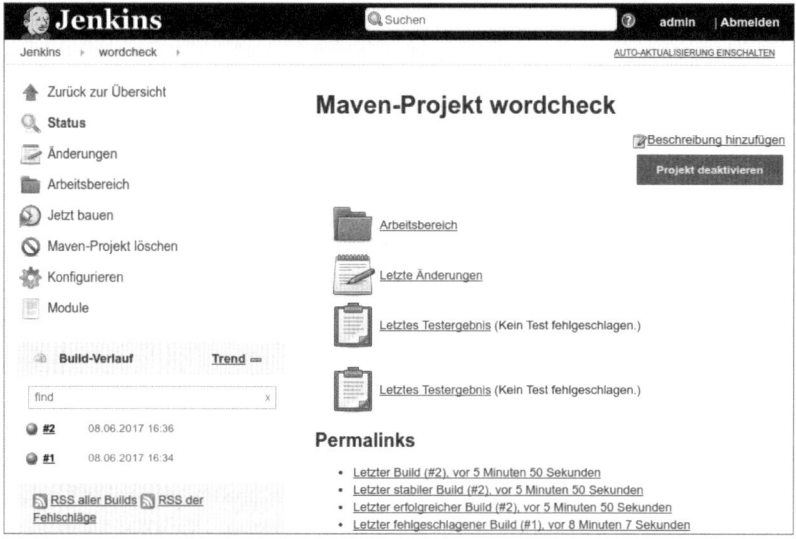

Abbildung 7.5 Jeder Jenkins-Job verfügt über eine eigene Statusseite.

Aber Jenkins kann noch mehr – daher stelle ich Ihnen jetzt einige interessante Plug-Ins vor.

7.4.3 Jenkins-Plug-Ins für jeden Zweck

Besonders nützlich ist es, sich mit Jenkins permanent einen Überblick über den Status der Tests verschaffen zu können.

Ich hatte bereits darauf hingewiesen, dass es eine gute Idee ist, jederzeit den Grad der Testabdeckung im Auge zu behalten.

Jenkins mit Cobertura — Konfigurieren Sie beispielsweise *Cobertura* als Tool zum Messen der Testabdeckung in Ihrer *pom.xml*. Normalerweise hängt der Vorgang am Goal mvn site, aber Sie können ihn auch als normalen Build-Schritt konfigurieren, der bei mvn package ausgeführt wird (Standardverhalten von Jenkins):

```
<build>
  <plugin>
    <groupId>org.codehaus.mojo</groupId>
    <artifactId>cobertura-maven-plugin</artifactId>
    <version>2.7</version>
    <configuration>
      <formats><format>xml</format></formats>
    </configuration>
```

```
    <executions>
      <execution>
        <phase>package</phase>
        <goals><goal>cobertura</goal></goals>
      </execution>
    </executions>
  </plugin>
...
```

Listing 7.15 Fügen Sie Cobertura in der »pom.xml« zum Build hinzu. Vergessen Sie nicht, die Ausgabe im für Jenkins lesbaren XML-Format zu aktivieren.

Zusätzlich müssen Sie im Jenkins-Job die Veröffentlichung der Coverage-Informationen anschalten, und zwar als Post-Build-Aktion (siehe Abbildung 7.6).

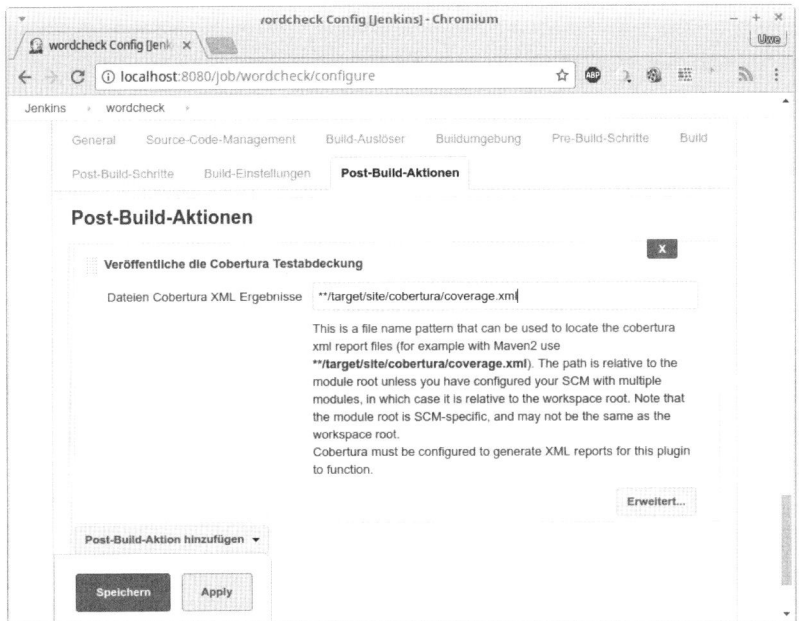

Abbildung 7.6 Sie müssen Jenkins mitteilen, wo das Cobertura-Ergebnis zu finden ist.

Übrigens ist Jenkins nicht besonders hungrig auf Ressourcen, und wenn der Build drei statt zwei Minuten dauert, schadet es ja nicht. Deshalb liegt es durchaus nahe, den freundlichen Butler auf einem Raspberry Pi zu installieren. Und zudem eine blaue und eine rote Glühbirne anzuschließen, die deutlich sichtbar den Projektstatus anzeigt!

(*https://github.com/BramDriesen/rpi-jenkins-tower-light*)

Der Vollständigkeit halber sei zu Protokoll gegeben, dass die Möglichkeiten eines Systems wie Jenkins zwar äußerst nützlich sind, aber glauben Sie bitte nicht, dass immer alles auf Anhieb reibungslos funktioniert. Letztlich holen Sie sich mit diversen Plug-Ins externe Abhängigkeiten ins Boot, die gelegentlich auf äußerst kreative Weise in die Hose gehen. Alles sauber einzurichten – und zu pflegen! – braucht seine Zeit. Daher tun Sie gut daran, für das Aufsetzen und die Betreuung etwas Aufwand von vornherein mit einzuplanen. Unter dem Strich lohnt es sich.

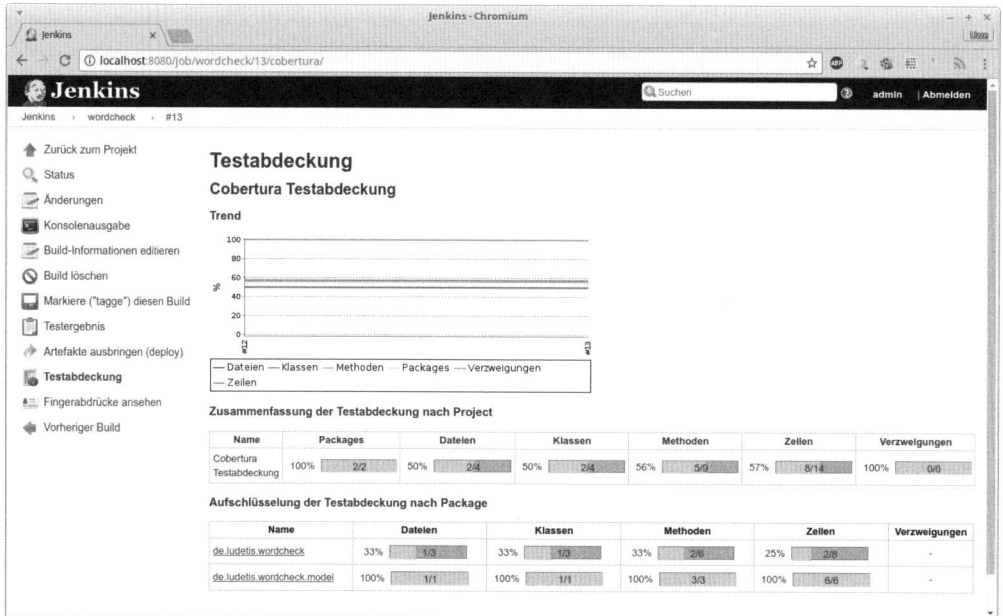

Abbildung 7.7 Jenkins erzeugt als Post-Build-Aktion einen Report aus der von Cobertura erzeugten XML-Datei.

Blau statt grün?

Falls Sie sich (wie auch ich) einmal darüber wundern, dass Jenkins erfolgreiche Builds mit einem blauen Symbol kennzeichnet und nicht etwa mit einem grünen, dann wird Sie die Erklärung vielleicht in Staunen versetzen. Sie hat mit den japanischen Wurzeln der Software zu tun. Hätten Sie gewusst, dass Grün und Blau in Japan etwas anders aufgefasst werden als hierzulande? Dies, zusammen mit dem Hinweis, dass japanische Kinder die Sonne immer rot statt gelb malen, erfahren Sie hier:

https://jenkins.io/blog/2012/03/13/why-does-jenkins-have-blue-balls/

7.5 Nicht nur eine Frage des Stils

Bereits in Abschnitt 2.1 hatte ich auf den Nutzen von Code-Style-Konventionen hingewiesen.

Sie können sich drauf verlassen: Einmal festgelegt, respektiert jeder User solche Vereinbarungen. Genauso »gut« hilft Daumendrücken gegen Infektionskrankheiten.

Im Ernst: Natürlich können Sie Continuous Integration nutzen, um die Einhaltung des Code Style Guides zu überwachen. Am besten mit Maven und Jenkins!

7.5.1 Checkstyle

Am einfachsten können Sie Checkstyle in den Build-Prozess einbinden, indem Sie das zuständige Maven-Plug-In verwenden. Es generiert einen Report (z. B. mit `mvn checkstyle:checkstyle`); außerdem können Sie es ähnlich wie z. B. Cobertura in die *pom.xml* einbauen.

Checkstyle einbinden

Standardmäßig prüft Checkstyle den Code gegen die Konventionen von Sun. Per Konfigurationsschalter können Sie stattdessen die Google Styles anwenden:

```
<configuration>
  <configLocation>google_checks.xml</configLocation>
</configuration>
```

Außerdem können Sie auf Wunsch eine eigene XML-Datei referenzieren. Besonders geschickt ist es, dieselben Styles in der Entwicklungsumgebung einzustellen. In Eclipse finden Sie die zugehörige Import-Funktion unter WINDOW • PREFERENCES • JAVA • CODE STYLE • CODE TEMPLATES • IMPORT.

Checkstyle erzeugt im *target*-Verzeichnis eine Datei namens *checkstyle-result.xml*, die Jenkins wiederum auswertet, wenn Sie die nötige Konfiguration unter den Build-Einstellungen aktivieren. Sie können dort numerische Grenzen für die Anzahl von Warnungen angeben, die noch als akzeptabel durchgehen. Ein Wort zur Mahnung: Sobald eines Ihrer Teammitglieder einen falschen Style einstellt oder eine Kleinigkeit wie die Einrücktiefe ändert und dabei das automatische Formatieren beim Speichern aktiviert hat, geht die Anzahl der Checkstyle-Warnungen durch die Decke.

7 Continuous Integration

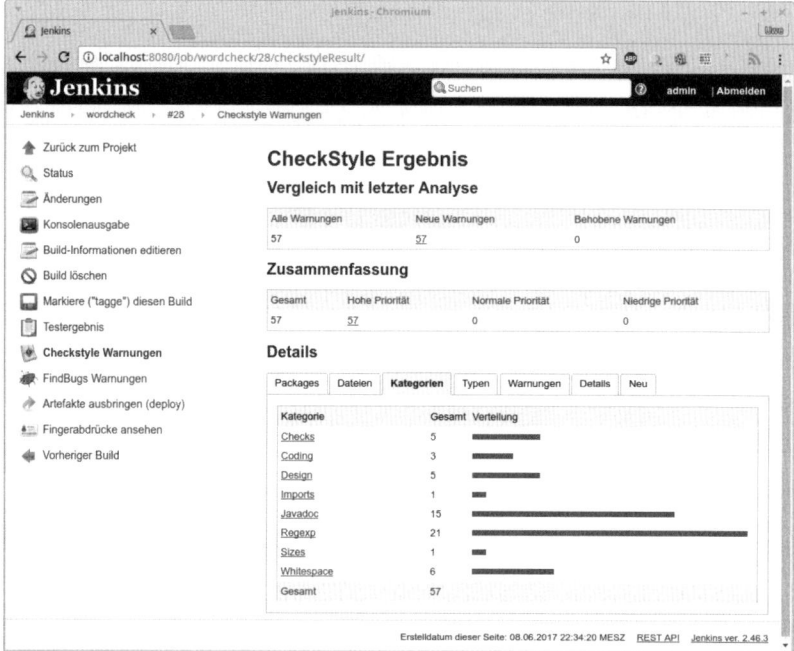

Abbildung 7.8 Checkstyle listet gnadenlos jeden noch so kleinen Regelverstoß auf.

Jedoch legt Checkstyle den Finger in viele Wunden: unbenutzte Imports, fehlendes Javadoc, Angaben im Code, die als Konstanten definiert werden sollten, und so weiter. Selbst bei einem einfachen Projekt knallt Ihnen Checkstyle so viele Verbesserungsvorschläge um die Ohren, dass sie bis auf Weiteres mit Korrekturen beschäftigt wären, wenn Sie alles in Ordnung bringen wollten. Deshalb ist es in den meisten Teams sinnvoll, Checkstyle etwas moderater zu konfigurieren.

> **Checkstyle im Netz**
>
> http://checkstyle.sourceforge.net/

7.5.2 FindBugs

Deutlich über Checkstyle hinaus geht *FindBugs*. Dieses Tool prüft Java-Code vor allem auf typische Coding-Fehler.

Natürlich können Sie auch FindBugs mit Maven und Jenkins automatisieren. Der Eintrag in der *pom.xml* lautet:

```xml
<plugin>
  <groupId>org.codehaus.mojo</groupId>
  <artifactId>findbugs-maven-plugin</artifactId>
  <version>3.0.4</version>
  <executions>
    <execution>
      <phase>package</phase>
      <goals><goal>findbugs</goal></goals>
    </execution>
  </executions>
</plugin>
```

Listing 7.16 Klinken Sie FindBugs in den »package«-Vorgang ein.

In Jenkins aktivieren Sie bei den Build-Einstellungen einfach den FindBugs-Report.

Ab und zu wirft FindBugs »false positives« aus, meldet also Fehler, die keine sind. Wenn Ihnen solche Fälle besonders häufig unterkommen, kann es sinnvoll sein, die zugehören Fehler zu filtern.

FindBugs einbinden

Mehr dazu finden Sie auf der Homepage des Plug-Ins: *http://gleclaire.github.io/findbugs-maven-plugin*

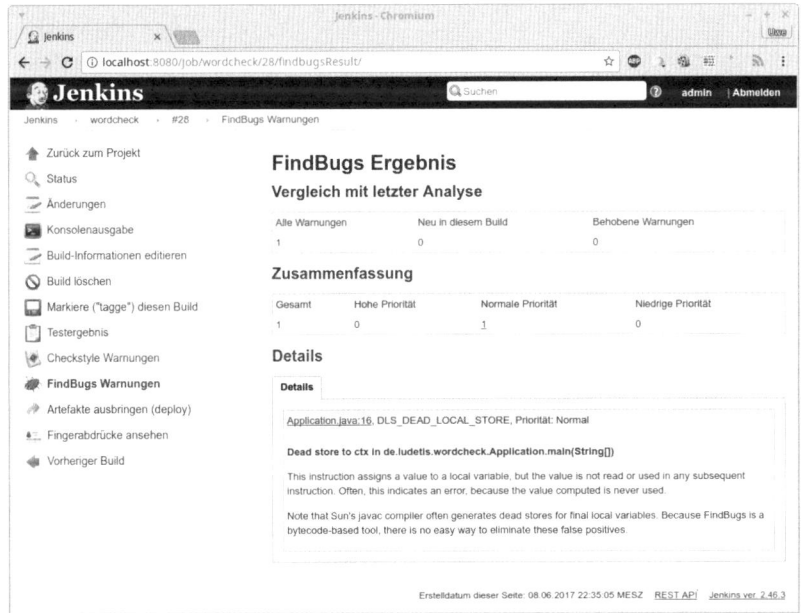

Abbildung 7.9 Nicht nur unbenutzte lokale Variablen bemerkt FindBugs.

Für FindBugs zeigt Jenkins auf der Projektseite ähnlich wie bei den Testergebnissen ein Trend-Diagramm an. So können Sie jederzeit leicht erkennen, ob sich die Anzahl der Bugs mit der Zeit verringert oder erhöht. In letzterem Fall sollte das Team versuchen, die Ursachen zu finden. Vielleicht sind einige Konventionen in Vergessenheit geraten. Es kann nicht schaden, sich Ziele zu setzen: Vor allem, wenn Sie FindBugs neu in ein existierendes Projekt einführen, wird die Anzahl der identifizierten Probleme sehr hoch sein. Setzen Sie sich im Team für den nächsten Meilenstein (oder Sprint) gemeinsam ein Ziel, unter welche Marke Sie die Zahl drücken möchten. Wird das Ziel übertroffen, gehen Sie gemeinsam in die nächste Kneipe, und stoßen Sie alle drauf an!

7.6 NuGet für .NET und MS Azure

Die Microsoft-Welt sieht etwas anders aus als die Java-Welt. Nicht Jenkins serviert mit Gradle-Hilfe den Kaffee, State of the Art sind hier vielmehr *NuGet* und *Azure*. Beides in Visual Studio integriert, wird so die Benutzung von Drittbibliotheken vereinfacht.

Schon seit längerer Zeit bietet auch Microsoft seine Entwicklungsumgebung übrigens kostenlos an. Es steht Ihnen also nichts im Weg, wenn Sie sich die folgenden Beispiele direkt in Ihrem eigenen *Visual Studio* 2017 (Community Edition) anschauen möchten. Für Download und Installation sollten Sie allerdings etwas Geduld mitbringen.

7.6.1 Abhängigkeiten verwalten mit NuGet

Eigene Paketquellen für NuGet

Seit 2010 kümmert sich NuGet um die Paketverwaltung in .NET-Projekten. Die Einführung war vermutlich unter anderem deswegen von großem Vorteil, weil so der Zoo von Open-Source-Bibliotheken für .NET schneller wachsen konnte. Neben der offiziellen NuGet Gallery unter *nuget.org* können Sie Pakete auch aus anderen Quellen beziehen. Dazu müssen Sie Visual Studio bloß mitteilen, wo sich diese Quelle befindet. Eine solche Quelle kann ein eigener NuGet-Server sein (eine *ASP.NET*-Webapplikation, die im Internet Information Servies [IIS] läuft), aber auch ein Netzlaufwerk mit einer passenden Verzeichnisstruktur. Eine weitere, deutlich mächtigere Option ist es, die NuGet Gallery-Software zu installieren (*https://github.com/NuGet/NuGetGallery*).

Um Ihrem Projekt ein NuGet-Paket hinzuzufügen, durchsuchen Sie die NuGet Gallery nach einem passenden Produkt (siehe Abbildung 7.10).

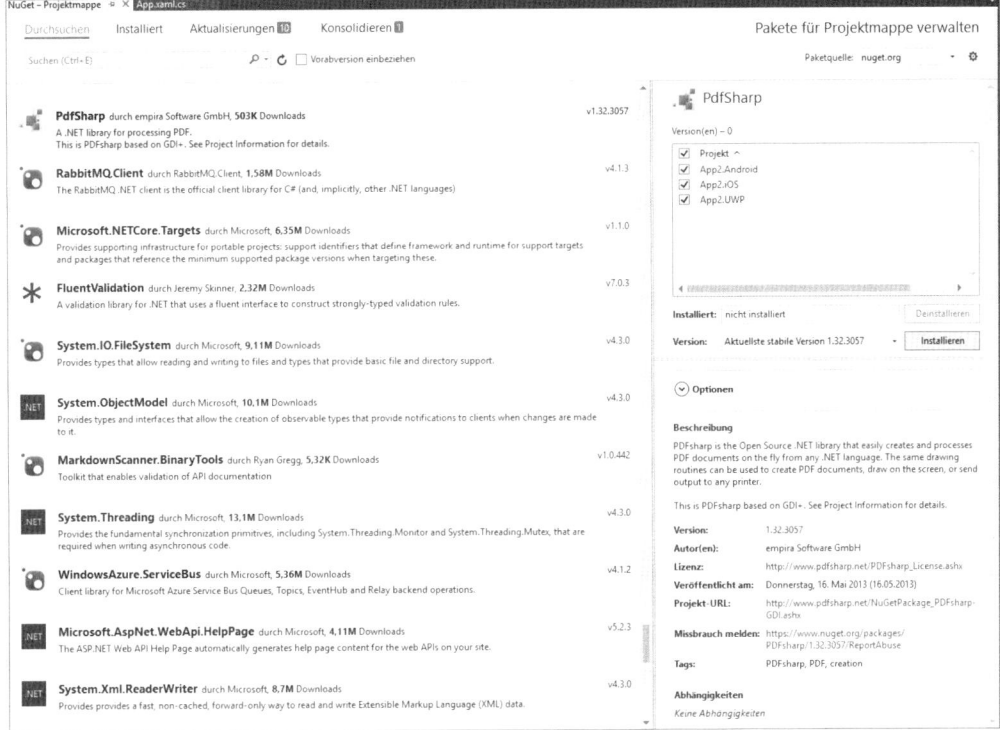

Abbildung 7.10 Der NuGet-Paketmanager zeigt kompakt alle nötigen Informationen.

Neben einer mehr oder weniger ausführlichen Beschreibung können Sie an dieser Stelle auch die wichtigen Lizenzinformationen zu Paketen einsehen. Ordnen Sie dann ein ausgesuchtes Paket allen nötigen Projekten Ihrer Projektmappe hinzu, und schon können Sie die enthaltenen Klassen im Code verwenden. Eventuelle Abhängigkeiten werden automatisch nachinstalliert.

Haben Sie einem Projekt einmal Pakete hinzugefügt, können Sie jederzeit nach Updates suchen und diese nachinstallieren.

Übrigens können Sie NuGet nicht nur mit Visual Studio, sondern auch mit *MonoDevelop* (z. B. unter Linux) verwenden. Es gibt außerdem Kommandozeilenbefehle. Wenn die hübsche Benutzeroberfläche nicht mehr weiterweiß, kann das durchaus helfen. Öffnen Sie die Konsole über das Menü mit Extras • NuGet-Paket-Manager • Paket-Manager-Konsole. So können Sie beispielsweise ein Paket auch dann entfernen, wenn die Oberfläche es nicht zulässt, weil ein anderes noch davon abhängt:

```
uninstall-package package.name -force
```

Manchmal müssen Sie sich mit Versionskonflikten herumschlagen: Zwei verschiedene Pakete erfordern dieselbe Abhängigkeit, aber die eine erwartet eine bestimmte Version, die leider eben nicht installiert wurde. Auch hier hilft die Kommandozeile: Installieren Sie einfach die gewünschte Version:

```
install-package package.name -version "1.1"
```

Auch eine Neuinstallation eines Pakets kann manchmal helfen:

```
update-package –reinstall package.name
```

Normalerweise leistet NuGet gute Dienste, so dass Sie meist nicht in die Verlegenheit kommen, solche Reparaturarbeiten durchzuführen.

7.6.2 Eigene NuGet-Pakete erzeugen

Wenn Sie Codemodule in verschiedenen Projekten verwenden möchten, liegt es nahe, dafür ebenfalls NuGet zu verwenden.

Allerdings können Sie nur Projekte vom Typ »Class Library« auf diese Weise verpacken. Sie tun also gut daran, eine solche Aufteilung in Class Libraries einerseits und Applikation andererseits von vornherein zu planen. Alternativ verschieben Sie Code nachträglich in eine Class Library, aber das ist natürlich mehr Aufwand.

Für die weiteren Schritte benötigen Sie die Kommandozeilenanwendung NuGet.exe für Windows (zu finden auf *https://dist.nuget.org*).

Wenig überraschend muss jedes Paket über Metadaten verfügen, wenn es veröffentlicht werden soll. Praktisch, dass NuGet.exe eine Funktion mitbringt, um die nötige Datei zu erzeugen. Führen Sie den folgenden Befehl im Projektverzeichnis aus:

```
nuget spec
```

Ergebnis ist eine XML-Datei namens *Package.nuspec*, in die Sie projektspezifische Informationen eintragen können. Achten Sie aber darauf, die Platzhalter $version$ und $title$ nicht anzufassen. Diese ersetzt NuGet später durch sinnvolle Daten. Dafür müssen Sie eine Paket-ID erfinden und eintragen sowie einen Autorennamen und eine Beschreibung:

```xml
<?xml version="1.0"?>
<package>
  <metadata>
    <id>company.product.package</id>
    <version>$version$</version>
    <title>$title$</title>
```

```
    <authors>Max Mustermann</authors>
    <owners>Max Mustermann</owners>
      <requireLicenseAcceptance>false</requireLicenseAcceptance>
    <description>Beschreibung</description>
    <releaseNotes>...</releaseNotes>
    <copyright>Copyright 2017</copyright>
    <tags>...</tags>
  </metadata>
</package>
```

Listing 7.17 Schreiben Sie Metadaten in die ».nuspec«-Datei.

Wenn Sie die Metadaten eingetragen haben, erzeugen Sie das NuGet-Paket wie folgt:

`nuget pack ProjectName.csproj`

Resultat ist eine *nupkg*-Datei, deren Name den Projektnamen und die Versionsnummer enthält.

Das fertige Paket können Sie nun auf einem Netzlaufwerk oder in einer eigenen NuGet Gallery zur Verfügung stellen oder, falls es sich um Open Source von öffentlichem Interesse handeln sollte, auch auf *nuget.org* hochladen.

7.6.3 Entwickeln in der Cloud mit Azure

In der Windows-Welt hat Microsoft umfangreiche Tools für Continuous Integration innerhalb der Azure Cloud verwirklicht.

Eine Einführung in Azure würde den Rahmen dieses Abschnitts natürlich bei Weitem sprengen. Sie wissen sicher, dass Azure Ihnen nicht nur Build-Tools bietet, sondern auch Dienste aller Art. Sie können Webapplikationen hosten, Datenbanken oder auch Quellcode verwalten (mit den Team Services). Da einige Azure-Funktionen kostenlos sind – und nach aktuellem Stand sogar bei der Anmeldung ein Gratis-Guthaben mitbringen –, können Sie diverse Features leicht ausprobieren. Voraussetzung sind ein Microsoft-Konto und eine Kreditkarte, die freilich nur belastet wird, wenn Sie kostenpflichtige Pakete bestellen. Als Visual Studio-Entwickler oder MSDN-Abonnent erhält man übrigens eine monatliche Gutschrift.

Hier im Buch möchte ich Ihnen ein simples Beispiel dafür zeigen, wie Sie mit Visual Studio die Continuous Integration für ein Web App-Projekt mit REST-Schnittstelle aufsetzen.

Eine Web App in Azure Legen Sie im ersten Schritt einen App Service des Typs »Web App« an (siehe Abbildung 7.11).

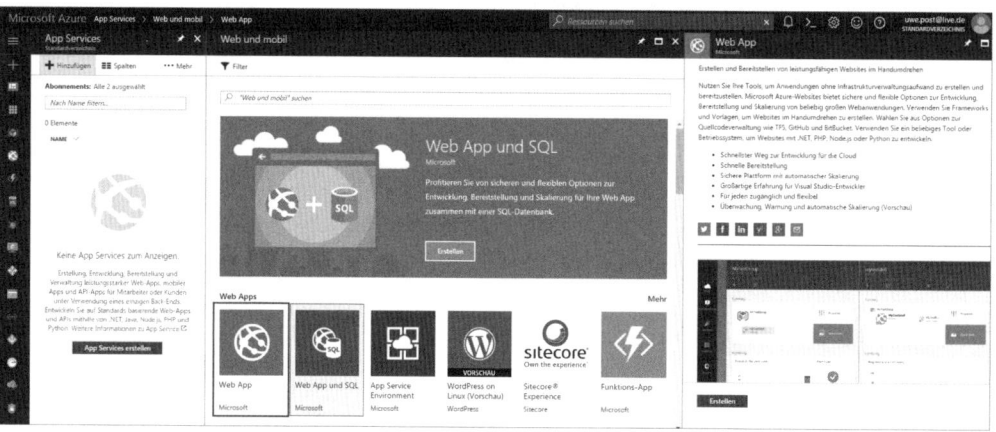

Abbildung 7.11 Wählen Sie aus dem Zoo verfügbarer App Services »Web App« aus.

Nachdem Sie den Typ des Dienstes gewählt haben, müssen Sie sich für einen App-Namen entscheiden. Suchen Sie sich außerdem einen Standort aus, an dem der Dienst gehostet wird (siehe Abbildung 7.12).

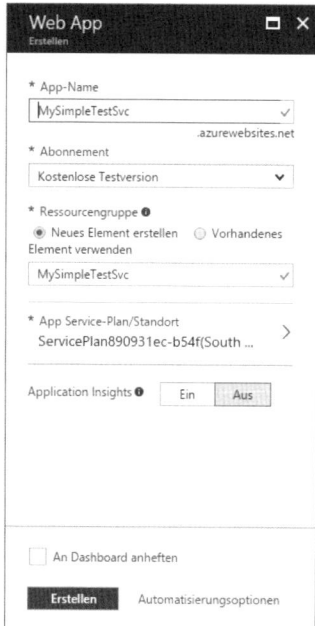

Abbildung 7.12 Erfinden Sie einen eindeutigen Namen für Ihren Dienst. Achten Sie darauf, dass Sie das richtige Abonnement verwenden, falls Sie mehrere haben. Für eine einfache Demo benötigen Sie keine Application Insights.

Erzeugen Sie als Nächstes in Visual Studio mit dem Project Wizard eine neue ASP.NET Web API-Anwendung (siehe Abbildung 7.13). Diese eignet sich für RESTful-Webservices und enthält das nötige Codegerüst sowie den DemoController, die Sie mit Ihrer eigenen Geschäftslogik ergänzen können. Andere zur Verfügung stehende Vorlagen sind Web Forms oder MVC (Model View Controller-Entwurfsmuster) für Webanwendungen.

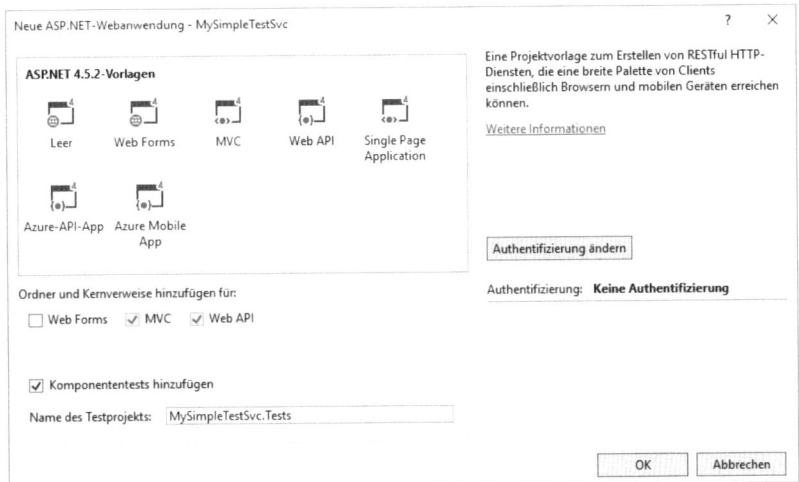

Abbildung 7.13 Der Wizard für ASP.NET-Webanwendungen bietet eine reichhaltige Auswahl. Die Vorlage »Web API« erzeugt ein Gerüst für eine REST-Anwendung.

Der Code eines solchen DemoControllers (*ValueController.cs*) sieht in etwa wie folgt aus:

```
namespace MySimpleTestSvc.Controllers
{
  public class ValuesController : ApiController
  {
    // GET api/values
    public IEnumerable<string> Get()
    {
      return new string[] { "value1", "value2" };
    }
    // GET api/values/5
    public string Get(int id)
    {
      rcturn "value";
    }
```

```
    ...
  }
}
```

Listing 7.18 So sieht ein simpler REST-Controller in ASP.NET aus.

Der zugehörige Unit-Test findet sich im Testprojekt in der Datei *Value-ControllerTest.cs*:

```
namespace MySimpleTestSvc.Tests.Controllers
{
  [TestClass]
  public class ValuesControllerTest
  {
    [TestMethod]
    public void Get()
    {
      // Anordnen
      ValuesController controller = new ValuesController();
      // Aktion ausführen
      IEnumerable<string> result = controller.Get();
      // Bestätigen
      Assert.IsNotNull(result);
      Assert.AreEqual(2, result.Count());
      Assert.AreEqual("value1", result.ElementAt(0));
      Assert.AreEqual("value2", result.ElementAt(1));
    }
    ...
  ]
}
```

Listing 7.19 Der Test des »ValuesControllers« enthält (automatisch erzeugte) deutschsprachige Kommentare. Die Bemühungen der Microsoft-Entwicklungssysteme, Deutsch mit uns zu sprechen, sind zwar nett gemeint, produzieren aber manchmal auch unfreiwillig komische Artefakte.

Natürlich könnten Sie die Anwendung jetzt lokal auf Ihrem Rechner starten und ausprobieren (inklusive Unit-Tests), aber darum geht es nicht in diesem Abschnitt. Vielmehr soll der Code serverseitig gebaut und getestet werden.

Team Foundation Server

Dazu müssen Sie den Code in eine Quellcodeverwaltung packen. Microsoft bietet Ihnen dazu an, einen Team Foundation Server unter *visualstudio.com* aufzusetzen (basierend auf Git). Das »Basic Level« ist Teil der

»Visual Studio Dev Essentials« und kostenlos. Sie können ein Code-Repository für Ihr Projekt von Visual Studio aus unter TEAM • VERBINDUNGEN VERWALTEN einrichten. Checken Sie den Code ein, und loggen Sie sich in Ihrer Entwicklerkonsole Ihres Team Servers ein (*https://Ihrgewähltername.visualstudio.com*). Mit wenigen Klicks konfigurieren Sie dort ein serverseitiges Build Ihres Projekts (siehe Abbildung 7.14).

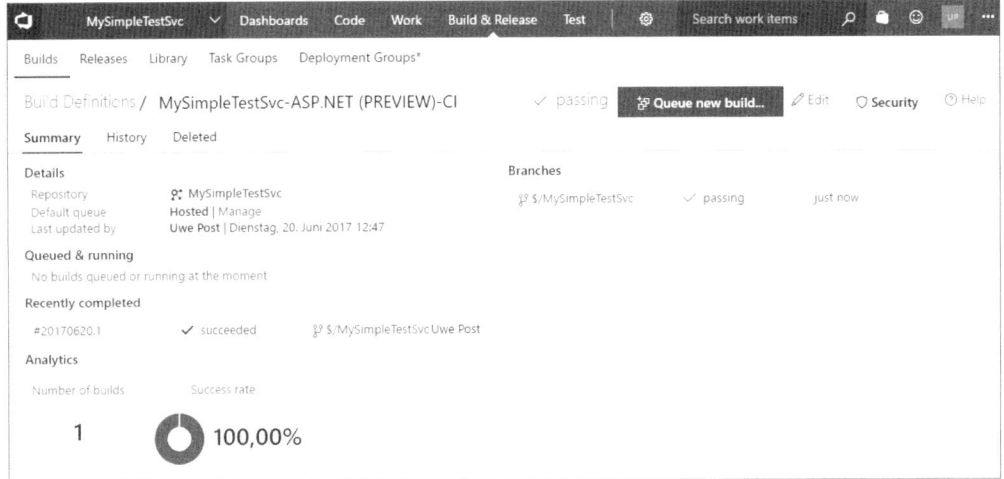

Abbildung 7.14 Ihr Team Foundation Server hat einen Build erfolgreich abgeschlossen. Log-Ausgaben finden Sie, wenn Sie die Build-Nummer anklicken.

Wenn das Bauen der Anwendung funktioniert hat, können Sie sie automatisch in Azure deployen lassen. Klicken Sie auf RELEASES und auf NEW DEFINITION. Wählen Sie das »Azure App Service Deployment«, und schalten Sie (wenn gewünscht) das Continuous Deployment an, so dass jeder erfolgreiche Build sofort in Ihrer Azure Web App landet.

Der Values-Webservice, implementiert durch die *ValuesController.cs*, ist dann verfügbar unter der gewählten Adresse, z. B.: *http://mysimpletestsvc.azurewebsites.net/api/Values*.

Falls Sie sich darüber wundern, dass das Ergebnis XML ist und nicht wie vielleicht erwartet JSON: Wenn Sie das Gegenstück (den Webservice-Client) ebenfalls mit Microsoft-Tools bauen, kann Ihnen das egal sein. Ansonsten können Sie zwei Codezeilen in die Funktion `WebApiConfig.Register()` einbauen, damit XML nicht mehr als bevorzugtes Ausgabeformat definiert ist. Der Server verwendet dann automatisch JSON.

```
var appXmlType = config.Formatters.XmlFormatter
    .SupportedMediaTypes
    .FirstOrDefault(t => t.MediaType == "application/xml");
config.Formatters.XmlFormatter
    .SupportedMediaTypes.Remove(appXmlType);
```

Listing 7.20 So entfernen Sie den »XmlFormatter« und erzwingen eine Ausgabe im JSON-Format.

Der Team Foundation Server bringt übrigens eine Task-Verwaltung mit, also alles, was man braucht, und zwar aus einer Hand, bis zu einem gewissen Grad sogar kostenlos. Da alles in der Cloud läuft, benötigen Sie keinen eigenen Server. Damit entfällt ein gewisser Administrationsaufwand, allerdings bieten die Microsoft-Tools eine derart hohe Featuredichte, dass man für Neueinsteiger von einer steilen Lernkurve ausgehen muss. Die sehr umfangreichen webbasierten Tools erfordern außerdem eine breitbandige Internetverbindung, sonst macht die Arbeit keinen Spaß.

Kapitel 8
Dokumentation, Kommentare & Tools

Würden Sie Ihrem Gehirn unwichtige Daten anvertrauen?

Ich eher nicht, jedenfalls nicht in größeren Mengen.

Das menschliche Gedächtnis ist ein Informationsspeicher mit eingebautem Datenverlust, denn es filtert, was ihm unwichtig erscheint. Beispielsweise die Bedeutung der Methode `RarelyUsedService.obtainUselessInfos();`.

Versuchen Sie nicht, sich alles zu merken. Schreiben Sie es lieber auf, und merken Sie sich nur, *wo es steht*.

Nur trivialer Code benötigt keinerlei Kommentare. Aber nicht missverstehen: Mehr ist nicht automatisch besser. Manchmal trifft das Gegenteil zu. Dieses Kapitel steht ganz im Zeichen all jener Dinge, um die wir Entwickler uns gerne drücken, weil wir fürchterliche Angst haben, uns dabei zu Tode zu langweilen: Kommentare, Dokumentation, Readmes.

8.1 Kommentare sind wie Tooltips

Kennen Sie Tooltips? Nein, ich rede nicht von Karl Klammer. Ich meine die kleinen Sprechblasen, die auftauchen, wenn Sie den Mauszeiger über ein Bedienelement halten. Hilfen, die genau dort untergebracht sind, wo der Benutzer sie benötigt. Er muss nicht [F1] drücken und in einer Online-Hilfe die gewünschte Information suchen, geschweige denn ein Handbuch aus dem Regal fischen und im Stichwortverzeichnis blättern. So viel Zeit haben wir nicht im 21. Jahrhundert. Deshalb werden Spiele deinstalliert, die kein eingebautes Tutorial haben. Deshalb lautet die Antwort auf die beliebte Forderung *RTFM* (»Read the f***cking manual«) heutzutage meistens: Nö. Und deshalb gehören die wichtigsten Hinweise in Quellcodekommentare. Sie sind die dem Entwickler unmittelbar zur Verfügung stehende Hilfe. Eine andere wird er womöglich nicht zur Kenntnis nehmen, selbst wenn sie irgendwo existiert.

Fragen Sie sich selbst, ob Sie große Lust verspüren, irgendwo in den Untiefen des Fileservers Ihres Unternehmens nach jenem Word-Dokument zu suchen, das eine Erläuterung zu `RarelyUsedService` enthält (in der aktuell gültigen Version!). Zumal, wenn Sie Pech haben, dort nur ein Eintrag wie der folgende steht:

Klasse	Methode	Autor
RarelyUsedService	obtainUselessInfos()	?
Parameter	–	
Erläuterung	*Hier Erläuterung einfügen*	

Ein hübsch formatierter Platzhalter, nicht wahr? Mit dieser Suche haben Sie eine halbe Stunde verschwendet, und der Praktikant, der das Dokument zusammengestöpselt hat, einen halben Monat, um es zu schreiben. Inzwischen hat er das Unternehmen natürlich längst verlassen und kann nicht mehr zur Rechenschaft gezogen werden.

Also müssen Sie sich eine Tasse Tee kochen, den Quellcode der Funktion lesen und hoffen, dass der Tee Ihnen dabei hilft, ihn zu verstehen.

Nein, diese Geschichte ist nicht erfunden.

Lesen Sie die folgenden Abschnitte, um zu verhindern, dass sie noch einmal geschieht.

8.1.1 Notwendige und unnötige Kommentare

Es ist auf Anhieb ersichtlich, dass Code kommentiert werden sollte – aber nicht jede Kleinigkeit. Sie müssen entscheiden, ob ein Kommentar an einer Stelle sinnvoll ist oder nicht.

Code kommentieren, der nicht auf Anhieb verständlich ist

Eine recht brauchbare Faustregel lautet, dass Code zu kommentieren ist, der für einen üblicherweise damit umgehenden Entwickler (das können auch Sie selbst sein!) in einem halben Jahr (wenn das Kurzzeitgedächtnis alles vergessen hat) nicht auf Anhieb verständlich ist. Sehen Sie sich folgendes Beispiel aus einem rundenbasierten Strategiespiel an:

```
// start next round
round++;
startNextRound(round);
```

Dieser Kommentar ist überflüssig, genau wie die ihm folgende Zeile übrigens. Dieser Code wäre in einer einzigen Zeile genauso verständlich:

Keine redundanten Kommentare

```
startNextRound(++round);
```

Solange Bezeichner und Funktionsaufrufe sprechend und klar benannt sind, ist der Code selbst der beste Kommentar. Jeder, der die verwendete Sprache beherrscht, begreift auf Anhieb, was der Code tut. Ein zusätzlicher Kommentar ist bestenfalls geeignet, den Leser zu irritieren: »Warum hielt es der Autor für nötig, eine Erklärung hinzuzufügen? Übersehe ich vielleicht etwas?«

Was Code tut, sollte Ihnen der Code selbst verraten, völlig ohne Kommentar. Was er nicht verraten *kann*, sollte der Kommentar verdeutlichen. Zum Beispiel: *Warum* eine Codezeile genau so geschrieben wurde:

```
// remove outdated certificates so the user can't choose one
certificates.RemoveAll( cert => cert.IsOutdated() );
```

Dass dieser C#-Code abgelaufene Zertifikate via Linq Predicate aus der Liste certificates entfernt, ist zwar offensichtlich – aber warum, das verrät erst der Kommentar.

Andererseits gibt es Code, bei dem auch keine Kommentare mehr helfen.

Die folgende Zeile entstammt einem einschlägigen Beispiel von *thedailywtf.com*:

```
NotResult |= !UpdateFileStoreTemplate(DC_EMAIL_TEMPLATE);
// Not-ing a fail makes it true, so if Not result is True
// we've had a failure
```

Wenn Sie einen solchen kryptischen Kommentar finden, bitten Sie den Autor nicht, ihn zu erklären. *Bitten Sie ihn, den Code so umzuschreiben, dass ein schwer verständlicher Kommentar nicht erforderlich ist.*

Bei der Gelegenheit erinnern Sie ihn an die vereinbarte Konvention: Kommentare müssen verständlich sein. Genau wie der eigentliche Code.

Kommentare müssen verständlich sein.

Selbst wenn Sie wahrscheinlich der einzige Mensch sind, der mit Ihrem Code arbeitet, tun Sie so, als wären Sie vergesslich und schwer von Begriff. Halten Sie sich vor Augen, dass Sie womöglich das nächste Mal in einigen

Jahren vor dem Code sitzen werden, den Sie gerade schreiben. Sie werden dann nicht in die Vergangenheit reisen können, um sich selbst nach dem Sinn des Codes zu fragen. Drehen Sie also den Spieß um: Senden Sie Ihrem zukünftigen Selbst eine freundliche Botschaft. Helfen Sie sich selbst, sparen Sie zukünftige Zeit und Nerven, indem Sie einen hilfreichen Kommentar hinzufügen.

Fassen Sie sich kurz! Umfangreiche Kommentare sind oft ein Zeichen dafür, dass der Code umgeschrieben werden sollte. Dazu aber später mehr. Lassen Sie uns erst über ein ernstes Thema sprechen: Humor.

8.1.2 Witzige Kommentare

Vielleicht hatten Sie diese Diskussion in Ihrem Team auch schon einmal: Darf Sourcecode witzig sein? Wenigstens in Kommentaren?

Ach was soll's, es gibt genug Verbote, und wir Programmierer haben ja wenig zu lachen. Aber es sollte klar sein, was gemeint ist. Gefährlich ist Ironie, denn wenn man die nicht versteht ...:

```
// add 1 billion dollars to my account
cash += 10.00f;
```

Hier könnte man glauben, einen Fehler vor sich zu haben, da Kommentar und Codezeile nicht passen. Der Programmierer hat sich hier einen nicht einmal besonders komischen Scherz auf Kosten der Plausibilität erlaubt (wenn Sie nicht drüber lachen können: Humor ist Geschmackssache!). Sie müssen nicht unbedingt mit Smileys arbeiten, um einen Witz zu kennzeichnen. Sorgen Sie einfach dafür, dass er als solcher eindeutig erkennbar ist – oder ziehen Sie in Erwägung, ganz auf ihn zu verzichten.

Einer der Sternstunden der Software-Entwicklung ist die folgende Codestelle zu verdanken:

```
TC      BANKCALL    # TEMPORARY, I HOPE HOPE HOPE
CADR    STOPRATE    # TEMPORARY, I HOPE HOPE HOPE
TC      DOWNFLAG    # PERMIT X-AXIS OVERRIDE
```

Falls Sie die verwendete Programmiersprache nicht kennen, machen Sie sich keine Gedanken. Das ist Assemblercode aus der Apollo 11-Software, die für die Mondlandung verantwortlich zeichnete.

(Quelle: *https://github.com/chrislgarry/Apollo-11/blob/master/Luminary 099/LUNAR_LANDING_GUIDANCE_EQUATIONS.agc*)

Humor verbieten oder nicht? Ich überlasse es Ihnen. Der Landung auf unserem Trabanten hat die Sache jedenfalls keinen Abbruch getan.

Aber nach allem, was wir wissen, war's ziemlich knapp.

Ansonsten schreiben Sie Kommentare in der Sprache des Codes, also üblicherweise Englisch, und verzichten Sie auf umständliche Formatierungen.

Halten Sie Kommentare knapp und klar, verfassen Sie keine Romane.

8.1.3 Wann und wo?

Verschieben Sie das Schreiben von Kommentaren nicht auf später. Dann könnte es schon zu spät sein. Ihr Code wird Ihnen selbst nie verständlicher erscheinen als in dem Moment, in dem Sie ihn schreiben. Also schreiben Sie auch den Kommentar sofort.

Natürlich besteht nicht nur die Gefahr, dass Sie später nicht mehr wissen, was der Code tut, und folglich keinen geeigneten Kommentar mehr verfassen können. Die vielleicht noch größere Gefahr besteht darin, dass unbequeme und vermeintlich unwichtige Aufgaben gerne in der Prioritätenliste so weit hinten landen, dass sie de facto niemals erledigt werden.

Die gute Absicht, einen Kommentar zu schreiben, genügt nicht. Sie müssen es auch *tun*.

Auch die Frage nach dem »Wo« stelle ich nicht umsonst. Werfen Sie einen Blick auf die folgenden drei Beispiele:

1. Kommentar vornweg

    ```
    // fetch infos
    info = obtainUselessInfos();
    ```

2. Kommentar am Zeilenende

    ```
    info = obtainUselessInfos(); // fetch infos
    ```

3. Kommentar in Folgezeile

    ```
    info = obtainUselessInfos();
    // infos now have been fetched
    ```

Die dritte Variante verstößt gegen die Intuition. Ein Kommentar erklärt üblicherweise, was als Nächstes geschehen wird, und nicht, was zuvor geschah.

Streng genommen steht der Kommentar auch in Variante Nummer zwei hinter dem Code. Noch aus BASIC-Zeiten stammt womöglich das Gefühl, dass eine Zeile eine Einheit bildet. Schlimmer an der Variante ist allerdings, dass ein längerer Kommentar ohne Weiteres rechts aus dem sichtbaren Editorfenster rutschen kann oder umbrochen werden muss. Folglich ist das erste Beispiel die beste Lösung: Kommentare sollten immer die unmittelbar folgende Zeile erklären – das entspricht der gewohnten Lesereihenfolge.

Nicht zuletzt gilt diese Konvention auch bei der automatischen Verarbeitung von Kommentaren zu Dokumentationen, über die im Folgenden zu reden sein wird.

8.2 Dokumentiert sich von allein

In erster Linie sind Kommentare für menschliche Leser gedacht, um Code verständlicher zu machen. Aber speziell formatierte Kommentare können darüber hinaus auch dazu dienen, automatisch ein Dokumentationsdokument zu erstellen. Das erspart eine Menge langweiliger, fehleranfälliger Fleißarbeit.

Dazu dienen Tools wie *Javadoc*, *Sandcastle* oder *Doxygen*, die aus speziellen Kommentaren in Quellcodedateien auf Knopfdruck Dokumente in HTML, PDF oder anderen Formaten erstellen. In solchen Dokumenten lassen sich beispielsweise Beschreibungen von Funktionen leichter durchsuchen als im Code selbst. Zwingend notwendig sind solche maschinenlesbaren Kommentare, wenn nur Binärcode in Form einer Library zur Verfügung gestellt wird. Ein Entwicklungssystem kann dann Javadoc und Code verknüpfen und beim Aufruf einer Funktion in der Bibliothek die im speziellen Kommentar festgehaltenen Erläuterungen anzeigen.

8.2.1 Javadoc

Javadoc erleichtert die Dokumentation.

Javadoc-Kommentare stehen beispielsweise vor Deklarationen von Klassen, Attributen oder Funktionen und beginnen mit einem Schrägstrich mit doppeltem Stern:

```
/**
 * Finds the owner of an item
 * @param itemId the ID of an item
 * @return id of item's owner or 0 if item has no owner
 */
public long findOwnerId(final long itemId) {
  ...
}
```

Listing 8.1 Ein Javadoc-Kommentar sollte jede public-Funktion einleiten.

Diese Java-Funktion aus einem Spiel sucht in einer Datenbank den Besitzer eines »Items«, also beispielsweise eines Inventarobjekts. Der Javadoc-Kommentar beginnt mit einer Beschreibung der Funktion, darauf folgen spezielle Elemente, die später sauber formatiert dargestellt werden. Auf @param und den Namen eines Funktionsparameters folgt die zugehörige Erläuterung. Hat eine Funktion mehr als einen Parameter, schreiben Sie einfach mehrere Zeilen mit dem Befehl @param. Hinter @return beschreiben Sie den Rückgabewert der Funktion.

Weitere hilfreiche Javadoc-Makros sind @author, @throws und @deprecated – Letzteres ist im Fall von als veraltet gekennzeichneten Funktionen als Hilfestellung für Programmierer sehr wichtig, um zu erklären, welche Funktion stattdessen zu verwenden ist.

Öffentlich verfügbare Funktionen oder Properties angemessen zu kommentieren ist ohne Frage besonders wichtig. Oft vergessen werden Kommentare zu Klassen. Vor allem: Wozu sind sie da? Gibt es Querverbindungen zu anderen Klassen? Faustregel: Ein neuer Entwickler muss irgendwo einen Einstieg finden. Es ist prima, wenn er weiß, wie er eine bestimmte Funktion aufruft, aber dadurch weiß er noch lange nicht, welche Klassen er für welchem Zweck verwenden muss.

Um Ihnen die Arbeit zu erleichtern, können IDEs anhand der Funktionsdeklaration automatisch eine Javadoc-Vorlage erstellen. In Eclipse setzen Sie beispielsweise den Cursor auf den Namen der Funktion und drücken dann [Alt] + [⇧] + [J]. Eclipse setzt daraufhin automatisch den Javadoc-Kommentar mitsamt der nötigen @-Anweisungen an die richtige Stelle – Sie müssen nur noch die Erläuterungen ergänzen.

Automatisch blendet Eclipse die in Kommentaren gefundenen Dokumentation in Tooltips ein, wenn Sie den Mauszeiger über einen dokumentierten Bezeichner halten (siehe Abbildung 8.1).

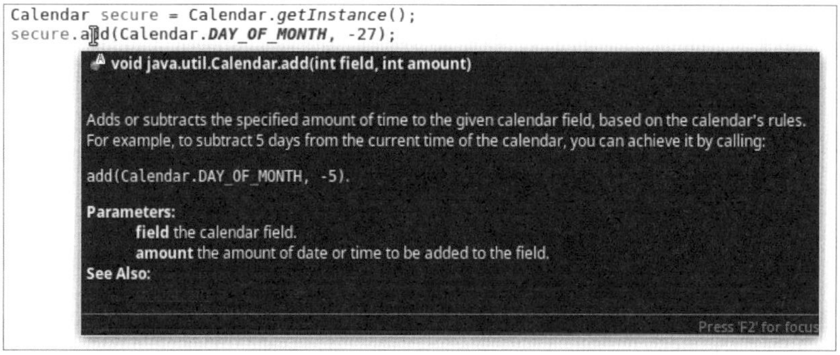

Abbildung 8.1 Entwicklungssysteme verstehen Javadoc-Kommentare und zeigen informative Tooltips an (hier: Eclipse).

In Eclipse können Sie mit WINDOW • SHOW VIEW • JAVADOC ein kontextsensitives Fenster öffnen. Wenn Sie dann eine Klasse oder Funktion im Project Explorer anklicken, erscheint das zugehörige Javadoc. Das gilt für Ihre eigenen Klassen, aber auch für solche in referenzierten Bibliotheken. Abbildung 8.2 zeigt, wie das Javadoc der häufig genutzten Klasse String-Utils der Open-Source-Bibliothek *Commons Lang* aussieht.

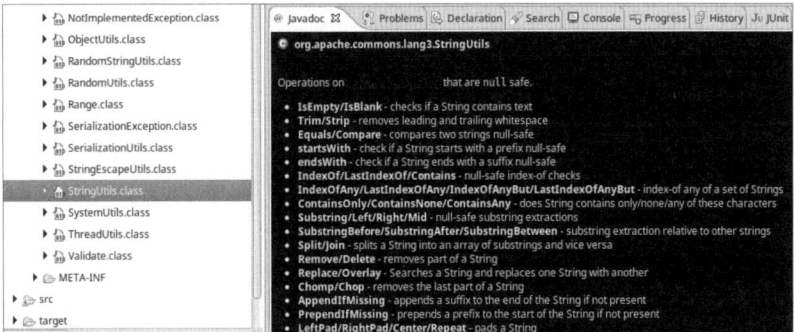

Abbildung 8.2 Das Javadoc-Fenster zeigt in Eclipse übersichtlich die Dokumentation von Klassen oder Funktionen an.

Dieses Apache-Projekt verwendet in Javadoc-Kommentaren exzessiv HTML-Tags. Das verbessert die Übersicht über die generierten HTML-Seiten (siehe Abbildung 8.3), verringert aber die Lesbarkeit des Codes.

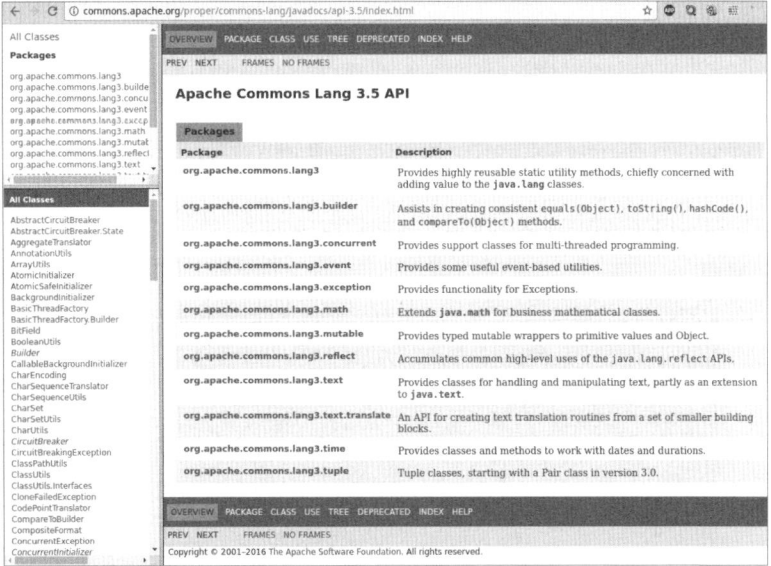

Abbildung 8.3 Umfangreiche Javadoc-Kommentare ermöglichen eine saubere, übersichtliche Dokumentation einer Bibliothek im Web, hier die Apache-Bibliothek »Commons Lang«.

Im Fall einer stark von anderen Entwicklern genutzten Bibliothek ist das legitim. Dient Ihr Javadoc hauptsächlich internen Zwecken, sollte es auf HTML-Formatierung verzichten.

Verwenden Sie das im Java Development Kit enthaltene Programm javadoc, um zum gesamten Projekt einen Satz HTML-Seiten mit der Dokumentation zu erzeugen. In Eclipse gibt es zur Vereinfachung den Menüpunkt PROJECT • CREATE JAVADOC.

Natürlich können Sie auch Maven oder Gradle veranlassen, das Javadoc zu erzeugen. Verwenden Sie dazu folgenden Befehl (siehe dazu auch Abschnitt 7.2.4):

Javadoc erzeugen mit Maven oder Gradle

```
mvn javadoc:javadoc
```

Das Javadoc landet dann im HTML-Format im Verzeichnis *target/site/api-docs*, die Hauptdatei *index.html* können Sie auch ohne Webserver im Browser öffnen. Auf einem Continuous-Integration-Server können Sie das Javadoc zentral zur Verfügung stellen.

Wenn Sie mit Gradle bauen, fügen Sie dem Build-Skript folgende Zeilen hinzu:

```
task myJavadocs(type: Javadoc) {
  source = sourceSets.main.allJava
}
```

Die HTML-Javadocs landen in diesem Fall im Verzeichnis *build/docs/javadoc*.

Natürlich wird auch ein Continuous-Integration-System wie Jenkins das Javadoc beim Bau des Projekts erzeugen. Fügen Sie im Fall von Maven beispielsweise einfach das Build-Goal javadoc:javadoc hinzu, und installieren Sie das Jenkins-Plug-In Javadoc. Fürderhin erscheint ein Verweis auf das Javadoc direkt auf der Jenkins-Seite Ihres Projekts.

Verzichten Sie nicht auf diese leichtgewichtige, schnell zu lernende Möglichkeit, Ihren Code effizient zu dokumentieren.

Die komplette, umfangreiche Dokumentation zu Javadoc selbst finden Sie leicht im Netz oder in der *Manpage*.

8.2.2 Doxygen

Für andere Programmiersprachen als Java gibt es Alternativen zu Javadoc. Für C/C++ (aber auch Java und andere Sprachen) eignet sich *Doxygen*, das als Open-Source-Lösung zur Verfügung steht (*http://www.doxygen.org*).

Doxygen für C/C++

Nicht ganz zufällig unterstützt Doxygen weitgehend die von Javadoc bekannte Notation, erlaubt aber auch andere:

```
//! setup system
/*!
 * \param stop_mainloop pointer to a function which finishes
 * \the main loop
 * \param label a label for this system
 */
inline void system_init(simplefunc_t stop_mainloop, char* label) {
    ...
}
```

Listing 8.2 Doxygen in Aktion

Diese Notation ist als *Qt-Style* bekannt, da er in der verbreiteten Qt-Bibliothek verwendet wird. Die erste Kommentarzeile beginnt mit //! und leitet eine Kurzbeschreibung ein, die in der Übersicht über der Klasse oder Quellcodedatei erscheint. Die restlichen Informationen – hier die Funktionsparameter – tauchen nur in der Detailansicht der Funktion auf.

Eclipse-Plug-In für Doxygen: eclox

Doxygen können Sie von der Kommandozeile aus aufrufen. Alternativ integrieren Sie es via Plug-In in Ihre IDE. Für Eclipse CDT (C Developer Tools) gibt es beispielsweise ein Plug-In namens *eclox* (zu finden im Eclipse Marketplace). Natürlich müssen Sie außerdem Doxygen selbst installieren, entweder per Download von der Website oder unter Linux mit dem Paketmanager:

```
sudo apt-get install doxygen
```

Doxygen benötigt eine Konfigurationsdatei mit der Endung *.doxyfile*, die festlegt, in welchen Verzeichnissen der Quellcode abgelegt ist und welche Ausgabeformate Sie benötigen: HTML, LaTeX, RTF, XML oder Manpages. Doxygen erzeugt auf Wunsch sogar Klassen- und andere Diagramme.

Das Eclipse-Plug-In *eclox* unterstützt Sie beim Anlegen der Konfigurationsdatei und bietet eine übersichtliche Oberfläche, um die Einstellungen zu bearbeiten. Nachdem Sie einmalig eingestellt haben, wo Doxygen zu finden ist (auf Debian- oder Ubuntu-basiertem Linux, z. B. */usr/bin/doxygen*), produziert das Tool auf Knopfdruck die Zieldateien.

8.2.3 Visual Studio

Im Umfeld von C#, .NET oder auch Unity verwenden Sie die von Microsoft mit Visual Studio etablierten Standards.

Die »magischen« Kommentare beginnen in diesem Fall mit drei anstatt zwei Schrägstrichen. Die verschiedenen Elemente werden in XML-Tags geschachtelt:

```
/// <summary>
/// adds newPeople to the game
/// </summary>
/// <param name="newPeople"></param>
internal void AddPeople(People newPeople)
{
}
```

Listing 8.3 Auch eine C#-Funktion lässt sich maschinenlesbar kommentieren.

Um die Dokumentationsdateien zu erzeugen, können Sie auch für C#-Projekte Doxygen verwenden, es gibt aber auch C#-spezifische Alternativen mit direkter Einbindung ins Visual Studio:

- *DocFX*: *https://dotnet.github.io/docfx/*
- *Sandcastle Help File Builder*: *https://github.com/EWSoftware/SHFB*

8.2.4 Spezielle Kommentare

Auch ohne Tools können Kommentare besondere Funktionen wahrnehmen. Besonders beliebt – wenngleich nicht unbedingt empfehlenswert – sind TODO- und FIXME-Tags:

```
// TODO add sanity check for parameters
sendSpamToAddress(topic, gender);
...
// FIXME might fail if vehicle is a bicycle
vehicle.startMotor();
```

Streng genommen dürfte es solche Kommentare überhaupt nicht geben. Ein plausibler Grund für unvollständige oder gar fehlerhafte Implementierungen ist an sich kaum vorstellbar. In der Praxis passiert dergleichen dennoch. Immerhin reagieren IDEs wie Eclipse darauf, indem sie Markierungen an den Rand des Editorfensters zeichnen und die Möglichkeit bieten, Listen mit allen TODOs anzuzeigen. Das hilft, sie wiederzufinden – und vor allem zu beseitigen.

In fertigem Code haben TODOs und FIXMEs allerdings nichts zu suchen. IDEs wie IntelliJ IDEA bzw. Android Studio zeigen auf Wunsch vor einem Commit-Vorgang alle TODOs an, um ihre Existenz in Erinnerung zu rufen.

8 Dokumentation, Kommentare & Tools

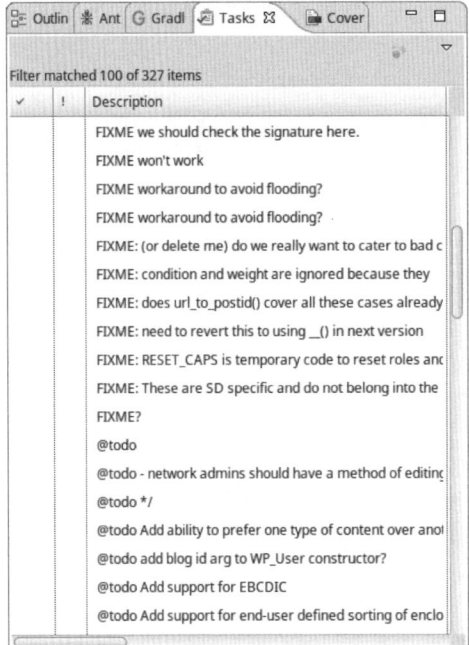

Abbildung 8.4 Eclipse sammelt im Fenster »Tasks« (nicht zu verwechseln mit Task List!) typische Kommentar-Tags.

Sorgen Sie dafür, dass Ihre Liste nie so lang wird wie die in Abbildung 8.4 gezeigte!

8.3 Teamwork online

Mit Jenkins habe ich Ihnen bereits ein Tool vorgestellt, das dazu geeignet ist, Ihrem Team eine zentrale Anlaufstelle für all das zu bieten, was mit dem Bauen des Projekts zusammenhängt.

Aber das ist erst die halbe Miete.

Der Projektmanager möchte außerdem Aufgaben verteilen können und jederzeit in der Lage sein, sich einen Überblick über den Fortschritt der Arbeiten zu verschaffen.

Werden Bugs gemeldet, wollen die irgendwo erfasst werden, und zwar nicht auf einem eilig bekritzelten Zettel, der beim nächsten Lüften versehentlich in den Papierkorb geweht wird.

Verwaltungstools sparen Zeit. Letztlich hilft Ihnen ein ordentliches Tool dabei, besseren Code zu erzeugen, weil es Ihnen lästige Verwaltungsarbeit abnimmt, damit Sie sich auf das Wesentliche konzentrieren können.

Was Sie also brauchen, ist ein browserbasiertes System zur Verwaltung von Aufgaben. Optimalerweise sollte es sich mit Ihrer Quellcodeverwaltung verstehen und leicht zu bedienen sein. Ein Projektmanager sollte nie vergessen, dass Entwickler Experten im Entwickeln von Code sind, und nicht im Ausfüllen umfangreicher Formulare. Je schlanker das Verwaltungstool und je niedriger die Anforderungen hinsichtlich der Pflege, umso wahrscheinlicher werden diese Aufgaben sauber und gewissenhaft wahrgenommen.

In den folgenden Abschnitten stelle ich Ihnen beispielhaft Software vor, die sich für diese Zwecke eignet. Um die verschiedenen Produkte einigermaßen vergleichen zu können, führe ich sie Ihnen anhand eines fiktiven Projekts vor und zeige Ihnen, wie dieselben typischen Aufgaben in der Realität aussehen könnten.

Konkret möge das fragliche Projekt eine mit Gradle gebaute Webanwendung namens *HelloAll* sein, die auf Spring Boot basiert (siehe Abschnitt 6.3.2).

Folgende Aspekte wollen wir betrachten:

▶ eine Einstiegsseite der Projektdokumentation mit ein paar wichtigen Links zum Jenkins-Projekt, zu Javadoc und zum Subversion-Repository

▶ Wir schauen uns die Liste offener Tickets an und erledigen eine uns zugewiesene Aufgabe.

▶ Ein Testnutzer hat einen Fehler gemeldet, den wir in Form eines neuen Tickets anlegen.

Zu jedem der drei Aspekte zeige ich Ihnen Screenshots und erkläre, wie sie in der jeweiligen Software umgesetzt sind.

8.3.1 Trac

Die aktuelle Versionsnummer 1.2 legt zwar nicht die Vermutung nahe, dass es sich bei *Trac* um ein ausgewachsenes System handelt, aber der Schein trügt, denn Trac gibt es seit mittlerweile über zehn Jahren. Es ist BSD-lizenziert, in Python geschrieben, verwendet als Backend SQLite, MySQL oder PostgreSQL, lässt sich auf jedem Rechner mit Webserver schnell installieren und präsentiert sich in einem übersichtlichen Stil und in einer Vielzahl von Sprachen (siehe Abbildung 8.5).

Trac verknüpft Tickets mit Commits.

Trac vereint Ticket-System, Projektverwaltung und Wiki mit einer einfachen, überall verwendbaren Markup-Sprache. Außerdem verbindet sich Trac mit Ihrer Quellcodeverwaltung (Subversion oder Git), so dass Sie über den Browser den Quellcode und alle Änderungen einsehen können.

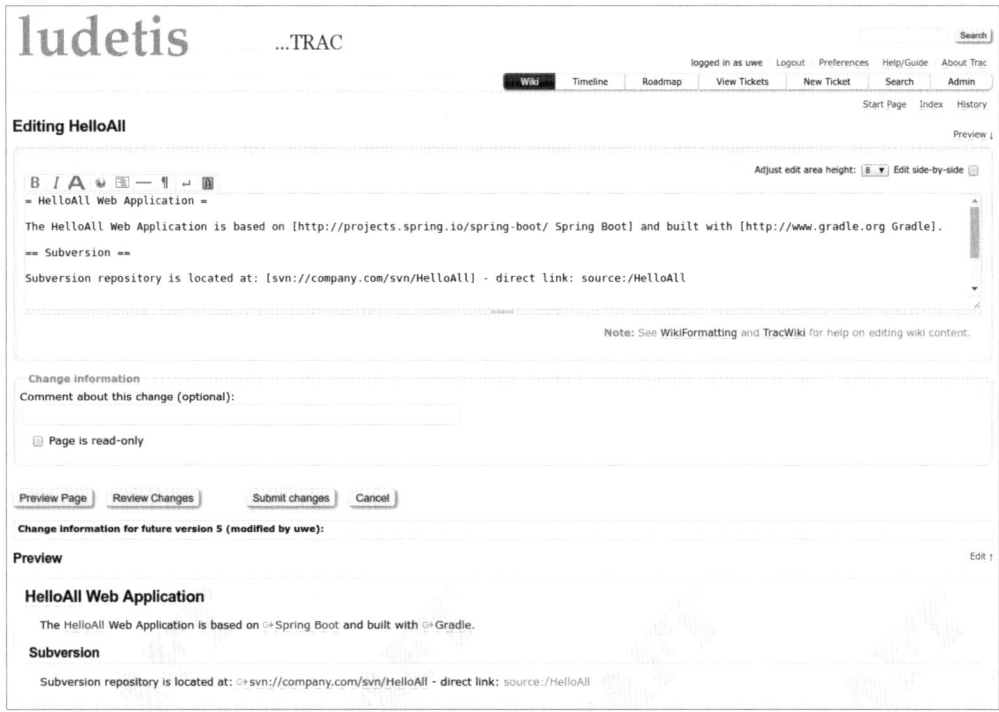

Abbildung 8.5 Trac verfügt über einen MediaWiki-ähnlichen Editor und eine vielseitige Markup-Sprache.

Dabei erzeugt Trac automatisch Verknüpfungen: Schreiben Sie irgendwo eine Ticketnummer mit Präfix #, erscheint an dieser Stelle später ein Link zum fraglichen Ticket. Das gilt auch für Commit-Kommentare! Sorgen Sie dafür, dass Entwickler immer die Ticket-Nummer in den Commit-Kommentar schreiben, und Trac verknüpft Tickets und den Satz an Änderungen, die damit komfortabel webbasiert einzusehen sind.

Commits erscheinen automatisch in Tracs Timeline, genau wie Änderungen an Tickets.

Allerdings muss sich Trac auf dem gleichen Rechner befinden wie ein Subversion-Repository, und einmalig müssen beide synchronisiert werden. Das erledigt das Kommandozeilenprogramm trac-admin, wenn Sie das Repository über die Admin-Oberfläche konfiguriert haben:

```
trac-admin /trac_dir repository resync RepoName
```

Wiki-Seiten verfassen Sie in Trac mit einer eigenen Markup-Sprache. Abbildung 8.5 zeigt die zu unserem fiktiven Projekt *HelloAll* gehörende Seite im Edit-Modus sowie deren Vorschau. Interessant ist hierbei die direkte Verlinkung des Subversion-Repositorys.

Mit dem Präfix source: können Sie auf Links, die zu Dateien weiterleiten, und auf bestimmte Revisionen (Postfix @, gefolgt von Revisionsnummer) verweisen.

Tickets können Typen wie *Task* oder *Defect* bekommen, und Komponenten, Milestones und Versionen zugeordnet werden. Das alles ist frei konfigurierbar.

Die Liste der vorhandenen Tickets erreichen Sie über den zugehörigen Menüpunkt. Auch verschiedene Reports stehen dort zur Verfügung, Abbildung 8.6 zeigt für unser *HelloAll*-Projekt die Liste der aktiven Tickets.

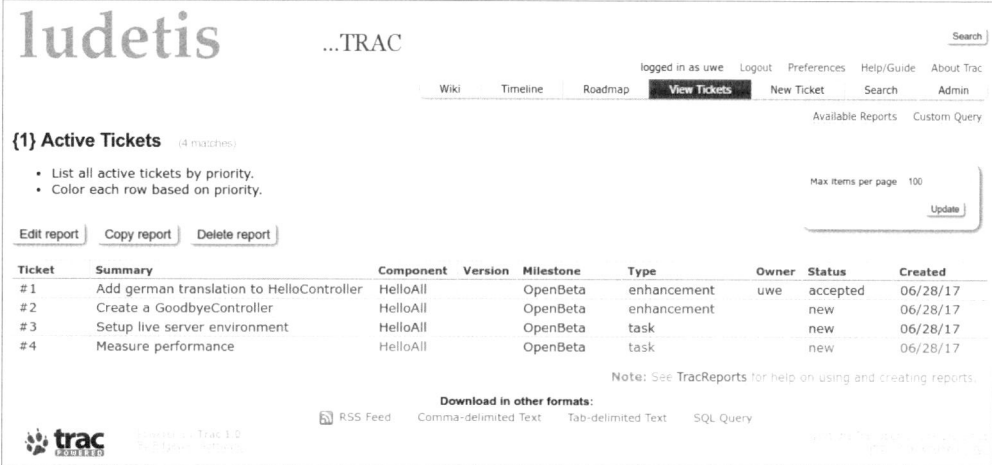

Abbildung 8.6 Trac sortiert die Tickets nach Priorität und hinterlegt sie in entsprechenden Farben – Ticket #4 ist offenbar nicht besonders wichtig.

Eine solche Ticket-Liste können Sie auch direkt in eine Wiki-Seite einbinden. Dazu gibt es das Makro TicketQuery:

```
[[TicketQuery(component=HelloAll,format=table)]]
```

Dieses Beispiel zeigt alle Tickets an, die der Komponente *HelloAll* zugeordnet sind, und zwar in Tabellenform. Das Standardformat heißt format=list und zeigt eine kompaktere Darstellung. Sie können mit TicketQuery die Liste auch auf offene Tickets beschränken (status=!closed) oder ein Balkendiagramm erzeugen, das den Fortschritt anzeigt, beispielsweise nach Milestone gruppiert:

```
[[TicketQuery(format=progress,group=milestone)]]
```

Wenn Sie ein neues Ticket anlegen, können Sie nicht nur das Standardformular ausfüllen, sondern auch Dateien anhängen (siehe Abbildung 8.7).

8 Dokumentation, Kommentare & Tools

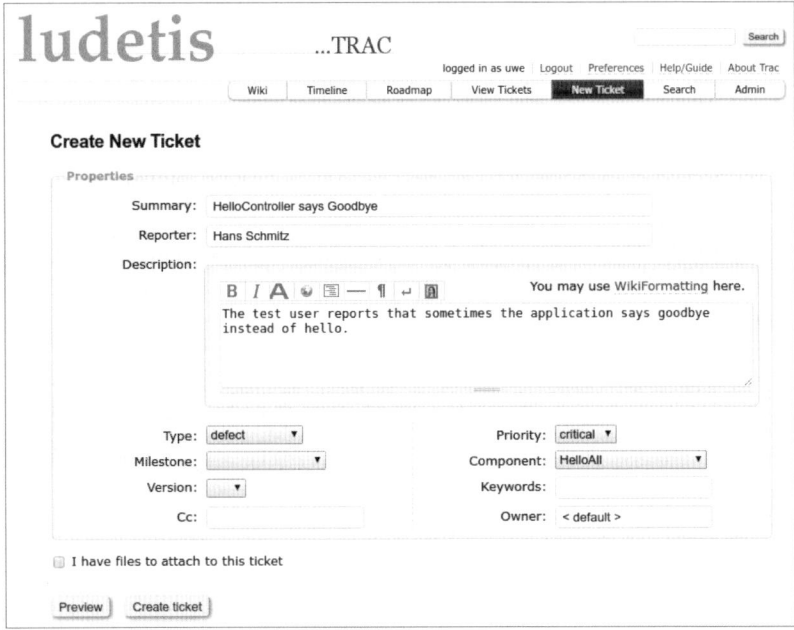

Abbildung 8.7 Die Beschreibung eines neuen Tickets kann selbstverständlich mit Markup-Befehlen formatiert werden.

Trac-Workflows
Trac unterstützt auch ein E-Mail-Postfach als Ticket-Eingang: So können Mails an eine Support-Adresse sauber erfasst werden. Tickets können dann einen Workflow durchlaufen, z. B. mit Status *new → accepted → closed* oder *closed → reopened → assigned*.

Natürlich verfügt Trac auch über eine Nutzerverwaltung, außerdem gibt es haufenweise Plug-Ins für alle möglichen Zwecke. Umgekehrt gibt es auch ein Trac-Plug-In für *Jenkins*, so dass Sie beide Systeme leicht verheiraten können. Es fügt automatisch in Jenkins Links zu Trac-Tickets und -Wiki ein.

Der *Mylyn Trac Connector* erlaubt es, direkt von Eclipse aus auf Tickets zuzugreifen (*https://marketplace.eclipse.org/content/mylyn-trac-connector*).

Plug-Ins wie *GraphvizPlugin* oder *ProjectPlanPlugin* sorgen für Diagramme, *EstimationToolsPlugin* und *TimingAndEstimationPlugin* sind für Aufwandsschätzungen und Burndown-Charts zuständig.

An dieser Anmerkung können Sie einen der Nachteile von Trac ablesen: Sehr viele Funktionen stehen nur über Plug-Ins zur Verfügung. Selbst ein oft benötigtes Feature wie hierarchische Tickets funktioniert nur mit Plug-In – bis Sie Ihr Trac so aufgebaut haben, dass es alles tut, was es soll, ist eine Menge Handarbeit fällig. Sehr spezielle Anforderungen lassen sich oft nur mit erheblichem Aufwand umsetzen.

Für Benachrichtigungen z. B. über Ticket-Updates setzt Trac auf E-Mail. Für kleine bis mittlere Projekte bietet Trac aber mehr als genug Funktionalität – und auch die für den täglichen Einsatz nötige Stabilität, so dass es uneingeschränkt empfohlen werden kann.

Trac im Web
https://trac.edgewall.org

8.3.2 Redmine

Ein alternatives Produkt, das Trac recht ähnlich ist, heißt *Redmine*. Es ist in Ruby geschrieben, nutzt Ruby on Rails und speichert seine Daten in MySQL, PostgreSQL, SQLite oder Microsoft SQL Server.

Redmine steht unter GPLv2 und läuft auf jedem Betriebssystem, auf dem auch Ruby läuft (also so ziemlich auf jedem).

Unter Debian oder Ubuntu Linux installieren Sie Redmine am schnellsten über die Paketverwaltung:

```
sudo apt-get install redmine-sqlite redmine
```

Ersetzen Sie den Paketnamen `redmine-sqlite` durch `redmine-mysql` oder `redmine-postgresql`, wenn Sie den entsprechenden Datenbankserver vorbereitet haben. SQLite ist zwar schnell, aber nicht für hohe Last, Redundanz und Live-Replikation ausgelegt.

Sie müssen Redmine dann nur noch an einen vorhandenen Webserver anbinden. Im Fall eines Apache2 benötigen Sie die Apache-Module `mod_rails` und `mod_rack`, die gemeinsam auf den Namen »Passenger« hören:

```
apt-get install libapache2-mod-passenger
```

```
a2enmod passenger
```

Workflows in Redmine

Setzen Sie dann einen symbolischen Link von der Redmine-Installation zu einem Verzeichnis innerhalb Ihrer Apache-Site:

```
ln -s /usr/share/redmine/public /var/www/html/redmine
```

Fügen Sie der Site-Konfiguration den folgenden Eintrag hinzu:

```
<Directory /var/www/html/redmine>
    RailsBaseURI /redmine
    PassengerResolveSymlinksInDocumentRoot on
</Directory>
```

Starten Sie Apache neu. Anschließend finden Sie Redmine unter folgender URL:

http://ihr-server/redmine

Der Administratorzugang ist standardmäßig mit dem Nutzernamen *admin* und dem Passwort *admin* »geschützt«. Redmine besteht zwar nicht darauf, dass Sie das Standardpasswort ändern, aber das sollten Sie trotzdem natürlich als Allererstes erledigen. Hernach können Sie User anlegen oder ein eventuell vorhandenes LDAP-Verzeichnis mit Nutzern anbinden.

Neben dem Ticket-System und den Wiki-Seiten unterstützt auch Redmine die Anbindung von Versionskontrollsystemen. Im Vergleich zu Trac sind die Möglichkeiten im Lieferumfang etwas umfangreicher, etwa was Kalender mit Ticket-Terminen, Arbeitszeiterfassung oder das Gantt-Diagramm angeht. Einfacher zu verwirklichen ist die Mandantenfähigkeit, also die Verwaltung mehrerer unabhängiger Projekte unter einem Dach; auch Unterprojekte sind möglich. Natürlich können verschiedene Nutzer verschiedenen Projekten zugewiesen werden.

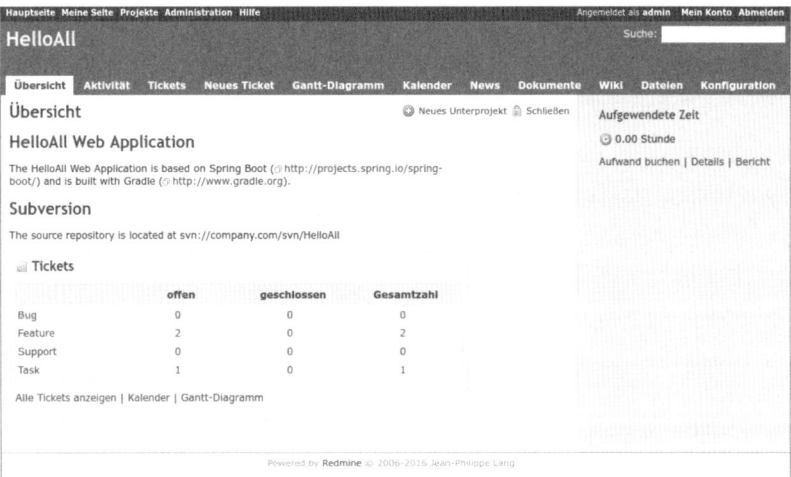

Abbildung 8.8 Redmine zeigt auf der Projektstartseite nicht nur die zugehörigen, mit Markup formatierten Beschreibungen an, sondern auch gleich alle zugehörigen Tickets und die aufgewendete Zeit.

Zusätzlich können Sie verschiedene Workflows, Ticket-Typen und -Status definieren. Workflows können an Rollen geknüpft werden. So können Sie vermeiden, dass Ihr Vorstandsvorsitzender Tickets anlegt oder dass Entwickler Tickets schließen können, wenn das nur Tester dürfen. Alles ist frei konfigurierbar.

Im Lieferumfang von Redmine gibt es beispielsweise keinen Ticket-Typ
»Bug«. Den können Sie im Admin-Bereich einfach anlegen und beliebigen
Projekten zuweisen. Das Anlegen eines neuen Tickets kann auch über ein
E-Mail-Postfach geschehen. Das Formular zum Einstellen eines Tickets
zeigt Abbildung 8.9.

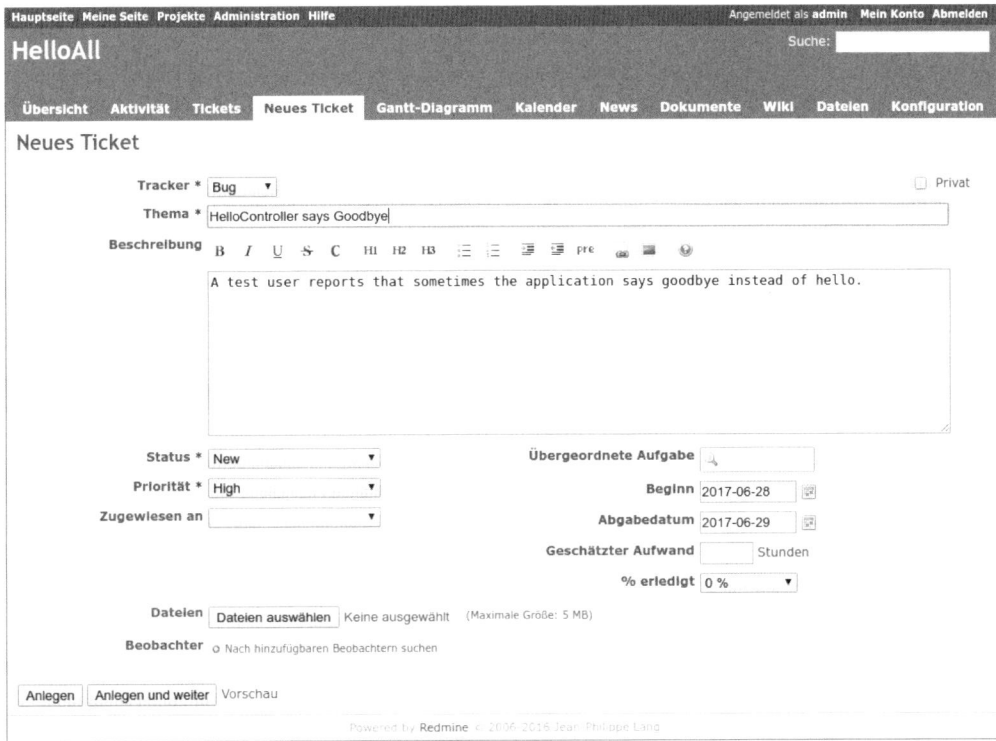

Abbildung 8.9 Wenn Sie ein neues Ticket anlegen, können Sie in Redmine
sogleich den Aufwand schätzen und ein Abgabedatum festlegen. Beides lässt
sich natürlich auch später hinzufügen.

Ähnlich wie Tracs Timeline zeigt auch Redmine auf dem Tab AKTIVITÄT
das aktuelle Geschehen (standardmäßig spricht Redmine die Sprache Ihres Browsers, also meist Deutsch). Der Redmine-eigene Kalender zeigt alle
erzeugten und geschlossenen Tickets an. Wenn Sie möchten, können Sie
zusätzliche Kalenderdaten im ICS-Format importieren, Schul- oder Betriebsferien etwa oder den Urlaubsplan des Teams.

Der Tab NEWS bietet ein Mini-Blog. Postings können sogar kommentiert
werden. Ferner können Sie dem Projekt beliebige Dateien hinzufügen,
und zwar getrennt nach Dokumenten (mit Beschreibung) und beliebigen
Dateien (ohne Beschreibung).

Das Gantt-Diagramm zeigt den zeitlichen Ablauf des Projekts, wenn Fertigstellungsdaten von Tickets erfasst wurden (siehe Abbildung 8.10).

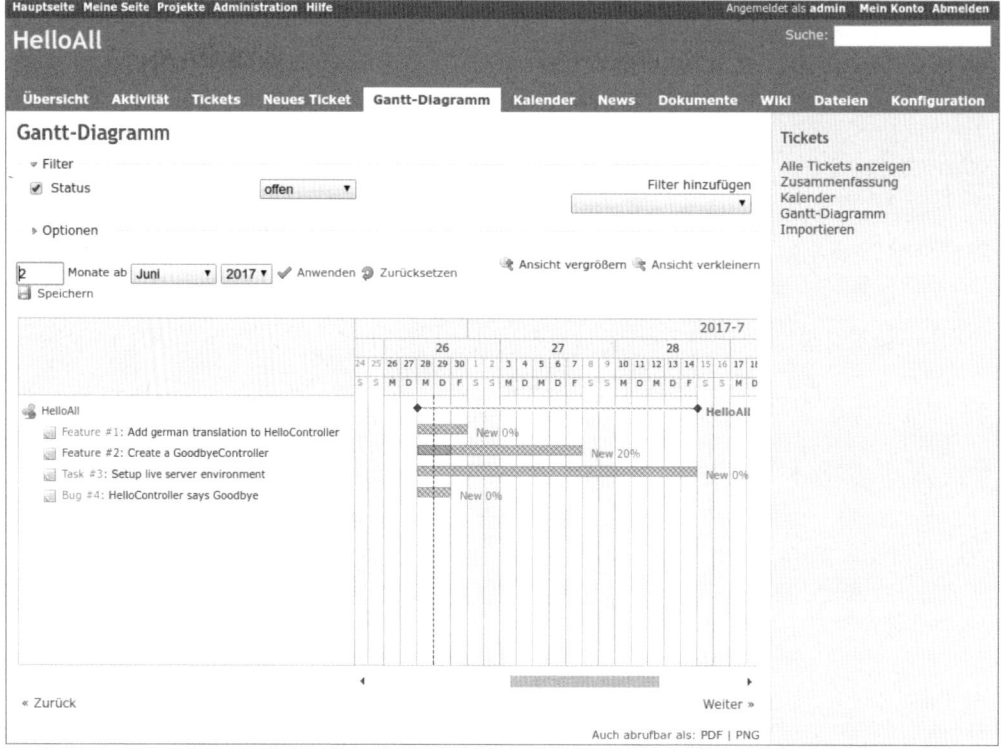

Abbildung 8.10 Redmines Gantt-Diagramm kann zur Freude des Projektmanagers auch als PNG abgerufen und fix in eine Präsentation kopiert werden.

Seine hohe Flexibilität zeigt sich in Redmine beispielsweise daran, dass Sie benutzerdefinierte Felder hinzufügen können, beispielsweise bei Tickets, Projekten, Dokumenten oder Benutzern.

Optional kann sich eigene Software über eine REST API mit Redmine verbinden. Dies tun beispielsweise Apps wie *RedminePM* oder *OpenRedmine*, die das System auf Smartphones oder Tablets verfügbar machen.

Entwickler können Tickets direkt in Eclipse mit dem Mylyn-Plug-In und dem Redmine Mylyn Connector verwalten.

Redmine eignet sich auch für komplexere Aufgaben mit mehreren hierarchisch organisierten Projekten und Workflows. Das Produkt darf als stabil gelten, dass das Redmine-eigene Redmine über 1200 »Defect«-Tickets auflistet, sollte Sie nicht abschrecken. Wenn Sie Redmine nicht selbst installieren möchten, finden Sie im Netz auch einige Hosting-Anbieter.

Redmine im Web

http://www.redmine.org: Homepage

http://hostedredmine.com: kostenloses Hosting

https://sourceforge.net/projects/redmin-mylyncon: Mylyn Connector für Eclipse

8.3.3 JIRA und Confluence

Eine kommerzielle, sehr umfangreiche Lösung ist das Gespann aus *JIRA* und *Confluence* von der englischen Firma *Atlassian*.

JIRA ist ein Ticket-Tool, Confluence ein Collaboration- und Wiki-System. Beide können integriert werden und harmonieren dann vorzüglich. Es handelt sich um kommerzielle Software, die aber für kleine Teams niedrige Einstiegspreise bietet. Ein großer Vorteil ist, dass Sie Instanzen von JIRA und Confluence in der Cloud mieten können – es entfällt der komplette Administrationsaufwand auf einem eigenen Server. Sie können ohne großen Aufwand JIRA und Confluence in der Cloud kostenlos sieben Tage lang testen.

Insgesamt wirken JIRA und Confluence bunter als Trac und Redmine. Es wimmelt nur so von kleinen User-Avataren, und in Wiki und Ticket-Beschreibungen verwenden Sie einen »What you see is what you get«-Editor. Confluence kann sogar Word-Dokumente einbinden, aber ob das gut für die Übersicht ist, überlasse ich Ihrem eigenen Geschmack.

Mittels (oft kostenpflichtiger) Plug-Ins sind die Produkte innerhalb weiter Grenzen anpassbar; natürlich steht auch eine Integration eines Versionskontrollsystems zur Verfügung. Schon im Lieferumfang können Sie unter verschiedenen Projektvorlagen wählen, beispielsweise Scrum (siehe Abschnitt 3.5.3) oder Kanban (siehe Abschnitt 3.5.2).

Confluence ist in *Bereiche* aufgeteilt. Darin können Sie beliebig viele Seiten erstellen. Es gibt Vorlagen, Makros, Im- und Exportfunktionen. Sie können Seiten nicht nur im WYSIWYG-Modus bearbeiten (siehe Abbildung 8.11), sondern auch live gemeinsam mit Kollegen. Sie sehen dann Buchstabe für Buchstabe, wie Ihr Kollege Änderungen vornimmt.

Veröffentlichte Seiten bilden eine Hierarchie, in der man leicht navigieren kann.

8 Dokumentation, Kommentare & Tools

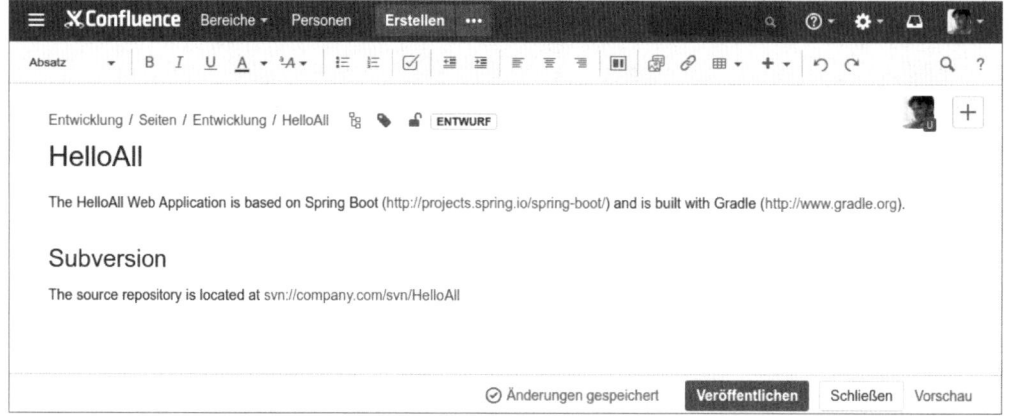

Abbildung 8.11 Confluence bietet echtes WYSIWYG. Sie können leicht Tabellen, Emoticons oder Verweise auf JIRA-Vorgänge einfügen. Nutzer finden auf jeder veröffentlichten Seite einen »Gefällt mir«-Link.

In JIRA können Sie verschiedene Projekte anlegen und Nutzer zuweisen. Für Tickets stehen verschiedene und flexibel konfigurierbare Workflows zur Verfügung, auch selbst definierte Felder sind möglich (siehe Abbildung 8.12 und Abbildung 8.13).

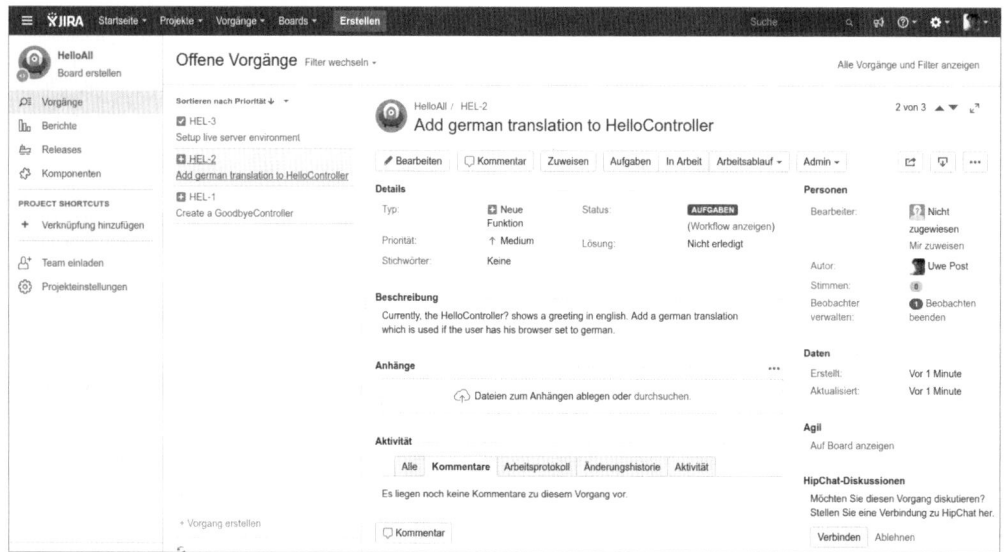

Abbildung 8.12 JIRA-Tickets (in der deutschen Version: »Vorgänge«) können verschiedenen Workflows zugeordnet werden.

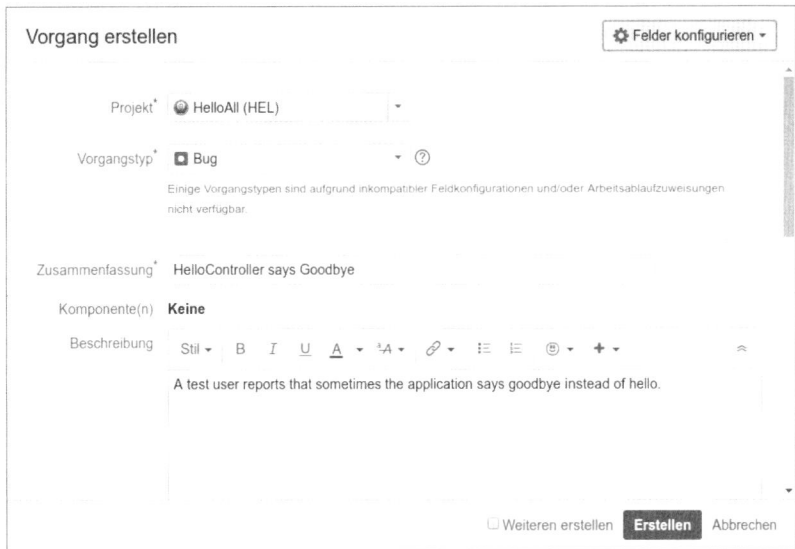

Abbildung 8.13 Wenn Sie einen neuen Vorgang anlegen, präsentiert JIRA ein so umfangreiches Formular, dass Sie immer scrollen müssen, wenn Sie beispielsweise eine Aufwandsschätzung eintragen möchten. Optional können Sie festlegen, dass ein Vorgang mit einem anderen verknüpft ist, z. B. weil der eine erst nach dem anderen ausgeführt werden kann.

Wenn Sie nach Scrum oder Kanban entwickeln, sind die eingebauten Boards von Nutzen. Sie und Ihre Kollegen können dort den Workflow mit Drag & Drop nutzen, indem Sie Aufgaben von einer Spalte in die nächste schieben (siehe Abbildung 8.14). Natürlich sind auch diese Boards in weiten Grenzen konfigurierbar.

Scrum und Kanban mit JIRA

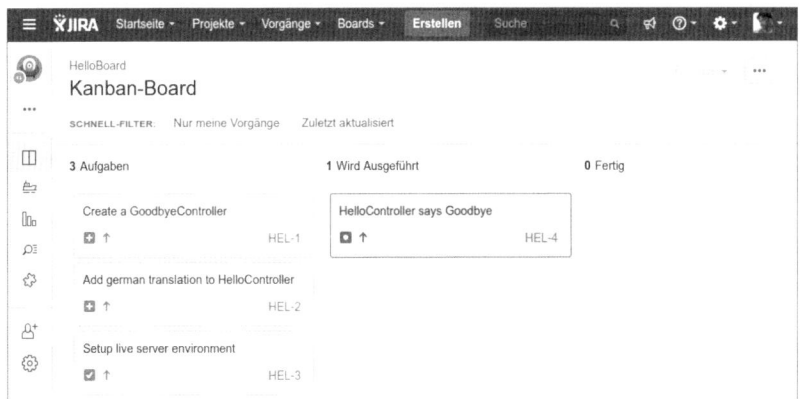

Abbildung 8.14 JIRAs eingebautes Kanban-Board unterliegt nicht der »Bei Wind nicht lüften«-Einschränkung einer Pinnwand mit Klebezetteln.

Die weiteren unzähligen Features, die JIRA und Confluence mitbringen, überlasse ich Ihrer Entdeckungslust. Ein Probeaccount ist kostenlos.

JIRA und Confluence bieten auf hohem Niveau alles, was Sie für Ihr Projekt brauchen, und noch eine Menge mehr, was Sie nie brauchen werden. Es gibt Apps für iOS und Android.

Das Einzige, was man der Lösung von Atlassian vorwerfen kann, ist, dass man die ganze Zeit spürt, dass JIRA und Confluence zwei separate Anwendungen sind. Sie sind zwar prima integriert, aber wenn Sie ein JIRA-Projekt erstellen, haben Sie noch nicht automatisch einen Confluence-Bereich (und umgekehrt). Außerdem nutzt die Software exzessiv Ajax. Bis eine Seite wie die Vorgangsliste geladen ist, vergehen (auf dem Testserver) schon mal einige Sekunden, und mehr als 1,5 MB Daten werden transferiert. Zum Vergleich: Redmines Ticket-Liste ist 140 KB groß, die von Trac nur 61 KB. Komfort kostet eben Bandbreite und Rechenzeit.

JIRA und Confluence im Netz

https://www.atlassian.com/software/jira

https://www.atlassian.com/software/confluence

8.3.4 Team Foundation Server

In der Microsoft-Welt bietet sich der Team Foundation Server als Online-Basis für Ihr Teamwork an. Ein einfacher Account ist kostenlos im Rahmen der Visual Studio Dev Essentials enthalten (siehe auch Abschnitt 7.6.3). Für ein größeres Team werden natürlich entsprechende Lizenzkosten fällig, die allerdings mit einem MSDN-Abonnement verringert werden.

Der Team Foundation Server bindet die Quellcodeverwaltung für Ihr Projekt ein und bringt unter einem frei erweiterbaren Dashboard eine Task-Verwaltung und die Cloud-basierte Continuous Integration (siehe Abbildung 8.15) mit.

Es gibt eine Reihe griffbereiter Widgets, die Sie dem Dashboard hinzufügen können. Zusätzlich gibt es eine Galerie mit Widgets von Drittanbietern. Eines davon, der »Activity Feed«, ähnelt der Timeline-Ansicht von Trac. Ein anderes erlaubt es, schnell eine neue Aufgabe (»Work Item«) anzulegen. Der vorgefertigte Aufgabentyp »Bug« bringt dabei spezielle Felder mit, die Sie in anderen Systemen erst hinzufügen müssten (siehe Abbildung 8.16).

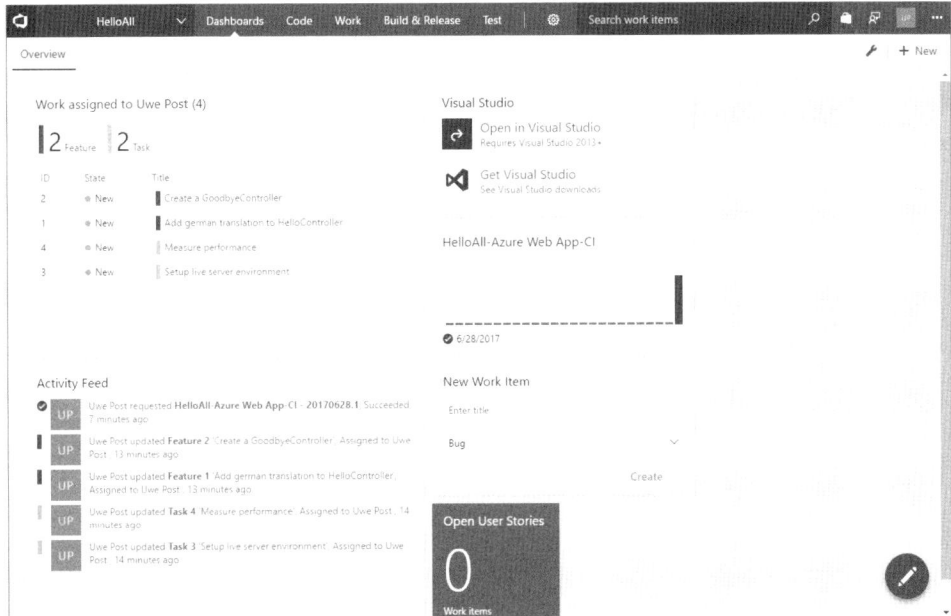

Abbildung 8.15 Das Dashboard des Team Foundation Servers zeigt unter anderem die zugewiesenen Aufgaben. Die Widgets sind frei positionierbar und können aus einem Katalog um weitere ergänzt werden.

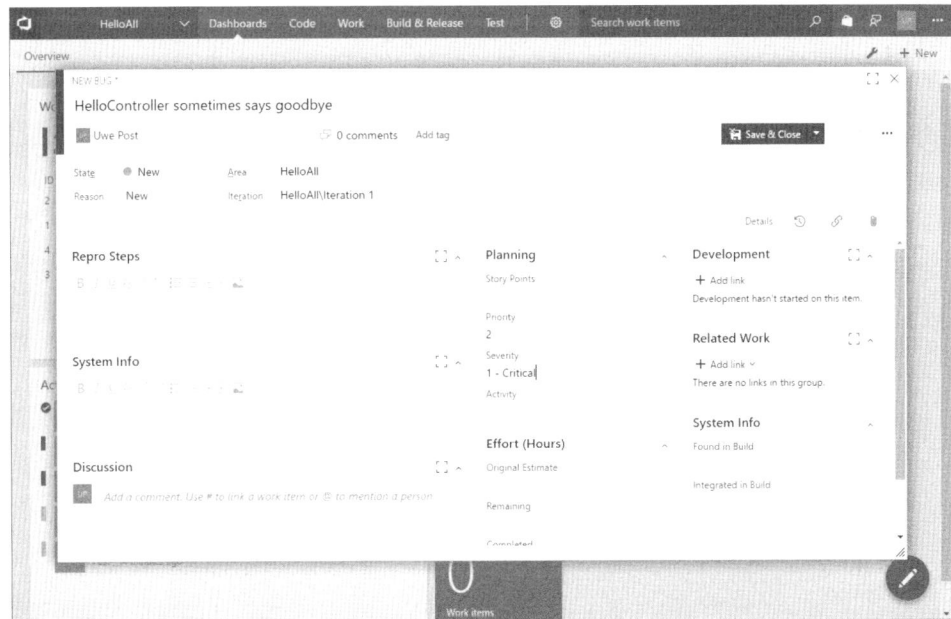

Abbildung 8.16 Wenn Sie einen neuen Bug erfassen, können Sie Schritte zum Reproduzieren sowie Systeminfos gleich mit eingeben.

Auch für agile Entwicklung bringt der Team Foundation Server Features mit: Auf einem Board können Sie Aufgaben verschieben und praktischerweise direkt einen Code-Branch anlegen, der mit der Aufgabe verknüpft ist (siehe Abbildung 8.17).

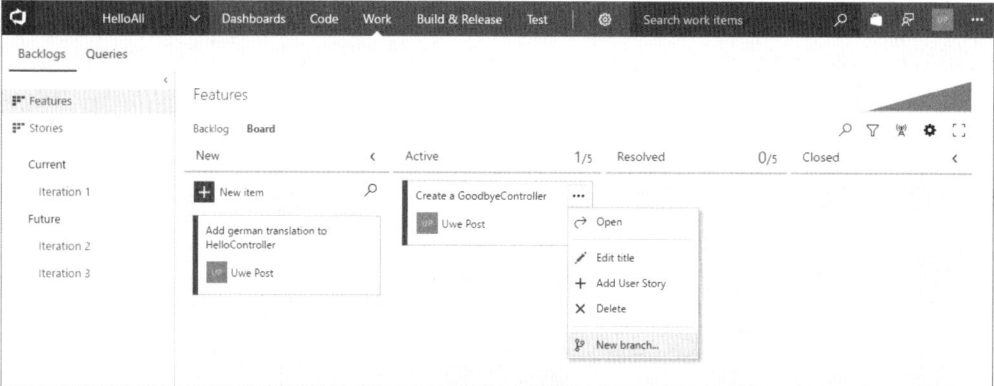

Abbildung 8.17 Das Feature-Board erzeugt auf Knopfdruck einen neuen Branch zu einer Aufgabe.

Seit Juli 2017 besitzt der Team Foundation Server auch ein eingebautes Wiki-System.

Alles in allem ist die Oberfläche ähnlich aufwendig gestaltet wie die von JIRA. Dementsprechend werden für einen Seitenaufruf auch schon mal mehr als eine Megatonne Bytes über die Leitung geschoben, und bisweilen machen sich spürbare Wartezeiten bemerkbar.

Dank der engen Verzahnung mit der .NET-Welt und der Integration des Cloud-basierten Build-Systems samt automatischem Deployment in Azure ist der Team Foundation Server trotzdem sicher für viele Projekte die erste Wahl. Sie erhalten Quellcodeverwaltung, Build-System, Continuous Delivery und vieles mehr aus einer Hand. Mit den *Visual Studio Team Services* können Sie das alles bekommen, ohne einen eigenen Server zu installieren, für bis zu fünf Benutzer sogar kostenlos.

> **Visual Studio Team Services im Netz**
>
> *https://azure.microsoft.com/de-de/services/visual-studio-team-services*

Kapitel 9
Betriebssicherheit

Bekanntlich läuft ja die meiste Software absolut stabil, ist sicher vor Hackern und wirft niemals mit obskuren Fehlermeldungen um sich.

Abbildung 9.1 Ups!

Wie kommt's?

Leider landet Betriebssicherheit oft auf den hinteren Plätzen bei Priorität-Rankings. Wir schieben Tickets monatelang vor uns her, in denen langweilige Dinge stehen wie »Fehlerbehandlung verbessern« oder »Auf Sicherheitslücken prüfen«. Warum eigentlich? Weil schon nichts passieren wird? Weil das Unternehmen eine Versicherung abgeschlossen hat, die im Fall des Falles zahlt? Weil Hacker sowieso eine Naturgewalt sind, gegen die ein paar Sandsäcke wenig helfen? Oder weil der Produktmanager Experte für PowerPoint ist, aber nur mit den Schultern zuckt, wenn man ihn fragt, warum er seinen Laptop ohne Bildschirmsperre herumstehen lässt?

Selbst wenn Ihre Software einigermaßen sicher ist: Es tauchen immer neue Hacker-Tools auf, und es ist nur eine Frage der Zeit, bis Computer genug Leistung haben, um den eingesetzten Schlüssel zu knacken. Dieses Wettrennen haben Sie in dem Moment so gut wie verloren, in dem Sie ein Produkt nicht mehr pflegen, also nicht mehr mit Updates aktuell halten. Dieser Zeitpunkt ist leider bei vielen Produkten bereits in dem Moment ihrer Veröffentlichung erreicht.

Dabei ist eine möglichst geringe Angreifbarkeit nur *ein* Aspekt der *Betriebssicherheit*. Dazu gehören auch Dinge wie Fehlerbehandlung und die Ursachenforschung, falls tatsächlich mal etwas schiefgeht – egal ob aufgrund eines Angriffs oder aufgrund irgendeiner Fehlfunktion. Dann wollen Sie so schnell wie möglich das Problem beseitigen und Ihre Anwendung wieder fehlerfrei betreiben. Ausfallzeiten sollen möglichst kurz sein, das gilt auch für die Dauer der Fehlersuche.

Dieses Kapitel ist für alle Entwickler, deren Code keine optimale Fehlerbehandlung umfasst. Also für fast alle.

9.1 »Es ist ein Fehler aufgetreten. Versuchen Sie es noch einmal.«

Sie kennen diese Meldung vielleicht. Ältere Android-Versionen zeigten sie standardmäßig bei einem Crash einer App (siehe Abbildung 9.2). Irgendwann merkte ein Experte bei Google, dass es keineswegs helfen würde, wenn der Nutzer denselben Fehler immer und immer wieder reproduziert, und entfernte den Halbsatz.

Nicht nur das: Crash-Protokolle von Android-Apps landen mit allem Drum und Dran in der Entwicklerkonsole des Anbieters. Falls der dann einen Blick dort hineinwirft und ein Interesse daran hat, sein Produkt zu verbessern, kann er die Ursache möglicherweise in einem Update beseitigen. Diese wertvolle Hilfe links liegen zu lassen und die Nutzer lieber weiter in Fehler rennen zu lassen, ist fahrlässig und verantwortungslos. Und nicht zuletzt geschäftsschädigend, denn fehlerhafte Apps werden ruckzuck deinstalliert.

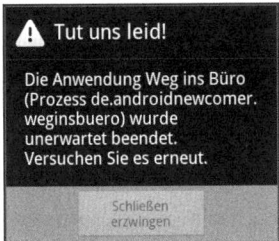

Abbildung 9.2 Fehlermeldungen mit hilfreichen Lösungshinweisen sind besonders wertvoll. Dies ist keine davon.

Nun ist es unbestreitbar, dass Fehler nicht völlig zu vermeiden sind. Sei es eine volle Festplatte oder ein kaputter RAM-Baustein: Fehler haben die unangenehme Eigenschaft, dass sie jederzeit, überall und vor allem völlig sporadisch auftreten können. Aber Sie können den Schaden minimieren und, falls die Ursache in Ihrem Code liegt, nachbessern. Dazu benötigen Sie eine vernünftige Strategie für Fehlerbehandlung und -analyse.

9.1.1 Fehlercodes

Bevor das Thema Ausnahmebehandlung in die Programmierwelt einzog, mussten Sie praktisch jedes Funktionsergebnis auf Errorcodes prüfen.

Das kann durchaus groteske Züge annehmen. So gibt die Standard-C-Funktion für die Quadratwurzel für negative Argumente den Wert »NaN« zurück (»Not a Number«).

Bloß hat NaN die unangenehme Eigenschaft, dass der Vergleich mit jeder anderen Zahl fehlschlägt. Der folgende Code tut also nicht das, was man auf den ersten Blick erwarten würde:

```
#include <stdio.h>
#include <math.h>
int main(void) {
  double s = sqrt(-1);
  if(s==NAN) puts("Squareroot is NAN!");
  ...
}
```

Listing 9.1 Dieser Code funktioniert nicht, weil »NAN« immer ungleich »NAN« ist.

Für NaN gilt: Keine Zahl ist identisch mit »Keine Zahl«, nicht einmal »Keine Zahl«. Also ist NAN!=x für jedes x, sogar wenn x NAN zugewiesen wurde.

»Not A Number« ist keine Zahl.

Die richtige Abfrage würde hier daher skurrilerweise lauten:

```
if(s!=s) puts("NAN!");
```

Oder, dank des in C99 definierten Makros `isnan()`:

```
if(isnan(s)) puts("NAN!");
```

Alternativ können Sie in diesem Fall die globale Variable `errno` abfragen, da `sqrt()` bei einem negativen Argument auf `EDOM` gesetzt wird (»Domain error«):

```
#include <errno.h>
...
puts(errno==EDOM?"error":"no error");
```

Am einfachsten ist es, wenn Sie den Fall des negativen Arguments vorab abfangen und die Funktion `sqrt()` gar nicht erst aufrufen – allerdings können Sie nicht immer vorher wissen, dass eine Funktion fehlschlagen wird.

Relevanter ist die Behandlung von Rückgabecodes bei Ein-/Ausgabefunktionen.

Besonders aufpassen müssen Sie in nicht streng typisierten Sprachen. In PHP liefert die Funktion `file_get_contents()` beispielsweise im Fehlerfall FALSE zurück. Aber auch im Erfolgsfall kann der gelieferte Dateiinhalt bei einer Abfrage ==FALSE sein. Deshalb müssen Sie in PHP immer die typsichere Abfrage mit drei =-Zeichen verwenden:

```
$content = file_get_contents('http://www.website.com/');
if($content===FALSE) {
    ...
```

Listing 9.2 In PHP sind manchmal drei =-Zeichen nötig.

Wenn Sie beispielsweise in C eine Datei öffnen möchten, gibt die zuständige Funktion `fopen()` im Fehlerfall den Wert 0 zurück statt eines gültigen File-Handles. Sie stehen nun vor der Wahl, den Nutzer auf den Fehler hinzuweisen oder die Behandlung abzubrechen. Gerade bei Kommandozeilenprogrammen, die ohne eine gültige Eingabedatei nicht sinnvoll arbeiten können, liegt der Abbruch nahe. Üblicherweise verwenden Sie dazu das Makro `assert()`:

```
assert( fd = fopen( filename, "r" ));
```

Falls das Argument von `assert()` 0 ist, erscheint auf `stderr` eine entsprechende Meldung inklusive Quellcodedateiname und Zeilennummer.

Wenn eine Bibliotheksfunktion verschiedene Errorcodes zurückgibt, bleibt Ihnen nichts anderes übrig, als jeden einzeln zu verarbeiten, es sei denn, alle sind negativ.

Anders ausgedrückt: Gehen Sie im folgenden Code nur von einem Erfolg aus, wenn Sie sicher sind, dass kein Fehler vorliegt.

Wenn Sie selbst Fehlercodes verwenden, greifen Sie auf die vorhandenen zurück. Sie finden die vordefinierte Liste von GNU C beispielsweise in errno.h. Wenn Sie eigene Fehler-Konstanten definieren, achten Sie auf eine sprechende Namensgebung.

9.1.2 Ausnahmen richtig behandeln

Moderne Programmiersprachen unterscheiden zwischen normalem Funktionsablauf und Ausnahmen. Tritt ein solcher Ausnahmefall auf, wird der Ablauf der aktuellen Funktion abgebrochen und die Ausnahme an die aufrufende Funktion weitergereicht. Diese kann die Ausnahme behandeln oder, falls sie sich dazu nicht in der Lage sieht, weiter nach oben durchreichen.

Diese klare Unterscheidung bedeutet für Entwickler vor allem eines:

Ausnahmen dienen nicht zur Ablaufsteuerung der Geschäftslogik.

Vielmehr ermöglichen Ausnahmen die Trennung zwischen »normaler« Geschäftslogik einerseits und Code zur Fehlerbehandlung andererseits. Letzterer steht ausschließlich im catch()-Block. Hingegen wäre bei der klassischen Prüfung von Rückgabewerten praktisch jede zweite Zeile im Code Fehlerbehandlung.

Werfen Sie ein Blick auf folgendes Beispiel aus einem fiktiven Getränkeautomaten-Betriebssystem, das in Java geschrieben wurde:

```
try {
  bottle = storage.findBottleByName(name);
} catch(NoBottleFoundException e) {
  return null;
}
sellBottleToCustomer(bottle);
```

Listing 9.3 Wenn das Getränk »ZischZitro« ausverkauft ist, ist das keine Ausnahme, sondern nur ein bestimmter vorhersehbarer Betriebszustand. Deshalb ist dieser Code nicht nachahmenswert.

Man kann sich leicht auf die Konvention einigen, dass eine erfolglose Suche nach einem Objekt immer den Wert `null` ergeben sollte. Das sollte im obigen Beispiel die Funktion `findBottleByName()` erledigen.

Ohne Exceptions lässt sich obiges Beispiel viel lesbarer ausdrücken:

```
bottle = findBottleByName(n);
if(bottle != null) {
  sellBottleToCustomer(bottle);
}
```

Listing 9.4 Flaschenverkauf ganz ohne jegliche Ausnahme

Grundsätzlich sollten Sie Sprachkonstrukte nur für ihren vorgesehenen Zweck einsetzen. Im Fall von Exceptions sind das eben Ausnahmezustände, in denen die Software nicht weitermachen kann. Der Getränkeautomat verfügt sicher über eine interne Festplatte, um ausführliche Statistiken über die Trinkgewohnheiten der Laufkundschaft zu protokollieren. Wenn diese Festplatte voll ist (oder kaputt), dann ist *das* eine Ausnahme. Es kann in diesem Fall nicht Aufgabe der Funktion zur Statistikerfassung sein, das Problem zu behandeln, sondern das Framework muss einen Alarm senden, ein Service-Techniker muss informiert werden.

Nicht umsonst fordern Funktionen zum Schreiben von Dateien in Java, dass Sie vorsorglich `IOExceptions` behandeln.

Wie Sie ordentliche Logfiles erstellen, erkläre ich später. An dieser Stelle sei aber bereits auf zwei beliebte Fehler hingewiesen, die die Fehlersuche später ungemein erschweren.

Keine Exceptions verschlucken!

Erstens: *Verschlucken Sie keine Exceptions!*

```
try {
  ...
} catch(Exception e) {
  // won't happen
}
```

Listing 9.5 Der Kommentar im »catch«-Block zeigt, dass es dem Autor der Zeilen an Fantasie fehlt.

Selbst wenn Sie noch so sicher sind, dass eine bestimmte Exception nicht auftritt: Protokollieren Sie sie.

Und zwar die *ganze* Exception. Die besteht nämlich nicht nur aus einer Fehlermeldung, sondern sie bringt auch den Stacktrace mit, der eine vernünftige Analyse oft erst ermöglicht. Schreiben Sie also keinesfalls:

```
try {
  ...
} catch(Exception e) {
  log("unexpected error: " + e.getMessage());
}
```

Listing 9.6 Wenn Sie nur die Nachricht einer Exception protokollieren, machen Sie sich auf Stecknadelsuchen gefasst.

Wenn Sie eine Exception einfach nur auswerfen wollen, dann geht das mit Stacktrace so:

`e.printStacktrace();`

In Abschnitt 9.2 zeige ich Ihnen ausführlich, wie dasselbe analog mit Logging-Frameworks funktioniert.

Oft ist es nicht sinnvoll, im Fall einer Exception den übergeordneten Vorgang fortzusetzen. Wenn etwa eine Datei-Kopieroperation fehlschlägt, braucht die Anwendung anschließend nicht zu versuchen, aus der Kopie etwas zu lesen. In dem Fall protokollieren Sie die IOException nicht nur, sondern werfen sie mit `throw` weiter nach oben, verpackt in eine Unchecked Exception:

`throw new RuntimeException(e);`

Dasselbe gilt bei mehrschichtigen Anwendungen, wenn die untere Schicht einen Fehler meldet, sei es über eine Exception oder einen Fehlercode.

Kommen Sie nicht auf die Idee, im `catch()` lediglich die Original-Exception zu loggen und dann die neue ohne den `cause` zu werfen. Sobald mehr als ein Thread ins Protokoll schreibt, kann sich dann eine andere Ausgabe zwischen die beiden Log-Einträge schieben, und Ihnen geht die Übersicht flöten. Ein verketteter Stacktrace wird immer am Stück protokolliert und enthält alles, was Sie brauchen – bis auf Koffein vielleicht.

Wenn Sie einen Stacktrace analysieren möchten, liefert der Ihnen nicht nur die geworfene Exception und die zugehörige Stelle, sondern auch den Kontext, d. h. alle Informationen über die aufrufenden Funktionen.

Die bereits erwähnte Entwicklerkonsole von Google Play fügt sogar Metadaten über das betroffene Gerät hinzu (siehe Abbildung 9.3).

```
Stacktraces

Zeitstempel des Berichts          java.lang.NullPointerException:
Gestern, 20:26                       at de.ludetis.railroad.TheGame.actMonthly(TheGame.java:819)
App-Version                          at de.ludetis.railroad.TheGame.act(TheGame.java:381)
193                                  at de.ludetis.railroad.ui.BaseGameUI.act(BaseGameUI.java:228)
                                     at de.ludetis.railroad.ui.GameScreenUI.act(GameScreenUI.java:334)
Android-Version                      at de.ludetis.railroad.ui.GameScreen.renderGame(GameScreen.java:471)
Android 6.0                          at de.ludetis.railroad.ui.GameScreen.render(GameScreen.java:381)
Gerät                                at com.badlogic.gdx.Game.render(Game.java:46)
Galaxy S5 (kltespr)                  at com.badlogic.gdx.backends.android.AndroidGraphics.onDrawFrame(AndroidGraphics.java:4
Hersteller: Samsung               22)
RAM (MB): 2048                       at android.opengl.GLSurfaceView$GLThread.guardedRun(GLSurfaceView.java:1648)
                                     at android.opengl.GLSurfaceView$GLThread.run(GLSurfaceView.java:1353)
Bildschirmgröße: 1080 × 1920
Bildschirmdichte (dpi): 480
Native Plattform: armeabi-v7a
OpenGL ES-Version: 3.0
CPU-Marke: Qualcomm
CPU-Modell: MSM8974
                                                                                  Seite 1 von 110
```

Abbildung 9.3 Wenn eine von Ihnen veröffentlichte Android-App Fehler wirft, finden Sie die Stacktraces übersichtlich gruppiert in der Entwicklerkonsole von Google Play.

Nein, Hunderte Zeilen lange Stacktraces sind nicht schön, aber sie helfen bei der Diagnose! Und normalerweise treten sie ja auch nicht auf, sondern nur in Ausnahmen.

Am Schluss dieses Abschnitts komme nicht umhin, die Java-Gemeinde zu spalten.

(Un-)Checked Exceptions in Java   Jeder Java-Entwickler kennt wohl die Diskussion um Checked und Unchecked Exceptions – eine Unterscheidung, die es so nur in Java gibt. Letztere erben von `RuntimeException`, können praktisch überall auftreten und werden deshalb nicht explizit mit `throws` deklariert. Mehr oder weniger vorhersehbare Ausnahmen aber schon. Deshalb sieht die Deklaration von `FileUtils.writeStringToFile()` eben wie folgt aus:

`public static void writeStringToFile(...) throws IOException`

Die gleiche Funktion deklariert aber keinesfalls `throws NullPointerException`, obwohl sie eine solche Ausnahme produzieren kann, falls Sie beispielsweise als `File` null übergeben.

Das Problem an den Checked Exceptions (wie `IOException`) ist nicht nur, dass Sie sie explizit mit `catch()` fangen müssen. Sie müssen ferner entscheiden, *wo* Sie das tun, z. B. in einem UI, in dem Sie den Nutzer über das Problem unterrichten können. Unterhalb der Ebene des Programmcodes, der die Exceptions behandelt, müssen Sie dann entweder überall entsprechende throws deklarieren oder Checked Exceptions fangen und neue Unchecked Exceptions (mit der Checked ursprünglichen Exception als cause) werfen.

Ein prominentes Beispiel für unschöne Checked Exceptions ist deren Deklaration in Interfaces. Interfaces sollen ja gerade die Implementierungsdetails verbergen. Angenommen, Sie implementieren das folgende Interface mit einer Klasse, die letztlich auf Dateien zugreift:

```
interface BottleManager {
  Bottle findBottleByName() throws IOException;
}
```

Dieses Implementierungsdetail sollte der aufrufenden Klasse jedoch egal sein. Für sie zählt nur die zurückgegebene Flasche, aber nicht, aus welchen speziellen Gründen die Suche fehlschlagen könnte. So gesehen sind Checked Exceptions streng genommen ein Verstoß gegen das Single-Responsibility-Prinzip!

Exceptions verstoßen gegen das Single-Responsibility-Prinzip

Besonders häufig begegnen Ihnen solche Probleme bei der Implementierung nebenläufiger Funktionen. Üblicherweise verkapseln Sie solche in Implementierungen des Interface Runnable:

```
Runnable r = new Runnable() {
  public void run() {
    ...
  }
};
```

Listing 9.7 Typische Implementierung eines »Runnable«.
Leider darf »run()« keine Checked Exception werfen.

Das Interface deklariert run() ohne throws. Folglich darf die Funktion keine Checked Exception werfen. Sollte doch eine vorkommen können, müssen Sie sie innerhalb der Funktion fangen und in eine Unchecked Exception umverpacken. Denn irgendwie muss jener Programmteil, der das Runnable startet, über das Problem informiert werden.

Aus Sicht der Entwickler von Java sind RuntimeExceptions Programmierfehler. Deshalb kann von keiner Funktion erwartet werden, darauf mit speziellem Code angemessen zu reagieren. Die angemessene Reaktion auf eine RuntimeException ist es demnach, die Ursache des Fehlers im Programmcode zu beseitigen.

9.1.3 Aussagekräftige Fehlermeldungen

Der gesamte Abschnitt 9.1 ist ja mit einer generischen Fehlermeldung überschrieben. Sie ist im Grunde eine Verzweiflungstat: Wir wissen nicht, was schiefgegangen ist, also können wir dem Nutzer in Wirklichkeit nicht helfen.

Selbst wenn dem System, das die Meldung anzeigt, Informationen über die Ursache vorliegen (z. B. ein Stacktrace), so ist es oft dennoch nicht möglich, diese auszuwerten. Jedenfalls nicht mit vertretbarem Aufwand.

Stellen Sie sich immer die folgende Frage: Wer ist der Leser der Fehlermeldung?

Zeigen Sie dem Nutzer dann immer eine Meldung, mit der er etwas anfangen kann.

Der Endnutzer einer App kann mit einem Stacktrace nichts anfangen. Sollte dieser gar auf einen Programmierfehler zurückgehen, hilft nur noch eine Entschuldigung.

Zeigen Sie einem Endbenutzer also nur dann Fehlermeldungen, wenn sie hilfreich sind und wenn der Nutzer das Problem selbst beseitigen kann, z. B.: »Die Festplatte ist voll« oder »Es fehlt ein Treiber«.

Fehler-Feedback nutzen
Für darüber hinausgehende Fehler nutzen Sie lieber eine Feedback-Option. Sorgen Sie also dafür, dass Ihre Anwendung den Fehler abfängt, und ermöglichen Sie dem Nutzer, Ihnen ein anonymisiertes Fehlerprotokoll zu senden.

Mit etwas Glück besänftigt das den Anwender sogar, der darauf vertrauen kann, dass dank seiner Mitarbeit die Qualität der Software in Zukunft verbessert wird.

Wenn gar nichts mehr geht, beenden Sie die Anwendung – aber sauber. Sorgen Sie dafür, dass eventuell ungesicherte Daten noch gespeichert werden oder beim nächsten Start wiederhergestellt werden können (LibreOffice macht das beispielsweise so).

Ein End-User kann mit Fachsprache nichts anfangen. Ein Administrator, der ein Server-Log liest, schon eher. Umgekehrt ist es nicht erforderlich, in einem Logfile freundlich gemeinte Vorschläge zur Abhilfe zu geben. Letztlich leitet der SysAdmin einen Log-Ausschnitt an die Entwicklungsabteilung weiter oder hängt ihn an ein Ticket. Somit landet der Stacktrace bei jemandem, der ihn versteht. Das ist – ähnlich wie bei der Talkback-Strategie – ein selbstoptimierender Kreislauf: Fehlermeldungen landen bei den

Entwicklern, die die Fehler eliminieren, so dass nach dem nächsten Update weniger davon auftreten.

Vorausgesetzt natürlich, der Entwickler findet den Fehler ...

9.1.4 Systematische Fehlersuche

Fehlersuche ist eine der unerfreulichsten, aber auch häufigsten Beschäftigungen eines Software-Entwicklers. Umso wichtiger ist es, dass Sie über eine Erfolg versprechende Strategie verfügen, um die Ursache eines Fehlers zu finden und zu beheben. Deshalb schlage ich Ihnen in diesem Abschnitt eine Schritt-für-Schritt-Vorgehensweise vor. Arbeiten Sie die Schritte der Reihe nach ab, bis Sie das Problem lokalisiert haben.

Wenn Ihnen ein Fehler gemeldet wird, gilt es, sich auf die Suche nach der Ursache zu machen. Manchmal ist das einfach. Oft aber auch schwierig. In einigen Fällen unmöglich. Schauen Sie sich die folgende Fehlermeldung an, die ich einer Ein-Sterne-Rezension irgendeines Spiels auf Google Play entnommen habe:

»Funktioniert nicht!«

Viel Erfolg bei der Fehlersuche!

Das Beispiel ist natürlich etwas unfair, denn Sie haben kaum eine Chance, den Nutzer um Details zu bitten. Mit etwas Glück finden Sie ein paar Crash-Logs in der Android-Entwicklerkonsole.

Grundvoraussetzung für eine Fehlersuche ist zunächst eine möglichst genaue Beschreibung. Wenn der Fehler Folge einer bestimmten Nutzeraktion ist, gehört diese in die Beschreibung, ferner natürlich die genaue Fehlermeldung und der genaue Zeitpunkt. Daher lautet Schritt Nummer 1 der systematischen Fehlersuche:

1. Bestehen Sie auf eine exakte Fehlerbeschreibung.

Exakte Fehlerbeschreibung

Anhand der Beschreibung können Sie Rückschlüsse daraus ziehen, in welcher Komponente Ihres Systems der Fehler auftritt. Sollte das gelingen, prüfen Sie, ob ein Logfile zur Verfügung steht, das Informationen über den Fehler enthält.

An dieser Stelle kann die Suche für Sie bereits beendet sein, falls sich beispielsweise herausstellt, dass eine Datenbank falsche Informationen enthält oder dass ein System verkehrt konfiguriert ist. Geben Sie den Fall dann an den zuständigen Administrator weiter, und bitten Sie ihn, dafür zu sorgen, dass der Fehler sich nicht wiederholen kann. Beispielsweise könnte der Administrator die Dokumentation zur Systemkonfiguration erweitern oder ein Aufräum-Skript über die Datenbank laufen lassen. Manchmal hilft es, einen Index als unique zu definieren oder einen Fremdschlüssel mit dem Zusatz on delete cascade auszustatten. Das hängt ganz vom konkreten Fall ab, zu dem Sie zwar Empfehlungen geben können, der aber ausnahmsweise nicht Ihre Baustelle ist.

Falls doch Ihr Code als einziger Verdächtiger übrig bleibt, fahren Sie fort mit dem nächsten Schritt:

Fehlerprotokoll durchsuchen

2. Suchen Sie nach einem Fehlerprotokoll.

Wenn es ein Fehlerprotokoll gibt, sei es automatisch übermittelt oder in einem Logfile, suchen Sie nach dem Stacktrace, und identifizieren Sie die Ursache.

Leider haben Sie in vielen Fällen keinen Zugriff auf ein solches Protokoll, oder es wird gar keines erzeugt, oder aber es ist dem Nutzer nicht möglich, es Ihnen zu übermitteln. Dann müssen Sie sich ein solches Protokoll besorgen, indem Sie den Fehler reproduzieren, und zwar auf einem eigenen Gerät, auf dem Sie live debuggen können oder ein Protokoll erhalten.

Fehler reproduzieren

3. Reproduzieren Sie den Fehler.

Mit einer genauen Beschreibung sollte es Ihnen gelingen, den Fehler zu reproduzieren. Vorausgesetzt natürlich, Sie können wirklich alle Charakteristika des Geschehens nachbilden. Dazu gehört vielleicht, dass Sie sich unter dem Account des betroffenen Users einloggen oder dass Sie exakt dieselbe Hardware verwenden (z. B. bei Android-Apps). Manchmal gelingt auch nur eine Annäherung. Wenn Sie den Fehler dann nicht reproduzieren können, war die Annäherung nicht hinreichend, oder es handelt sich um einen sporadisch auftretenden Fehler. In dem Fall wiederholen Sie die Schritte zur Reproduktion, oder prüfen Sie, ob andere Nutzer denselben Fehler melden.

Manchmal ist es möglich, die Software im Debug-Modus laufen zu lassen. Im Fall von serverbasierter Software kann das ein Entwicklungs- oder Testserver mit erweitertem Logging sein, im Fall einer Desktop-Anwendung oder einer App sogar das Entwicklungssystem auf Ihrem Rechner. Falls Ihnen kein Protokoll Aufschluss gibt – etwa, weil gar keine Exception geworfen wird, sondern nur ein falsches Verhalten beobachtet wird –, versuchen Sie Step-by-Step-Debugging. Das geht auch mit einem Anwendungs-Server, wenn in der Java VM Remote-Debugging aktiviert ist und Sie eine Netzwerkverbindung herstellen können. Zumindest bei einer Entwicklungs- oder auch Test-Instanz sollte das der Fall sein.

Der Rest ist im Grunde nichts anderes als die *wissenschaftliche Methode*. Die zugehörigen Schritte mögen etwas abstrakt klingen, sind aber fast immer leicht auf den konkreten Fall anwendbar.

4. Stellen Sie eine Theorie über die Fehlerursache auf.   Eine Theorie aufstellen

Überlegen Sie, welche Umstände zu dem beobachteten Fehlverhalten führen können. Von welchen Faktoren hängt das Verhalten der Software ab, wie kommen diese Faktoren zustande? An dieser Stelle ist intime Kenntnis über das Gesamtsystem obligatorisch. Fragen Sie Kollegen, um nichts zu übersehen.

Manchmal haben Sie mehrere Theorien. Das schadet nicht. Fahren Sie dann zunächst mit der wahrscheinlichsten Theorie fort.

5. Konstruieren Sie Experimente, um eine Theorie zu bestätigen oder zu widerlegen.   Prüfen der Theorie

Jede Theorie, die Sie durch ein Experiment aussondern können, bringt Sie des Rätsels Lösung einen Schritt näher. Führen Sie die Experimente in einer sinnvollen Reihenfolge aus, denn der Aufbau kann viel Zeit in Anspruch nehmen. Versuchen Sie zuerst solche Durchläufe, die mindestens eine Theorie widerlegen, am besten sogar mehrere. Ziehen Sie Experimente vor, die wenig Zeit benötigen, aber mit hoher Treffsicherheit eine sehr wahrscheinliche Theorie bestätigen können.

Letztlich werden Sie auf diese Weise die Ursache identifizieren.

Vielleicht erwarten Sie, dass der nächste Schritt darin besteht, den Fehler zu beheben. Falsch geraten! Er lautet:

6. Schreiben Sie einen Unit-Test, der den Fehler reproduziert.   Einen Unit-Test schreiben

Dieser Schritt kann gar nicht genug betont werden. Denn trotz meiner Predigt in Kapitel 6 existiert bisher offenbar kein Unit-Test, der den Anwendungsfall abdeckt. Das ist halb so wild – wenn Sie das jetzt nachholen.

Gut möglich, dass ein Refactoring ansteht, um den fraglichen Code testbar zu machen. Sobald Sie den Fehler isoliert haben, können Sie ihn endlich beheben – und sofort per Unit-Test nachweisen, dass das gelungen ist.

7. Beheben Sie den Fehler, bis der Unit-Test durchläuft.   Den Fehler beheben

Sie haben mit dieser Prozedur nicht nur einen Fehler behoben, sondern auch die Qualität der Software verbessert. Die Testabdeckung hat sich erhöht, womöglich hat Ihre Korrektur sogar weitere, bisher unentdeckte weitere Fehler gleich mit erschlagen.

Das Erfolgserlebnis ist die Strapazen wert. Aber das ändert nichts daran, dass Fehlersuche nicht allzu viel Spaß macht. Schon gar nicht, wenn es sich um fremden Code handelt, der möglicherweise sogar gegen Konventionen verstößt, dem Tests fehlen, oder der allgemein von geringer Qualität ist (nach den Kriterien von Kapitel 4).

Ein Nebeneffekt der Fehlerbehebung ist oft, dass Sie Code so sehr verändern, dass man getrost von einem Neubau reden kann. Das birgt Risiken, deshalb widme ich diesem Thema ein eigenes Kapitel (und zwar Kapitel 10).

9.2   Festplattenweise Protokolle

Insbesondere bei serverbasierter Software ist es unerlässlich, Protokoll über das Verhalten des Systems zu führen. Das dient nicht nur der Fehlersuche, sondern hilft auch bei der Messung von Performance oder erlaubt es, Nutzerverhalten direkt oder statistisch zu erfassen.

Natürlich kann man es auch mit dem Logging übertreiben. Es sollen schon ganze Infrastrukturen ausgefallen sein, weil eine Festplatte mit Logfiles überlief, die ohnehin niemand liest.

Dieser Abschnitt gibt Ihnen Tipps für sauberes Logging in einem vernünftigen Maße.

> **Platte voll?**
>
> Ich habe schon mehrmals in diesem Buch eine volle Festplatte als Ursache für Fehler genannt. Aber was tun, wenn genau das geschieht? Schnelle Abhilfe ist nötig. Auf einem Linux-Server erkennen Sie die volle Festplatte leicht, wenn Sie den Kommandozeilenbefehl df eingeben: Irgendwo steht dann eine Belegung von 100%.
>
> Um dann beispielsweise die fünf fettesten Dateien unterhalb von /var zu finden, geben Sie Folgendes ein:
>
> ```
> du -a /var | sort -n -r | head -n 5
> ```
>
> Dieser Befehl ermittelt die Dateigrößen, sortiert sie absteigend und gibt die fünf größten aus. Das könnte etwa so aussehen:
>
> ```
> 700856080    /var
> 693297792    /var/log
> 693112400    /var/log/jenkins
> 656980020    /var/log/jenkins/jenkins.log
> 36132344     /var/log/jenkins/jenkins.log.1
> ```
>
> In diesem Fall hat der Jenkins-Server mit um die 700 MB Logfiles die Platte geflutet. Natürlich können Sie auf gleiche Weise unterhalb von /home

oder */opt* nach großen Dateien suchen. Mag sein, dass sich dabei herausstellt, dass Ihre Festplatte für die regulär anfallenden Datenmengen tatsächlich zu klein dimensioniert ist – oft aber erweist sich exzessives Logging als Ursache. Dann genügt es, eine große Datei auf ein anderes Laufwerk zu schieben oder zu komprimieren. Vergessen Sie nicht, vorzusorgen und der Anwendung, die für das umfangreiche Log verantwortlich war, die Redseligkeit auszutreiben. Löschen Sie die Logfiles aber nicht einfach! Oft sind sie selbst nur eine Folge, nicht die Ursache – und enthalten Hinweise auf anderweitige Fehler.

9.2.1 Logging-Frameworks

Was fürs Popcorn-Kino gilt, gilt auch für Software-Komponenten: Alles, was man braucht, gibt's schon seit geraumer Zeit, und zwar mehrfach.

Also existieren natürlich längst Logging-Frameworks, die nur darauf warten, von Ihnen verwendet zu werden. Bitte kommen Sie nicht in Versuchung, die unflexibelste Art des Loggings auszuprobieren:

```
System.out.println("error!");
```

Beziehungsweise in C#:

```
Console.WriteLine("error!");
```

Nur auf den ersten Blick besteht Logging daraus, Texte irgendwo auszugeben. Tatsächlich bieten Ihnen Frameworks Optionen, um die Qualität von Logfiles zu erhöhen, was der Fehlersuche zugutekommt. Außerdem sind sie darauf bedacht, den normalen Programmablauf möglichst wenig zu stören.

Es sollen schon Programme komplett abgestürzt sein, nur weil der Pfad für das Log nicht existierte ...

Viele Java-Entwickler verwenden nicht nur die bewährte Logging-Bibliothek *log4j*, sondern auch eine Fassade namens *slf4j*, die zusätzliche Funktionen bereitstellt, das eigentliche Schreiben des Logs (in eine Datei oder sonst wohin) jedoch log4j (oder einer anderen Bibliothek) überlässt. Dafür ist ein Binding erforderlich, so dass Sie letztlich drei Bibliotheken einbinden müssen.

Logging mit »log4j«

Deshalb ist es ein bisschen Arbeit, die richtigen Abhängigkeiten ins Build-System zu packen. Wenn Sie Gradle verwenden, sieht das z. B. wie folgt aus:

```
dependencies {
  compile 'org.slf4j:slf4j-api:1.7.25'
  compile 'org.slf4j:slf4j-log4j12:1.7.25'
  compile 'log4j:log4j:1.2.17'
}
```

Listing 9.8 Drei Abhängigkeiten müssen Sie in die Datei »build.gradle« schreiben, um »log4j« über »slf4j« nutzen zu können. Achten Sie auf die Versionsnummer beim Binding (fett gedruckt).

Der Vorteil dieser Vorgehensweise ist, dass das eigentliche Logging (log4j) ausgetauscht werden kann, ohne den Code zu ändern, da dieser nur die Fassade aufruft, die wiederum mehr Funktionen zur Verfügung stellt als log4j selbst. Im echten Leben benötigt man dieses Feature allerdings eher selten.

Neues Logging: Generation »log4j 2.x«

Inzwischen hat sich die Welt ein bisschen weitergedreht. Seit 2015 wird log4j 1.x nicht mehr weiterentwickelt. Es gibt aber inzwischen log4j 2.x, das aufgrund erweiterter Funktionalität slf4j aus Sicht vieler Anwender obsolet macht, wenngleich es nur in Ausnahmen lohnenswert erscheint, ein vorhandenes slf4j-/log4j-Projekt umzustellen. Neue Projekte können es sich daher einfach machen:

```
compile 'org.apache.logging.log4j:log4j-core:2.8.2'
```

Achten Sie darauf, als Artefaktnamen `log4j-core` anzugeben. Die zugehörige Abhängigkeit `log4j-api` wird automatisch hinzugefügt.

Den Logging-Mechanismus stellt das Interface Logger zur Verfügung, für dessen Implementierung der LogManager sorgt, der einem Factory-Entwurfsmuster folgt:

```
private static final Logger logger =
  LogManager.getLogger(Main.class);
```

Wenn Sie nicht aus statischen Methoden heraus loggen müssen, können Sie stattdessen schreiben:

```
private final Logger logger =
  LogManager.getLogger(this.getClass());
```

Bevor ich Ihnen zeige, wie Sie verschiedene Logger konfigurieren können, sollten Sie wissen, wie man sie einsetzt.

9.2.2 Log-Levels

Im Normalfall loggen Sie mehr oder weniger einfache Textnachrichten, also Strings:

```
logger.error("no more bottles");
```

Dabei gibt es folgende Log-Levels:

```
logger.trace(...);
logger.debug(...);
logger.info(...);
logger.warn(...);
logger.error(...);
logger.fatal(...);
```

Stattdessen können Sie das Level als Parameter an die allgemeine Funktion `log()` übergeben:

```
logger.log(Level.INFO, ...);
```

Entscheidend hierbei ist, dass die Konfiguration des Loggers entscheidet, ob tatsächlich eine Nachricht erzeugt wird. So unterscheiden sich eine Entwicklungs- und eine Produktivumgebung nur in eben jener Konfiguration. In der Entwicklungsumgebung werden alle Level ab `Level.DEBUG` protokolliert, in der Produktivumgebung nur ab `Level.ERROR`. Logisch, dass das nur Sinn ergibt, wenn Sie im Programmcode immer ein passendes Level wählen. Pflastern Sie nicht eine ganze Funktion mit zig `logger.info()`-Aufrufen, die lediglich Informationen ausgeben, die für den Entwickler relevant sind. Umgekehrt müssen Fehler auf jeden Fall mit `Level.ERROR` protokolliert werden, damit sie auch in der Produktivumgebung sichtbar sind.

Passende Log-Levels wählen

9.2.3 Der langsamste Weg, nichts zu loggen

An dieser Stelle muss ich den warnenden Zeigefinger heben. Achten Sie darauf, dass sich das Logging nicht negativ auf die Leistung der Anwendung auswirkt, zumindest nicht im Produktivbetrieb, also z. B. ab `Level.INFO`.

Optimiertes Logging

In einem großen Telekommunikationsunternehmen ist unserem Team einmal eine umfangreiche Webanwendung untergekommen, die unterirdisch langsam war und exorbitant viel Speicher verbrauchte. Nach langer Suche fanden wir eine Zeile, die bei praktisch jedem Request durchlaufen wurde und ungefähr wie folgt aussah:

```
logger.debug("item: " + item + ", group: " + item.group);
```

Jetzt kommt's: Das Log-Level stand auf Level.INFO, es gab also gar keine entsprechende Ausgabe im Log. Aber das Zusammensetzen der Log-Nachricht geschieht ja *vor* der Entscheidung des Loggers, auf die Protokollierung zu verzichten.

Zwar sieht die Zeile recht harmlos aus, aber wenn man weiß, dass ein O/R-Mapper beteiligt ist, dann kommt man recht schnell auf die Idee, dass die Verwendung des Objekts item.group das Nachladen von unter Umständen Hunderten weiterer Zeilen aus der Datenbank zur Folge hatte. Und das nur, um nichts davon zu loggen.

Die einfachste Abhilfe war dann diese:

```
if(logger.isDebugEnabled())
    logger.debug(...);
```

Zwar können Sie grundsätzlich so vorgehen, aber damit produzieren Sie eine zusätzliche Programmzeile für jede Log-Ausgabe.

Glücklicherweise stellt log4j in Version 2.x eine bessere Option zur Verfügung (und slf4j mit log4j 1.x ebenfalls):

```
logger.debug("item: {}, group: {}", item, group);
```

Durch die Verwendung der Platzhalter findet vor dem Aufruf der Funktion keinerlei Berechnung statt. Auf die Objekte item und group wird tatsächlich nur zugegriffen, wenn das Level.DEBUG für diesen Logger aktiv ist. Als Bonus ist obige Variante auch noch schneller als simples Zusammenfügen von Strings – auch dann, wenn der Text letztlich wirklich gelogged wird.

Übrigens gibt es von log4j 2.x unter dem Dach der sogenannten *Apache Logging Services* auch Portierungen für .NET, PHP und C++, die über eine sehr ähnliche API verfügen.

Apache Logging Services im Netz

https://logging.apache.org/

9.2.4 Rotation und Konfiguration

Bisher habe ich Ihnen gezeigt, wie Sie vom Code aus mit log4j Log-Ausgaben erzeugen können. Kommen wir nun zu der erforderlichen Konfiguration. Dort können Sie für die ganze Anwendung oder für einzelne Klassen (da jede einen eigenen Logger hat) hierarchisch die Log-Levels einstellen – und vieles mehr.

Sie können log4j 2.x auf verschiedene Weisen konfigurieren: entweder im Programmcode oder mittels einer Konfigurationsdatei. Ich empfehle den zweiten Weg, damit Sie den Code bei Konfigurationsänderungen nicht neu bauen müssen.

Die Konfigurationsdatei darf in verschiedenen Formaten vorliegen: log4j 2.x unterstützt XML, Properties, JSON und YAML.

Aus verschiedenen Gründen wähle ich üblicherweise das XML-Format.

Von log4j 1.x sind Entwickler das Properties-Format gewohnt, aber da Version 2.x eine völlig andere Syntax aufweist, die sich noch dazu bei verschiedenen Unterversionen leicht unterscheidet, spricht wenig für den Einsatz. YAML und JSON erfordern zusätzliche Abhängigkeiten, daher ist XML die einfachste Option.

Standardmäßig sucht log4j im Classpath nach einer Konfigurationsdatei namens *log4j2.xml*. Legen Sie diese im Verzeichnis *src/main/resources* an (den Inhalt packen Gradle und Maven automatisch in den Classpath), und schreiben Sie Folgendes hinein:

»log4j 2« konfigurieren

```xml
<?xml version="1.0" encoding="UTF-8"?>
<Configuration>
  <Appenders>
    <Console name="Console" target="SYSTEM_OUT">
      <PatternLayout pattern="%d{HH:mm:ss.SSS} [%t] ↪
        %-5level %logger{4} - %msg%n"/>
    </Console>
  </Appenders>
  <Loggers>
    <Root level="info">
      <AppenderRef ref="Console"/>
    </Root>
  </Loggers>
</Configuration>
```

Listing 9.9 So sieht eine einfache log4j 2-xml-Konfiguration aus, die alle Ausgaben ab »Level.INFO« an die Konsole schickt.

Sie sehen, dass die Konfiguration aus zwei Bereichen besteht: zum einen `<Appenders>`, zum anderen `<Loggers>`. Letzterer entspricht den Loggern, die Sie im Code anlegen. Der spezielle Logger `<Root>` ist sozusagen der Boss Ihrer Logger, an die er seine Eigenschaften vererbt. Das Beispiel setzt also alle Logger auf das Mindestlevel `Level.INFO` und leitet sie mit `<AppenderRef>` an den oben definierten Appender namens Console weiter.

Der Appender wiederum definiert ein Ausgabe-Pattern, in dem verschiedene Platzhalter zum Einsatz kommen, um in diesem Beispiel die Uhrzeit, den Threadnamen (%t), das Level (%level), den Logger (%logger) und schließlich die Nachricht (%msg) und ein plattformabhängiges Newline (%n) auf der Konsole auszugeben. Die bei %-5level eingeschobene negative Zahl produziert Füll-Leerzeichen bis zu einer Gesamtbreite von 5, um für eine halbwegs tabellarische Darstellung zu sorgen.

Loggen Sie nun im Code eine Nachricht:

```
logger.info("bottle sold: {}", s);
```

Dann sieht die Ausgabe wie folgt aus:

```
10:19:55.778 [main] INFO  de.uwepost.simpletest.Main - bottle ↲
sold: ZischZitro
```

Die {4} hinter %logger reduziert die Anzeige auf maximal vier Komponenten. Damit sind die durch Punkte getrennten Namensteile des Loggers gemeint, die üblicherweise dem vollständig qualifizierten Klassennamen (also inklusive Package-Name) entsprechen. Um sehr lange Zeilen zu vermeiden, kann man so die Ausgabe auf die vier wichtigsten Namensteile (von rechts betrachtet) beschränken. Ändern Sie die {4} in {2}, erscheint nur noch:

```
10:19:55.778 [main] INFO  simpletest.Main - bottle sold: ZischZitro
```

Um statt auf die Konsole in eine Datei zu loggen, verwenden Sie einfach statt des `<Console>`-Appenders einen anderen:

```
<File name="Logfile" fileName="myapp.log">
  <PatternLayout>...</PatternLayout>
</File>
```

In diesem Beispiel heißt der Appender `Logfile`, folglich müssen Sie im Logger die `AppenderRef` ändern. Sehr leicht können Sie mehrere Appender definieren und dann einen bestimmten Logger (also z. B. das Logging einer bestimmten Klasse) per `AppenderRef` in eine separate Datei umleiten:

```
<Logger name="de.uwepost.simpletest.Main" level="debug"
        additivity="false">
  <AppenderRef ref="Logfile"/>
</Logger>
```

Achten Sie auf das Attribut `additivity="false"`: Da die Logger hierarchisch organisiert sind, würde die Ausgabe des neuen Loggers sowohl ins Logfile als auch (via `Root`-Logger) auf die Konsole schreiben. Das Attribut verhindert das und sorgt dafür, dass die Ausgabe des `Main`-Loggers ausschließlich im Logfile landet.

Wenn Sie oft Änderungen an der Logging-Konfiguration vornehmen möchten, wäre es umständlich, die Anwendung immer neu starten zu müssen. Deshalb verfügt log4j 2.x über die Fähigkeit, seine Konfiguration in einem einstellbaren Intervall neu einzulesen. Ergänzen Sie dazu einfach ein Attribut im `Root`-Node des XML:

```xml
<Configuration monitorInterval="30">
```

Anzugeben ist ein Wert in Sekunden.

Ein letztes Wort noch zu Logfiles. Je nach Anwendung können diese auf Größen anwachsen, die umständlich zu handhaben sind. Deshalb ist es oft eine gute Idee, täglich ein neues Logfile zu beginnen und auf Entwicklungs- oder Testsystemen einige Tage alte Dateien sogar zu löschen. Dazu verwenden Sie den `<RollingFile>`-Appender:

```xml
<RollingFile name="Rolling" fileName="app.log"
                            filePattern="app-%d{MM-dd-yyyy}.log.gz">
  <PatternLayout>...</PatternLayout>
  <Policies>
    <CronTriggeringPolicy schedule="0 0 * * *"/>
  </Policies>
  <DirectWriteRolloverStrategy maxFiles="10"/>
</RollingFile>
```

Listing 9.10 Die »CronTriggeringPolicy« nutzt Cron-Ausdrücke.

Dieser Appender verwendet wie der `File`-Appender die im Attribut `fileName` angegebene Datei, bis ein Trigger aktiv wird – dann wird die Datei entsprechend des angegebenen `filePattern` umbenannt und eine neue begonnen. Im obigen Beispiel sorgt die `CronTriggeringPolicy` dafür, dass dies immer um 0:00 Uhr geschieht. Als Attribut `schedule` ist ein Standard-Cron-Ausdruck anzugeben. Zusätzlich sorgt die `DirectWriteRolloverStrategy` dafür, dass maximal zehn Logfiles die Festplatte belegen.

Der `RollingFile`-Appender kann auch bei Erreichen einer bestimmten Dateigröße ein neues Logfile beginnen. Außerdem gibt es einen ganzen Stapel weiterer Appender, die in Datenbanken, MessageQueues oder E-Mails schreiben können. Dies alles erklärt Ihnen ausführlich die log4j-Webseite. Ich werde Ihnen im folgenden Abschnitt daher lieber noch ein Feature nahebringen, das gerne übersehen wird, aber die Fehlersuche deutlich erleichtert: Marker.

9.2.5 Schnitzeljagd

Insbesondere bei einer Webanwendung, auf die zahlreiche Nutzer zugreifen, überschneiden sich Log-Ausgaben quasi gleichzeitig stattfindender Nutzeraktionen.

Bei der Fehlersuche ist es aber wichtig, Aktionen bestimmter Nutzer nachverfolgen zu können. Dazu können Sie entsprechende Informationen strukturiert ins Log einbauen, indem Sie *Marker* oder eine *ThreadContextMap* verwenden.

Sie können beispielsweise zu Anfang einer Nutzeraktion einen Marker mit dessen User-ID erzeugen:

```
Marker m = MarkerManager.getMarker(Long.toString(userId));
```

Marker im Log Anschließend übergeben Sie den Marker an jede Logging-Funktion, die mit der Nutzeraktion zusammenhängt:

```
logger.debug(m, "bottle sold: {}", s);
```

Schließlich müssen Sie die Ausgabe des Markers noch im PatternLayout berücksichtigen:

```
<PatternLayout pattern="%d{HH:mm:ss.SSS} %-5level %logger{2}
[user=%marker] - %msg%n"/>
```

Das Ergebnis sieht dann so aus:

```
11:29:10.728 DEBUG simpletest.Main [user=442] -
 bottle sold: ZischZitro
```

Von der Kommandozeile aus können Sie mit dem Befehl `grep` dann im Logfile nach allen Aktionen des Users suchen:

```
grep "\[user=442\]" log.log
```

Achten Sie auf die Backslashes, die die eckigen Klammern »escapen«, die im regulären Suchausdruck von grep normalerweise eine besondere Funktion haben. Suchen Sie nur nach der User-ID, kann es sein, dass Sie weitere Zeilen angezeigt bekommen, in denen die Zahl zufällig ebenfalls vorkommt.

Besonders praktisch ist der Marker, wenn Sie in eine Datenbank loggen, denn dann landet die Information in einer eigenen Spalte, über die Sie wiederum mit `SELECT ... WHERE ...` suchen können.

Es ist sogar möglich, in einem <Appender> einen Filter anzugeben, der die Ausgabe abhängig vom Wert des Markers beschränkt. Das ist für User-IDs weniger interessant, aber Marker können auch auf andere Weise genutzt werden.

Stellen Sie sich beispielsweise einen `Mail`-Appender vor, der nur dann in Aktion tritt, wenn eine Log-Ausgabe mit dem Marker `"empty"` vorliegt:

```
<Appenders>
  <SMTP name="Mail" subject="Bottle slot empty"
    to="bottle.maintenance@company.com"
    from="device@company.com"
    smtpHost="mail.company.com" smtpPort="25"
    bufferSize="1">
    <Filters>
      <Filter type="MarkerFilter" marker="empty"
        onMatch="ACCEPT" onMismatch="DENY"/>
    </Filters>
  </SMTP>
```

Listing 9.11 Ein »SMTP«-Appender versendet Mails, wenn ein spezifischer Marker auftaucht.

Auf diese Weise können Sie E-Mails versenden, wenn ein Flaschenvorrat aufgebraucht ist, damit sofort das Nachfüllkommando anrückt. Das Standardformat für diese E-Mails ist HTML, kann aber natürlich beliebig konfiguriert werden.

Streng genommen würden Sie eine solche Logging-Funktion für Geschäftslogik verwenden, was natürlich alles andere als eine gute Idee ist. Gedacht ist das Feature für Fehlermeldungen, die an einen Administrator gesendet werden.

Marker haben den Nachteil, ziemlich eindimensional zu sein. Mehr als eine Information können Sie nicht hinterlegen. Deshalb gibt es in log4j (und anderen Frameworks) das Konzept namens *Mapped Diagnostic Context* (MDC). In einen solchen Kontext können Sie verschiedene Informationen über eine Useraktion in Form von Key-Value-Paaren eintragen und später loggen.

Mapped Diagnostic Context speichert mehr Informationen.

Da in einer Multiuser-Umgebung üblicherweise zu jeder Useraktion genau ein Thread gehört, nennt log4j den Mechanismus *ThreadContext*.

Beispielsweise können Sie in einem Request-Handler eines Webservice neben der User-ID auch die IP-Nummer des zugehörigen Clients speichern:

```
ThreadContext.put("ip", request.getRemoteAddr());
ThreadContext.put("userId", userId);
```

Die zugehörigen statischen `put()`-Funktionen ermitteln die ID des aktuellen Threads und merken sich die eingehängten Daten, bis Sie sie überschreiben oder explizit `ThreadContext.clear()` aufrufen.

An den eigentlichen Log-Aufrufen müssen Sie rein gar nichts ändern – log4j kümmert sich darum, den ThreadContext anzuhängen.

Jetzt müssen Sie nur noch im PatternLayout dafür sorgen, dass die gewünschten Einträge ausgegeben werden. Dazu verwenden Sie die Wildcard `%X` und hängen in geschweiften Klammern den verwendeten Key an:

```
<PatternLayout pattern="%d{HH:mm:ss.SSS} %-5level %logger{2}
[user=%X{userId}] [IP=%X{ip}] - %msg%n"/>
```

Übrigens gibt `%X` ohne geschweifte Klammern dahinter den gesamten ThreadContext aus.

Natürlich können entsprechend konfigurierte Appender auch nach ThreadContext-Werten filtern oder sie in bestimmte Datenbankspalten schreiben.

Nutzen Sie diese flexiblen Logging-Möglichkeiten, wissen Sie später immer sofort Bescheid darüber, was Ihre Nutzer wann genau gemacht haben. Das hilft nicht nur bei der Diagnose von Fehlern, sondern auch beim Erzeugen von Statistiken über Nutzerverhalten.

9.3 Ungebetene Besucher

Hacker sind keine Fantasiegestalten wie Vampire und Elfen, es gibt sie wirklich. Sie schlagen nicht nur zu, wo es etwas zu holen gibt (95% der *Geldautomaten* laufen unter *Windows XP* – keine Sicherheits-Updates, dafür eine Menge Lücken!), sondern auch da, wo es ihnen gerade Spaß macht.

Was die Anfälligkeit typischer *Internet of Things*-Anwendungen (IoT) angeht, so zitiere ich gerne einen schlauen Menschen, der einmal meinte, das »S« in der Abkürzung »IoT« stehe für »Secure« ...

Sicherheitslücken in Millionen ungepatchter Geräte stellen eine ernsthafte Gefahr für das Internet und seine Nutzer dar. Teils wurde die Bedeutung von Sicherheit schon beim Design von Internetdiensten unterschätzt, sonst gäbe es keine einzige Spammail. Das Mailprotokoll ist einfach zu offen. Machen Sie es besser. Achten Sie von Anfang an auf Risiken, berücksichtigen Sie korrekte Autorisierung, Authentifizierung, Rechte und Rollen, wie Sie Passwörter speichern (oder eben nicht), starke Kryptografie, und vermeiden Sie es, sozusagen Lüftungsschächte in Ihre Software einzubauen, durch die Angreifer hereinspazieren können, ohne sich um die vielen Schlösser an der Vorderseite zu kümmern. Games ohne solche Lüftungsschächte wären ziemlich schnell vorbei, ebenso wie ein versuchter Einbruch an einer hinreichend gesicherten Haustür.

9.3.1 Spurensuche

Wetten, dass auch Ihr Server schon von Hackern besucht wurde? Jeder Host, der im Netz hängt, ist ein potenzielles Opfer von Bots, die auf der Suche nach offenen Türen sind.

Überzeugen Sie sich selbst, indem Sie (als root) auf Ihrem Linux-Server einen Blick in die Datei */var/log/auth.log* werfen:

```
Jul  6 10:41:31 h11 sshd[24367]: input_userauth_request:
invalid user admin [preauth]
Jul  6 10:41:33 h11 sshd[24367]: error: maximum authentication
attempts exceeded for invalid user admin from xx.xx.xx.xx
port 34210 ssh2 [preauth]
Jul  6 10:43:28 h11 sshd[31148]: reverse mapping checking
getaddrinfo for xx.speedy.com.ar [xx.xx.xx.x] failed -
POSSIBLE BREAK-IN ATTEMPT!
```

Diese Ausgaben stammen vom ssh-Dämon. Der lässt auf dem fraglichen Rechner zum Glück nur Nutzer zu, die über den richtigen ssh-Key verfügen. Bot-Skripte versuchen dauernd, sich mit Username admin und irgendeinem Standard-Passwort anzumelden, was auf dem fraglichen Rechner glücklicherweise fehlschlägt.

Falls Ihre Datenbank nicht auf lokale Verbindungen oder bekannte Client-Adressen beschränkt ist, können Sie auch dort ungebetene Gäste begrüßen. In MySQL (bis Version 5.7.2) setzen Sie in der Konfigurationsdatei *my.cnf* folgende Parameter:

```
log_error = /var/log/mysql/error.log
log_warnings = 2
```

Sie werden staunen.

Dass Sie von Hackern angegriffen werden, steht völlig außer Frage.

Die Frage ist nur, *wann* die Hacker erfolgreich sind und wie Sie diesen Zeitpunkt möglichst weit in die Zukunft schieben können. Darum geht es in den nächsten Abschnitten.

9.3.2 Alle Luken dicht

Die wohl wichtigste Regel lautet: *Bieten Sie so wenig Angriffsfläche wie möglich.*

Ein Web- oder Application Server muss nur zwei TCP-Ports nach außen hin öffnen: HTTP(S) (Port 80 bzw. 443) und SSH (Port 22). Hierbei dient Port 80 im Idealfall nur dazu, einen sich damit verbindenden Browser auf die mit SSL geschützte Webseite auf Port 443 umzuleiten.

Prüfen Sie selbst, welche Ports geöffnet sind! Auf einem Linux-Server selbst verwenden Sie die Anwendung netstat:

```
netstat -ltup
```

Dieser Befehl zeigt Ihnen alle geöffneten TCP- und UDP-Ports (IPv4 und IPv6) sowie die Namen der zugehörigen Programme.

Natürlich können Sie auch von außen scannen. Dazu können Sie verschiedene Dienste im Netz (z. B. *http://www.dnstools.ch/port-scanner.html*) oder auf einem zweiten Rechner das mächtige Kommandozeilenprogramm nmap verwenden:

```
nmap www.mycompany.com
...
PORT     STATE SERVICE
22/tcp   open  ssh
80/tcp   open  http
443/tcp  open  https
3306/tcp open  mysql
```

Überlegen Sie genau, ob alle hier auftauchenden Dienste wirklich von außen erreichbar sein müssen.

Wer benötigt Zugriff auf die MySQL-Datenbank? Vermutlich ein Redaktionssystem, das auf dem Webserver installiert ist. Aber warum ist die Datenbank von außen erreichbar? Möchte der Administrator von seinem Arbeitsplatz aus mit einem Tool wie MySQL Workbench direkt an den Daten herumfummeln, die dann noch dazu unverschlüsselt übers Netz geschickt werden? Das ist vielleicht bisweilen hilfreich, geht aber auch sicherer. Denn die Anmeldung bei MySQL erfordert nur Nutzernamen und Passwort – echte Sicherheit erfordert aber einen Krypto-Schlüssel.

Dabei ist die Lösung einfach: Mit ssh existiert bereits eine hinreichend sichere Zugriffsmethode. Sie können den MySQL-Datenverkehr durch das ssh-Protokoll »tunneln« und den DB-Server damit auf einem lokalen Port auf Ihrem Rechner horchen lassen. Dann können Sie den öffentlichen

Port auf dem Server abschalten. Dazu benötigen Sie nicht einmal root-Rechte auf dem Server.

Zunächst aber befehlen Sie ssh, Authentifizierungen über Username und Passwort abzulehnen. Stattdessen melden Sie sich mit einem OpenSSL-Schlüssel an.

ssh-Login mit Schlüsselpaar

Das Schlüsselpaar erzeugen Sie unter Linux wie folgt:

`ssh-keygen`

Der private Schlüssel wird (optional) mit einem anzugebenden Passwort verschlüsselt und auf Ihrem Rechner im Verzeichnis *.ssh* als *id_rsa* abgespeichert, der öffentliche Schlüssel in der Datei *id_rsa.pub*.

Entscheidend bei asymmetrischer Kryptografie ist, dass Daten, die mit dem einen Schlüssel verschlüsselt wurden, nur noch mit dem anderen wieder entschlüsselt werden können. Ich komme darauf im nächsten Abschnitt noch ausführlich zu sprechen.

Während der private Schlüssel immer auf Ihrem Rechner bleibt (Sie tun gut daran, ein Backup anzulegen), kopieren Sie den öffentlichen Schlüssel auf den Server und kopieren ihn in die Datei *authorized_keys*, die im Verzeichnis *.ssh* liegen muss.

Unter Windows verwenden Sie als Client für das ssh-Protokoll üblicherweise das Programm *putty*. Es wird mit einem Tool *puttygen* geliefert, das ähnlich wie *ssh-keygen* Schlüsselpaare generieren kann.

Um zu verhindern, dass sich jemand auf dem Server ohne Schlüssel einloggen kann, konfigurieren Sie ssh um. Öffnen Sie die Konfigurationsdatei */etc/ssh/sshd_config*, und schreiben Sie Folgendes hinein:

`PasswordAuthentication no`

Starten Sie den ssh-Dämon danach neu:

`/etc/init.d/ssh reload`

bzw.

`systemctl reload sshd`

Jetzt können Sie sich über ssh mit dem Server verbinden und gleichzeitig einen dort erreichbaren MySQL-Port (3306) auf einen lokalen Port (3307) tunneln:

`ssh user@www.mycompany.com -L 3307:localhost:3306`

Als lokalen Port wähle ich immer einen anderen (3307) als den Standard-Port (3306) der jeweiligen Anwendung, weil sie auch auf meinem lokalen Rechner installiert sein könnte. Und schon können Sie mit Ihrem Client über den getunnelten Port Verbindung zu MySQL aufnehmen. Auf dem Server können Sie dann MySQL befehlen, nur von localhost Verbindungen zu akzeptieren. Schreiben Sie dazu Folgendes in die *my.cnf*:

```
bind-address = localhost
```

In putty unter Windows geben Sie den lokalen und den fernen Code einfach bei den Verbindungsoptionen an. Natürlich können Sie auch mehrere Ports tunneln!

Wenn Sie nun auch noch darauf achten, stets die aktuellen Sicherheits-Patches einzuspielen, haben Sie die Chancen für die Hacker deutlich reduziert – jedenfalls, was die Standard-Software angeht.

Für die darüber hinaus erforderliche Sicherheit Ihrer eigenen Komponenten müssen Sie weitere Vorkehrungen treffen.

9.3.3 Starke Kryptografie

Wenn ein Angreifer nur mit einer extrem langwierigen Brute-Force-Attacke (sprich: Ausprobieren aller möglichen Zeichenkombinationen) Zugriff auf eine Ressource erhalten kann, ohne Hintertüren nutzen zu können, spricht man von *starker Kryptografie*.

Sie sind gut beraten, starke Kryptografie immer dann einzusetzen, wenn Sie eine Ressource oder eine Kommunikation vor fremdem Zugriff so gut wie möglich absichern möchten.

Um die Fronten zu klären, zähle ich Ihnen zunächst einmal auf, was in diesem Sinne *nicht* mit »sicher« gemeint ist:

- einfache Verschleierung verwenden und versuchen, den Algorithmus geheim zu halten (»Security by obscurity«)
- der symmetrische Data Encryption Standard mit 56-Bit-Schlüssel (*DES*)
- naive Verfahren wie Caesar- oder Viginère-Verschlüsselung
- im Klartext übertragene oder gespeicherte Passwörter (z. B. hartcodiert in Quellcode)

In diesem Zusammenhang möchte ich Ihnen folgende Anekdote nicht vorenthalten: Ein Kollege von mir war letztens an einem Projekt beteiligt, in dem eine Art Webshop mit einem komplexen Bezahlsystem verbunden werden sollte. Die Bank, die für das Bezahlsystem verantwortlich war, setzte verständlicherweise auf hohe Sicherheitsstandards. So musste nicht nur der zuständige Entwickler zu einer Zertifizierung antreten, sondern er sollte diese künftig auch im Jahresabstand auffrischen. Ferner wurden von den Vorstandsmitgliedern diverse Personalausweiskopien verlangt, gar nicht zu reden von den unzähligen Unterschriften auf unzähligen umfangreichen Vertragswerken, mit deren Prüfung der Justiziar der Firma tagelang beschäftigt war.

Als endlich alles erledigt war, wurde dem Kollegen schließlich der geheime, allmächtige API Key für den Zugriff aufs Bezahlsystem übermittelt – *in einer simplen, unverschlüsselten E-Mail.*

Was die Möglichkeit der Einsichtnahme durch Dritte angeht, entsprechen E-Mails in etwa Postkarten. Und das übersieht jemand, der die ganze Zeit mit umfangreichen Unterlagen über Zertifizierungen und Datenschutzbestimmungen hantiert? Kaum zu glauben, aber wahr – und natürlich völlig inakzeptabel.

E-Mails sind wie Postkarten.

Grundsätzlich können Sie asymmetrische Verfahren wie *PGP* (Pretty Good Privacy), *AES* (Advanced Encryption Standard oder Rijndael-Verfahren) oder *ECC* (Elliptic Curve Cryptography) mit hinreichenden Schlüssellängen als sicher gemessen am aktuellen Industriestandard betrachten. Für E-Mails stehen bewährte Tools zur Verfügung, die meist in der Grundausstattung von Mailprogrammen enthalten sind. Einer Nutzung in eigenen Programmen steht allerdings das eine oder andere Problem im Weg.

Java wird standardmäßig mit eingeschränkter Kryptografie ausgeliefert – wegen Exportbeschränkungen der Vereinigten Staaten. Folge: Wenn eine Operation stärkere Kryptografie erfordert, schlägt sie fehl.

Starke Kryptografie in Java

Angenommen, wir wollen in Eclipse ein Plug-In installieren, das auf SourceForge gehostet wird. Es erscheint bisweilen ein Fehler namens »Handshake failure«. Tja, da muss man erst mal googeln, bis man rausfindet, dass man zwei Java-Krypto-Bibliotheken durch solche ohne Beschränkung ersetzen muss – und die sind, wohlgemerkt, auch bei Oracle frei herunterladbar, sofern Sie nicht gegen die Lizenzbedingungen verstoßen, indem Sie beispielsweise für einen Schurkenstaat arbeiten (*http://www.oracle.com/technetwork/java/javase/downloads/jce8-download-2133166.html*).

Ich zeige Ihnen in diesem Abschnitt beispielhaft zwei Anwendungsfälle für starke Kryptografie. Zunächst nehmen wir an, ein User soll sich gegenüber einem Webservice authentifizieren. Es handelt sich um einen sicherheitskritischen Dienst, vielleicht geht es um ein Bezahlsystem oder um persönliche Gesundheitsdaten.

Der Ablauf sieht dabei wie folgt aus:

1. Sie stellen für den Server ein selbst signiertes X.509-Zertifikat mit einem asymmetrischen Schlüsselpaar aus. Dies ist das CA-Zertifikat (Certificate Authority).
2. Sie stellen ein zweites Zertifikat aus, das von dem in Punkt 1 erzeugten CA-Zertifikat signiert wird. Der zugehörige private Schlüssel wird im Client installiert und schaltet letztlich den Zugriff frei.
3. Installieren Sie das CA-Zertifikat auf dem Server, und konfigurieren Sie ihn so, dass er ausschließlich Clients mit von dieser CA ausgestellten Zertifikaten akzeptiert.

Falls Sie einen Apache- oder Nginx-Server als Absicherung (bzw. *Reverse Proxy* oder *Load Balancer*) vor Ihrem Webservice einsetzen, installieren Sie das CA-Zertifikat natürlich in Apache bzw. Nginx. In Letzterem konfigurieren Sie beispielsweise:

```
ssl_client_certificate /path/to/ca.crt;
ssl_verify_client on;
```

Die intimen Details finden Sie in der Dokumentation der eingesetzten Software. Ein bisschen kniffliger wird die Sache, wenn Ihr Webservice selbst das Zertifikat prüfen muss. Spring Boot bietet mit `spring-boot-starter-security` Unterstützung.

Ein zweites wichtiges Beispiel ist die Prüfung einer Signatur. Sie können problemlos Requests ohne HTTP(S)-Authentifizierung entgegennehmen, wenn Sie prüfen, ob der Request eine korrekte Signatur enthält. Um die Signatur zu erzeugen, ist ein privater Schlüssel nötig. Über den zu signierenden Inhalt wird ein Hash gebildet und dieser asymmetrisch verschlüsselt.

Die Gegenseite – also der Webservice – bildet seinerseits den Hash über den übermittelten Inhalt. Dann entschlüsselt er die Signatur mit dem öffentlichen Schlüssel und vergleicht das Ergebnis mit dem Hash.

Im folgenden Abschnitt zeige ich Ihnen, wie Sie das in Java anstellen, wenn Sie die besonders effiziente *Elliptic Curve Cryptography* (ECC) verwenden.

9.3.4 Elliptische Kurven

ECC-Kryptografie benötigt weniger Rechenleistung.

Ich kann Ihnen an dieser Stelle nicht die mathematischen Grundlagen der Kryptografie mit *elliptischen Kurven* erklären. Es lohnt sich jedoch, zu wissen, dass die zugehörigen ECC-Schlüssel im Vergleich zu RSA-Schlüsseln bei gleicher Sicherheit deutlich kürzer sein können. Einem RSA-Schlüssel mit 1.024 Bit entspricht ein ECC-Schlüssel mit 160 Bit. Heute empfehlen Experten üblicherweise RSA-Schlüssel mit 2.048 Bit, was in etwa einem ECC-Schlüssel mit 224 Bit entspricht. Da Mozilla Firefox und Thunderbird ECC erst ab 256 Bit Schlüssellänge unterstützen, sollte dieser Wert bei vielen Anwendungen als untere Grenze betrachtet werden.

Die kürzere Schlüssellänge spart nicht nur Speicherplatz, sondern auch die damit verbundenen Berechnungen sind schneller erledigt. Verschlüsselungsoperationen mit 256-Bit-ECC-Schlüsseln sind zehnmal schneller als mit entsprechend sicheren RSA-Schlüsseln (3.072 Bit).

Gerne wird ECC bei Systemen angewendet, bei denen es auf Speicher und Rechenzeit ankommt. So verwenden deutsche Reisepässe ECC, ebenso österreichische Bankomat-Karten.

Natürlich hilft auch die beste Sicherheit nicht, wenn Software fehlerhaft implementiert ist. Deshalb lege ich erheblichen Wert auf die Feststellung, dass es nicht an der Elliptic Curve Cryptography im Allgemeinen lag, dass der auf der PlayStation 3 verwendete Private Key von Hackern kompromittiert wurde.

Als Implementierung von ECC verwende ich nicht die aus rechtlichen Gründen von Haus aus eingeschränkte Version von Oracle, sondern die quelloffene der *Legion of the Bouncy Castle* (*https://www.bouncycastle.org*), die für C# und Java vorliegt.

Das folgende Beispielprogramm würde freilich auch mit RSA-Schlüsseln funktionieren. Es zeigt zunächst das Erzeugen eines Schlüsselpaars:

```
Security.addProvider(new BouncyCastleProvider());
ECParameterSpec ecSpec = ↩
   ECNamedCurveTable.getParameterSpec("prime256v1");
KeyPairGenerator g = KeyPairGenerator.getInstance("ECDSA", "BC");
g.initialize(ecSpec, new SecureRandom());
KeyPair pair = g.generateKeyPair();
```

Listing 9.12 So erzeugen Sie ein asymmetrisches Schlüsselpaar mit 256 Bit Länge. Der Code verwendet dazu eine vorgefertigte »ParameterSpec« namens "prime256v1" – alle verfügbaren »ParameterSpecs« erhalten Sie mit »ECNamedCurveTable.getNames()«.

Die Signatur erzeugen Sie mit einem Signature-Objekt, dem Sie neben dem privaten Schlüssel den zu signierenden Inhalt übergeben. Im folgenden Beispiel ist Letzteres ein konstanter String namens CONTENT_TO_SIGN:

Digitale Signaturen erzeugen

```
Signature sign = Signature.getInstance("ECDSA","BC");
sign.initSign(privateKey);
sign.update(CONTENT_TO_SIGN.getBytes("utf-8"));
byte[] signature = sign.sign();
```

Listing 9.13 Signieren Sie Daten einfach mit dem »privateKey«. Achten Sie darauf, String-Daten mit einem definierten Zeichensatz in ein Byte-Array zu verwandeln (hier: UTF-8).

Auch die Prüfung der Signatur erfolgt mit einem Signature-Objekt:

```
Signature verify = Signature.getInstance("ECDSA","BC");
verify.initVerify(publicKey);
verify.update(CONTENT_TO_SIGN.getBytes("utf-8"));
if(verify.verify(signature)) {
  // correct!
}
```

Listing 9.14 Verifizieren Sie eine Signatur mit dem »publicKey«.

Mit wenig Aufwand können Sie so beispielsweise sicherstellen, dass ein Request von einem berechtigten Client kommt: Neben den Request-Daten übermitteln Sie die binäre Signatur, beispielsweise Base64-codiert in einem HTTP-Header-Parameter. Der Server verifiziert dann die Signatur, bevor er mit der Arbeit loslegt.

Dieses einfache Beispiel übergeht geflissentlich ein paar weitere Arbeitsschritte, die in der Praxis alles andere als nebensächlich sind.

So müssen Sie das einmalig generierte Schlüsselpaar natürlich in zwei separaten Dateien speichern und wieder auslesen. Dazu wurde ein Standard erfunden, der auf den sperrigen Namen *PKCS #8* hört. Als Datenformat dient dabei ASN.1, und zwar DER-encodiert. Die intimen Details dieser Standards müssen Sie nicht kennen, die Key-Objekte verfügen über Funktionen wie getEncoded(). Um das resultierende Byte-Array zu speichern, verwenden Sie beispielsweise die FileUtils aus der Bibliothek Apache Commons IO:

```
FileUtils.writeByteArrayToFile(new File("privatekey"), ⊃
  pair.getPrivate().getEncoded());
FileUtils.writeByteArrayToFile(new File("publickey"), ⊃
  pair.getPublic().getEncoded());
```

Der umgekehrte Weg ist etwas umständlicher, weil Sie eine spezielle Key-Factory benötigen, um aus den Parametern in der Datei wieder einen Schlüssel zu erzeugen:

```
KeyFactorySpi factory = new KeyFactorySpi.EC();
```

Mit dem öffentlichen Schlüssel geht das z. B. unter Verwendung einer SubjectPublicKeyInfo wie folgt:

```
ASN1InputStream stream = ⊃
  new ASN1InputStream(new FileInputStream(new File("publickey")));
SubjectPublicKeyInfo info = ⊃
  SubjectPublicKeyInfo.getInstance(stream.readObject());
PublicKey publicKey = factory.generatePublic(info);
```

Wenn Sie Ver- und Entschlüsselung benötigen, handhaben Sie die Schlüssel ähnlich. Statt der Signature-Klasse verwenden Sie dann die Cipher-Klasse – aber nicht mit ECDSA-Schlüsselpaaren, die exklusiv für digitale Signaturen geeignet sind. Da Ver- und Entschlüsselung eine Portion kniffliger zu implementieren sind als Signatur und Verifikation, überlasse ich das Thema Ihrer eigenen Recherche. Da Sie nötigenfalls all Ihre Netzwerkkommunikation mit SSL absichern können, besteht selten Bedarf für eigene Verschlüsselungslösungen. Nur in Sonderfällen ist es notwendig, Geschäftsdaten komplett verschlüsselt in Datenbanken abzulegen. Meist genügt es völlig, unverschlüsselt gespeicherte Daten vor fremdem Zugriff zu schützen.

9.3.5 Rollen und Rechte

Wenn Sie Ressourcen wie beispielsweise Webservices vor unbefugtem Zugriff schützen müssen und mehr als einen Nutzer und dabei auch mehr als einen Webservice zu berücksichtigen haben, wird die Sache kompliziert.

Sie ahnen es schon: Sie benötigen eine Nutzerverwaltung, die es ermöglicht, einzelnen Nutzern bestimmte Genehmigungen zu erteilen. Sobald mehrere User gleiche oder ähnliche Genehmigungen erhalten sollen, ist es effizienter, *Rollen* einzuführen.

Eine Rolle ist eine Art virtueller Benutzer, der mit bestimmten Rechten ausgestattet ist. Andere Benutzer können dann einer oder mehreren Rollen zugewiesen werden und erben kumulativ die zugehörigen Rechte. Semantisch gleich funktionieren *Gruppen*, denen Benutzer zugewiesen werden können. In diesem Fall würde man von Gruppenrechten sprechen.

Ein klassisches Beispiel entstammt phpBB aus, einer Forums-Software. Dort gibt es:

- Administratoren,
- globale Moderatoren,
- registrierte Benutzer und
- Gäste.

Jeder dieser Gruppen sind verschiedene Rechte zugewiesen. So können Gäste normalerweise keine Postings schreiben, sondern nur lesen. Registrierte Benutzer können Postings erstellen, Moderatoren können sie löschen oder verschieben. Aber nur Administratoren dürfen neue Unterforen erstellen oder Benutzer löschen.

Natürlich ist es auch für die Implementierung eines Rollen- oder Gruppenrechte-Modells nicht erforderlich, das sprichwörtliche Rad neu zu erfinden. Wegen der erheblichen Komplexität des ganzen Themas stelle ich Ihnen hier nur eine Lösung etwas ausführlicher vor und verweise am Ende auf Alternativen im Web.

Spring Security Verwenden Sie das Spring Framework, führt wohl kein Weg an *Spring Security* vorbei. Spring Security kennt nicht nur die nötigen Konzepte für Autorisierung, User und Rollen, sondern verwaltet auch gleich webbasierte Login-Formulare.

Sie binden die Library wie folgt beispielsweise in ein Gradle-basiertes Spring Boot-Projekt ein:

```
compile 'org.springframework.security:spring-security-web:4.2.3.RELEASE'
compile 'org.springframework.security:spring-security-config:4.2.3.RELEASE'
```

Seit Sommer 2017 liegt auch ein Release 5.0.0 M2 vor, das Spring 5.0 und Java 8 erfordert. Der 4er-Zweig ist stabil und wird sicher noch längere Zeit gepflegt.

Die Konfiguration findet in einer Klasse statt, die wie folgt aussehen kann:

```
@EnableWebSecurity
public class SecurityConfig extends WebSecurityConfigurerAdapter {
  @Override
  protected void configure(HttpSecurity http) throws Exception {
    http.authorizeRequests()
        .antMatchers("/css/**", "/index").permitAll()
        .antMatchers("/user/**").hasRole("USER")
        .antMatchers("/admin/**").hasRole("ADMIN")
        .and()
        .formLogin()
        .loginPage("/login").failureUrl("/login-error");
  }
}
```

Listing 9.15 Die Klasse »SecurityConfig« regelt mittels Spring Security Zugriffe auf Ressourcen.

Im Beispiel-Listing darf jeder auf die Ressourcen */css* und */index* zugreifen, aber auf den Pfad */user/* nur authentifizierte Nutzer mit der Rolle "USER". In den Admin-Bereich lässt das System nur Nutzer mit der Rolle "ADMIN". Nutzer, die auf */admin/* oder */user/* zugreifen möchten, leitet das Framework automatisch zur URL */login* weiter.

Benutzernamen und Passwörter liegen üblicherweise in einer Datenbank. Spring Security unterstützt unter anderem LDAP- und JDBC-Datenbanken. Letztere binden Sie ebenfalls in der SecurityConfig-Klasse ein:

```
@Autowired
public void configureGlobal(AuthenticationManagerBuilder auth) ⤴
throws Exception {
  auth.jdbcAuthentication()
      .passwordEncoder(new BcryptPasswordEncoder())
      .dataSource(dataSource);
}
```

Listing 9.16 Zugangsdaten zu Ihrem System kann Spring Security einer JDBC-DataSource entnehmen.

Wie Sie sehen, können (und sollten!) Sie einen PasswordEncoder angeben, damit Passwörter nicht im Klartext in der Datenbank erscheinen. Der im Spring-Lieferumfang enthaltene BcryptPasswordEncoder() verwendet standardmäßig ein Zehn-Runden-Bcrypt-Hash und darf als sicher gelten.

Nicht nur Webadressen können Sie absichern, sondern auch einzelne Funktionen. Annotieren Sie dazu einfach eine Serviceklasse:

```
@EnableGlobalMethodSecurity(securedEnabled = true)
@Service
public class UserService {
  @Secured("ADMIN")
  public void deleteUser(User user) { ... }
}
```

Listing 9.17 Spring Security kann den Zugriff auf Service-Funktionen einschränken.

Unter der Haube passieren viele nützliche Dinge. So kümmert sich Spring Security um Schutz vor Cross-Site Scripting und den nötigen HTTP-Overhead. Auch OAuth 1(a) und 2.0 werden unterstützt.

Wenn Sie vor der Aufgabe stehen, Rollen- und Rechtekonzepte in Ihre Anwendung zu integrieren, liegen Sie mit Spring Security sicher nicht verkehrt. Alternativen für Java und C#/.NET zeigt der folgende Kasten.

> **Mehr im Web**
> - Spring Security (Java): *http://projects.spring.io/spring-security*
> - Apache Shiro (Java): *https://shiro.apache.org*
> - .NET Framework Security: *https://docs.microsoft.com/en-us/dotnet/standard/security/role-based-security*

9.3.6 Code Injection verhindern

Code Injection ist eine bei Hackern beliebte Methode, sich Zugriff auf Ihre Infrastruktur zu verschaffen. Es gibt unzählige fertige Skripte, die einen beliebigen Server auf solche Schwachstellen hin testen. Sorgen Sie dafür, dass Ihre Software dagegen gefeit ist.

Was ist Code Injection genau?

Grundsätzlich nutzt diese Angriffsmethode aus, dass Software Nutzereingaben (meist als Parameter) an Interpreter weitergibt. Mit speziell formatierten Eingaben, die Codeschnipsel enthalten, führt der Interpreter letztlich ungewollte Befehle aus.

Stellen Sie sich ein Login-Formular auf einer mit PHP betriebenen Webseite vor, die Username und Passwort in einer Datenbanktabelle sucht:

```
$sql = "select * from user where username='$username' and ↩
password='$password'";
```

Stellen Sie sich weiter vor, dass ein gewiefter Angreifer als Usernamen Folgendes eingibt:

```
admin' or( username !='admin
```

Und als Passwort:

```
') or username='root
```

Ohne weitere Sicherheitsvorkehrungen entsteht daraus folgendes lustiges SQL-Statement (die eingegebenen Werte sind der Übersicht halber fett hervorgehoben):

```
$sql = "select * from user where username='admin' or( username !=
'admin' and password='') or username='root'";
```

Schon ist der Angreifer als admin oder root eingeloggt, ohne sich groß anstrengen zu müssen.

Die Lösung ist in diesem Fall recht einfach, und glücklicherweise hat sie sich in der Entwicklergemeinde längst weitgehend herumgesprochen:

```
$username = mysql_escape_string($username);
```

Dies wäre die Lösung für einen MySQL-Server, natürlich gibt es gleichartige Funktionen auch für andere Datenbanken.

In Java verwenden Sie üblicherweise PreparedStatements:

```
PreparedStatement stmt = ⤶
  connection.prepareStatement("select * from user where username = ?
  and password = ?");
```

Die Werte lassen sich dann mit der Funktion `stmt.setString()` setzen.

Wie ich oben bereits schrieb, hat es sich weitgehend herumgesprochen, wie man SQL Code Injection verhindert. Das heißt umgekehrt aber auch, dass es immer noch Entwickler gibt, die gelegentlich nicht daran denken. Vor gar nicht allzu langer Zeit ist mir das bei einer namhaften Firma im Rahmen eines größeren Java-Projekts untergekommen, in etwa so:

SQL Code Injection

```
String sql = "select * from user where name='"+name+"'";
```

Schlauerweise wurde anschließend das Passwort im gefundenen User-Datensatz mit der Eingabe verglichen.

Ich habe den schuldigen Entwickler dann gefragt, ob der verwendete Datenbank-User denn auch das Recht hätte, DROP TABLE-Anweisungen auszuführen. Diese Frage war natürlich etwas gemein. Deshalb zeigte ich dem Entwickler, was ich als Parameter in seinem Statement eingeben würde:

```
';drop table user;--
```

Das Resultat:

```
select * from user where name='';drop table user;--'
```

Autsch!

Natürlich gibt es auch abseits von Datenbanken potenzielle Einstiegsluken. Gefährlich ist etwa Cross-Site Scripting mit HTML und JavaScript, das die Internetwelt sicher noch lange Zeit in Atem halten wird.

9.3.7 Hacker-Tools

Ich habe Ihnen bereits in Abschnitt 9.3.1 gezeigt, wie Sie einen Server auf offene Ports scannen können. Je mehr Sie davon haben, umso größer ist das Risiko, dass ungebetene Gäste in Ihrem System eine Party feiern.

Einbrecher verschaffen sich Zugang über Sicherheitslücken, indem sie Exploits verwenden. Dafür gibt es vorgefertigte Toolkits, die Sie natürlich auch selbst ausprobieren können. Wenn Sie einen ausgewachsenen

Penetration Test für Ihre Umgebung benötigen, tun Sie gut daran, einen Experten zu engagieren.

Metasploit Framework

Ich werde Ihnen an dieser Stelle nicht erklären, wie Sie ein solcher Experte werden. Falls Sie sich daran versuchen möchten, werfen Sie einen Blick auf das Software-Paket *Metasploit* (*https://www.metasploit.com/*). Das Metasploit Framework umfasst ein paar Hundert Exploits für verschiedene Betriebssysteme. Bevor Sie jetzt anfangen, Schwachstellen im Server von www.webseite-die-Sie-nicht-mögen.com zu suchen, bedenken Sie, dass die meisten Scans oder Einbruchsversuche Spuren in Server-Logs hinterlassen, und zwar meistens einschließlich Ihrer aktuellen IP-Adresse. Dementsprechend sollten Sie Ihren Systemadministrator besser darüber informieren, bevor Sie mit einem Penetration Testing beginnen.

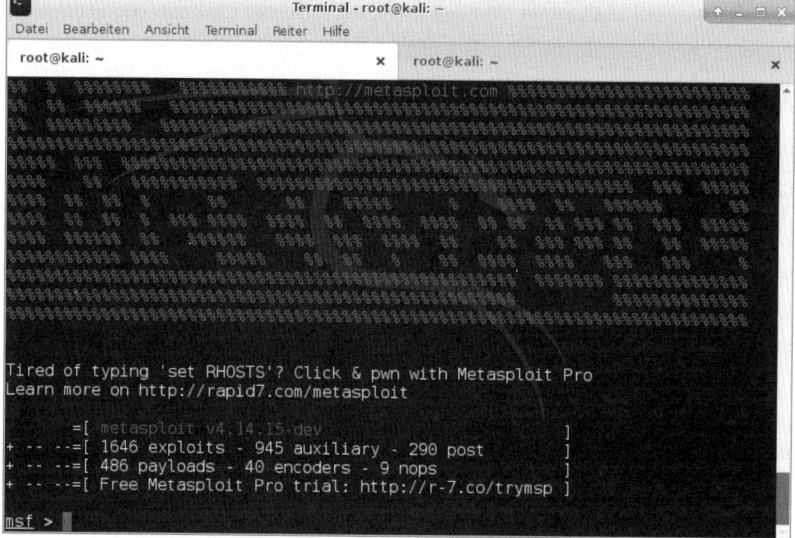

Abbildung 9.4 Das Metasploit Framework eignet sich für Penetrationstests. Die Kommandozeilenoberfläche weckt möglicherweise den Hacker in Ihnen – aber Vorsicht: Ihre Aktionen können Alarm auslösen!

Am Ende dieses Kapitels sei noch einmal betont: Software-Sicherheit ist nur so lange unkritisch, bis etwas passiert – aber dann ist es bereits zu spät.

Bitte unterschätzen Sie nicht das Risiko, das schlecht abgesicherter Software innewohnt. Halten Sie sich immer vor Augen, dass Sie Ihre Wohnung, Ihr Auto und selbst die Toilettentür auch immer hinter sich abschließen. Machen Sie das mit Ihrer Software nicht anders, denn irgendwo da draußen warten ein paar Hacker nur darauf, dass Sie es nicht tun.

Kapitel 10
Schrottcode pimpen

Sie wurden also eingestellt, um den auf völlig veralteten, nicht mehr unterstützten Plattformen laufenden Code eines Betriebs zu erneuern? Die einzige vollständige Dokumentation befindet sich im Gehirn eines Entwicklers, der nächste Woche in Rente geht?

Dann haben Sie viel zu tun. Packen Sie's an, aber halten Sie Unmengen Tee und Schokolade bereit. Willkommen bei der Königsdisziplin: *Legacy Code Refactoring*! Oder auch: Schrottcode pimpen.

Dieses Kapitel richtet sich an Entwickler, deren Aufgabe es ist, alten Code zu pflegen oder zu erneuern, ohne dabei schwere Gehirnschäden zu erleiden.

10.1 Was macht der da?

Man könnte meinen, dass an erster Stelle ein Blick auf den existierenden Code steht.

Das stimmt aber nicht. Als Erstes schnappen Sie sich den Know-how-Träger, binden ihn auf einem Stuhl fest und lassen ihn erst wieder gehen, wenn er all Ihre Fragen beantwortet hat. Wenn er ein Telefon dabeihat, schalten Sie es aus. Denn Sie sind nicht der einzige Kollege in der Firma, der Fragen an diesen Menschen hat. Aber für den Moment gehört er Ihnen ganz allein. Nutzen Sie das aus, bis jemand kommt, um ihn zu befreien, weil er sich dringend um einen Notfall kümmern muss, denn ein Produktionsausfall in Millionenhöhe steht auf dem Spiel!

10.1.1 Know-how abgreifen

An dieser Stelle beginnt oft eine Phase, die sich »Dokumentation« nennt. Selbst wenn der Know-how-Träger behauptet, dass es eine gibt, *lassen Sie sich diese zeigen.*

Mir ist es mehr als einmal passiert, dass der bisherige Projektexperte in diesem Moment damit anfing, sich ungeduldig durch die Festplatte seines Laptops zu klicken, um dann schließlich ein paar Word-Dokumente zum Drucker zu schicken. Nicht ohne die Anmerkung auf den Lippen: »Ganz aktuell sind die zwar nicht, aber für den Anfang reicht das.«

Bestehen Sie darauf, dass Sie umgehend alle verfügbaren Dokumente erhalten. Notfalls holen Sie sich Verstärkung beim Boss.

Verlassen Sie sich nicht darauf, dass der abwanderungswillige Experte »auch nach seinem Jobwechsel sicher noch gelegentlich für Anfragen zur Verfügung steht«. Verlassen Sie sich außerdem nicht auf die Gesundheit des Experten und auf zwischen Tür und Angel gemachte Angaben über seinen Resturlaub.

Denn jetzt, wo der Nachfolger da ist, kann der Experte guten Gewissens von der Bildfläche verschwinden. Nicht nur, dass er jetzt später kommt und früher geht – nein, er hat auch eine Menge Papierkram zu erledigen und muss auch von anderen Kollegen verzweifelte Fragen beantworten wie »Was werden wir nur ohne Sie tun?«

Sobald Sie sich Zugang zu allen Dokumentationen verschafft haben, lassen Sie sich den Code geben. Oder den Zugang zum Versionskontrollsystem, falls es dergleichen gibt. Rufen Sie den Code ab, *und versuchen Sie, ihn zu bauen.*

Wenn das nicht klappt, schnappen Sie sich den Experten und setzen ihn vor Ihren Rechner (nicht vor seinen!), bis der Build funktioniert und das Resultat binär identisch ist mit dem Exemplar, das sich aktuell im Live-Betrieb befindet.

Lassen Sie sich die Liste bekannter Bugs und aktuell in Arbeit befindlicher Features zeigen. Sehr oft müssen Sie an dieser Stelle ein Ticket-System aufbauen, denn die Antworten auf diese Fragen befinden sich erfahrungsgemäß oft nur im Kopf des Experten.

Bei einem Beratungsprojekt gab es ein Interview mit einem Entwickler, der kurz vor der Rente stand. Sein einziger Mitarbeiter hatte schon einen Vertrag bei einer Konkurrenzfirma unterschrieben und stand nur noch wenige Wochen zur Verfügung. Für einen Nachfolger lief immerhin eine Bewerbungsphase. Unter diesen Begleitumständen wollte die Firma ihre

Software auf stabilere Füße stellen. Das Gespräch müssen Sie sich in etwa so vorstellen:

Frage: »Sie möchten Ihr System also runderneuern? Weil es nicht stabil läuft?«

Antwort: »Meistens schon. Manchmal nicht.«

Frage: »Von welcher Art Ausfällen reden wir hier?«

Antwort: »Manchmal ist die Datenbank korrupt. Dann verbringen wir das Wochenende im Büro, um sie händisch zu reparieren.«

Frage: »Ist so ein Ausfall teuer für die Firma?«

Antwort: »Na, wenn die Produktion einen Tag lang stillsteht, kann das schon mal eine Million oder so kosten.«

Frage: »Wie oft passiert das denn?«

Antwort: »Nicht so oft.«

Frage: »Können Sie das genauer sagen?«

(Die beiden Entwickler sehen sich an) Antwort: »Alle paar Wochen vielleicht.«

Frage: »Kennen Sie denn die Ursache?«

Antwort: »Nicht so genau. Das Programm ist eben alt.«

Frage: »Und Sie beide sind die einzigen Mitarbeiter hier im Haus, die sich mit der Datenbank genug auskennen, um sie reparieren zu können?«

Antwort des Junior-Entwicklers: »Also, allein könnte ich das nicht.«

Frage: »Angenommen also, Sie, Herr Senior-Entwickler, machen Urlaub, oder ...«

Antwort: »Ich mache keinen Urlaub. Und wenn, kann man mich jederzeit anrufen.«

Frage: »... oder Sie werden ernsthaft krank oder haben einen Unfall ...«

Antwort: »Ach, mir passiert schon nichts.«

Sie können sich sicher vorstellen, was passiert, wenn nicht ich als Berater, sondern der Bewerber um die freie Stelle solche Fragen stellen würde. Er würde schnell wegrennen. Es sei denn, er ist quasi pleite und findet keinen anderen Job.

Falls Letzteres für Sie gilt und Sie jetzt dieses Buch lesen: nur Mut! Sie haben noch eine Chance, dem Verderben zu entrinnen. Dafür ist die erste Voraussetzung, dass Sie quasi eine externe Sicherheitskopie des Wissens Ihres Vorgängers anlegen. Das ist so dermaßen wichtig, dass Sie dafür einige Überstunden einplanen müssen. Solange der Kollege greifbar ist, nutzen Sie jede Sekunde.

Haben Sie einmal einen gewissen Schatz an Informationen gesammelt, prüfen Sie sie auf Plausibilität. Vergleichen Sie Angaben in der Dokumentation mit dem Code, beispielsweise was Konfigurationsvariablen angeht. Finden Sie welche, die nicht dokumentiert sind, haken Sie nach. Und schreiben Sie das alles auf!

Wenn es eine Quellcodeverwaltung gibt, werfen Sie einen Blick auf etwaige Branches. Fragen Sie nach deren Bedeutung. Vielleicht gibt es irgendwo halb fertige, ungetestete Features, die aber kein Mensch mehr benötigt (oder die eigentlich morgen in Betrieb gehen sollen)!

Bis zu diesem Zeitpunkt haben Sie noch keine Zeile Code angefasst oder selbst geschrieben. Keine Sorge, dazu kommen wir bald, und es wird wirklich schlimm. Für den Moment stellen Sie anhand der folgenden Checkliste sicher, dass Sie dem oder den Experten alle Informationen entlockt haben, die Sie brauchen, bevor sie nicht mehr greifbar sind:

- gesamte Dokumentation
- gesamter Code bzw. komplette Codeverwaltung
- Build-Vorgang
- offene Tickets (Bugs, TODOs, laufende Arbeiten)
- Prüfung auf Lücken und Konsistenz

10.1.2 Code-Bestandsaufnahme

An zweiter Stelle steht die Analyse von existierendem Code. Ich werde das jetzt nicht immer erwähnen, daher denken Sie dran: Schreiben Sie alles auf! Dokumentieren Sie all Ihre Befunde so genau wie möglich.

Verschaffen Sie sich zunächst einen Überblick über die vorhandenen Module oder logischen Einheiten. Bewerten Sie jene Module, die Ihnen besonders wichtig erscheinen (da sie hohe Risiken bergen oder weil dringende Änderungen anstehen), nach den Kriterien aus Kapitel 4. Für weniger wichtige Module (etwa solche, die nicht bzw. derzeit nicht verwendet werden oder die nicht produktionskritisch sind), nehmen Sie die Bewertung später vor.

Ungefähr an dieser Stelle werden Sie auf folgende Idee kommen:

»Man sollte den ganzen Mist in die Tonne kloppen und bei null von vorn anfangen, und zwar diesmal *ordentlich*.«

Vergessen Sie's.

Fast immer ist es erforderlich, dass die Software ununterbrochen im Produktiveinsatz ist, und es gibt unzählige Querverbindungen in verschiedene Abteilungen, zu Clients, Webservices oder, oder. Eine One-Step-Migration mit der Brechstange ist viel zu fehleranfällig, umfasst viel zu viele Features, die alle gleichzeitig funktionieren müssen, auch nach einem Austausch.

Der einzige Weg, wie Sie gesunden Verstandes aus der Nummer wieder rauskommen, ist eine graduelle Migration. Das erfordert natürlich zusätzlichen Aufwand, weil Sie alte und neue Technik parallel betreiben müssen. Aber wenn Sie nur an einer Stelle etwas ändern, kann auch nur an dieser einen Stelle etwas schiefgehen. Sicher kann das fürchterliche Nebenwirkungen haben, aber dagegen wird Ihnen schon was einfallen.

Graduelle Migration

Zurück zum Code.

Sobald Sie alle Module bewertet haben, sortieren Sie die anstehende Renovierung. An dieser Stelle ist es oft sinnvoll (wenngleich anstrengend), mit dem Teamleiter zu diskutieren. Das könnte sich etwa so anhören:

Sie: »Ich halte die verwendete Datenbank für das größte Risiko und empfehle, sie als Erstes auszutauschen.«

Teamleiter: »Aber sie funktioniert doch.«

Sie: »Meistens, wurde mir gesagt. Ferner wurde mir gesagt, dass jeder Ausfall Millionen kosten kann.«

Teamleiter (mit ersten Schweißperlen auf der Stirn): »Aber das ist doch ein Grund mehr, die Finger davonzulassen.«

Sie: »Ich muss Ihnen jetzt etwas über die verwendete Datenbank erzählen.«

Teamleiter: »Will ich das hören?«

Sie: »Microsoft Access verwendet ein sogenanntes *dateibasiertes Zugriffsverfahren*, so dass mehrere Clients über die Netzwerkfreigabe konkurrierend auf ein und dieselbe Datei zugreifen. Das ist, was Datensicherheit angeht, im zweiten Jahrzehnt des 21. Jahrhunderts nicht mehr zeitgemäß. Man könnte es auch *Zeitbombe* nennen.«

Übertreiben Sie ruhig etwas. Es erhöht die Chancen, dass Ihr Anliegen Gehör findet.

Sobald feststeht, welches Modul Sie zuerst in Angriff nehmen, gehen Sie den zugehörigen Code ein zweites Mal durch.

Identifizieren Sie Code, der nicht verständlich ist, und solchen, der vermutlich überhaupt nicht benutzt wird. Ermitteln Sie Stellen, an denen eine Verflechtung existiert zwischen Teilen, die Sie ändern wollen, und solchen, die Sie zunächst unangetastet lassen möchten.

In dem (beinahe) fiktiven Gespräch oben geht es um nicht weniger als den Ersatz des Datenbank-Layers Microsoft Access durch einen SQL Server (welches Produkt Sie genau wählen, hängt stark von der existierenden Infrastruktur ab). Also schauen Sie sich an, wo und wie der Code sich mit der Datenbank verbindet. An dieser Stelle werden Sie das Skalpell ansetzen müssen. Sinnbildlich natürlich.

Aber noch ist es nicht Zeit für echte Änderungen.

10.2 Refactoring mit Tools

Bevor Sie anfangen, Code zu ändern, bringen Sie ihn in einen Zustand, in dem Sie das tun können, ohne dass ein Unglück geschieht.

Aber wie können Sie das sicherstellen, wenn es keine Unit-Tests gibt?

Die müssen Sie nämlich erst schreiben. Um das wiederum überhaupt zu können, müssen Sie in sehr vielen Fällen zunächst Abhängigkeiten auflösen, um Code testbar zu machen. Das Zauberwort heißt: *Refactoring*!

10.2.1 Methoden extrahieren

Ziele des ersten Refactorings sind unter anderem Verringerung der Komplexität und das Heraustrennen von Subroutinen. Letzteres verringert gleichzeitig oftmals Codeduplikate.

Es besteht allerdings gerade bei unbekanntem Code das Risiko, dass Sie versehentlich die Semantik ändern. Sie sind daher gut beraten, bewährte Tools dafür zu nutzen. In modernen Entwicklungsumgebungen stehen dafür diverse Hilfsfunktionen bereit. Nehmen Sie als Beispiel folgenden Code:

```
final Command c = parseCommand(command);
switch(c.type) {
  case ACTION:
    stack += c.value;
    Params ap = createDefCmdParams("action");
    fillParams(ap,c);
    processCommand(c,"action", ap);
    break;
  case CONSTRUCT:
    stack += c.value;
```

```
    Params cp = createDefCmdParams("construct");
    fillParams(cp,c);
    processCommand(c,"construct", cp);
    break;
  case REPEAT:
    processRptCommand(c,"repeat", null);
    break;
}
```

Listing 10.1 Ein Listing, das auf Refactoring wartet

Offenbar passiert in den ersten beiden case-Fällen praktisch das Gleiche, aber nicht im dritten Fall (sonst könnte der Kram ja auch vor dem switch stehen).

»Praktisch das Gleiche« ist nicht das Gleiche wie »das Gleiche«. Der Code unterscheidet sich außerdem in den verwendeten String-Literalen, die allerdings erstens verdächtig aussehen wie die Namen des verwendeten Type-enum und zweitens wegen der Anfälligkeit für Vertipper ohnehin ersetzt gehören.

Jetzt wird's knifflig: Um sicherzustellen, dass Sie die String-Literale tatsächlich ohne Nebenwirkungen ersetzen können, sorgen Sie für exakt dieselbe Schreibweise – hier also in Kleinbuchstaben:

```
Params ap = createDefCmdParams(c.type.name().toLowerCase());
```

Beziehungsweise:

```
processCommand(c,c.type.name().toLowerCase(), ap);
```

Wohlgemerkt, versuchen Sie in diesem Moment nicht, alle String-Literale zu ersetzen, die mit type in Verbindung stehen. Dazu fehlt Ihnen der Überblick, um Nebenwirkungen ausschließen zu können. Aber jede kleine, risikolose Verbesserung ist ein wichtiger Schritt. Rom wurde auch nicht an einem Tag refaktoriert.

String-Literale sind häufige Fehlerquellen, gleichzeitig lassen sie sich meist leicht durch Konstanten oder enum ersetzen. Deshalb bieten sie sich für erste Refactoring-Schritte an.

Markieren Sie anschließend eine Ausfertigung der gleichen Zeilen mit Ausnahme der break-Anweisung, und wählen Sie in Eclipse REFACTOR • EXTRACT METHOD ([⇧]+[Alt]+[M]). Eclipse schlägt Ihnen dann automatisch vor, das Auftreten der gleichen Zeilen ebenfalls zu ersetzen (siehe Abbildung 10.1).

Methoden extrahieren

10 Schrottcode pimpen

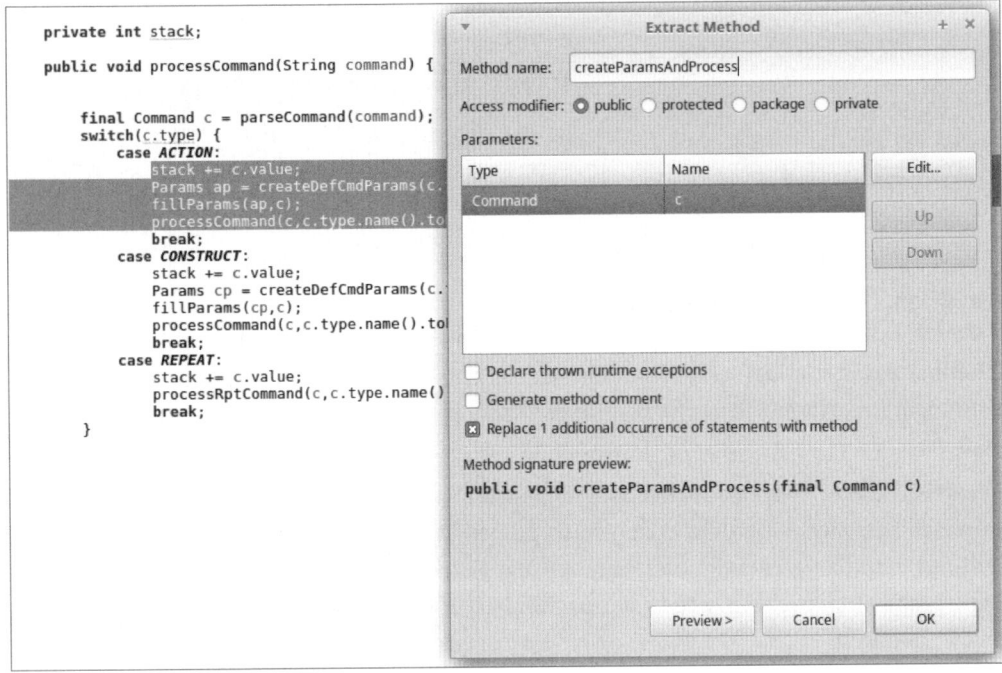

Abbildung 10.1 Extrahieren Sie redundante Codezeilen in eigene Methoden.

Die extrahierte Methode sieht so aus:

```
public void createParamsAndProcess(final Command c) {
  stack += c.value;
  Params ap = createDefCmdParams(c.type.name().toLowerCase());
  fillParams(ap,c);
  processCommand(c,c.type.name().toLowerCase(), ap);
}
```

Listing 10.2 Eine extrahierte Methode ist noch längst nicht sauber testbar.

Die Stelle im `switch` hat sich deutlich vereinfacht:

```
case ACTION:
  createParamsAndProcess(c);
  break;
case CONSTRUCT:
  createParamsAndProcess(c);
  break;
```

Listing 10.3 Der vereinfachte Code zählt deutlich weniger Zeilen als zuvor und ist vor allem viel übersichtlicher. Wenn Sie beide »case«-Fälle zusammenfassen, werden es noch weniger.

Ihre Entwicklungsumgebung bietet Ihnen zahlreiche weitere Features zum automatischen Refactoring an. Nutzen Sie sie, um das Risiko von Fehlern bei manuellen Umbauarbeiten auszuschließen. Ein nicht zu verachtender Vorteil ist, dass Sie die Änderungen mit Strg+Z rückgängig machen können.

10.2.2 Klassen extrahieren

Ein Vorteil von extrahierten Funktionen ist kürzerer Code, der außerdem dem Single-Responsibility-Prinzip gehorcht, nach dem sich eine Funktion auf eine Sache konzentrieren sollte.

Ähnlich sieht es bei Klassen aus. Schauen Sie sich den folgenden Code an, den ich der Übersicht halber nur mit leeren Funktionsrümpfen zeige – was die Funktionen tun, erklären ihre Namen, und wir unterstellen einmal, dass der Programmierer sich den vorangegangenen Abschnitt bereits zu Herzen genommen hat:

```
public class PaymentManager {
  public void preparePayment(PaymentData p) {}
  public void processPayPalPayment(PaymentData p) {}
  public void processPaysafecardPayment(PaymentData p) {}
  public void processGoogleInAppPayment(PaymentData p) {}
  public void processAppleInAppPayment(PaymentData p) {}
  public void finishPayment(PaymentData p) {}
  private void addPurchasedContent(User u, Content c) {}
  ...
}
```

Listing 10.4 Diese ziemlich umfangreiche Klasse hofft auf ein hilfreiches Refactoring.

Die Klasse unterstützt verschiedene Bezahlmethoden bei einer Online-Anwendung, die es auch in App-Form gibt. Die Funktion `finishPayment()` führt letztlich bei erfolgreichem Abschluss `addPurchasedContent()` aus. Das Parameterobjekt `PaymentData` enthält alle Informationen über den laufenden Bezahlprozess.

Da in den spezialisierten Funktionen für die Anbindung verschiedener Bezahldienstleister eine Menge Geschäftslogik steckt, wird dort eine Reihe Hilfsfunktionen aufgerufen, die sich in Listing 10.4 hinter den drei Pünktchen verstecken.

Außerdem nimmt diese Logik naturgemäß eine Menge Platz in Anspruch – sprich, die vorliegende Klasse enthält ein paar Tausend Zeilen.

Ein toller Kandidat für ein Refactoring, nicht wahr?

Klassen extrahieren — Offenbar sind alle nicht anbieterspezifischen Funktionen von allgemeiner Natur, so dass es sich anbietet, sie in eine Basisklasse zu extrahieren. In Eclipse verwenden Sie dazu im Kontextmenü die Funktion REFACTOR • EXTRACT SUPERCLASS. Wählen Sie im Dialog die Funktionen aus, die in der Basisklasse landen sollen, in diesem Fall also die allgemeinen (siehe Abbildung 10.2).

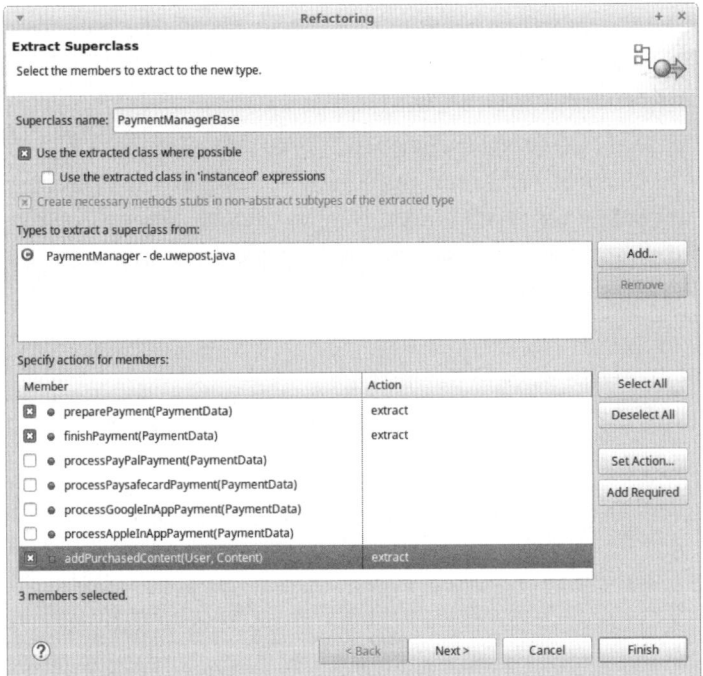

Abbildung 10.2 Extrahieren Sie die drei allgemeinen Funktionen in eine neue Basisklasse.

Sie können die Basisklasse jetzt als abstract deklarieren, da später nur die Ableitungen instanziiert werden. Fügen Sie außerdem eine abstrakte Funktion processPayment() hinzu. Achten Sie darauf, bei addPurchasedContent() die Zugriffsstufe von private in protected zu ändern.

Jetzt können Sie vier neue Klassen schreiben, die jeweils die zugehörige bisherige Funktion process...Payment() enthalten (aber unter dem Namen processPayment()) und in denen sich die nötigen Hilfsfunktionen finden lassen.

Eine alternative Vorgehensweise funktioniert genau umgekehrt. Benennen Sie die existierende Klasse in PaymentManagerBase um. Erzeugen Sie vier leere Klassen, die alle von PaymentManagerBase erben. Verwenden Sie dann REFACTOR – PUSH DOWN, um die vier speziellen Funktionen (und die davon abhängigen privaten Funktionen) einzeln in ihre eigenen Klassen zu schieben. Dazu verwenden Sie die Option PREVIEW, und schalten die Änderungen für alle Klassen, außer der Basisklasse und der Zielklasse, aus (siehe Abbildung 10.3).

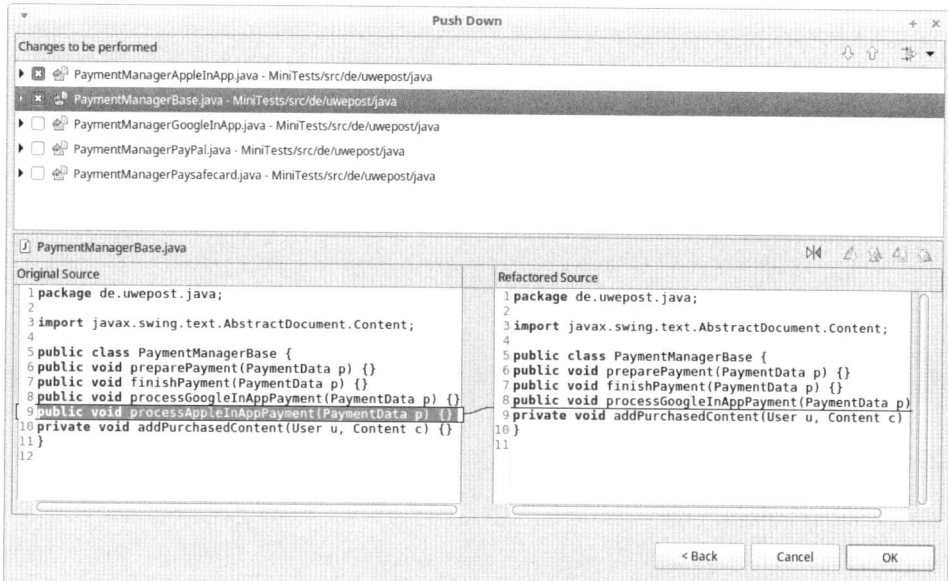

Abbildung 10.3 Wählen Sie bei »Push Down« nur die Basisklasse und die Zielklasse für die Änderung aus, sonst landet die Funktion in allen Ableitungen.

Auch in diesem Fall müssen Sie noch eine abstrakte Funktion processPayment() in die Basisklasse schreiben und die Einstiegsfunktionen umbenennen.

Letztlich haben Sie damit die Zuständigkeiten ordentlich verteilt und auch die Bezahlprozesse unabhängiger voneinander gemacht.

10.2.3 Parameterobjekte

Wenn eine Funktion mehrere Parameter erhält, geht oft die Übersicht flöten. Schauen Sie sich das folgende Beispiel an:

```
private void process(long id, int from, int to,
  Actor customer, Actor receiver,
  String subject, String message,
  OnCompleteListener onCompleteListener) { ...
```

Listing 10.5 Umfangreiche Parameterlisten verschlechtern die Übersicht.

10 Schrottcode pimpen

Mit einem solchen Monster von Parameterliste ist es nur eine Frage der Zeit, bis jemand die Reihenfolge von from und to oder customer und receiver durcheinanderwirft. Vor allem, wenn viele Funktionsaufrufe so aussehen:

```
process(id, 0, Integer.MAX_VALUE, user, null, "", "", null);
process(id, 1, Integer.MAX_VALUE, null, user, "", "", this);
```

Führen Sie in solchen Fällen ein Parameterobjekt ein (siehe Abbildung 10.4).

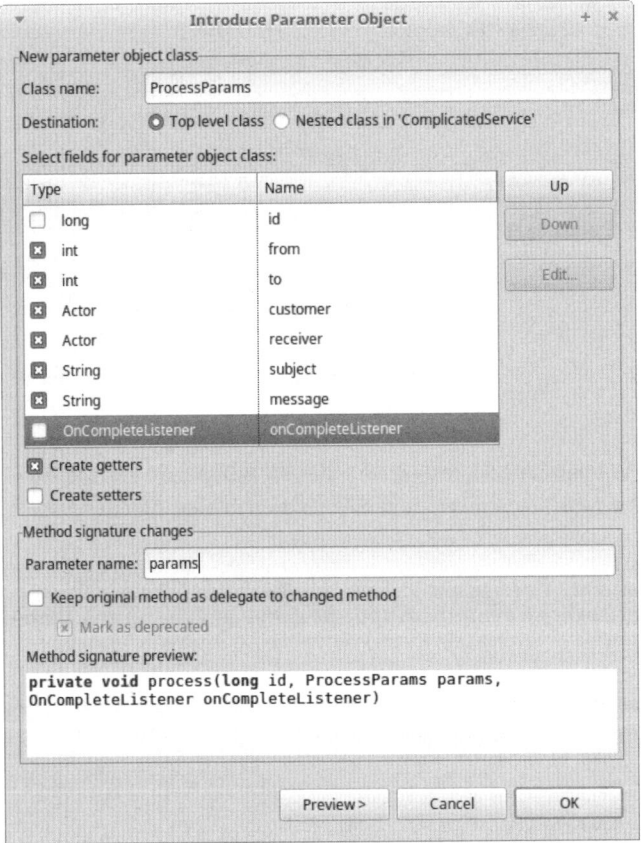

Abbildung 10.4 Fassen Sie mehrere Parameter zu einer Parameterklasse zusammen – aber bitte nur solche, die in einem Zusammenhang stehen.

Im obigen Beispiel ergibt es semantisch wenig Sinn, die id und den OnCompleteListener in die Parameterklasse zu packen.

Die neue Parameterliste sieht viel übersichtlicher aus:

```
private void process(long id, ProcessParams params, ⤶
  OnCompleteListener onCompleteListener) {
```

Für die Aufrufe kann man das noch nicht gerade behaupten:

```
process(id, new ProcessParams(0, Integer.MAX_VALUE, ⤷
  user, null, "", ""), null);
process(id, new ProcessParams(1, Integer.MAX_VALUE, ⤷
  null, user, "", ""), this);
```

Hier liegt es nahe, für einige der Parameter Standardwerte zu verwenden:

```
public class ProcessParams {
private int from = 0;
private int to = Integer.MAX_VALUE;
private Actor customer = null;
private Actor receiver = null;
private String subject ="";
private String message ="";
```

Listing 10.6 Verwenden Sie sinnvolle Standardwerte, sparen Sie redundanten Code. Sie tun gut daran, diese Werte ins Javadoc der Klasse zu schreiben.

Jetzt können Sie die nötigen setter generieren und auf ein einfaches Builder-Entwurfsmuster umbauen:

```
public ProcessParams setFrom(int from) {
  this.from = from;
  return this;
}
public ProcessParams setCustomer(Actor customer) {
  this.customer = customer;
  return this;
}
public ProcessParams setReceiver(Actor receiver) {
  this.receiver = receiver;
  return this;
}
```

Listing 10.7 Die setter nach dem Builder-Entwurfsmuster lassen sich beim Aufruf verketten.

Damit lassen sich die Aufrufe mit einer vortrefflichen Lesbarkeit schreiben:

```
process(id, new ProcessParams().setCustomer(user), null);
process(id, new ProcessParams().setFrom(1)
                    .setReceiver(user), this);
```

Alternativ schreiben Sie statische Funktionen, die bestimmte Process-Params-Objekte vorkonfigurieren:

```
public static ProcessParams receiverParams(int from, ↩
    Actor receiver) {
  return new ProcessParams(from, Integer.MAX_VALUE, null, ↩
    receiver, "", "");
}
public static ProcessParams customerParams(Actor customer) {
  return new ProcessParams(0, Integer.MAX_
VALUE, customer, null, "", "");
}
```

Listing 10.8 Auch statische Factory-Methoden können umfangreiche Parameterlisten verstecken.

In dieser Variante sehen die Aufrufe ebenfalls recht übersichtlich aus:

```
process(id, ProcessParams.customerParams(user), null);
process(id, ProcessParams.receiverParams(1, user), this);
```

Denken Sie immer daran, dass Übersichtlichkeit Ihr Ariadnefaden durch das Labyrinth des Codes ist. Und nur übersichtliche Software können Sie später verbessern oder gefahrlos ändern.

10.2.4 Interfaces extrahieren

Kennen Sie das? Mit manchen Leuten möchten Sie so wenig zu tun haben wie möglich (Schwiegermutter? Systemadministrator? Bestatter?). Manchmal bleibt Ihnen allerdings nichts anderes übrig, als sich mit den ungeliebten Personen auseinanderzusetzen, aber zum Abendessen würden Sie sie dennoch nicht einladen.

Dasselbe gilt für Klassen. Klassen sollten so wenig voneinander wissen müssen wie nötig. Wo Klasse A auf Funktionen von Klasse B zugreifen möchte, sollte es genügen, die Schnittstelle zu kennen, die B zur Verfügung stellt. Wichtig aus Sicht von A ist nur, *dass* B seine Aufgaben erledigt, aber nicht, *wie*.

Diese Forderung ist nicht rein akademischer Natur. Vielmehr erleichtert sie später das Schreiben von ordentlichen Unit-Tests.

Schauen Sie sich das folgende Beispiel aus dem bereits halb refaktorierten `PaymentManagerBase` an:

```
private void addPurchasedContent(long purchaseId, ↩
    User u, Content c) {
  InventoryDao dao = new InventoryDao(getDataSource());
  if(dao.addNonRedundantContent(u,c))
```

10.2 Refactoring mit Tools

```
    markPurchaseComplete(purchaseId);
  dao.commit();
}
```

Listing 10.9 Zwei Klassen, die es zu entwirren gilt: Das Erzeugen einer konkreten Instanz verhindert das Mocking für saubere Unit-Tests.

Offenbar kümmert sich die Klasse `InventoryDao` um den direkten Zugriff auf die Datenbank. Das ist so weit in Ordnung, genau dafür sind *DAOs (Data Access Objects)* ja da. Bloß: Sie können diese Funktion so nicht unabhängig testen, weil sie sofort versucht, eine Datenbankverbindung aufzubauen. Dabei ist der Test sehr wichtig, denn hier findet ein kritischer Geschäftsprozess statt: Gekaufte Artikel werden dem Inventar eines Users hinzugefügt und im Erfolgsfall des Kaufprozesses als vollständig markiert. Diese Funktion schreit geradezu: »Teste mich!«

Tatsächlich geht es diese Funktion überhaupt nichts an, wie das DAO-Objekt erzeugt wird. Je mehr Isolation, desto besser! Ferner sollte ein DAO zustandslos sein, so dass anwendungsweit ein einziges Objekt genügt und nicht für jede Operation ein neues erzeugt werden muss. Dieses Objekt sollte optimalerweise von einem Dependency Injection Framework wie Spring erzeugt werden. Der `PaymentManager` verfügt dann über eine Referenz:

```
@Autowired
private InventoryDao inventoryDao;
```

Dann ist es möglich, die Implementierung und die Schnittstelle voneinander zu trennen. Schnappen Sie sich die Klasse `InventoryDao`, und verwenden Sie die Refactoring-Funktion EXTRACT INTERFACE, um die relevanten Funktionen in ein neues Interface zu schieben (Abbildung 10.5).

Interface extrahieren

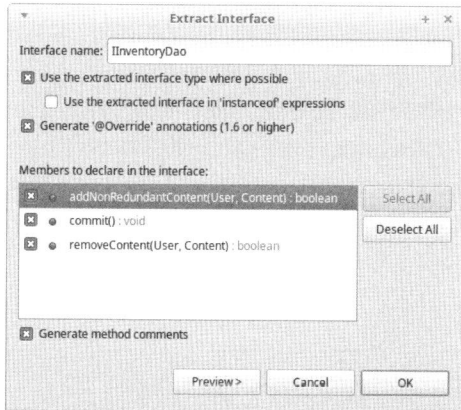

Abbildung 10.5 Wenn Eclipse ein Interface extrahiert, werden Referenzen auf die vorherige Klasse durch Referenzen auf das Interface ersetzt.

Ob Sie das Interface nun `IInventoryDao` nennen, wie in Abbildung 10.5, oder den alten Namen beibehalten und die Implementierung in `InventoryDaoImpl` umbenennen, hängt von der Konvention in Ihrem Team ab.

Letztlich haben Sie die beiden Klassen voneinander separiert, nur das Interface verbindet sie noch – und das enthält ja keinen Code.

```
private IInventoryDao dao;
...
private void addPurchasedContent(long purchaseId, ⤵
    User u, Content c) {
  if(dao.addNonRedundantContent(u,c))
    markPurchaseComplete(purchaseId);
  dao.commit();
}
```

Listing 10.10 Nach dem Refactoring kennt der »PaymentManager« nur noch das DAO-Interface.

Die wichtigsten Refactoring-Maßnahmen kennen Sie jetzt. Es gibt aber noch viele weitere.

Bevor Sie anfangen, Tests zu schreiben oder gar Änderungen einzubauen, schauen Sie sich die Liste weiterer Möglichkeiten aus Abschnitt 10.2.5 an. Wenn Sie alle Register gezogen haben, sollte Ihr Code deutlich sauberer aussehen.

10.2.5 Weitere Refactoring-Maßnahmen

Dieser Abschnitt zeigt Ihnen im Telegrammstil häufig vorkommende Refactoring-Fälle:

- Projektweites Umbenennen (wenn Bezeichner ungeeignete Namen tragen): Achten Sie darauf, dass Sie nicht nur die Bezeichner, sondern auch alle Referenzen erwischen, einschließlich jener, die in Quellcodekommentaren stehen. Hier ist allerdings eine manuelle Nachprüfung empfehlenswert, um beim Umbenennen von `Dienst` in `Service` dies hier zu vermeiden: `msg = "Zug verkehrt nur an Serviceagen"`
- Anwenden von Code Styles (bei uneinheitlicher Formatierung)
- Vereinfachen von komplexen `if-then-else`-Konstrukten: Lagern Sie längliche Bedingungen in `boolean`-Funktionen aus, und extrahieren Sie `then`- und `else`-Codeblöcke zu eigenen Funktionen.
- Sehr ähnliche Funktionen zusammenfassen: Generieren Sie eine parametrisierte Universalfunktion. Beispiel: Aus `wait10Seconds()` und

`wait30Seconds()` wird `wait(int seconds)`. Führen Sie auf diese Weise aber nur semantisch identische Funktionen zusammen.

- Polymorphie statt `if else`- oder `switch`-Monster: Wenn sich eine Funktion anhand des Wertes eines Objekts vielfach verzweigt, schreiben Sie eine Basisklasse und verschiedene Ableitungen (siehe Abschnitt 5.2.1).

- Literale zu Konstanten: Machen Sie String- und andere Literale (wie »magische« Zahlencodes) zu Konstanten (REFACTOR • EXTRACT CONSTANT), und führen Sie redundante Literale so zu einer Konstanten zusammen. Wenn solche Literale auch nur annähernd den Verdacht erwecken, irgendwann in Zukunft verändert werden zu müssen (Konfigurationen beispielsweise), verlagern Sie sie in Properties-Dateien bzw. -Ressourcen. Achten Sie peinlich genau darauf, nur semantisch identische Literale zusammenzufassen, sonst steht plötzlich irgendwo: `if(isMale()) setGender(METER_ABBR);`

Solange Sie nicht über Tests verfügen, sollten Sie im Zweifel von einer Maßnahme absehen, wenn Sie nicht sicher sind, ob die Änderung Nebenwirkungen hat. Verschieben Sie das Refactoring besonders empfindlicher Module auf später. Refactoring von Legacy Code ist immer ein langwieriger, iterativer Prozess. Prüfen Sie nach jeder Änderung in einer Testumgebung, ob Sie nicht versehentlich eine Funktionalität gebrochen haben. Das passiert bei schlecht geschriebenem Code schneller, als man denkt. Umso wichtiger ist es, dass Sie mit einem Quellcodeverwaltungssystem arbeiten und funktionierende Versionen kennzeichnen, so dass Sie jederzeit den Rückzug antreten können. Außerdem können Sie so Verhaltensänderungen und Quellcodeunterschiede miteinander verknüpfen.

Und nicht vergessen: Sie sitzen streng genommen an einer unmöglichen Aufgabe. Wenn etwas schiefgeht, sind nicht Sie schuld, sondern Ihr Vorgänger oder die mangelhafte Qualitätssicherung vor Ihrer Ankunft. Zum Glück wird jetzt endlich alles besser!

10.3 Who sprech Svenska?

Besonders schwer zu kontrollieren sind Sprach-Mixturen. Vielleicht wird Ihnen innerhalb einer einzigen Quellcodedatei ein Cocktail aus PHP, HTML, CSS, SQL und JavaScript vorgesetzt.

So werden mitunter HTML-Strings zu ganzen Seiten zusammengesetzt und zwischendurch mit Inhalten aus einer Datenbank befüllt – ein heilloses Durcheinander, in dem auch der Autor garantiert nach einiger Zeit den Überblick verliert.

Ihre Entwicklungsumgebung kann aber oftmals nur die Syntax einer Sprache in der Datei prüfen. Das resultierende HTML mag unlesbar sein (ein fehlendes < reicht dazu völlig aus), das SQL ist verwundbar für Code Injection.

Sie sollten daher stets versuchen, Code in verschiedenen Sprachen voneinander zu trennen. Aber wie?

10.3.1 HTML-Templates

Lagern Sie HTML-Code in Templates aus. Das sind an erster Stelle valide (x)HTML-Dateien, bloß mit Platzhaltern überall dort, wo Sie dynamisch Inhalte einfügen möchten. Im Grunde geht das mit allen Hochsprachen, egal ob Java oder auch PHP.

Allerdings können Sie oft nicht ohne Weiteres das Innere nach außen krempeln, ohne dafür eine ganze Anwendung neu zu schreiben. Daher empfehle ich den umgekehrten Weg: Nehmen Sie die von der Anwendung produzierten HTML-Seiten, speichern Sie sie einzeln, und machen Sie Templates daraus, indem Sie generierte Werte durch Platzhalter ersetzen.

Wenn Sie keine dynamischen Webseiten benötigen (die Ajax erfordern), können Sie beispielsweise auf die bewährten JSP (Java Server Pages) zurückgreifen.

JSP als Templates Eine solche JSP kann beispielsweise von einem Spring Controller gefüttert werden. Die *index.jsp*-Datei besteht lediglich aus HTML und importiert zwei sogenannte *Tag-Libraries*:

```
<%@ taglib prefix="spring" uri="http://www.springframework.org/tags"%>
<%@ taglib prefix="c" uri="http://java.sun.com/jsp/jstl/core"%>
<html>...
```

Platzhalter innerhalb der JSP schreiben Sie so: ${content}

Die zugehörige Controller-Klasse erhält die Annotation @Controller und eine Mapping-Funktion:

```
@GetMapping("/")
public String index(Map<String, Object> model) {
  model.put("content", content);
  return "index";
}
```

Listing 10.11 Der Controller reicht Daten in einer Map an die JSP-Datei weiter.

Freilich kann man auch Java-Code direkt in eine JSP schreiben. Das wäre aber wieder eben jener Mischmasch, den Sie vermeiden sollten. Gestalten Sie die JSPs möglichst dumm, bauen Sie die Logik in den Controller.

Ich will an dieser Stelle die JSP-Variante nicht weiter ausführen, weil sie im Vergleich zu moderneren Lösungen etwas angestaubt wirkt. Für diese und verwandte Varianten finden Sie eine Reihe Beispiele im Netz beim Spring-Projekt auf GitHub (*https://github.com/spring-projects/spring-boot/tree/master/spring-boot-samples/spring-boot-sample-web-jsp*).

Auch für Lösungen mit *AngularJS* und *Bootstrap* finden Sie Beispiele (*https://spring.io/blog/2015/01/12/spring-and-angular-js-a-secure-single-page-application*). Ganz sicher gibt es keine brauchbare Ausrede, vorhandene Template-Technologien nicht auch einzusetzen.

10.3.2 Datenbankschicht abtrennen

Sobald Sie jegliche Geschäftslogik aus Web-Templates verbannt haben, findet sich diese in eigenen Serviceklassen. Bereits im Abschnitt über Refactoring mit Tools (siehe Abschnitt 10.2) habe ich Ihnen erklärt, wie Sie Klassenabhängigkeiten auflösen, auch am Beispiel von Data Access Objects. Wenn Sie auch diesen Schritt erledigt haben, bleibt unschöner SQL-Code innerhalb von Java-Funktionen.

Dass eine Zeile wie die folgende überaus hässlich ist, ist kaum zu übersehen:

```
String sql = "select ID from USER where ACCOUNTNAME = ⊃
  '"+username+"' and PRODUCT_ID_OID=" + productId + " ";
```

Nicht nur ist diese Zeile prinzipiell anfällig für SQL Code Injection (siehe Abschnitt 9.3.6), sie lädt auch zu Vertippern ein. Syntaxfehler im SQL-Code erkennt aber die Entwicklungsumgebung nicht – erst zur Laufzeit knallt's.

Wenn Sie nicht gleich eine ganze neue Applikationsschicht in Form eines O/R-Mappers einbauen wollen, werfen Sie einen Blick auf die *SqlBuilder*-Library (Apache Lizenz 2.0). Sie ermöglicht den Austausch der meisten zusammengestöpselten Datenbankabfragen durch Code, ohne dass Sie viele Änderungen am Projekt vornehmen müssen, ohne generierten Code und ohne Instrumentierungen.

SqlBuilder

Sie binden das SqlBuilder-Artefakt wie folgt ein (mit Gradle):

```
compile 'com.healthmarketscience.sqlbuilder:sqlbuilder:2.1.7'
```

Da der SqlBuilder zunächst nichts über Ihre Datenbank weiß, müssen Sie ihm in jeder DAO-Klasse die nötigen Informationen geben, am einfachsten im Konstruktor:

```
public UserDao() {
  DbSpec spec = new DbSpec();
  DbSchema schema = spec.addDefaultSchema();
  dbTable = schema.addTable("USER");
  idCol = dbTable.addColumn("ID", "number", null);
  accountNameCol = dbTable.addColumn("ACCOUNTNAME", "varchar", 30);
  productIdCol = dbTable.addColumn("PRODUCT_ID_OID", ↲
    "number", null);
}
```

Listing 10.12 Geben Sie dem SqlBuilder die nötigen Informationen über die Tabelle, für die die DAO-Klasse zuständig ist. Für die Tabelle und für jede Spalte legen Sie private Attribute an.

Die obige SQL-Abfrage erzeugen Sie mit dem SqlBuilder jetzt wie folgt:

```
String sql = new SelectQuery()
  .addColumns(idCol)
  .addCondition(BinaryCondition.equalTo(accountNameCol, username))
  .addCondition(BinaryCondition.equalTo(productIdCol, productId))
  .validate().toString();
```

Listing 10.13 Das SQL-Statement für die Suche nach der ID eines Users erzeugen Sie mittels SqlBuilder völlig ohne für Tippfehler anfällige String-Literale.

Entscheidend ist, dass die Konstruktion des Statements auf diese Weise vom Java Compiler überprüft wird. Schreibfehler bei Spalten- oder Tabellennamen werden so höchst unwahrscheinlich, da sie als Literale nur an einer Stelle auftreten, ebenso Fehler bei der Klammersetzung.

Natürlich unterstützt SqlBuilder auch SQL-Befehle wie JOIN, INSERT oder CREATE. Mit dieser Bibliothek können Sie also schnell SQL-Code aus Ihrem Java-Code entfernen. Allerdings hat SqlBuilder auch einige Nachteile. So können Sie keinen DB-spezifischen Code erzeugen, sondern nur ANSI SQL92. Auch gegen SQL Injection ist die Bibliothek nur bedingt abgesichert. Sie müssen die Klasse QueryPreparer verwenden, um mittels PreparedStatements ?-Platzhalter vom Treiber korrekt escapen zu lassen, denn nur der weiß, wie das für den jeweiligen Datenbankserver richtig zu geschehen hat.

Wohlgemerkt, SqlBuilder ist nicht der Stein der Weisen, was Datenbankzugriffe angeht. Aber die Bibliothek eignet sich besonders, um mit wenig Aufwand und wenig Risiko unschöne Query-Strings aus dem Code zu verbannen. Das ist genau das, was Sie brauchen, wenn Sie Schrottcode in etwas verwandeln wollen, was man ordentlich erweitern kann.

Natürlich sind ausgewachsene objektrelationale Layer (ORM) meist die bessere Lösung – aber bei vorhandenem Code nur sehr schwer nachträglich einzubauen.

Einige Query-Builder

SqlBuilder: *http://openhms.sourceforge.net/sqlbuilder*

JOOQ: *https://www.jooq.org* (kommerziell, außer für Open-Source-DBs)

MyBatis: *http://www.mybatis.org/mybatis-3/* (bezieht Schema aus DB)

ActiveJDBC: *http://javalite.io/activejdbc* (nutzt Instrumentation)

QueryDsl: *http://www.querydsl.com/* (bezieht Schema aus DB, auch JDO/JPA)

10.4 Endlich: Tests

Erst wenn der Code dazu geeignet ist, können Sie Tests schreiben. Das ermöglicht es Ihnen, Code durch komplett neuen zu ersetzen, der die gleichen Tests besteht, oder Änderungen und Erweiterungen vorzunehmen. Bei älterem, nicht testbarem Code ist es selten möglich, testgetrieben zu entwickeln, d. h. die Tests zuerst zu schreiben. Aber tun Sie es, sobald Sie es können. Mit jedem Test sichern Sie Teile des Codes ab. Führen weitere Refactorings zu Nebeneffekten in Code mit Tests, fällt das sofort auf.

Es soll übrigens Code geben, in denen besonders fantasievolle Testfälle durchfallen. Sprich: Sie finden bislang unbekannte Fehler, oder Sie haben beim Refactoring welche eingebaut. Wenn Sie Letzteres ausschließen können und den Fehler korrigieren: Gratulation! Sie haben nicht nur durch das Refactoring die Codequalität verbessert (eine nichtfunktionale Anforderung), sondern erfüllen nun funktionale Anforderung besser.

Aber bevor es so weit ist, müssen Sie die Tests schreiben. Dazu lautet die erste Frage: welche eigentlich?

10.4.1 Testfälle identifizieren

Selbst wenn die vollständige Geschäftslogik bekannt ist, können Sie nicht gleich mit dem Schreiben von Tests loslegen. Sie müssen stets zunächst entscheiden, welche Logik durch welchen Test sichergestellt werden muss.

Am besten nehmen Sie sich ein Beispiel zur Hand. Der Einfachheit halber wähle ich eines aus diesem Kapitel, das Sie schon kennen:

```
private IInventoryDao dao;
private void addPurchasedContent(long purchaseId, ↩
    User u, Content c) {
  if(dao.addNonRedundantContent(u,c))
    markPurchaseComplete(purchaseId);
  ...
}
```

Listing 10.14 Die für einen Einkauf wichtige Funktion »addPurchasedContent« möchte getestet werden. Und zwar auf Herz und Nieren!

Es ist offensichtlich, dass diese Funktion von großer Bedeutung für die Geschäftslogik ist. Betrachten Sie zunächst die verschiedenen denkbaren Fälle, und entscheiden Sie jeweils, wie sie zu testen sind:

- Die Funktion sorgt dafür, dass nur dann ein Kauf als »complete« markiert wird, wenn der gewünschte Inhalt erfolgreich dem User-Inventar hinzugefügt wurde.
- Für das eigentliche Hinzufügen ist jedoch eine DAO-Funktion zuständig. Ob sie dies korrekt erledigt, ist also kein Testfall für die vorliegende Funktion.
- Zudem implementiert die DAO-Funktion offenbar eine Prüfung auf redundanten Inhalt. Was auch immer »redundant« in diesem Fall bedeutet, weiß nur die DAO-Funktion, es geht die zu testende Funktion nichts an.
- Abhängig vom Ergebnis der DAO-Funktion wird der Kauf entweder als vollständig markiert oder nicht. Genau dies müssen Sie als zwei Testfälle implementieren.
- Die Funktion führt keinerlei Plausibilitätsprüfungen durch. Wenn Sie aufgrund Ihres Wissens über den restlichen Code Grund zu der Annahme haben, dass die Funktion gelegentlich mit semantisch falschen Werten aufgerufen wird, testen Sie auch dies. Da es keine explizite Fehlerbehandlung gibt, rechnen Sie in solchen Fällen mit Exceptions.

Jetzt ist es an der Zeit, eine Testklasse anzulegen. Wie das grundsätzlich funktioniert, steht in Kapitel 6 in aller Ausführlichkeit, deshalb wiederhole ich es hier nicht im Detail.

Wenn Sie den Unit-Test anlegen wollen, wird Ihnen aber auffallen, dass die zu testende Funktion `private` deklariert ist und folglich normalerweise nicht für Unit-Tests zur Verfügung steht. Die Funktion würde letztlich automatisch mit getestet werden, wenn Sie Tests für andere Funktionen schreiben, die ihrerseits darauf zugreifen, beispielsweise in der Ableitung, die die PayPal-Bezahlung implementiert:

```
public void processPayment(PaymentData p) {
  ...
  addPurchasedContent(p.getPurchaseId(), p.getUser(), ↩
    p.getContent());
  ...
}
```

Listing 10.15 Der Bezahlvorgang ruft die zu testende Funktion auf.

Allerdings reden wir hier von Legacy Code, nicht von einer klinisch reinen Neuimplementierung nach allen Regeln der Kunst. Gut möglich, dass Sie gar nicht wissen, welche andere Funktion die vorliegende mit testet, oder dass dies in Klassen geschieht, die Sie noch nicht refaktorieren konnten. Deshalb dürften Sie in diesem Fall ausnahmsweise die Zugriffsstufe auf `public` ändern, um den Test schreiben zu können, kämen damit aber nicht viel weiter, denn die Basisklasse ist abstrakt.

Aufgrund der Trivialität der privaten Funktion können Sie gut damit leben, dass sie letztlich von Tests der abgeleiteten Klasse mit getestet wird.

10.4.2 Module mocken

Legen Sie zunächst einen Unit-Test für eine Klasse an, die von der Basisklasse erbt:

```
public class PaymentManagerPayPalTest {
  private PaymentManagerPayPal paymentManager;
  @Before
  public void setUp() throws Exception {
    paymentManager = new PaymentManagerPayPal();
  }
  ...
```

Listing 10.16 Der Test für die konkrete Implementierung der Bezahlung mit PayPal im Rohzustand

Sobald Sie den Testfall angelegt haben, werden Sie feststellen, dass Sie das DAO-Modul mocken müssen – und dank Ihres Refactorings, das aus dao ein Interface gemacht hat, können Sie das jetzt auf ganz einfache Weise tun:

```
@Mocked IInventoryDao inventoryDaoMock;
```

Beziehungsweise:

```
paymentManager.setDao(inventoryDaoMock);
```

Die beiden Fälle (addPurchasedContent() gibt true oder false zurück) können Sie in diesem Beispiel leicht mocken. Hier der true-Fall:

```
new Expectations() {
  {
    inventoryDaoMock.addNonRedundantContent(user, content);
    result = true;
  }
};
paymentManager.processPayment(p);
```

Listing 10.17 So mocken Sie das Resultat der DAO-Funktion.

Ich exerziere diesen Fall nicht bis zum Schluss durch, denn für die Geschäftslogik dürfte es viel interessanter sein, die DAO-Funktion selbst zu testen. Sie trifft die wichtige Entscheidung, auf die processPayment() dann bloß noch reagiert: Besitzt der User den Content schon?

10.4.3 Schrittweise zu höherer Testabdeckung

Refactoring ist immer ein iterativer Prozess, für den vorab kein kompletter Plan existiert. Jetzt haben Sie zwar immerhin einen Unit-Test geschrieben, aber das war nur der Anfang.

Arbeiten Sie sich immer weiter vor. Womöglich besitzt die Inventar-Implementierung eine Funktion, die folgende Zeilen enthält:

```
public boolean addNonRedundantContent(User u, Content c) {
  if(!u.hasContent(c)) {
    u.addContent(c);
    return true;
  }
  return false;
}
```

Listing 10.18 Überraschenderweise enthält auch diese Funktion nur triviale Logik.

Vielleicht wächst Ihnen an dieser Stelle ein graues Haar, weil sich in diesem Code herausstellt, dass die entscheidende Geschäftslogik (has-Content()) in einer Model-Klasse (User) zu stecken scheint. Model-Klassen sollten aber nicht mehr tun, als Daten zu speichern. Die fragliche Funktion muss also extrahiert und einzeln getestet werden – mit genug Fällen, um alle internen Logikzweige abzudecken.

Es wartet also schon die nächste Refactoring-Aufgabe!

Und es wird nicht die letzte sein.

Kapitel 11
Trollfütterung

Nur in der Theorie arbeitet ein Team reibungs- und fehlerlos zusammen. Fast überall gibt es »Trolle« oder »Bremsen«. Es hilft nicht, hinter vorgehaltener Hand über sie zu schimpfen oder zu warten, bis sie in Rente gehen oder einen anderen Job annehmen. Es gibt weder Tools, noch können die Schwierigkeiten mit besonders geschickter Programmierung gelöst werden.

Gut möglich, dass Sie bereits selbst mit schwierigen Kollegen zu tun hatten. Ich hebe nicht die Hand, wenn Sie mich fragen, ob ich ein Patentrezept für Sie habe. Aber ich habe einige fiktive und reale Beispiele mit einem Experten besprochen und biete Ihnen in diesem Kapitel Ansätze, zunächst zu verstehen, wo die Ursachen für die Probleme tatsächlich liegen, und dann mithilfe meiner Tipps den Umgang mit der Situation meistern zu lernen.

Ohne Funktionsgarantie, denn Menschen sind keine Computer. Was genau genommen schon eine der wichtigsten Erkenntnisse ist.

11.1 Umsteiger und Ahnungslose im kalten Wasser

Glückwunsch, das Team hat einen neuen Kollegen! Er ist top motiviert, und spricht hervorragend alle Programmiersprachen – bis auf die, in der Ihr Projekt verwirklicht wird.

11.1.1 Willkommen im Kotlin-Land!

Der neue Kollege – Adam – ist ein netter Kerl. Er spendiert an seinem ersten Tag eine Runde Cupcakes, und die siebzehn Java-Projekte auf seiner GitHub-Seite sind wirklich beeindruckend.

Das Android-Projekt, bei dem Adam Ihr Team unterstützen soll, braucht unbedingt Verstärkung, denn der Abgabetermin rückt näher, und zwar mindestens um 24 Stunden jeden Tag. Aus Gründen, auf die wir hier nicht näher eingehen, ist die neue App, an der Sie arbeiten, die erste in der Firma, die nicht in Java, sondern in Kotlin geschrieben wird.

Sie kommen auf die tolldreiste Idee, Adam folgende Frage zu stellen:

»Du hast ja schon eine Menge Apps programmiert, welche davon denn in Kotlin?«

Adam stutzt. »Kot... was?«

Jetzt stutzen auch Sie. »Kotlin. Die Sprache, in der wir unsere App schreiben.«

Adam sieht fragend hinüber zum Teamleiter (Tom), mit dem er das Vorstellungsgespräch geführt hat. »Ja, ja«, sagt Tom. »Kotlin ist ja auch eine JVM-Sprache, genau wie Java, und von Google quasi zum neuen Standard erhoben worden. Das lernt der Adam schnell.«

Niemand wagt es, zu widersprechen.

Kotlin: neu in Android Studio 3.0

In der Tat sind die Ähnlichkeiten frappierend. Tatsächlich hat Google mit Android Studio 3.0 Kotlin als zweite Sprache für Android-Apps etabliert. Eine typische `onCreate()`-Funktion, die in Android häufig zum Einsatz kommt, schreibt sich in Java etwa so:

```
public class MainActivity extends Activity {
  @Override
  protected void onCreate(Bundle bundle) {
    super.onCreate(bundle);
    setContentView(R.layout.activity_main);
  }
}
```

Listing 11.1 Eine typische Funktion einer Android-App in Java

In Kotlin liest sich das so:

```
class MainActivity : Activity {
  override fun onCreate(bundle: Bundle?) {
    super.onCreate(bundle)
```

```
    setContentView(R.layout.activity_main)
  }
}
```

Listing 11.2 Kotlin unterscheidet sich auf den ersten Blick nur in Details, wie etwa den fehlenden Semikola – die Stärken der Sprache liegen woanders.

Leider verbringt Adam gefühlt die Hälfte seiner Arbeitszeit damit, über die Entscheidung zu fluchen, Kotlin statt Java einzusetzen. Er sagt Dinge wie »Als wenn Java nicht auch funktionieren würde« und »Semikola verbrauchen ja auch viel zu viel Speicher« und heftet subversive Netz-Cartoons an sein Whiteboard. Sie wiederum verbringen gefühlt die Hälfte Ihrer Arbeitszeit damit, dem schlecht gelaunten Adam jeden Arbeitsschritt haarklein zu erklären.

Was nun? Crashkurs, verschärftes Pair Programming oder einfach das Beste hoffen?

11.1.2 Frustration frisst Freude

Adams Frust ist verständlich. Er hat sich auf seinen neuen Job gefreut, setzte sich hoch motiviert an den Schreibtisch, um mit seinen durchaus vorhandenen Fähigkeiten dem Team zu helfen. Jetzt aber kommt er sich bisweilen vor wie ein Anfänger, der sich über Kleinkram wie Semikola aufklären lassen muss und sich die an Pascal angelehnte Syntax der Funktionsparameterliste zu eigen machen soll.

Da das Projekt wirklich langsam zeitkritisch wird, ist es für Sie eine zusätzliche Belastung, Adam bei vielen Kleinigkeiten helfen zu müssen, und das spürt er auch.

Es lohnt sich freilich nicht, sich darüber aufzuregen, dass der Teamleiter keinen Kotlin-Experten gefunden hat, sondern in seiner Verzweiflung ob des brennenden Projekts auf einen lernwilligen Java-Fachmann gesetzt hat.

Tatsächlich müssen Sie in Betracht ziehen, dass es effizienter wäre, Adam von den dringenden Projektaufgaben zu befreien. Sie könnten ihm Zeit geben, um sich online Kotlin-Seminare anzuschauen, damit er beim nächsten Projekt fit ist oder in Phase zwei des laufenden Projekts unterstützend mitarbeiten kann.

Signalisieren Sie ihm, dass das nicht seine Schuld ist. Machen Sie ihm klar, dass Sie seine Arbeit wertschätzen – denn auch Einarbeitung ist Arbeit. Er wird dem Team dann eben etwas später als geplant nützen.

11.1.3 Verantwortung delegieren, nicht Aufgaben

Wenn ein Kollege nur eine Aufgabe nach der anderen übernimmt, sind Sie die ganze Zeit damit beschäftigt, ihm Anweisungen zu erteilen. Wenn Sie es allerdings schaffen, ihm ein Bewusstsein für die Gesamtheit zu vermitteln, begreift er Zusammenhänge.

Delegieren Sie Verantwortung! Delegieren Sie daher *Verantwortung*, nicht *Aufgaben*. Bei kurzen Aktionen ist das Delegieren von Aufgaben effizienter. Langfristig aber vermittelt die Verantwortungsdelegation auch ein Gefühl für das *Wie* und *Warum*.

Geben Sie Adam also nicht die Aufgabe, irgendeine Klasse in Kotlin zu schreiben. Übertragen Sie ihm die *Verantwortung* dafür, Kotlin zu lernen, vielleicht ein Subsystem darin zu schreiben und das nächste Projekt mit Übersicht und Know-how in Angriff zu nehmen.

Adam wird am Anfang Hilfe benötigen – etwa, wie die Entwicklungsumgebung einzurichten ist oder die Adressen der besten Tutorials im Netz zu finden sind. Besprechen Sie regelmäßig seine Fortschritte mit ihm. Lassen Sie ihn bei Ihrer eigenen Arbeit zuschauen, und erklären Sie dabei, was Sie tun und warum. Das verlangsamt Sie bei Weitem weniger, als wenn Sie sich dauernd in Adams Aufgaben hineindenken müssten – die Sie letztlich schneller allein lösen könnten. Versuchen Sie, sich in Adam hineinzuversetzen: Niemand fühlt sich gerne inkompetent.

11.2 Früher war alles besser, auch die Betonköpfe

Der Zahn der Zeit nagt auch an Software – manchmal hilft nur noch ein Zahnersatz. Bloß weiß der Macher der alten Version alles besser. Und GOTO hat doch schon immer super funktioniert, was kann daran schlecht sein? Wie befördern Sie einen solchen Kollegen in die Gegenwart, und zwar ohne Vorschlaghammer und Zeitmaschinen?

11.2.1 Ein weitsichtiger Boss

Herr Berg (ältere Kollegen in mittelständischen Unternehmen mögen es häufig nicht, geduzt zu werden) hat vor Kurzem anlässlich seines 30-jährigen Firmenzugehörigkeitsjubiläums eine teure Armbanduhr sowie eine Urkunde erhalten. Letztere hängt deutlich sichtbar über seinem Schreibtisch, auf dem mehrere Fotos seiner Familie stehen, ein Terminkalender aus echtem Papier – und irgendwo auch ein PC.

Der Boss des Unternehmens hat derweil zwei Dinge begriffen:

- Erstens funktioniert die Software, die den Produktionsablauf steuert, nicht immer verlässlich.
- Zweitens geht Herr Berg in einem Jahr in Altersteilzeit und in sechs Jahren in Rente. Die Firma soll aber auch danach noch produzieren.

Deshalb wurden Sie eingestellt.

Unter den zweifelnden Blicken des Herrn Berg haben Sie sich einen Überblick über die vorhandene Software verschafft. Sie finden unter anderem eine Prozessablaufsteuerung vor, die darauf basiert, dass Textdateien in bestimmte Verzeichnisse auf einem Fileserver gelegt werden.

Sie holen tief Luft, dann fragen Sie: »Herr Berg, haben Sie schon einmal darüber nachgedacht, hier eine MessageQueue einzusetzen?«

»Natürlich«, antwortet Herr Berg und nimmt seine Brille ab, um sie zu putzen. Er denkt über jede seiner Antworten in Ruhe nach. Anders ausgedrückt: Gespräche mit ihm dauernd enervierend lange und bestehen zu großen Teilen aus ungeduldigem Warten. »Wir haben die Risiken abgewogen und sind bei der bewährten Lösung geblieben.«

Ihnen fallen an dieser Antwort zwei Dinge auf:

- Erstens verwendet Herr Berg den Plural, obwohl er die meiste Zeit allein an der Software gearbeitet hat.
- Zweitens bleibt Herr Berg so allgemein, dass Sie der Verdacht beschleicht, dass er überhaupt nicht weiß, was eine MessageQueue ist. Aber was auch immer es sein mag: Es kann nicht besser sein als sein System, das schon seit Jahrzehnten verlässlich seine Arbeit verrichtet. Meistens jedenfalls.

Wie schaffen Sie es, Herrn Bergs Erfahrungsschatz in einem modernisierten Umfeld zu nutzen?

11.2.2 Früher waren Bücher noch aus Papier

Menschen bestehen zu einem Großteil aus ihren Erfahrungen. Hinzu kommt eine selektive Wahrnehmung. Wir blenden insbesondere Störfaktoren gerne aus. Und es gibt uns Sicherheit, wenn alles so ist wie immer. Wir haben Rituale, und wir fühlen uns auf diffuse Weise schlecht, wenn wir eines Morgens feststellen, dass wir die falsche Sorte Müsli eingekauft haben.

Mehr noch: Auf Veränderungen reagieren wir bisweilen mit Panik. Die Erfindung des E-Books bedeutet den Untergang des Abendlandes, genau wie schon zuvor Kassettenrekorder und Dampflok. Ich will das nicht ins Lächerliche ziehen. Halten Sie sich vor Augen: *Jeder hat Recht in seinem eigenen Wertesystem.*

Aus Herrn Bergs Perspektive gibt es keinen Grund, etwas zu verändern. Wenn Sie seine Vorgehensweise kritisieren oder auch nur eine Alternative aufzeigen, verstoßen Sie im Grunde gegen Herrn Bergs inneres Wertesystem.

Stellen Sie sich vor, jemand würde das mit Ihnen tun!

Es kann nie schaden, sich in sein Gegenüber hineinzuversetzen. Gegenseitiges Verständnis schafft Vertrauen. Vertrauen ist eine wichtige Voraussetzung für Kommunikation und damit für Zusammenarbeit.

11.2.3 Sicherheit und Transparenz

Transparenz fühlt sich gut an. Sie haben eine Chance, Veränderungen durchzusetzen, wenn Sie Herrn Berg ein Gefühl von Sicherheit vermitteln. Düpieren Sie ihn nicht vor versammelter Mannschaft, sondern würdigen Sie seine Leistung.

Empfehlen Sie punktuelle Verbesserungen mit sauberen Begründungen und maximaler Transparenz, denn Transparenz schafft ein Gefühl von Sicherheit.

Erklären Sie ausführlich die Vorteile Ihrer Idee und wie die vorgesehene Technik funktioniert. Sie können niemanden einfach mit dem Link zu einer Homepage eines Frameworks konfrontieren und dann hoffen, dass derjenige die Technik sofort liebend gern adaptiert.

Unterstützen Sie Herrn Berg in einer Art und Weise, dass er nicht nur den Umgang mit der neuen Technik lernt, sondern auch ihre Vorteile begreift und sich letztlich sicher fühlt, sie einzusetzen. Und vergessen Sie nicht: Veränderungen brauchen Zeit.

11.3 Das Patchwork-Team

Das Projekt brennt lichterloh, es fehlen an allen Ecken und Enden Leute, und deshalb wird Hals über Kopf ein neues Team bunt zusammengewürfelt. Es hat nie zuvor zusammengearbeitet. Und es hat keine Zeit, sich auf Konventionen zu einigen – oder sich dran zu halten. Mehr Zeitverschwendung geht kaum.

11.3.1 Chris schießt quer

Es war einmal eine kleine Agentur in Düsseldorf, die es geschafft hatte, einen echt fetten Fisch an Land zu ziehen: Eine ziemlich erfolgreiche Hotelsuche-App für Android sollte komplett neu geschrieben werden. Gerüchteweise wurde das notwendig, weil sich die Firma mit dem Programmierer der vorherigen Version heillos zerstritten hatte und keinen Zugriff auf den Quellcode mehr besaß, um die App zu erweitern, aber darum soll es hier nicht gehen.

Es soll auch nicht darum gehen, dass die fragliche Agentur den Auftrag natürlich nur mit einem Dumpingpreis hatte ergattern können und zunächst gar nicht über das Personal verfügte, um das Projekt zu stemmen. Also ging der Chef bei XING auf die Suche nach Freelancern, so geriet er unter anderem an mich. Nun könnte man annehmen, dass gute Freelancer meist bis auf Weiteres ausgebucht sind und gerade für kurzfristige Projekte kaum Personal abgegriffen werden kann – dennoch, irgendwie gelang es.

Beim Launch-Meeting des Projekts waren also abgesehen von mir zugegen:

- der Projektleiter
- ein junger Mitarbeiter, der noch nicht sonderlich viel Java programmiert hatte
- ein etwas erfahrenerer Mitarbeiter, der allerdings bisher fast nur für iOS programmiert hatte
- ein Freelancer (der Chris aus der Abschnittsüberschrift), der derzeit noch in einem anderen Projekt steckte, aber gewisse Java-Erfahrung besaß

Nicht zugegen waren:

- ein sehr erfahrener Freelancer. Er hatte keine Zeit. Er wollte an einem anderen Tag vorbeikommen, an dem aber weder ich noch der andere Freelancer vor Ort sein würden.
- die vollständige Dokumentation der Service-API, mit der die App sprechen sollte. Aber es gab hierzu immerhin, sagen wir mal, Mutmaßungen.

Nun, man muss es positiv sehen: Immerhin sprachen wir alle Deutsch und waren uns einig, wie wir die neue App aufbauen wollten und dass sie besser werden würde als die vorhandene, die laut Rezensionen bei Google Play gewisse Instabilitäten aufwies. Obwohl wir Freelancer von zu Hause aus arbeiten würden, würde es an der Kommunikation sicher nicht scheitern, hatten wir doch eigens einen Chatkanal eingerichtet.

Schon am dritten Tag brach das Chaos aus. Chris war einige Tage lang abgetaucht, am Tag danach änderte er ohne vorherige Absprache die gesamten Model-Klassen in Interfaces.

Wir sprachen mehr über- als miteinander. Irgendwann wurde die App trotzdem fertig, aber niemand hatte dabei das Gefühl, alles sei gut gelaufen.

Was war schiefgelaufen? Was hätten wir besser machen können?

11.3.2 Reden ist Gold

Ein permanenter Chatkanal garantiert nicht automatisch eine gute Kommunikation. Gerade in der Anfangsphase ist Reden das A und O.

In einem kritischen Projekt kann man Alleingänge nicht gebrauchen. Dabei ist »Allein!« in einem bestimmten Alter ein Wort, das Kinder ständig benutzen. Sie wollen Dinge allein erledigen. Sie beanspruchen diese Kompetenz. Das ist im Job nicht anders. Alleingänge spielen in dieser Hinsicht eine doppelte Rolle: Einerseits möchte Chris seine Kompetenz unter Beweis stellen. Dafür wird er schließlich bezahlt. Andererseits zieht er die Kompetenz seiner Teamkollegen in Zweifel, wenn er nicht vorher das Gespräch sucht.

Im Handumdrehen entstehen persönliche Befindlichkeiten, die einer reibungslosen Kommunikation im Weg stehen: Der nächste Alleingang ist eine logische Folge des ersten, denn ich kümmere mich lieber allein um eine Aufgabe, bevor ich die Kollegen mit ihren seltsamen Ansichten ranlasse.

Unterschiedliche Ausgangspositionen wie im Patchwork-Team machen es schwierig, miteinander auf Augenhöhe zu reden. Das aber ist nötig, um jedem im Team das Gefühl zu vermitteln, seine Kompetenz einbringen zu können – auch wenn der eigene Vorschlag letztlich nicht immer als beste Lösung bewertet wird.

Eine Komplikation war im konkreten Fall die Home-Office-Konstellation. Die Freelancer konnten nicht jeden Tag nach Düsseldorf fahren; ja, sie konnten nicht einmal jeden Tag ansprechbar sein, weil sie zusätzlich in andere Projekten involviert waren.

Home Office ist angenehm und, was die Konzentration angeht, sogar nützlich. Außerdem spart man Nerven, Zeit und Geld, die sonst fürs Pendeln draufgehen. Aber am Anfang eines Patchwork-Projekts muss das Team erst einmal zusammenwachsen. Der direkteste Draht ist immer noch das direkte Gespräch.

11.3.3 Anerkennung und Kritik

Wer Reden für Zeitverschwendung hält, ist im Irrtum. Gerade die Anfangsphase eines Projekts bietet für eine neu zusammengewürfelte Truppe die Riesenchance, zusammenzuwachsen – oder alles zu versauen.

Hier lohnt es sich, Regeln für den Umgang miteinander aufzustellen. Wertschätzung und Kommunikation sollten im Vordergrund stehen. Tägliche Status-Meetings (wenn nötig per Videochat) bringen das ganze Team auf den gleichen Wissensstand, aber achten Sie darauf, sich nicht im großen Kreis in Details zu verzetteln. Ein Moderator sollte auf solche Dinge achten und die involvierten Kollegen freundlich bitten, ein Zwiegespräch im Anschluss zu führen. Allgemein ist eine wertschätzende Gesprächskultur von Vorteil.

Wichtig ist immer Anerkennung. Jeder Mensch wünscht sich Anerkennung. Nicht übertreiben! Menschen haben eine feine Antenne für unverhältnismäßiges Lob, das folglich seine Wirkung verfehlt. Zögern Sie aber auch nicht, Probleme anzusprechen.

Anerkennung ist wichtig.

Ein zusammengewürfeltes Team ist immer auch eine Chance: Sie erlernen neue Technologien, Sie erfahren von einer praktischen Bibliothek, die Sie noch nicht kannten, und mittags, bei der gemeinsamen Pizza, erfahren Sie von einer tollen Scifi-Serie im TV, die noch niemand in Ihrem Umfeld so richtig wahrgenommen hat.

All das setzt aber voraus, dass Sie miteinander reden – auf Augenhöhe.

11.4 Billig im Osten

Wenn ein Manager rauskriegt, wie viel Kohle er einsparen kann, wenn er seine Entwicklung gen Osten auslagert (Slowakei, Rumänien, Indien ...), ist es oft schon um das Projekt geschehen. Mit welchen Argumenten können Sie das Schlimmste verhindern, und was tun Sie, sobald es eingetreten ist?

11.4.1 Bitte recht freundlich!

Um eines vorweg klarzustellen: Niemand wird hier aufgrund seiner Herkunft in eine Schublade einsortiert. Vielmehr sind kulturelle Unterschiede letztlich eine Bereicherung für jeden, der sich auf sie einlässt. Lehrinhalte an Schulen und Universitäten sind nicht einmal in allen deutschen Bundesländern gleich, geschweige denn in verschiedenen Ländern. Deshalb ist es ganz natürlich, dass ein interkulturelles Team besondere Herausforderungen zu lösen hat. Während meiner Zeit bei einem großen deutschen Telekommunikationsunternehmen erfuhr ich das aus erster Hand.

Ich traf Dimitar (aus Bulgarien) zum ersten Mal bei einem Meeting, in dem es um eine E-Mail-Anwendung ging, die möglicherweise teamübergreifend eingesetzt werden sollte. Dimitar betrat mit ein paar Minuten Verspätung den Meetingraum, brummte ein »Hello« in die Runde, klappte seinen Laptop auf und begann darauf herumzutippen. Während wir noch überlegten, ob es unangemessen war, ihn dabei zu stören, um mit dem Meeting zu beginnen, klingelte sein Handy. Er nahm das Gespräch entgegen und redete mit seinem Gesprächspartner auf Bulgarisch. Ich verstand natürlich kein Wort, aber ich hatte nicht das Gefühl, dass es sich um ein dienstliches Gespräch handelte, ebenso wenig um ein privates, in dem es um Leben und Tod ging.

Nach einer der in großen Konzernen so beliebten »Re-Orgs« landeten wir im gleichen Team oder genauer: ich in seinem. Das Team – zwei deutsche Entwickler, zwei bulgarische und ein deutscher Scrum Master – vereinbarte tägliche Status-Meetings um 11 Uhr. Eine ungeschriebene Regel lautete, dass wir uns immer auf Englisch unterhielten, sobald ein nicht deutschsprachiger Kollege am Meeting teilnahm.

Dimitar kam meistens gegen kurz nach 11, stellte sich zu uns und beantwortete brav die drei Fragen, die beim Daily Scrum üblicherweise gestellt werden: Was hast du seit dem letzten Daily Scrum gemacht, was machst du als Nächstes, behindert dich etwas bei deiner Arbeit?

Meistens erklärte er sehr leise und auf leidlich verständlichem Englisch, dass er bei seinen Aufgaben auf Probleme gestoßen sei, so dass die Fertigstellung mehr Zeit als geplant in Anspruch nahm.

Nach dem Meeting telefonierte Dimitar erst mal eine Weile (auf Bulgarisch). Er blieb meistens noch im Büro, wenn alle anderen Feierabend machten. Um ihm bei den schwierigen Aufgaben zu helfen, versuchten wir es mit Pair Programming, was darauf hinauslief, dass er neben mir saß, auf meinen Bildschirm schaute und ab und zu »Aha« sagte, während ich ihm auf Englisch erklärte, was ich tat.

Ein paar Wochen später fanden wir zufällig heraus, dass Dimitar eine deutsche Freundin hatte und einigermaßen gut Deutsch sprach.

Wo lag hier also eigentlich das Problem?

11.4.2 Differenzen

Stellen Sie sich vor, Sie kommen in ein Land mit einer für Sie fremden Kultur. Es gibt ungeschriebene Gesetze, Sie verstehen nicht immer alle Nuancen der Sprache der Einheimischen. Ist Ihnen mal aufgefallen, dass Ironie oft nur anhand der Besonderheiten in der Sprachmelodie von einer ernst gemeinten Aussage zu unterscheiden ist? Diese Unterschiede variieren von Sprache zu Sprache. Selbst ein Amerikaner, der seit zehn Jahren in Deutschland lebt, versteht längst nicht jeden Scherz am Kneipentisch. Er versteht ja nicht einmal alles, was ein Engländer aus London so von sich gibt!

Die logische Folge ist Unsicherheit.

Jemand, der unsicher ist, hat oftmals nicht den Mut, das für ihn Fremde dauernd zu hinterfragen. Nur sehr ungern wird Dimitar eine Schwäche eingestehen, denn seine Unsicherheit ist schon Schwäche genug.

Wenn dann noch fachliche Mängel hinzukommen, wird's knifflig. Freilich hat Dimitar an einer bulgarischen Hochschule ein Diplom erworben. Hieraus ergibt sich gar nicht mal die Frage nach der Qualität dieses Abschlusses – es genügt völlig, wenn im Vergleich zu einem Abschluss hierzulande unterschiedliche Inhalte im Lehrplan standen, um ungleiche Voraussetzungen zu schaffen.

Wer es – wie Dimitar – geschafft hat, einen nach den Maßstäben seines Heimatlandes gut bezahlten Job im Ausland zu ergattern, wird den Teufel tun, diesen Job aufs Spiel zu setzen. Angst vor dem Verlust des eigenen Status ist ein weiterer guter Grund, mit Problemen (seien sie inhaltlicher Natur oder auch kultureller) nicht gerade offensiv umzugehen.

Der Knackpunkt ist, dass irgendein Manager davon ausgeht, dass er von einem Entwickler aus Niedriglohnländern die gleiche Leistung unter Einsatz geringerer Kosten erhält. Zeitliche Aufwände für Integration und die Überwindung von Kommunikationsproblemen werden dabei geflissentlich außen vor gelassen. Was auf den ersten Blick wie ein gutes Geschäft wirkt, ist in Wirklichkeit oft eine blauäugige Kalkulation, die sich in einen Bumerang verwandelt.

In dem Konzern, in dem ich angestellt war, wurden die Probleme immerhin erkannt. Man veranstaltete einen ganztägigen Workshop, um die kulturellen Unterschiede herauszuarbeiten und bewusst zu machen. Eine zentrale Erkenntnis in der Abschlusspräsentation lautete, dass sich im konzernüblichen »International English« Gefühle nur schwer verständlich zum Ausdruck bringen lassen.

Die Kosten für die Veranstaltung kann ich nicht beziffern, aber wenn 30 überdurchschnittlich bezahlte Entwickler einen Tag lang nicht ihrer üblichen Arbeit nachgehen, bedeutet das letztlich einen wirtschaftlichen Verlust. Zuzüglich der Kosten für den engagierten Coach.

Den traurigen Schluss der Geschichte möchte ich Ihnen nicht vorenthalten.

Ein paar Monate später kündigte Dimitar. Seine deutsche Freundin hatte ihn verlassen, und er hatte einen Vertrag bei einer Firma in seiner Heimat unterschrieben.

Noch ein paar Monate später wurde die gesamte Entwicklungsabteilung aufgrund eklatanter Mängel in der abgelieferten Produktqualität aufgelöst.

Ich könnte endlos weitererzählen ... beispielsweise von einem großen Beratungsunternehmen in Indien, das für eine Ausschreibung seine besten Leute an eine Machbarkeitsstudie setzte und bei der Abschlusspräsentation gleich vier Leute aus Asien einflog. Nachdem es das Projekt ergattert hatte, wurden an die Folgeaufgaben blutjunge, hoffnungslos überforderte Hochschulabsolventen gesetzt, die nur nach monatelanger Leidensgeschichte und Intervention auf höchster Ebene durch erfahrenere Kollegen ersetzt wurden. Das auf ein halbes Jahr angelegte Projekt ist nach meinem Kenntnisstand auch nach der dreifachen Zeit noch nicht abgeschlossen worden.

11.4.3 Integration

Vielfalt kann auch ein Vorteil sein. Das stand schon im vorangegangenen Abschnitt 11.3. Krasse Unterschiede im Wissensstand, bezogen auf die vorliegenden Aufgaben, sind aber immer ein Nachteil, der nicht wegdiskutiert oder aufgewogen werden kann.

Solche Unterschiede im Know-how kann man natürlich bei der Verteilung von Aufgaben einplanen – wenn man sie denn kennt.

Ihr Kollege aus dem fernen Land im Osten wird seine Schwächen nicht von allein eingestehen. Sie müssen das Gespräch suchen, um sie herauszufinden.

Fragen Sie aber nicht einfach: »Ist dir die Aufgabe zu schwer?«

Die Antwort wird höchst selten »Ja« lauten.

W-Fragen öffnen ein Gespräch.

Vermeiden Sie geschlossene Fragen, auf die man nur mit »Ja« oder »Nein«, eventuell »Weiß nicht«, antworten kann. Versuchen Sie lieber, das Gespräch offener zu gestalten. Dazu eignen sich W-Fragen viel besser:

»Wie fühlst du dich bei dem Projekt?«

»Welche Aufgaben liegen dir besonders?«

»Wo liegen deine Stärken?«

Meiner Erfahrung nach ist es durchaus möglich, in einem internationalen Team produktiv zu arbeiten – und oft bereichernd. Die Welt ist bunt, und das ist gut so. Etwas mehr Farbe im Leben schadet keinem.

Aber bevor Missverständnisse aufkommen, bevor Gräben entstehen, bevor das Projekt gegen die Wand fährt, machen Sie Ihre Chefetage darauf aufmerksam, dass sie sich mit vermeintlich billigen Arbeitskräften bisweilen ein nicht immer kalkulierbares Risiko einhandelt und dass es in manchen Fällen trotz aller Offenheit und Bemühungen ein Team schlicht überfordert, die erwartete Leistung zu erbringen.

11.5 Der Hase der Produktmanagerin

In einer anderen Firma saß ich in einem Großraumbüro. Bisweilen kam es zu folgender Situation, die nicht erfunden ist.

11.5.1 Störfaktoren auf dem Schreibtisch

Die Tür ging auf, und Produktmanagerin Elke trat ein. Sie hielt Ausschau. Alle duckten sich.

Nicht ohne Grund.

Dann hatte Elke ihr Ziel ausgemacht. Nach welchen Kriterien das geschah, ist unklar, aber für den Moment irrelevant.

Elke setzte sich auf die Ecke meines Schreibtischs. Ich sah zunächst weiterhin auf meinen Bildschirm, da ich gerade mitten in einem Code-Refactoring war.

»Hase ...«

Ich seufzte (zumindest innerlich) und wandte mich Elke zu. »Ja?«

Unsere Produktmanagerin nannte jeden Entwickler im Team »Hase«. Das war sicher nicht böse gemeint, Hasen werden ja allgemein als recht angenehme Tiere angesehen. Sie sagte ja nicht »Kakerlake« oder »Nacktschnecke«.

Trotzdem fühlte sich niemand wohl dabei, »Hase« genannt zu werden. Womöglich hing das damit zusammen, was nun folgte. Elke hatte ein Problem in einem unserer Webportale festgestellt. Ein Produkt, das nicht in einem bestimmten Shop hätte auftauchen dürfen, oder eines mit einem falschen Preis oder eines mit einer verkehrten Beschriftung.

Das jeweilige Problem zu beheben war aus Elkes Sicht in etwa so dringend wie der Besuch des Aborts nach fünf großen Gläsern Altbier.

Jegliche aktuelle Arbeit war sofort einzustellen, egal wie wichtig, und Elkes Problem war umgehend zu beheben. Und, vor allem, »Hase«: »In Zukunft sollte das nicht mehr passieren.« Ein passendes Ticket solle ich übrigens gefälligst selbst anlegen, denn ich könne den technischen Sachverhalt ohnehin viel genauer beschreiben.

Damit dampfte Elke wieder ab.

In den Gesichtern meiner Kollegen sah ich buchstäblich die Erleichterung, dass es nicht sie getroffen hatte.

Wie schaffen Sie es, als Hase trotzdem produktiv zu arbeiten, ohne sich in Ihr Büro einzuschließen und Unmengen Karotten zu verschlingen?

11.5.2 Hase und Igel

Nach einiger Zeit entwickelten die meisten Kollegen eine Art Abwehrhaltung. Wenn Elke anrauschte, wurden die Stacheln ausgefahren, wie es ein Igel tut, wenn er Angst hat, gefressen zu werden.

»Komm später wieder« oder »Ich versuche gerade zu arbeiten« waren noch die freundlicheren Phrasen, die Elke entgegengeworfen wurden. Einmal eskalierte die Sache, Elke wandte sich an den Abteilungsleiter, und der sah sich genötigt, eine Mail ans ganze Team zu schicken, die nicht unbedingt zur Besserung der Stimmung beitrug.

Natürlich zeigt sich in der geschilderten Szene an allererster Stelle ein unglückliches Issue-Management. Natürlich sollte Elke das identifizierte Problem mit einer aussagekräftigen Beschreibung ins teameigene Ticket-System einstellen. Nötigenfalls mit der höchsten Priorität. Üblicherweise sollte das Team über Regeln verfügen, wie mit solchen Tickets umzugehen ist. In vielen Fällen kann es sinnvoll sein, wenn der Teamleiter das Ticket als Erster in Augenschein nimmt, es an einen geeigneten Kollegen überweist – und unter Umständen sogar die Priorität korrigiert, die manchmal »gefühlt« etwas höher eingestuft wurde, als sie sachlich betrachtet sein sollte.

Der geschilderte Fall bietet auf den zweiten Blick eine ganze Menge weiterer Facetten.

Produktmanagerin Elke war die einzige Frau in ihrem Team, und man muss Verständnis dafür aufbringen, dass es nicht unbedingt einfach ist, sich in einer klassischen Männerdomäne zu beweisen. Elke trug immer ziemlich viel Make-up, genau wie der Begriff »Hase« vielleicht Zeichen für eine Abwehrhaltung oder ein Schutzschild.

Zudem fühlen sich in einem Großraumbüro gleich mehrere Kollegen gestört, allein schon durch das Eintreten der Persona non grata. Falls die Produktmanagerin nicht auf Anhieb bei einem Kollegen landet, der dazu in der Lage ist, das Problem zu beseitigen, geht alles von vorn los.

11.5.3 Toleranz und Grenzen

Man kann auch mal tolerant sein, aber wer sich unangemessen behandelt fühlt, sollte das auch klar sagen und Grenzen aufzeigen. Wenn Sie es nicht mögen, »Hase« genannt zu werden, dann sagen Sie das. Freundlich, sachlich, bestimmt. Notfalls mehrmals.

Stellen Sie klar, dass es nicht mit Ihrem Verständnis einer professionellen Arbeitsweise vereinbar ist, mit Tiernamen bedacht zu werden. Fragen Sie Elke, was sie davon hielte, beispielsweise »Erdmännchen« genannt zu werden – wohlgemerkt, auch kein Tier, mit dem man negative Assoziationen verbindet.

Wenn das alles nicht hilft, bitten Sie sich mithilfe Ihres Teamleiters mehr Respekt aus. Die Eskalation sollte aber nicht die erste Option sein, sondern die letzte.

Schaffen Sie auf jeden Fall standardisierte Arbeitsabläufe für Problemmeldungen, mit denen alle Beteiligten zufrieden sind, die jeder kennt und befolgt (z. B. ein Kanban-Board). Es hilft überhaupt nichts, wenn Elke ein höchst dringendes Ticket schreibt und nach zwei Stunden nervösen Wartens doch wieder ins Büro stürmen muss, um nachzufragen, warum sich noch niemand um die Sache gekümmert hat.

Im schlimmsten Fall kann ein verschlepptes Problem tatsächlich zu hohen wirtschaftlichen Schäden oder sogar zu Regressansprüchen führen, die keinesfalls in Ihrem Interesse als Mitarbeiter liegen, schließlich wollen Sie Ihren Job gerne behalten. Auch das gehört zu einem respektvollen Umgang miteinander: Ein wichtiges Anliegen sollten Sie stets ernst nehmen.

11.6 Arbeiten wie die Profis

Niemand ist gleich unter Gleichen. Es ist nur in der grauen Theorie denkbar, dass jeder Kollege über das gleiche Know-how verfügt und jeden Tag den gleichen Elan an den Tag legt.

Es gibt Kollegen mit gewissem Nachholbedarf. Und dann gibt es die *anderen* Problemfälle.

11.6.1 Überflieger

Das Paradebeispiel heißt Felix.

Montags kommt er um kurz nach 11 in die Firma, dicke Ränder unter den Augen, und bis zum Mittagessen trinkt er bloß Kaffee und starrt auf den Login-Screen seiner Workstation, als könne er sich nicht mehr an seinen Usernamen erinnern (vom Passwort gar nicht zu reden). Niemand traut sich, ihm seinen Usernamen zu verraten oder ihn zu fragen, ob er schon mit der wichtigen Aufgabe begonnen hat, von der andere Arbeiten abhängen. Genauso wenig wie man versucht, eine bei Erdarbeiten entdeckte Fliegerbombe mit kräftigen Hammerschlägen zu einem nützlichen Kellerregal zu formen. Aber Felix ist kein *Underperformer*. Denn er verbrachte das Wochenende schlaflos auf einem *Hackathon*.

Dienstags kommt Felix an Ihren Schreibtisch und erklärt Ihnen, dass er zufällig auf den Code gestoßen ist, den Sie letzte Woche geschrieben haben. »Also«, beginnt Felix, »dein Code funktioniert ja.« Es klingt ein bisschen wie das Lob, das einem Kleinkind gilt, das zum ersten Mal drei Bauklötze aufeinandergestapelt hat. Diplomatie ist nicht Felix' Fachgebiet. »Aber«, fährt er fort, »er ist nicht zukunftssicher. Da gehört eine State Machine rein (auch wenn es im Moment nur einen Status gibt), die DTOs sollten serialisierbar sein (wenn sie mal per Remote Function Calls übertragen werden müssen), und aus der Serviceklasse kann man zwei Interfaces und eine abstrakte Basisklasse extrahieren.«

»Das könnte man tun«, geben Sie zu, »aber wäre das nicht etwas unübersichtlich und für die Problemstellung unangemessen kompliziert?«

Als Felix die Augen verdreht und eine Zauberformel murmelt, in der drei oder vier Ihnen nur vage bekannte Buzzwords vorkommen, wissen Sie, dass der Tag gelaufen ist.

Auf den ersten Blick sind es oft die Underperformer, die ein Projekt ausbremsen. Aber Felix ist ein Overperformer (nur nicht montags).

Wie geht man professionell damit um? Welche Argumente können Sie gegen *overdesigned code* vorbringen? Wie behalten Sie die Nerven, wie erleben Sie Ihre Rente ohne Nervenzusammenbruch?

11.6.2 Diagnose: Overperformer

Im Fall von Felix passiert es leicht, überproportional umfangreiches Know-how mit Überheblichkeit zu verwechseln.

Denken Sie an die bereits weiter oben genannte Regel: Jeder handelt in sich konsistent in seinem Wertesystem. Für Felix fangen die interessanten Datenbanken da an, wo mindestens eine exotische Programmiersprache involviert ist (z. B. Erlang bzw. MongoDB). In seinem Wertesystem ist es bestenfalls eine Nachlässigkeit, auf eine in seinen Augen völlig überholte Technik wie SQL zu setzen.

Aber ist diese Einstellung jetzt sein Problem oder meins?

In erster Linie habe *ich* ein Problem. Ich fühle mich nämlich schlecht. Bekomme vielleicht ein schlechtes Gewissen, weil ich nach Feierabend lieber Gitarre oder Skat spiele, als IT-Fachzeitschriften zu lesen.

Es ist Felix' Sache, wenn er freiwillig mehr arbeitet. Menschen wie Felix, die sich stark über ihre Arbeit definieren, sind nicht selten. Arbeitgeber mögen es natürlich, wenn engagierte Mitarbeiter mehr als 40 Stunden pro Woche arbeiten, ohne eine Gegenleistung zu erwarten.

Aber genau das ist der Knackpunkt. Felix erwartet durchaus etwas. Anerkennung seiner Leistung, Adaption seiner Ideen. Das klappt aber nicht immer. Die Folge ist Unzufriedenheit auf allen Seiten.

Was tun?

11.6.3 Keep it simple, Felix!

Reden Sie mit Felix. Zeigen Sie Anerkennung für sein Wissen, seine Ideen und sein Engagement.

Aber zeigen Sie ihm auch, dass es Grenzen gibt.

An erster Stelle steht das Projekt. Der Code muss funktionieren, auch nichtfunktionale Anforderungen müssen erfüllt sein. Aber an dieser Stelle lohnt es sich, einige Merksätze aus Abschnitt 5.5 hervorzukramen.

KISS (bzw. KISF) – »Keep it simple, Felix! YAGNI!« – CouchDB ist toll, aber wir brauchen sie nicht, *you aren't gonna need it*! Letztlich müssen die anstehenden Aufgaben in der zur Verfügung stehenden Zeit gelöst werden.

Daraus ergeben sich zwangsläufig Grenzen für besonders kreative Lösungsansätze – die vielleicht auf den zweiten Blick sogar einige Nachteile mit sich bringen.

Erklären Sie als Team Felix, dass Sie sich gerne mit seinen Ideen auseinandersetzen, aber dass er nicht erwarten darf, dass Sie Ihre Freizeit künftig ebenfalls ausschließlich am Computer verbringen.

Es hilft, Freiräume innerhalb der Arbeitszeit zu schaffen, in der das Team miteinander neue Ideen ausprobieren kann. Ein Team, in dem ich arbeiten durfte, hatte alle zwei Wochen freitags nachmittags die Möglichkeit, in kleinen Gruppen eigene Projekte zu verfolgen, unabhängig davon, ob sie für die Firma gerade nützlich waren oder nicht. Nach einigen Monaten gab es eine kleine Präsentation der Ergebnisse. Ich erinnere mich noch genau an jemanden, der aus einer Xbox Kinect ein Musikinstrument gebaut hatte.

Von solchen Freiräumen profitiert letztlich das ganze Team – nicht nur Felix.

11.7 Leuchtendes Beispiel

Im letzten Abschnitt geht es ausnahmsweise nicht um einen »Troll«. Es geht um *Sie*.

Sie haben übers Wochenende dieses Buch gelesen und kommen am Montag ähnlich übernächtigt ins Büro wie zuvor Felix, bloß eben aus anderen Gründen.

11.7.1 Niemand mag Besserwisser

Überhaupt: Sie wollen nicht sein wie Felix. Sie haben eine ganze Menge Verbesserungsvorschläge im Gepäck. Einige liegen Ihnen geradezu auf der Zunge.

Gustav sieht einigermaßen wach aus. Er ist Ihr erstes Opfer. »Du«, beginnen Sie, »ich habe da von einer ganz spannenden Technik gehört ...«

Leider hält sich Gustavs Begeisterung in Grenzen. Sein gebrummtes »Hmmm« klingt wie »Lass mich in Ruhe, ich bin froh, wenn ich meine momentane Aufgabe einigermaßen hinkriege, außerdem hatte ich heute noch keinen Schwarztee.«

Sie haben den vorangegangenen Abschnitt gelesen, wollen kein Overperformer sein, der den Kollegen womöglich ein schlechtes Gewissen bereitet. Aber Sie können doch nicht mit Ihren tollen Ideen hinterm Berg halten! Apropos Berg: Ihre Kollegen sind nicht wie Herr Berg aus Abschnitt 11.2, sie sind Neuem gegenüber durchaus aufgeschlossen ... grundsätzlich jedenfalls. Nur anscheinend nicht gerade jetzt.

Wie werden Sie nicht nur ein besserer Coder, sondern ein Vorbild? Wie bringen Sie Kollegen dazu, Ihre Vorschläge nicht als Besserwisserei abzutun? Wie vermeiden Sie Trotzreaktionen?

Wie können Sie Ihre Begeisterung für ein geniales, wirklich nützliches Konzept auf überarbeitete, skeptische Kollegen übertragen, ohne zum Felix zu werden?

11.7.2 Diagnose: das engagierte Vorbild

Wenn Sie zu sehr auf Gustav (und die anderen Kollegen) einreden, verursachen Sie ein schlechtes Gewissen. Vielleicht haben Sie auch nur den falschen Moment erwischt. Gustav ist eigentlich immer an guten Ideen interessiert, aber im Moment mit einer zeitkritischen, schwierigen Aufgabe beschäftigt.

Sie setzen Wertschätzung und Vertrauen aufs Spiel, insbesondere wenn Sie mit vielen Vorschlägen auf einmal kommen. Letztlich ist jeder im Team ein kleiner »Betonkopf« (siehe Abschnitt 11.2), denn was bisher gut funktioniert hat, kann so falsch nicht sein. Skepsis gegenüber Neuerungen ist ein normaler Reflex.

11.7.3 Was nun?

Etablieren Sie Ihre neuen Ideen auf eine passive Weise. Setzen Sie neue Techniken ruhig an Stellen ein, an denen es Kollegen nicht behindert. Zeigen Sie dem Team Ihre Lösung, und erklären Sie, was gut daran ist.

Nehmen Sie Kritik entgegen, und gehen Sie damit genauso respektvoll um, wie Sie es gegenüber Ihrer Idee erwarten.

Warten Sie einen günstigen Zeitpunkt ab. Sorgen Sie dafür, dass Gustav dazu in der Lage ist, Ihnen geistig zu folgen, wenn Sie ihm etwas erklären. Er muss also den Kopf wirklich frei haben. Vielleicht gibt es in Ihrem Team regelmäßige Meetings, in denen es Raum gibt, Ideen vorzustellen und anzudiskutieren. Dabei hilft es übrigens immer, wenn jemand mit neutralem Blickwinkel das Gespräch moderiert, ein Scrum Master etwa.

Der Kopf muss frei sein.

Ist der Samen einmal ausgebracht, geht er auch auf. Gute Ideen setzen sich oft schon allein deswegen durch, weil sie deutliche Vorteile gegenüber dem Status quo haben. Im Grunde also ganz von allein. Sicher müssen junge Pflanzen häufig gegossen werden. Deshalb sind einigermaßen regelmäßige Kreativ-Meetings von Vorteil.

Insofern ist das leuchtende Vorbild durchaus ansteckend. Es dauert nur alles etwas. Haben Sie Geduld.

12.1 Parallel arbeiten

Es hängt stark vom verwendeten UI-Grundsystem ab, wie das zu bewerkstelligen ist. Android bietet beispielsweise eine Funktion `Activity.runOnUIThread()`. Eine übliche Implementierung verwendet dort eine Ableitung von `AsyncTask`, um Code im Hintergrund auszuführen. Alternative Lösungen, die in verschiedenen Umgebungen funktionieren, zeige ich Ihnen in Abschnitt 12.2.

Der dritte Grund für Multithreading ist die Aufteilung von rechenintensiver Arbeit auf mehrere Threads (und damit Prozessorkerne). Seit Mehrkern-Prozessoren Standard geworden sind, sollte jede Anwendung, die zeitaufwendige Berechnungen durchzuführen hat, von diesem Konzept Gebrauch machen.

Das folgende Beispiel zeigt Ihnen, wie das geht. Von großer Bedeutung ist dabei, dass die Ergebnisse gesammelt werden, die Threads verschieden schnell sein können und der Vorgang erst als beendet gilt, wenn alle Threads »durch« sind.

Ein `Runnable` mit Rückgabewert ist ein `Callable`. Das ist ein generischer Typ, der die Klasse des Rückgabewerts verwendet: `Callable<Integer>` z. B., wenn die Worker Threads `Integer` berechnen.

»Callable<?>« ist ein »Runnable« mit Rückgabewert.

Als simples Beispiel habe ich ein `Callable` geschrieben, das eine Zufallszahl zwischen 0 und 2.000 generiert und die entsprechende Dauer in Millisekunden nichts tut. Dies repräsentiert ganz gut eine Berechnung unvorhersehbarer Dauer:

```
public static class MyCallable implements Callable<Integer> {
  @Override
  public Integer call() throws Exception {
    int i = (new Random()).nextInt(2000);
    Thread.sleep(i);
    return i;
  }
}
```

Listing 12.1 Diese »Callable«-Implementierung wartet bis zu zwei Sekunden.

Lassen Sie uns jetzt 100 Exemplare dieses `Callable` (also mit unterschiedlichen Laufzeiten) erzeugen:

```
List<Callable<Integer>> callables = new ArrayList<>();
for(int i=0; i<100; i++)
  callables.add(new MyCallable());
```

Diese Liste können Sie jetzt einem ThreadPool zwecks Abarbeitung anvertrauen:

```
ExecutorService executor = Executors.newCachedThreadPool();
List<Future<Integer>> futures = executor.invokeAll(callables);
```

Rückgabewert der Aktion ist eine Liste von `Future<Integer>`-Objekten. Diese enthalten in diesem Fall nur die Resultate der `Callables`, denn `invokeAll()` kehrt erst zurück, wenn alle abgearbeitet sind. Deswegen müssen Sie eine Prozedur wie diese in einer UI-Anwendung natürlich selbst in einen Hintergrund-Thread packen.

`Future<>`-Objekte können noch mehr als nur das Ergebnis eines `Callable` verpacken: Sie wissen auch, ob die fragliche Operation beendet ist. So können Sie einen einzelnen `Callable` wie folgt in Auftrag geben:

```
Future<Integer> future = executor.submit(callable);
```

Die Funktion `submit()` kehrt sofort zurück. Das Resultat `future` kennt den Status der Fertigstellung mit `future.isDone()`. Mit `future.get()` holen Sie das Ergebnis ab. Ist die Arbeit noch nicht beendet, wartet `get()` darauf. Über `future.cancel()` können Sie sogar Aufgaben abbrechen.

Das sieht im Labor alles recht harmlos aus, genau wie eine genmanipulierte Mikrobe.

Die Probleme fangen an, wenn die Threads auf geteilte Ressourcen zugreifen müssen – was sich in freier Wildbahn kaum vermeiden lässt.

12.1.2 Race Conditions

Was macht parallel ablaufenden Code so schwer beherrschbar?

Ein Knackpunkt sind die berüchtigten *Race Conditions*. Zwei (oder mehr) nebenläufige Threads veranstalten ein »Wettrennen«, und der weitere Verlauf des Schicksals hängt davon ab, wer zuerst im Ziel ist.

Angenommen, in fast allen Fällen ist Thread 1 eher im Ziel. Das ist schön, aber die Software darf das nicht *voraussetzen*. Falls aus irgendeinem Grund Thread 1 irgendwo aufgehalten wird und Thread 2 ausnahmsweise früher im Ziel ist, darf es nicht zu Fehlverhalten kommen.

Unterstellt die Software, dass Letzteres »schon nicht passieren wird«, bewegt sie sich auf dünnem Eis, das zwangsläufig irgendwann bricht – es ist nur eine Frage der Zeit (und möglicherweise der Temperatur).

Es kommt auf eine geeignete Architektur und auch eine vorausschauende Fehlerbehandlung an, wenn es darum geht, Race Conditions zu vermeiden.

Sobald mehrere Threads gleichzeitig auf das gleiche Datenobjekt zugreifen, kann es zu unerwarteten Ergebnissen kommen.

Anhand eines einfachen Beispiels lässt sich das leicht illustrieren.

Nehmen Sie den Code aus Listing 12.1, und führen Sie einen statischen Counter ein:

`private static Integer count=0;`

Statt zu warten, erhöhen Sie in den `Callables` den Zähler:

`count = count + 1;`

Am Ende, also hinter der `for`-Schleife, geben Sie das Ergebnis aus:

`System.out.println( count );`

Was passiert hier also? Jeder der 100 Threads erhöht den Zähler. Wenn alle fertig sind, wird als Summe 100 ausgegeben.

Pustekuchen:

91

Probieren Sie es ruhig noch einmal:

93

Gratulation, Sie haben einen (ziemlich miesen) Zufallsgenerator für Zahlen knapp unter 100 programmiert.

Tatsächlich ist die Operation `count = count +1` nicht *atomar*. Das heißt: Es kann passieren, dass sie mittendrin unterbrochen wird, um einem anderen Thread Rechenzeit zu gewähren. Sie können sich vorstellen, dass Thread 1 die rechte Seite berechnet (0+1), und bevor er das Ergebnis zuweisen kann, tut Thread 2 dasselbe (und kommt auf dasselbe Resultat). Dann weist Thread 1 dem Attribut `count` das Ergebnis zu (1) und anschließend Thread 2 (ebenfalls 1). Schon ist der Fehler passiert.

Nicht atomare Vorgänge

Falls Sie jetzt auf die Idee kommen, `count++` würde vielleicht besser funktionieren: Probieren Sie's ruhig aus. Klappt aber auch nicht. Die Summe wird nie (oder selten) 100.

Es sei denn, Sie bauen die Pause wieder ein. Dann verringert sich die Wahrscheinlichkeit, dass sich Threads in die Quere kommen. Die Summe ist dann wirklich 100 – *meistens*.

Aber nicht immer. Und genau das ist ein Beispiel für jene rätselhaften Fehler, die in einer Multithreading-Applikation sehr selten auftreten und mit zunehmendem Verkehr immer häufiger werden und Entwickler zur Verzweiflung bringen.

12.1.3 Synchronisierte Zugriffe

Sie müssen der Java VM verbieten, dass der kritische Code von mehreren Threads gleichzeitig durchlaufen wird. Das entspricht einer Umkleidekabine im Klamotten-Kaufhaus: Immer nur eine Person darf sich gleichzeitig darin befinden und sich umziehen. Der Vorhang verhindert den Zutritt weiterer Personen. Genau so funktionieren synchronized-Blöcke in Java.

Sie können entweder eine Funktion als synchronized deklarieren, damit nur ein Thread sich zur gleichen Zeit darin befinden kann. Oder Sie schreiben das synchronized-Schlüsselwort vor einen Codeblock. In dem Fall müssen Sie ein Objekt angeben, das Java als »Vorhang« verwenden kann. Dafür eignet sich in diesem Fall der Zähler, wenn Sie ihn als Integer deklarieren (an native Datentypen wie int kann kein »Vorhang« hängen):

```
private static Integer count=0;
```

Schachteln Sie das Erhöhen des Zählers in einen synchronized-Block:

```
synchronized(count) {
  count++;
}
```

Sie werden sehen, dass die errechnete Summe jetzt stimmt, auch wenn Sie die Pause aus den Threads wieder herausnehmen.

Intern verwendet Java *Monitor-Objekte*, wenn Sie das Schlüsselwort synchronized verwenden. Es gibt noch andere Möglichkeiten (z. B. *Locks*), aber eines haben die Mechanismen alle gemeinsam: Threads müssen warten, bevor sie ihr Werk verrichten können. Das kann Performance kosten, deshalb verdient dieses Thema einen eigenen Abschnitt.

12.1.4 Warten macht keinen Spaß

Wenn Threads bisweilen vor der Umkleidekabine warten müssen, können Sie sich leicht ausrechnen, dass der Gesamtvorgang länger dauert.

Sie können im Beispiel aus dem letzten Abschnitt leicht nachmessen, wie groß der Unterschied ist.

Merken Sie sich vor dem invokeAll() die SystemTicks, und vergleichen Sie diese mit dem Stand der Uhr nach Abschluss der Operation. Auf meinem PC benötigt die synchronisierte Variante zwischen 15 und 20 Millisekunden, die andere (mit dem falschen Ergebnis) kaum weniger. Kein Wunder: Die Zeit, die die virtuelle Java-Maschine in der Umkleidekabine verbringt, ist sehr kurz, und nur selten muss ein Thread draußen warten. Der

Rechenfehler betrug ja auch nur 5–10, also ist dies ein Maß für die Anzahl der Threads, die vor dem synchronized-Block warten müssen.

Je mehr Threads gleichzeitig laufen, umso schlimmer. Viel größere Bedeutung hat aber die Laufzeit des synchronisierten Codes. Wenn Sie beispielsweise die Pause von 0 bis 2 Sekunden in die Umkleidekabine verschieben, steigt die Gesamtdauer von 2.000 Millisekunden (ohne synchronized-Block, fehleranfällig) auf über 2.800 Millisekunden.

Wenn Sie sich jetzt vorstellen, dass es erforderlich sein kann, eine ganze Datenbankoperation oder einen Webservice-Call abzusichern, wird schnell klar, dass durch das Warten auf freie Umkleidekabinen eine Menge Performance draufgehen kann.

Versuchen Sie immer, die zu synchronisierenden Abschnitte so kurz wie möglich zu halten. Achten Sie außerdem darauf, geeignete sync-Objekte zu verwenden: Sie müssen die ganze Zeit über existieren, und es darf immer nur genau eines geben, das für eine bestimmte Umkleidekabine zuständig ist.

»synchronized«-Blöcke optimieren

Beispielsweise kann es bei einer serverbasierten Anwendung passieren, dass mehrere Nutzer gleichzeitig auf ihr User-Profil zugreifen möchten. Dabei kommt es nicht zu Race Conditions, sehr wohl aber, wenn *ein* User gleichzeitig mehrfach auf sein Profil zugreift.

Stellen Sie sich eine Funktion wie diese vor:

```
public void updateProfile(long userId, String lastname, ↩
   String firstname) {
  User user = userDao.findUser(userId);
  user.setLastname(lastname);
  user.setFirstname(firstname);
  userDao.saveUser(user);
}
```

Listing 12.2 Diese Funktion ist für Race Conditions anfällig.

Eine typische Vorgehensweise: Das eigentliche User-Objekt muss aus einer Datenbank geholt werden, dann werden Änderungen vorgenommen, und das Objekt wird wieder gespeichert.

Solange die Funktion für zwei verschiedene userIds von zwei Threads gleichzeitig durchlaufen wird, kann nichts schiefgehen. Ruft derselbe Nutzer die Funktion zweimal kurz hintereinander auf, sieht die Sache schon anders aus. Dafür kann es banale Gründe geben, etwa eine nicht sauber entprellte Taste. Zwar sind in einem solchen Fall die Parameter lastname und `firstname` bei jedem Aufruf identisch und letztlich redundant. Aber stellen Sie sich einen Kaufvorgang in einem Shop vor. Dann könnte es folgende Zeilen geben:

```
user.cash -= price;
inventoryItem.count++;
```

Wie Sie im letzten Abschnitt gesehen haben, ist der Post-Inkrement-Operator keineswegs atomar, der `-=`-Operator schon gar nicht – eine Race Condition kann hier dazu führen, dass die Kosten für zwei Items nur einmal abgezogen werden oder dass für zweifache Kosten nur ein Item hinzugefügt wird. Das ist natürlich geschäftskritisch.

»AtomicInteger« & Co. Sie könnten für Ihr Datenmodell atomare Varianten wie `java.util.concurrent.atomic.AtomicInteger` einsetzen, aber diese Klassen verwenden eine ungewohnte Notation (z. B. `count.incrementAndGet()` statt `count++`) und lösen auch nicht automatisch alle Probleme (wie das obige).

Offensichtlich müssen Sie den Vorgang mit einem synchronisierten Block absichern. Es wäre eine Lösung, die ganze Funktion `synchronized` zu deklarieren:

```
public synchronized void updateProfile(...)
```

Der Nachteil: Auch unterschiedliche User können nun nicht mehr gleichzeitig ihr Profil aktualisieren. Resultat ist eine im Schnitt verlängerte Laufzeit, die Sie nur hinnehmen können, wenn Sie damit rechnen können, dass Profiländerungen ein seltener Vorgang auf Ihrem System sind.

Kommen Sie bitte nicht auf die Idee, den »Vorhang« an das `User`-Objekt zu hängen:

```
synchronized(user) {
  user.setLastname(lastname);
  user.setFirstname(firstname);
  userDao.saveUser(user);
}
```

Listing 12.3 Diese Variante geht höchstwahrscheinlich schief.

Das funktioniert nur, wenn Sie wissen, dass die DAO-Funktion für dieselbe `userId` immer exakt dasselbe `User`-Objekt liefert (*dasselbe*, nicht etwa ein *gleiches*!). Das erfordert in der DAO-Klasse einen Cache, der garantiert immer verwendet wird (und selbst threadsicher ist).

Wenn Sie davon nicht ausgehen können, benötigen Sie nicht eine Umkleidekabine, sondern mehrere – für jeden User eine.

Statt des synchronized-Schlüsselworts verwenden Sie *Locks*. Die bieten eine ähnliche Funktion, sind aber handlicher, wenn man mehrere braucht. Ein einzelnes Lock (hier in der Ausprägung als ReentrantLock) funktioniert wie folgt:

Locks lassen nur einen Thread durch.

```
Lock lock = new ReentrantLock();
lock.lock();
try {
  // markierte Codezeile
} finally {
  lock.unlock();
}
```

Listing 12.4 Das »ReentrantLock« verhindert ähnlich wie ein »synchronized«-Monitor, dass mehrere Threads gleichzeitig die markierte Codezeile durchlaufen.

Wenn Sie ein Lock pro User, also mehrere, benötigen, verwalten Sie sie einfach in einer Map. Eine Hilfsfunktion liefert dann das passende Lock oder erzeugt eines, wenn für eine ID noch keines existiert:

```
private Map<Integer,Lock> locks = new HashMap<>();
...
private synchronized Lock fetchLock(int id) {
  if(locks.containsKey(id)) return locks.get(id);
  Lock lock = new ReentrantLock();
  locks.put(id, lock);
  return lock;
}
```

Listing 12.5 Diese Funktion liefert für eine ID immer dasselbe Lock. Natürlich muss diese Funktion »synchronized« sein.

Schachteln Sie nun den User-Zugriff in ein solches Lock:

```
Lock lock = fetchLock(userId);
lock.lock();
try {
  User user = userDao.findUser(userId);
  user.setLastname(lastname);
  user.setFirstname(firstname);
  userDao.saveUser(user);
```

```
} finally {
  lock.unlock();
}
```

Listing 12.6 So sorgen Sie dafür, dass nie mehrere Threads auf den gleichen User zugreifen.

Freilich bleiben die Locks alle in der Map liegen, auch wenn sie nicht mehr benötigt werden. Das führt aber nur zu Speicherproblemen, wenn Sie sehr viele verschiedene User haben. Natürlich können Sie auch einen Mechanismus implementieren, um Locks aus der Liste zu werfen, wenn sie nicht mehr benötigt werden; dazu müssten Sie mitzählen, wie oft sie abgerufen wurden. Als einfacher Ansatz funktioniert der obige Code in den meisten Fällen ohne Probleme.

12.1.5 Deadlocks

Deadlocks treten auf, wenn zwei Threads sich gegenseitig blockieren, weil sie auf die Ressource des jeweils anderen Threads warten, die dieser blockiert hält.

Stellen Sie sich vor, Sie verwenden den erklärten Mechanismus mit Locks, aber nicht nur für User, sondern auch für Meetings. User können Meetings planen oder ihre Teilnahme daran erklären. Sowohl die User als auch die Meetings sind durch Locks derart abgesichert, dass immer nur ein Thread Änderungen in einem Objekt mit einer bestimmten ID durchführen darf.

Und jetzt passiert dies:

Thread 1 (User 1)	*Thread 2 (User 2)*
Der User mit ID 1 möchte die Beschreibung des Meetings mit der ID 20 ändern. Ein entsprechender Webservice Ihrer Webapplikation wird aufgerufen.	
Die Service-Funktion verwendet ein **User-Lock für User 1**, um alle anderen Threads daran zu hindern, auf User 1 zuzugreifen.	

Thread 1 (User 1)	Thread 2 (User 2)
	In diesem Moment ruft ein anderer User (ID 2) einen anderen Webservice auf, um seine Teilnahme an dem Meeting abzusagen. Eine andere Service-Funktion wird aktiv und aktiviert ein **Meeting-Lock auf Meeting 20**.
Die Service-Funktion erreicht das **Meeting-Lock auf Meeting 20**, das eingebaut wurde, um alle anderen Threads daran zu hindern, gleichzeitig am gleichen Meeting herumzuhantieren – und bleibt an diesem hängen.	
Thread 1 wartet.	Die Funktion zum Absagen einer Meeting-Teilnahme möchte alle Teilnehmer benachrichtigen und benötigt daher ein **Lock** unter anderem **für User 1**. Die Funktion muss aber abwarten, weil Thread 1 bereits ein Lock für diesen User hält.
Da Thread 2 nicht weiterläuft, gibt er das **Meeting-Lock** nicht wieder frei, folglich wartet Thread 1 bis zum Sankt-Nimmerleins-Tag.	Thread 2 wartet ebenfalls für immer.
	Deadlock

Die Ursache für dieses Deadlock ist offensichtlich: Die Locks werden in unterschiedlicher Reihenfolge angewendet.

Sie müssen also bei dieser Vorgehensweise eine hierarchische Rangfolge definieren, in der Locks immer erzeugt werden.

Leider sind Deadlocks nicht immer leicht zu finden. Natürlich gibt es auch in Bibliotheken, die Sie verwenden, Locks oder `synchronized`-Blöcke, die gelegentlich unangenehme Überraschungen verursachen.

Deadlocks sind nicht immer sofort zu erkennen. Oft zeigen sie sich nur an ihren Nebenwirkungen, volllaufenden Connection Pools etwa, oder an vereinzelten Meldungen von Nutzern, deren Anwendungen sich aufhängen. Denn Deadlocks erzeugen keine unmittelbaren Fehlermeldungen oder Exceptions, da die zugehörigen Threads blockiert sind. Nur ein externer Beobachter oder ein separater Thread können ein solches Ereignis feststellen, melden und untersuchen.

Thread-Dump erzeugen

Wenn Sie vermuten, dass ein Deadlock vorliegt, kann ein kompletter Thread-Dump Klarheit schaffen. Den erzeugen Sie, indem Sie das Signal `SIGQUIT` an den Java-Prozess schicken. Falls Sie dessen Prozess-ID nicht kennen, rufen Sie auf der Kommandozeile das Programm `jps` auf, das die Prozess-IDs aller laufenden Java-Anwendungen anzeigt. Dann schreiben Sie (unter Linux):

```
kill -3 [Prozess-ID]
```

Der Thread-Dump landet dann auf der Konsole oder in einem Logfile, das hängt von der Konfiguration der Anwendung ab.

Falls auf der Maschine ein JDK installiert ist, steht alternativ das Tool *jstack* zur Verfügung:

```
jstack -l [Prozess-ID]
```

Suchen Sie in der erzeugten Ausgabe nach dem Stichwort »Deadlock«. Überall, wo ein Thread ein Lock erzeugt hat, erscheinen Zeilen ähnlich der folgenden:

```
at ...QueryExecutorImpl.execute(QueryExecutorImpl.java:255)
- locked <0x00000005d2b6fa18> (a ...QueryExecutorImpl)
```

Wo immer ein Thread darauf wartet, dass ein Lock freigegeben wird, steht:

```
- waiting to lock <0x00000005cdab34d0> (a java.lang.Object)
```

Deadlocks werden am Ende der Ausgabe separat aufgelistet.

Leider fallen Deadlocks vorzugsweise dann auf, wenn man nicht mit ihnen rechnet: am Wochenende, mitten in der Nacht oder wenn Sie gerade etwas viel Wichtigeres zu erledigen haben. Meistens klingelt schon der rote Alarm, wenn Sie auf ein Deadlock aufmerksam gemacht werden. Von größter Dringlichkeit ist es dann, die Anwendung wieder zur Mitarbeit zu überreden. Den Thread-Dump müssen Sie später untersuchen.

In manchen Fällen kann es sich lohnen, dass die Applikation selbst überwacht, ob es zu Deadlocks kommt, und sofort Alarm schlägt. Dazu können Sie einen *Watchdog*-Thread als »Aufpasser« laufen lassen, der (etwa via `ScheduledExecutorService`) einmal pro Minute nach einem Deadlock sucht. Das folgende Listing zeigt eine einfache Möglichkeit, erhellende Informationen ins Log zu schreiben:

```
ThreadMXBean bean = ManagementFactory.getThreadMXBean();
long[] threadIds = bean.findDeadlockedThreads();
if (threadIds != null) {
  String s = "";
  for (long id : threadIds) {
    ThreadInfo info = bean.getThreadInfo(id);
    if(info!=null) s += info.getThreadName() + " ";
    else s += Long.toString(id) + " ";
  }
  log.fatal("thread deadlock! Threads: " + s);
  ThreadInfo[] infos = bean.getThreadInfo(threadIds);
  for (ThreadInfo info : infos) {
    StackTraceElement[] stack = info.getStackTrace();
    for (StackTraceElement ste : stack) {
      log.fatal(ste.toString());
    }
  }
}
```

Listing 12.7 Dieser Code ermittelt Deadlocks und protokolliert die Namen und IDs der beteiligten Threads samt Stacktrace.

Natürlich können Sie den Watchdog auch eine E-Mail senden lassen oder was auch immer Ihnen geeignet erscheint, um die Aufmerksamkeit eines Entwicklers zu erlangen. Besonders sinnvoll ist es, bei Lasttests in einer Testumgebung auf Deadlocks zu achten, denn sie tauchen bevorzugt dann auf, wenn viele Requests auf einmal eingehen.

Bei parallelem Code kann eine Menge schiefgehen. Umso wichtiger ist es, hier Code Reviews oder Pair Programming einzuplanen, denn die auftretenden Fragen sind oft so knifflig, dass mehr als ein Gehirn zur Lösung erforderlich ist.

12.2 Losgelöst

Wenn Threads aufeinander warten müssen, besteht nicht nur die Gefahr von Deadlocks, sondern es werden auch Ressourcen verschwendet, und in einigen Fällen bemerken Nutzer eine deutliche Verzögerung. Vor allem aber können kritische Geschäftsprozesse nicht vollständig ausgeführt werden.

Glücklicherweise sind solche Fehlimplementierungen selten geworden und werden in vielen Fällen durch *EventBus-Systeme* ersetzt.

12.2.1 Publisher und Subscriber

Viel flüssiger lässt sich eine Anwendung bedienen, wenn lediglich Events verschickt werden, die asynchron von Event-Handlern verarbeitet werden. Das Versenden eines Events geschieht ohne Verzögerung.

Ein EventBus-System kümmert sich um den Rest: Es stellt Events anhand eines oder mehrerer Attribute einem dafür zuvor explizit angemeldeten Event-Handler zu.

Beispielsweise könnte der Speichern-Button in der zuvor genannten App ein Event SAVE_DATA an den EventBus überstellen. Der UI-Thread könnte einen rotierenden Fortschritt-Kringel einblenden, um dem Nutzer zu signalisieren, dass das Programm arbeitet.

Eine Serviceklasse horcht auf das Event SAVE_DATA und führt den eigentlichen Speichervorgang aus. Anschließend sendet es ein Event DATA_SAVED. Dieses wiederum kommt beim UI-Thread an, der in einem passenden Event-Handler den Fortschritt-Kringel abschaltet.

Publisher-Subscriber-Entwurfsmuster

Grundsätzlich kann es in diesem System beliebig viele Arten von Events und beliebig viele Klassen geben, die Events erzeugen oder konsumieren. Dies entspricht dem Beobachter-Entwurfsmuster (siehe auch Abschnitt 5.3.6).

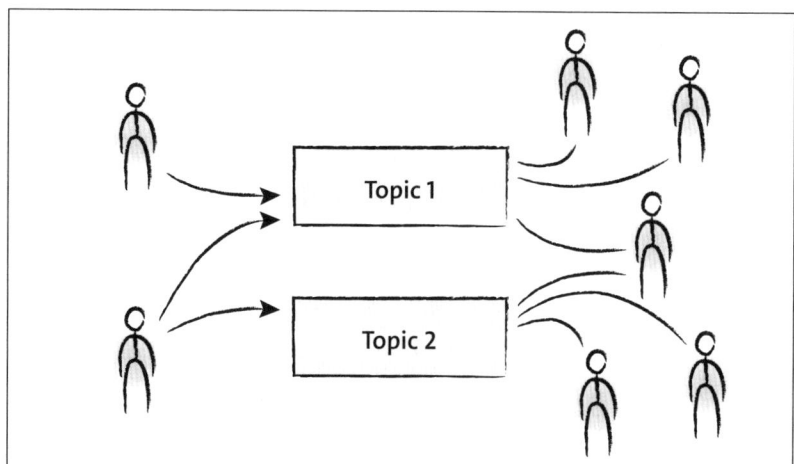

Abbildung 12.1 Das Beobachter-Entwurfsmuster ist die Grundlage von Event-Bus-Systemen: Die Akteure links publizieren Nachrichten auf zwei Kanälen (Topics), die Akteure rechts haben verschiedene Abonnements abgeschlossen und erhalten die zugehörigen Nachrichten.

Zusätzlich können Sie Fehlerfälle in Form von Events verarbeiten. Ein Event COULD_NOT_SAVE_DATA könnte sowohl zu einer Meldung in der UI führen als auch weitere Maßnahmen zur Folge haben (d. h. mehrere Event-Handler besitzen).

Auch im größeren Maßstab können Sie eventbasierte Systeme umsetzen: So können ganze Anwendungen Events abonnieren (etwa indem sie eine *MessageQueue* verwenden). Der Vorteil: Selbst wenn eine Anwendung vorübergehend nicht zur Verfügung steht (etwa weil sie gerade überlastet ist oder frisch deployed wird), kann das Event weiter existieren und wird dann eben etwas verspätet zugestellt. Eine Kette von Client-Server-Requests hingegen bricht komplett ab, wenn ein Glied nicht innerhalb des gegebenen Timeouts antwortet, ist also fragiler.

12.2.2 EventBus im Einsatz

Als konkretes Beispiel für ein EventBus-System zeige ich Ihnen die Anwendung der gleichnamigen Bibliothek in einer Android-App. Sie binden die EventBus-Library wie folgt über die Gradle-Build-Datei ein:

```
allprojects {
    repositories {
        ...
        mavenCentral()
    }
}
compile 'org.greenrobot:eventbus:3.0.0'
```

Listing 12.8 So fügen Sie EventBus 3.0 einem Android-Projekt hinzu.

EventBus wird übrigens in zahlreichen kommerziellen Anwendungen verwendet (z. B. WhatsApp, Snapchat), allerdings zumeist noch in der älteren Version 2.x, die ohne Annotations funktioniert und nicht kompatibel ist. Wenn Sie ein neues Projekt beginnen, spricht aber nichts dagegen, Version 3 zu verwenden.

EventBus ist bewährt.

Für jede Art von Event, das EventBus behandeln soll, müssen Sie ein POJO definieren. Das könnte beispielsweise wie folgt aussehen:

```
public class UIEvent {
  enum Type { START, STOP };
  private Type type;
  public UIEvent(Type type) {
    this.type = type;
  }
  public Type getType() {
```

```
    return type;
  }
}
```

Listing 12.9 Ein »UIEvent« für die beiden Funktionen »START« und »STOP« (als »enum«) ist schnell geschrieben.

Sie können einem Button einen sehr einfachen OnClickListener verpassen, der beispielsweise ein START-UIEvent an den EventBus übergibt:

```
@Override
public void onClick(View view) {
  if(view.getId()==R.id.button) {
    EventBus.getDefault()
      .post(new UIEvent(UIEvent.Type.START));
  }
}
```

Listing 12.10 So schicken Sie mit einem Android-Button ein Event auf die Reise.

Auf der Empfängerseite benötigen Sie einen Event-Handler. Das ist schlicht eine Funktion, die einen Parameter vom Typ UIEvent entgegennimmt. Wenn Sie verschiedene Event-Klassen verwenden, können Sie für jede davon einen eigenen Event-Handler schreiben. Der Name der Funktion ist dabei egal, es kommt nur auf den Parameter und die Annotation an:

```
@Subscribe(threadMode = ThreadMode.BACKGROUND)
public void onUIEvent(UIEvent event) {
  ...
};
```

Listing 12.11 Als Annotation-Parameter können Sie festlegen, ob der Event-Handler im Hintergrund oder im Vordergrund (»ThreadMode.MAIN«) aufgerufen wird.

Natürlich müssen Sie die fragliche Klasse einmalig als Subscriber registrieren, z. B. im Konstruktor oder im Fall einer Klasse mit Android-typischem Lebenszyklus in Funktionen wie onStart() oder onPause():

```
EventBus.getDefault().register(this);
```

Wenn ein Event-Handler nicht mehr benötigt wird, können Sie ihn abmelden:

```
EventBus.getDefault().unregister(this);
```

Dabei unterstützt EventBus konsequent das objektorientierte Paradigma. Ohne Weiteres können Sie eine Hierarchie von Events einführen, etwa so:

```
class UIEvent {...}
class UserInputEvent extends UIEvent { ... }
class BluetoothEvent extends UIEvent { ... }
```

In diesem Fall wird ein Event der Klasse UserInputEvent an alle Event-Handler geleitet, die als Parameter UserInputEvent oder UIEvent erwarten, nicht aber natürlich an jene, die ein BluetoothEvent erwarten.

Sie sehen, dass der resultierende Code nicht nur übersichtlich ist, sondern auch eine wichtige Anforderung erfüllt, die ich in diesem Buch immer wieder herausgestrichen habe: die Entkopplung von Komponenten. *Publisher und Subscriber müssen einander nicht kennen.*

So können Sie eine typische Event-Handler-Klasse völlig unabhängig davon testen, woher die Events im konkreten Fall kommen. Sie können beispielsweise einfach künstliche Events erzeugen und in einem Unit-Test an einen Event-Handler übergeben. Da die involvierten Klassen nicht voneinander abhängig sind, weist diese Lösung eine hohe Flexibilität auf.

EventBus-Implementierungen gibt es in großer Zahl nicht nur für Android oder Java (z. B. in Googles Guava-Bibliothek), sondern auch für .NET (via NuGet).

EventBus im Netz

EventBus für Android: *http://greenrobot.org/eventbus*

EventBus für Java: *https://github.com/google/guava/wiki/EventBusExplained*

12.3 .NET async

Zum Schluss zeige ich Ihnen wichtige Kriterien für einen sauberen Umgang mit asynchronen Vorgängen in .NET.

Der große Unterschied zu Java ist, dass .NET (in Version 4.5) asynchrone Funktionsaufrufe direkt in die Sprache integriert hat, und zwar in Form der Schlüsselworte await und async.

12.3.1 Das »async«-Sprachelement

Grundsätzlich verabreichen Sie einer Funktion einer C#-Klasse das async-Schlüsselwort, um dafür zu sorgen, dass sie mit await auf Funktionen warten kann, die im Hintergrund aufgerufen werden.

Das folgende stark vereinfachte Beispiel zeigt eine Möglichkeit, dies zu verwirklichen:

```
private async Task<int> Calculate()
{
  int result = ... // long running calculation
  return result;
}
...
private async void CalculateInBackground()
{
  int result = await Calculate();
  ...
}
```

Listing 12.12 Die erste Funktion führt eine Berechnung durch und gibt ein Integer-Resultat zurück. Beachten Sie, dass die Funktion entgegen ihrer Deklaration kein Task-, sondern ein Integer-Objekt zurückgibt. Die zweite Funktion ruft die erste im Hintergrund auf.

Wenn die Funktion einen Wert vom Typ T zurückgeben möchte, muss der Rückgabewert als Task<T> deklariert werden, ansonsten ist auch void erlaubt.

Entscheidend ist, dass Aufrufe, die async verwenden, nicht den Rest der Anwendung blockieren. Keineswegs werden async-Funktionen automatisch im Hintergrund ausgeführt – das Schlüsselwort signalisiert dem Compiler lediglich, dass die Funktion vermutlich noch nicht vollständig abgearbeitet ist, wenn die aufrufende Funktion wieder an der Reihe ist. Asynchrone Funktionen haben die Erlaubnis, in ihrem Code das Schlüsselwort await zu verwenden. Alles, was davor geschieht, läuft synchron. Erst ab dem await trennen sich die Wege: Die Funktion kehrt zum Aufrufer zurück, arbeitet dort weiter, und irgendwann, wenn die mit await aufgerufene andere Funktion ein Ergebnis liefert, wird auch dieses weitergereicht.

Besonders wichtig ist die asynchrone Implementierung von Web-Requests, die gerne unvorhergesehen lange dauern (z. B. via Mobilfunknetz in einer Gegend mit schlechtem Netzausbau), daher möge dies als Beispiel dienen:

```
HttpClient client = new HttpClient();
string html = await client.GetStringAsync();
```

Listing 12.13 Dieser Code wartet auf das Ende eines HTTP-Requests, ohne zu blockieren. Das Ergebnis lässt sich im Anschluss weiterverarbeiten.

Der große Vorteil von await/async (im Gegensatz zur klassischen Programmierung mit Tasks) ist, dass Exceptions nicht verschluckt, sondern weitergereicht werden. Das erleichtert die Fehlersuche ungemein.

12.3.2 Locks

Ähnlich wie in Java gibt es auch in .NET Locks, die verhindern, dass mehr als ein Thread einen Codeabschnitt gleichzeitig durchläuft. Die Syntax ist etwas anders, weil statt eines Lock-Objekts ein Lock an ein beliebiges anderes Objekt gehängt wird (ähnlich synchronized in Java):

```
lock (this)
{
  ...
}
```

Listing 12.14 Dieser Code erlaubt nur einem Thread den Zutritt zum Codeblock, wobei das Lock hier an der Instanz der Klasse hängt.

Falls es mehrere Instanzen einer Klasse gibt (sie also kein Singleton ist), können Sie nicht this als Lock-Objekt verwenden, sondern benötigen ein statisches Objekt. Beachten Sie, dass Sie innerhalb eines Lock-Blocks kein await benutzen können, weil das Deadlocks geradezu magisch anzieht. Denn zwischen der Zeile mit await und dem Ende des Lock-Blocks kann beliebiger anderer Code ablaufen, der seinerseits Locks erfordert.

Für prozessübergreifendes Locking stehen Mutexe zur Verfügung, für Locks, die mehr als ein Thread betreten darf (aber nicht beliebig viele), Slim Semaphores. Letztere erlauben auch das Ausführen von await-Befehlen innerhalb ihrer geschützten Blöcke, da sie Thread-übergreifend funktionieren.

Picken Sie sich die passende Variante heraus – und möge Ihr Code immer frei sein von Deadlocks, Bad Code und all den anderen Makeln, die Sie zum Lesen dieses Buches animiert haben.

Anhang A
Quizfragen

Zeit für etwas entspannenden Rätselspaß!

Nachdem Sie bis hierher durchgehalten haben, dürfen Sie zur Belohnung ein paar mehr oder weniger knifflige Aufgaben lösen. Manche sind Ihnen vielleicht schon irgendwo im Netz begegnet, weil sie sich um häufige Missverständnisse drehen, andere habe ich erfunden. Einige Antworten auf diese Quizfragen stehen irgendwo im Buch, andere können Sie anhand Ihrer Erfahrungen und Ihres Wissens herleiten, oder Sie kommen ohnehin sofort drauf.

Glauben Sie, die richtige Antwort gefunden zu haben? Dann schauen Sie im Anhang B nach, da stehen die Lösungen samt Erklärung.

Viel Spaß!

A.1 Java-Quiz

A.1.1 Aufwärmen

Beginnen wir mit einer Aufwärmübung! Ihre Finger sind noch zu kalt, um den Code abzutippen, Sie müssen durch Nachdenken herausfinden, was er tut. Und das bei 1 °C!

Welche Ausgabe erzeugt das folgende Programm?

```java
public class IsItCold {
  private final static Integer COLD = new Integer(1);
  public static void main(String[] args) {
    Integer temp = new Integer(1);
    System.out.println( temp == COLD ? "brrr!" : ":-)" );
  }
}
```

A.1.2 Wiedervereinigung

Sie haben eine List von Geschäftsobjekten der Klasse RequestTemplate geladen und möchten anschließend im Log informationshalber eine kommaseparierte Liste der Namen dieser Objekte mithilfe der jeweiligen toString()-Funktion anzeigen. Wie können Sie das in einer Zeile erledigen?

A.1.3 Finale

Welche Ausgabe erzeugt das folgende Programm?

```java
public class Main {
  private static String value="";
  public static void main(String[] args) {
    inTheEnd();
    System.out.println(value);
  }
  private static void inTheEnd() {
    try {
      value="1";
      if(value!="2") throw new IllegalStateException();
    }
    catch(Exception e) {
      return;
    }
    finally {
      value="2";
    }
    value="3";
  }
}
```

A.1.4 Unicode

Was gibt die folgende Funktion zurück?

```
public String replaceNewlines(String s) {
  // when \n or \u000A  s="";
  return  s.replace("\n", "" );
}
```

A.1.5 Java 8 Stream

Zum Abschluss eine Frage für alle, die sich schon näher mit Java 8 beschäftigt haben, genauer: mit Streams. Der folgende Stream aus drei Zahlen soll mittels `Stream.max(Comparator<? super Integer> comparator)` das Maximum bestimmen:

```
int max = Stream.of(1,2,3).max(Math::max).get();
```

Das Resultat dieser Operation ist logischerweise 3. Oder?

A.2 C#-Quiz

A.2.1 Falsches wahr werden lassen

Wie bringe ich die folgende Funktion dazu, true zurückzugeben?

```
static bool CompareValues(out int x, out int y)
{
    x = 1;
    y = 2;
    return x == y;
}
```

A.2.2 Eine Runde runden

Ich mag Puzzles, die total einfach aussehen. So einfach, dass Sie vielleicht denken: »Hä?«

Also: Was geben diese beiden Zeilen aus?

```
Console.WriteLine(Math.Round(55.5));
Console.WriteLine(Math.Round(66.5));
```

A.2.3 Rechnen mit »null«

Das folgende Beispiel verwendet einen »nullbaren« int (Nullable<int> alias int?). Wirft der folgende Code eine Exception, oder gibt er etwas aus? Wenn ja, was?

```
int? i = null;
i++;
Console.WriteLine(i);
```

A.2.4 Gute Aufzählung

Diese Quizaufgabe besteht aus zwei Listings. Die Frage ist für beide gleich: Lässt sich der Code übersetzen, und falls ja, was gibt er aus?

```
using System;
class GreatEnum
{
  enum Mood { Good, Bad };
  static void Main()
  {
    Mood f = 0;
    Console.WriteLine(f);
  }
}
using System;
class GreatEnum
{
  enum Mood { Good, Bad };
  static void Main()
  {
    Mood f = 1;
    Console.WriteLine(f);
  }
}
```

A.2.5 Vorher – Nachher – Vorher

Sie wissen ja, wie der Post-Inkrement-Operator ++ funktioniert. Dann ist meine letzte C#-Quizfrage für Sie sicher leicht zu beantworten:

```
int[] numbers = { 13, 666 };
int i = 0;
numbers [i++] = numbers [i] * 2;
Console.WriteLine(numbers[0]);
Console.WriteLine(numbers[1]);
```

Welche beiden Zahlen gibt dieser Code aus?

A.3 C/C++-Quiz

Diese Quizaufgaben erfordern eine Vorbemerkung. C und C++ sind im Vergleich zu Java oder C# relativ kompliziert. Man kann ziemlich viele Dinge verkehrt machen, sogar ohne es in absehbarer Zeit zu bemerken (Stichwort: Memory Leaks). Natürlich hat kompilierter C/C++-Code den unbestreitbaren Vorteil der deutlich höheren Geschwindigkeit, aber darauf will ich gar nicht hinaus: Es gibt in C++ dermaßen viele »Gotchas«, dass es ganze Bücher zu diesem Thema gibt. Die folgenden Quizfragen sind daher nur eine sehr kleine Auswahl eher einfacher Fälle, die einen gewissen Unterhaltungswert bieten, den Sie sich am Ende dieses Buches redlich verdient haben. Viel Spaß!

A.3.1 Rechenaufgabe

Beginnen wir mit einer leichten Aufgabe für Zahlensystemfetischisten. Sie sind keiner? Nun, rechnen Sie trotzdem mit:

```
int a = 0b10000;
int b = 017;
int c = 0x0e;
printf("%d",a+b+c);
```

Welches Ergebnis gibt dieser Code aus?

A.3.2 Keine Zahl

Welche Ausgabe erzeugt die folgende Zeile?

```
puts(sqrt(-1)==NAN?"NAN":"notNAN");
```

A.3.3 Kleiner oder größer

Was die folgenden Zeilen ausgeben, ist doch klar, oder?

```
uint32_t a = 3;
int b = -1;
printf((a>b)?"3>-1":"3<=-1");
```

A.3.4 Böse, böser, Buffer Overflow

Über den Weltuntergang habe ich in diesem Buch bereits ausführlich geschrieben. Dass Buffer-Overflow-Fehler ihn verursachen, ist eine nicht besonders weit hergeholte Theorie. Das passiert in C-Code aber auch allzu leicht. Was also ist an folgendem Code das Problem?

```
char* hello(const char* name) {
  char txt[255];
  strcpy(txt,"Hello ");
  strcat(txt,name);
  return txt;
}
```

A.3.5 Das Ende der Wurst

Destruktoren kommen zum Schluss. Auch in diesem Buch. Mangels Garbage Collector sind C++-Programme anfällig für Memory Leaks. Finden Sie eines im folgenden Code, und überlegen Sie, wie Sie es loswerden:

```
class Food {
  ~Food() {...}
};
class Sausage : public Food {
  ~Sausage() {...}
};
...
Food * food = new Sausage();
...
delete food;
```

Anhang B
Lösungen der Quizfragen

A.1.1: Die Ausgabe ist ein Smiley. Denn hier werden zwei verschiedene `Integer`-*Objekte* verglichen, diese sind natürlich ungleich. Das erwartete Ergebnis würden Sie erhalten, wenn Sie `COLD` oder `temp` als `int` deklarieren oder die `equals()`-Funktion verwenden. Dann würde Java zum Auswerten des Vergleichsoperators eine Umwandlung vornehmen und letztlich zwei `int` vergleichen.

A.1.2: `StringUtils.join(list,",")`) (unter Verwendung der Apache Commons Lang-Bibliothek)

A.1.3: "2", da trotz `return` im `catch` zwar der `finally`-Block noch durchlaufen wird, aber nicht `value=3`. Nur ein `System.exit()` am Ende des `try`-Blocks würde verhindern, dass der `finally`-Codeblock durchlaufen wird.

A.1.4: Leerstring. Immer. Der Unicode `\u000A` wird vor dem eigentlichen Compilerdurchlauf übersetzt. Deshalb sieht der Code aus Sicht des Compilers so aus:

```
public String replaceNewlines(String s) {
  // when \n or
  s="";
  return   s.replace("\n", "");
}
```

Okay, das war vielleicht ein bisschen gemein.

A.1.5: Nein, das Ergebnis ist 1. Denn `Math::max` hat zwar die passende Deklaration (nimmt zwei `int`-Parameter und hat den Rückgabewert `int`) und lässt sich daher als Comparator-Implementierung verwenden. Aber die Logik ist verkehrt: Ein Comparator gibt eine Zahl größer 0, gleich 0 oder kleiner 0 zurück, abhängig davon, welcher der beiden Parameter größer ist. `Math.max()` gibt aber den größeren Parameter *selbst* zurück. Der ist immer größer 0, also hält `Stream.max()` immer den ersten Parameter (1) für größer.

Auch diese Frage ist ein bisschen gemein, zeigt aber, dass die hübsche Fähigkeit von Java 8, Funktionen statt Interfaces zu übergeben, auch ihre Tücken hat.

A.2.1: `CompareValues(a,a)==true`

A.2.2: 56 und 66. Überrascht? Tja, `Math.Round()` nutzt nicht die geläufige kaufmännische Rundung, laut der alles ab »,50« aufgerundet wird, sondern die *mathematische* oder *geodätische Rundung*. Damit wird so gerundet, dass die beizubehaltende Stelle (hier die Ziffer vor dem Komma) *gerade* wird. Das ist »gerecht«, weil sonst unter dem Strich Fehler entstehen können: Die Summe hinreichend vieler kaufmännisch gerundeter Zufallswerte ist stets größer als die Summe der nicht gerundeten Werte. Übrigens entspricht C# hier der Norm IEEE 754. Javas `Math.round()` rundet hingegen kaufmännisch (also 66,5 zu 67), dort gibt es aber eine Funktion `Math.rint()`, die wie die C#-Funktion vorgeht.

A.2.3: Er gibt eine leere Zeile aus, da `i` weiterhin `null` ist. Die zweite Zeile verwendet einen »nullbaren« Operator, der aus einer `null` eine `null` macht und keine Exception wirft.

A.2.4: Das erste Listing kompiliert und gibt Good aus, das zweite zeigt einen Compilerfehler. Der Grund ist, dass C# nur die 0 in einen `enum` umwandeln kann.

A.2.5: 1.332 und 666. Begründung: Tatsächlich wird `i` erhöht, *bevor* die rechte Seite der Zuweisung ausgewertet wird. Deshalb wird `numbers[0]` durch das Doppelte von `numbers[1]` überschrieben, `numbers[1]` bleibt unverändert. Der Post-Inkrement-Operator merkt sich den vorherigen Wert in einer temporären Variable, erhöht den Wert und gibt den zwischengespeicherten Wert zurück. Deshalb verbraucht er übrigens auch mehr Speicher und Rechenzeit als der Pre-Inkrement-Operator `++i`, den Sie wo immer möglich vorziehen sollten.

A.3.1: 45. 0b10000 ist die Binärschreibweise von 16. 017 ist eine 15 im Oktalsystem (die führende 0 ist dafür zuständig), und 0x0e ist 14 im Hexadezimalsystem.

A.3.2: notNAN, da NAN!=NAN. Die richtige Abfrage wäre `isnan(...)`.

A.3.3: Das Programm gibt 3<=-1 aus. Das liegt an der impliziten Konvertierung, die für die Auswertung des Ausdrucks a>b erforderlich ist: a ist vorzeichenlos (`uint32_t` aus *stdint.h* ist ein `unsigned`), b nicht (`signed`). Leider wird hier die vorzeichenbehaftete Zahl –1 in eine vorzeichenlose konvertiert, die positiv und sehr groß ist – definitiv größer als 3. Wenn Sie unsigned- und signed-Typen mischen, müssen Sie höllisch aufpassen oder explizite Casts einbauen, z. B. `(int32_t)a>b`.

A.3.4: Zugegebenermaßen ist das eine Fangfrage. Denn natürlich kann es hier zu einem Buffer Overflow kommen, wenn name und "Hello " zusammen länger als 254 Zeichen werden (hinten hängt ja noch das 0-Byte des String-Endes dran). Der Code enthält aber noch einen Fehler: Er gibt einen Zeiger auf eine lokale Variable zurück, auf Speicher also, der früher oder später überschrieben wird. Das char[]-Array muss als static deklariert werden – und mit Funktionen wie strncat() müssen Sie den Buffer Overflow vermeiden.

A.3.5: Laut C++-Standard ist das Verhalten dieses Codes undefiniert, d. h., Sie können nicht davon ausgehen, dass der Wurst-Destruktor aufgerufen wird. Wird aber nur der Food-Destruktor aufgerufen, bleiben einige Bytes Speicher belegt. Sie müssen den Destruktor von Food als virtual deklarieren, um sicherzustellen, dass jener der Wurst aufgerufen wird.

Index

A

Abstraktion 115
Abwärtskompatibilität 82, 96
Adapter (Entwurfsmuster) 124
AES 297
Ajax 353
Akavache 85
Alan Kay 115
Amazon-Cloud 77
Android Studio 219, 224
Anforderungen
 funktionale 74
 nichtfunktional 80
 nichtfunktionale 74
AngularJS 325
ankhsvn 42
Annotations 142, 167
Anpassbarkeit 96
Ant 205, 224
Anti-Patterns 105
Apache ActiveMQ 186
Apache Archiva 211
Apache Commons Lang 154
Apache CXF 98
Apache-Lizenz 2.0 159
Architekt 105
ASP.NET 234
ASQF 103
Assertionen 83
Atlassian 55, 263
Atomar (Vorgang) 357
Aufwärtskompatibilität 96
Ausnahmen 273
Azure 234, 268

B

BaseX 141
Beans 187
Befehl (Entwurfsmuster) 133
Benutzbarkeit 86
Beobachter (Entwurfs-
 muster) 128, 366
Best Practices 21
Besucher (Entwurfsmuster) 129
Betriebssicherheit 269, 270

Bitbucket 54
BitKeeper 49
Boost 111
Bootstrap 325
Branch 46
Brücke (Entwurfsmuster) 126
BSD-Lizenz 160
Buffer over-read 15
Buffer-Overflow-Fehler 89
Build Types 225
Buildship Gradle Integration 2.0 219

C

C 33
Cache 94
Calendar (Java) 112
camelCase 33
Case-sensitiver Code 32
Centronics 98
Changelog 217
Changes 217
Checker Framework 84
Chromium 182
Clover 176
Cobertura 176, 228
Cobra 198
Code Injection 89, 304
Code Review 37, 56
Code Style 24
Code-Fokus 34
CollabNet 38
Commons Lang 111, 250
Confluence 263
Continuous Delivery 203
Continuous Integration 45, 203
Copyleft-Effekt 159
CouchDB 141, 149
CRUD 152
CSV 97
curl 92
CVS 38

D

Data Access Objects (DAO) 126, 321
DateFormatUtils 114

Datenbanken ... 94
Datenkapselung ... 115
DateTimeFormatter ... 113
DateUtils ... 114
DB4o ... 141
DDoS ... 77
Deadlock ... 362
Definition of »Done« ... 68
Dependency Injection (DI) ... 186
Dependency Management ... 205
DES ... 296
Desaster-Fall ... 102
Detail-Architektur ... 105
Director (Entwurfsmuster) ... 123
DocFX ... 253
Dokumentation ... 248
DOM4J ... 155
Domänenspezifische Sprache ... 145
Donald Knuth ... 149
Doxygen ... 248, 251
DSL, Domain Specific Language ... 145
DTO, Data Transfer Object ... 117

E

ECC ... 297
EclEmma ... 176
Eclipse ... 24
eclox ... 252
EGit ... 50
ehcache ... 156
Elliptic Curve Cryptography ... 298
Elliptische Kurven ... 298
Entity Framework ... 144
Entwurfsmustern ... 119
Erbauer (Entwurfsmuster) ... 122
Ereignisse (Entwurfsmuster) ... 128
Errorcodes ... 271
Erste Normalform ... 106
Erzeuger (Entwurfsmuster) ... 120
Espresso ... 198, 201
EventBus ... 367
EventBus-Systeme ... 365
Exception ... 274
Exploit ... 305
External DSL ... 145
Extreme Programming ... 61

F

Fabrik-Klasse ... 120
Fabrikmethode ... 119
Feature Branch ... 46
Feedback ... 278
Fehlercode ... 271
Fehlermeldung ... 278
Fehlersuche ... 279
FileZilla ... 41
FindBugs ... 232
Flavors ... 225
Fluent Syntax ... 146
Frameworks ... 157

G

GASQ ... 103
gcov ... 176
Geldautomaten ... 292
gewichtete Qualität ... 75
GIMP ... 89
Git ... 49
   EGit ... 50
   forken ... 50
   gtik ... 53
   Konflikte ... 53
   Pull Requests ... 54
GitHub ... 54
gitk ... 53
GNU General Public License ... 159
goals ... 216
Google ... 25
Google Guava ... 155
Google Play ... 275
GPL ... 159
Gradle ... 99, 219, 251
Groovy ... 146
Gruppen ... 301
Gson ... 155

H

Hackathon ... 348
Hacker ... 88, 292, 305
Heartbleed ... 87
Heartbleed-Bug ... 15
Hibernate ... 144
Hibernate OGM ... 144
HipChat ... 55

I

Idle 354
IEEE-Standard 730 103
Immutable 19
InnodDB 107
Integrationstests 163
IntelliJ IDEA 24, 224
Internal DSL 145
Internet of Things 292
Interoperabilität 96
Inversion of Control (IoC) 122, 185
ISO 25010 99
Isolation 78
Iterator (Entwurfsmuster) 132

J

Jahr-2000-Problem 184
Jahr-2038-Problem 110
Jakob Nielsen 87
Java 8 113
Java Specification Requests 109
Javadoc 248
Javadoc-Plug-In 216
JavaMoney 109
JBoss 186
jcenter 221
Jenkins 225, 251, 258
Jetbrains dotCover 176
Jetty 186
JIRA 55, 263
JMockit 190
JSON 97, 106, 107, 287
jsr354-ri-bp 109
jstack 364
JUnit 155, 166, 167

K

Kanban 265, 347
Kanban-Modell 66
Kaspersky Lab 87
Keep it simple 149
Kent Beck 178
KfW-Bank 86
KISS 148, 157
Klassenadapter (Entwurfsmuster) ... 125
Kommando (Entwurfsmuster) 133
Kommentare 243
Kompatibilität 96

Konventionen 21
Kotlin 157, 334
Kundera 144

L

LDAP 260
LDTP 198
Lead Developer, ... 105
Legacy Code Refactoring 307
Legion of the Bouncy Castle 299
LGPL 159
Library General Public License 159
Linq 245
Listener 27
Load Balancer 81, 95, 298
Lochkarten 98
Lock 361
Locks 358, 361, 371
log4j 283
log4j (2) 155
Logfile 278, 280, 282
Logfiles 274
Logging-Frameworks 283

M

m2e 207
Malware 89
Man in the middle 87
Manpage 251
Mapped Diagnostic Context 291
MariaDB 81, 107
Marker 290
Martin Fowler 117
Maven 205
Maven Central 205, 221
Maven Central Repository 206
Merging 47
MessageQueue 367
Metasploit 306
MIT-Lizenz 160
Mocking-Framework 190, 194
Mockito 194
Mockjax 194
Mocks 192
Modula II 33
Modultests 163
MongoDB 141
Monitor-Objekte 358
MonoDevelop 235

Moq 194
Morphia 142, 144
Mutex 371
MySQL 110, 114, 293, 305

N

Nagios 93
NaN 271
NetBeans 24
Nightly Builds 204
Normalisierung 106
NoSQL 141
NTP-Server 110
NuGet 234

O

Objekt 115
Objektadapter (Entwurfsmuster) 124
Objektorientierte Programmierung 114
OOP-Paradigma 114
Open/closed principle 140
OpenCover 176
OpenRedmine 262
OpenSSL 15
Operationen (Entwurfsmuster) 131

P

Pair Programming 37, 61
Pascal 33
PascalCase 33
Penetration Test 306
Performance 80
PGP 297
Phishing 89
PHP 272, 304
PKCS #8 300
Plausibilitätsprüfungen 83, 89
Play Framework 156, 157
POCO 117
POITROAE 149
POJO 117
Polymorphie 115, 116
Portierbarkeit 96
PostgreSQL 77, 107, 114
Proxy (Entwurfsmuster) 127
Publisher/Subscriber 366
Pull Request 54

putty 295
puttygen 295

Q

Qt-Style 252
Quartz Job Scheduler 156
Queue 95

R

Race Conditions 353, 356
RAID 81
Ranorex 198
Receivers (Entwurfmuster) 134
Recoverability 101, 102
Redis 50
Redmine 259
RedminePM 262
ReentrantLock 361
Refactoring 281, 307, 312
Reflection 24
Remote-Debugging 280
Replaceability 102
Replikas 94
Repository 206
Reverse Proxy 298
Richard Stallman 159
RMI (Remote Method Invocation) ... 127
Robot Framework 198, 201
Robotium Recorder 201
Robustheit 89
Rollen 301
RTFM 244
Rundung (mathematische und
    geodätische Rundung) 380
RuntimeException 275

S

Sandcastle 248, 253
Sandcastle Help File Builder 253
Scala 157
Scale Out 94
Scale Up 94
Scam 89
Scrum 265
   Daily Scrum 70
   Methode 69
   Product Backlog 70
   Product Owner 69

Index

Scrum (Forts.)
   Sprint Planning 70
   Sprint Retrospektive 71
   Sprint Review 70
Scrum Master 70
Selendroid 198, 201
Selenium 195, 198
Selenium IDE 195
Selenium WebDriver 196
Setter 27
SharedPreferences 149
ShareLock 78
Sicherheit 87
SimpleXML 156
Single-Responsibility-Prinzip 34
Singleton 120, 179
site 218
Skalierbarkeit 81, 93
slf4J 155
slf4j 283
SlikSVN 41
Smalltalk 115
SMART 151
SOAP 98
Software-Qualität 73
Software-Tests 327
SOLID 152
Sommerzeit 114
Sonatype Nexus 211
Sourcetree 50
Spring Boot 186, 223
Spring Data 144, 189
Spring Framework 156, 158
Spring Security 302
Sprint 69
SQL Injection 90
SQLAlchemy 144
SqlBuilder 325
ssh 293, 295
ssh-keygen 295
SSL 89
SSL-Zertifikat 93
Stacktrace 274
Standards 96
starke Kryptografie 296
stateless 179
Stellvertreter (Entwurfsmuster) 127
Streams 353
Subjekt, publisher
   (Entwurfsmuster) 128

Subscriber (Entwurfsmuster) 128
Subversion 38
   auschecken 38
   Branch 46
   Client 39, 41
   committen 38
   Feature Branch 46
   Konflikte 47
   Merging 47
   Release Branch 46
   Repositories 39
   Revision 45
   Subclipse 43
   Subversive 43
   Topic Branch 46
Surefire 218
Surefire-Report 218
SVN 38
SWIFT 86
Systematische Störungen 76

T

Tag 48
Team Foundation Server 266
Terracotta 156
Test Driven Development 163, 178
Testabdeckung 171, 175
TestComplete 198
testgetriebene Entwicklung 163
TestingWhiz 198
thedailywtf 118
ThreadContext 291
ThreadContextMap 290
ThreadPools 354
Threads 353
Ticket 256, 261
Tomcat 186
Tooltips 243
Topic Branch 46
Tortoise 42
Trac 255
   GraphvizPlugin 258
   Mylyn Trac Connector 258
   ProjectPlanPlugin 258
   TimingAndEstimationPlugin ... 258
Trac_EstimationToolsPlugin 258
Transaktion 78

U

UI-Tests 195
Unchecked Exception 275
Underperformer 348
Undo 134
Ungarische Notation 31
Unit-Test 164, 281
UTC 114

V

Verbindungsabbrüche 81
Vererbung 115
Verification 193
Versionskontrollsysteme 37
Viererbande 119
Visual Studio 24, 234
Visual Studio Team Services 268

W

Wartbarkeit 82
Wasserfall-Modell 65

Web

Web Application Archive 214
Whitebox-Test 169
Windows XP 292
Wissenschaftliche Methode 281
Worker Thread 354
World Backup Day 102
Wrapper (Entwurfsmuster) 124
WSDL-File 98

X

XML 97
XP 61
XStream 155

Y

y2k-Bugs 110
YAGNI 150

Z

Zeit 109
Zugriffskontrolle 79

Das E-Book zum Buch

Sie haben das Buch gekauft und möchten es zusätzlich auch elektronisch lesen? Dann nutzen Sie Ihren Vorteil.
Zum Preis von nur 5 Euro bekommen Sie zum Buch zusätzlich das E-Book hinzu.

Dieses Angebot ist unverbindlich und gilt nur für Käufer der Buchausgabe.

So erhalten Sie das E-Book

1. Gehen Sie im Rheinwerk-Webshop auf die Seite:
   www.rheinwerk-verlag.de/E-Book-zum-Buch
2. Geben Sie dort den untenstehenden Registrierungscode ein.
3. Legen Sie dann das E-Book in den Warenkorb, und gehen Sie zur Kasse.

Ihr Registrierungscode

5ECY-X8YC-62H9-W7A9-3E

Sie haben noch Fragen? Dann lesen Sie weiter unter:
www.rheinwerk-verlag.de/E-Book-zum-Buch